LE NEURO-CONSOMMATEUR

Comment les neurosciences éclairent
les décisions d'achats du consommateur

MICHEL BADOC
ANNE-SOPHIE BAYLE-TOURTOULOU

LE NEURO-CONSOMMATEUR

Comment les neurosciences éclairent
les décisions d'achats du consommateur

EYROLLES

Groupe Eyrolles
61, bd Saint-Germain
75240 Paris Cedex 05
www.editions-eyrolles.com

Le Code de la propriété intellectuelle du 1er juillet 1992 interdit en effet expressément la photocopie à usage collectif sans autorisation des ayants droit. Or, cette pratique s'est généralisée notamment dans les établissements d'enseignement, provoquant une baisse brutale des achats de livres, au point que la possibilité même pour les auteurs de créer des œuvres nouvelles et de les faire éditer correctement est aujourd'hui menacée.
En application de la loi du 11 mars 1957, il est interdit de reproduire intégralement ou partiellement le présent ouvrage, sur quelque support que ce soit, sans autorisation de l'éditeur ou du Centre français d'exploitation du droit de copie, 20, rue des Grands-Augustins, 75006 Paris.

© Groupe Eyrolles, 2016
ISBN : 978-2-212-56554-6

REMERCIEMENTS

Les auteurs tiennent à remercier pour leur encouragement et leur soutien à cet ouvrage : la CCI-Ile-de-France et le groupe HEC Paris. Ils tiennent tout particulièrement à remercier pour leur considération :

- Peter Tood, directeur général d'HEC-Paris ;
- Jacques Olivier, doyen du corps professoral ;
- Blaise Allaz, directeur de la recherche ;
- Éloïc Peyrache, directeur d'HEC Grande École ;
- Nathalie Lugagne, directeur d'HEC Exed ;
- Jean-François Guillon, directeur général d'HEC-CRC ;
- l'ensemble de leurs collègues du département marketing.

Ils adressent un remerciement à tous les professionnels qui ont répondu à leurs questions et partagé leurs connaissances et expertises.

Leurs remerciements vont également à Mmes Véronique Perrot et Aniza Pourtauborde, assistantes au département marketing d'HEC-Paris, pour leur assistance technique.

SOMMAIRE

Remerciements V

Introduction générale 1

PARTIE I
L'AVÈNEMENT DU NEURO-CONSOMMATEUR

Introduction 11

chapitre 1
Des théories philosophiques aux neurosciences 13

chapitre 2
Le comportement du consommateur éclairé par la recherche
en marketing 19

chapitre 3
La limite des études marketing et l'avènement
du « neuro-consommateur » 25

chapitre 4
Le cerveau, un organe longtemps sous-estimé 31

chapitre 5
Neuromarketing et neuro-consommateur,
deux découvertes du xxiᵉ siècle ... 39

chapitre 6
De l'observation sensorielle aux neurosciences ... 51

Ce qu'il faut retenir ... 67

Notes ... 71

PARTIE II
COMPRENDRE LE CERVEAU DU NEURO-CONSOMMATEUR

Introduction ... 77

chapitre 7
Le cerveau du neuro-consommateur, un organe complexe ... 79

chapitre 8
Le cerveau est-il libre ou programmé ? ... 89

chapitre 9
Comment l'âge et le sexe conditionnent le cerveau ... 105

chapitre 10
Comment la mémoire conditionne le cerveau ... 121

chapitre 11
L'influence des émotions et des désirs ... 131

Ce qu'il faut retenir ... 147

Notes ... 149

PARTIE III
LE CERVEAU DU NEURO-CONSOMMATEUR INFLUENCÉ PAR LES SENS

Introduction ... 155

chapitre 12
Le neuro-consommateur et le sens de la vue ... 157

chapitre 13
Le neuro-consommateur et le sens de l'ouïe 171

chapitre 14
Le neuro-consommateur et le sens de l'odorat 181

chapitre 15
Le neuro-consommateur et le sens du toucher 191

chapitre 16
Le neuro-consommateur et le sens du goût 205

Ce qu'il faut retenir 215

Notes 219

PARTIE IV
LE CERVEAU DU NEURO-CONSOMMATEUR INFLUENCÉ PAR L'INNOVATION

Introduction 227

chapitre 17
L'influence de l'innovation, du design, du packaging 229

chapitre 18
L'influence du prix des produits et services 243

chapitre 19
L'influence du marketing expérientiel et sensoriel 253

chapitre 20
Le vendeur face au neuro-consommateur 275

Ce qu'il faut retenir 283

Notes 287

PARTIE V
LE CERVEAU DU NEURO-CONSOMMATEUR INFLUENCÉ PAR LA COMMUNICATION

Introduction 293

chapitre 21
Le langage publicitaire 295

chapitre 22
Les influences subliminales sur le cerveau de la communication
et des « *nudges* » 313

chapitre 23
L'influence subliminale des marques 335

Ce qu'il faut retenir 359

Notes 363

PARTIE VI
LE CERVEAU DU NEURO-CONSOMMATEUR INFLUENCÉ PAR LA RÉVOLUTION DIGITALE

Introduction 371

chapitre 24
Quand la révolution digitale change la perception du cerveau 373

chapitre 25
Le cerveau et l'émergence des réseaux sociaux 395

Ce qu'il faut retenir 411

Notes 415

Conclusion : Vision du futur 417
Bibliographie sélectionnée 423
Index 443
Table des illustrations 447

INTRODUCTION GÉNÉRALE

« Comprendre le cerveau humain en termes biologiques a émergé comme le principal défi de la science du XXIe siècle[1]. » Cette citation du neuropsychiatre autrichien Eric Richard Kandel, prix Nobel de médecine en 2000, nous a personnellement interpellés non seulement comme citoyens, mais aussi dans notre métier de professeur en marketing et en communication. Nous nous sommes demandés si elle s'applique à ces deux disciplines qui font l'objet de nos recherches et de nos enseignements. Pour tenter de répondre à cette interrogation, au cours de ces dernières années, nous avons consacré une partie de notre temps à rencontrer à travers le monde – lors de nos conférences, participations à des colloques, séminaires, rendez-vous individuels – bon nombre de dirigeants d'entreprises, de responsables du marketing et de la communication, de neuroscientifiques, d'experts en neuromarketing… Ces multiples rencontres nous permettent de constater l'apparition de nouveaux modes de pensées accompagnés d'une évolution des pratiques.

Dans les pays anglo-saxons – en particulier aux États-Unis, Grande-Bretagne – et en Asie, les dirigeants et grands groupes internationaux montrent un réel intérêt pour faire intégrer les recherches neuroscientifiques dans les disciplines du marketing, de la vente et de la communication. En revanche, ceux des sociétés situées dans des pays du Sud, notamment en France, demeurent plus en retrait.

Sur la plupart des continents, les recherches universitaires dans ce domaine connaissent une croissance quasi exponentielle au cours de ces dernières années.

En utilisant les techniques issues des neurosciences, les sociétés d'études et de conseil qui se spécialisent dans le neuromarketing se multiplient et rencontrent un réel succès. La plupart des grandes enseignes outre-Atlantique font appel à leur collaboration. Il en est de même pour les conseillers de certains hommes politiques américains allant jusqu'aux présidents.

Ces constats nous encouragent à essayer de mieux comprendre comment fonctionne le cerveau humain ainsi que ses modes de réaction aux sollicitations du marketing, du commerce et de la communication. Le professeur neurochirurgien Patrick M. Georges nous a aidés à acquérir cette connaissance. Notre collaboration a permis de publier en commun un premier ouvrage, *Le Neuromarketing en action*[2], qui connaît une notoriété internationale.

Pour le présent ouvrage, notre préoccupation est différente.

Nous sommes surpris de constater que le marketing et la communication continuent à se fonder, en grande partie, sur l'hypothèse que le consommateur est rationnel tant dans ses décisions d'achat que dans sa perception des messages publicitaires. Une large part des recherches, études, sondages réalisés de nos jours se limite à lui demander ce qu'il pense.

Les recherches accomplies à partir des techniques issues des neurosciences vont à l'opposé de cette croyance. Les neuroscientifiques, comme nous le verrons au cours de cet ouvrage, démontrent qu'une très grande partie de nos actions est directement régie par notre cerveau en dehors de la conscience. Lorsque nous nous levons le matin, nous brossons les dents, conduisons pour aller au travail… la plupart de ces actes se réalisent sans réfléchir. Pourtant, des millions de neurones commandés par le cerveau travaillent pour les accomplir correctement sans que nous en prenions conscience.

Il en est de même pour les achats. Les experts nord-américains en neuromarketing, tels qu'A.K. Pradeep et Martin Lindstrom, n'hésitent pas à affirmer que 70 à 80 % d'entre eux sont irrationnels. Leur constat les conduit à s'interroger sur l'incohérence du marketing et de la communication qui continuent à engager d'importantes dépenses en se fondant sur la supposition que le client est rationnel alors qu'il ne l'est que dans une proportion extrêmement limitée.

> *Les experts nord-américains en neuromarketing n'hésitent pas à affirmer que 70 à 80 % des achats sont irrationnels*

Cette interpellation nous amène à nous intéresser aux modes de perceptions et de comportements inconscients du cerveau confronté aux sollicitations émanant du marketing et de la communication.

Après avoir réalisé une série d'enquêtes auprès des professionnels et experts en neurosciences, consulté de très nombreuses recherches, lu un grand nombre d'articles et de livres, nous avons choisi de consacrer un ouvrage à ce sujet. Sa publication est l'aboutissement de nos recherches et réflexions. Il se consacre à l'étude des perceptions et décisions inconscientes, ou hors de la conscience, du cerveau du consommateur lorsqu'il est sollicité par le marketing, le commerce et la communication. Pour simplifier nous l'appellerons, dans cette situation, un « neuro-consommateur ».

Les tentatives destinées à comprendre les réactions inconscientes des citoyens confrontés aux propositions du commerce et de la communication sont bien antérieures à l'émergence des neurosciences.

Dans la Grèce antique, après les sophistes, les philosophes, à l'instigation d'Aristote, comprennent très tôt l'importance de s'adresser à l'inconscient de l'auditoire pour valoriser le discours. Ils inventent la rhétorique, une méthode conçue pour séduire le public. Elle fait largement appel à des artifices irrationnels destinés à crédibiliser les propos tenus par l'orateur. Au cours des siècles qui suivent, d'abord à Rome puis en Europe, de nombreux penseurs mettent en lumière l'importance jouée par l'inconscient dans les comportements et les décisions humaines.

Parmi eux, Sigmund Freud aura une influence majeure. Elle perdure et demeure d'actualité de nos jours à travers différentes écoles de psychanalyse.

Dans la première partie de cet ouvrage, nous estimons intéressant de nous référer à ces penseurs dont les idées, souvent d'une grande modernité, sont redécouvertes par les neuroscientifiques de notre époque. Le célèbre professeur en neurosciences Antonio Damasio se réfère dans ses principaux écrits à Spinoza et à Descartes.

Au cours de cette partie, nous portons un intérêt aux avancées du marketing dans la compréhension du comportement du consommateur. Nous évoquons leur apport. Nous soulignons les limites des principales techniques fréquemment pratiquées par cette discipline en grande partie fondées sur l'interview. Une interrogation sur leur pertinence, qui néglige trop souvent les perceptions inconscientes des clients, alimente nos réflexions.

Elle nous conduit à rechercher la contribution des savoirs neuroscientifiques à la connaissance des attitudes et décisions irrationnelles des clients.

Dès le début du XXIe siècle, aux États-Unis, des chercheurs en marketing, tels que Read Montague et ses collègues, commencent à utiliser l'IRM (imagerie par résonance magnétique) pour mieux comprendre le rôle direct que joue le cerveau dans la perception et l'influence des marques. L'ère du neuromarketing est en voie d'éclosion. Les recherches sont rapidement suivies par des applications dans les entreprises pour améliorer l'efficacité du marketing, des ventes et de la communication. Leur but n'est pas de remplacer le marketing traditionnel, mais de le compléter en élargissant ses méthodes d'investigation.

Pour mieux comprendre l'intérêt de cette démarche, nous avons dû approfondir nos connaissances sur le fonctionnement du cerveau. Ses modes d'action, largement sous-estimés pendant de nombreux siècles, demeurent encore relativement méconnus de nos jours. Nous nous sommes penchés sur les principales techniques utilisées. Elles partent des méthodes d'observation comme la PNL (programmation neuro-linguistique), l'AT (analyse transactionnelle), etc. pour aboutir à des outils neuroscientifiques plus complexes utilisant l'IRM (imagerie par résonance magnétique), l'EEG (électroencéphalographie) ou d'autres procédés moins élaborés tels que l'oculométrie *(eye-tracking),* la neuro-endocrinologie, le diagnostic neuroscientifique… Leur connaissance apparaît indispensable pour comprendre scientifiquement les perceptions inconscientes du cerveau des individus. L'ensemble de ces pratiques fait l'objet d'une présentation au cours de cette première partie.

Pour concrétiser la première partie de cet ouvrage, nous abordons les résultats obtenus par les recherches neuroscientifiques.

La deuxième partie est consacrée à la compréhension du comportement hors de la conscience du cerveau du « neuro-consommateur ».

Après une étude de ses principes d'action, nos recherches portent sur les éléments endogènes et exogènes qui conditionnent ses comportements. Certains, tels que le sexe ou l'âge, modifient en profondeur ses perceptions et attitudes.

Conditionné par sa génétique et sa structuration, le cerveau masculin possède des prédispositions comportementales très différentes de celles du cerveau féminin. L'âge produit également d'importantes mutations dans la perception de son environnement et dans ses attentes.

Le cerveau est aussi soumis à l'influence de ses « marqueurs somatiques » découverts par Antonio Damasio et ses collègues et de ses « neurones miroirs » mis en lumière par Giacomo Rizzolatti, Corrado Sinigaglia et leurs équipes.

L'intelligence émotionnelle se voit accorder, en ce début de siècle, une importance significative par rapport à l'intelligence intellectuelle mesurée par le célèbre QI (quotient intellectuel).

Le rôle joué par les émotions et les désirs, déjà mis en lumière par les psychanalystes, est confirmé par les recherches neuroscientifiques. Certains professionnels vont jusqu'à préconiser d'améliorer le marketing et la communication en proposant d'élaborer un « marketing des émotions » ou un « marketing des désirs ».

Après nous être préoccupés d'expliquer la manière dont réagit le cerveau hors de la conscience, de comprendre les éléments qui modifient ses perceptions et son comportement, nous portons notre intérêt aux applications qui résultent de ces observations.

Notre troisième partie s'intéresse à la façon dont les sens peuvent inconsciemment influencer le comportement du cerveau des neuro-consommateurs. Leur particularité est d'accéder directement aux zones internes de cet organe en court-circuitant la conscience. Face à une perception sensorielle, le raisonnement peut se trouver altéré. De nombreuses expériences scientifiques montrent qu'il est possible de créer de fausses impressions sur le cerveau aussi bien qu'une mémoire infidèle, de lui faire éprouver des émotions irréelles, de le conduire à des décisions spontanées hors de tout raisonnement. Au cours de cette partie, nous évoquons la manière dont les cinq principaux sens : la vue, l'audition, l'odorat, le goût et le toucher se révèlent capables d'orienter ses comportements. Le « marketing sensoriel » utilise largement l'influence des sens pour accroître les ventes, rendre les produits ou services plus attirants, permettre de davantage mémoriser une marque… De nombreux exemples d'application concrets, recueillis auprès d'enseignes existantes, permettent d'illustrer cette partie.

La quatrième partie de l'ouvrage analyse la manière dont le cerveau du neuro-consommateur peut être influencé par une ergonomie cognitive des produits, de la tarification, de la distribution, de la vente. Une bonne connaissance des perceptions du cerveau joue un rôle important pour rendre plus efficace : une innovation, un « packaging », la tarification d'un produit ou d'un service… La création d'une ambiance sensorielle dans un point de vente influe sur sa fréquentation, la durée de présence des clients et, par conséquent, sur le volume des ventes. Les grandes marques de produits et services s'adressent fréquemment à des professionnels du neuromarketing ou à des cogniticiens pour améliorer leurs créations et l'attractivité des biens qu'ils destinent aux consommateurs. Les enseignes de la grande distribution, les points de vente n'hésitent plus à demander à des experts du son, des odeurs, etc. de leur créer des éléments correspondant au positionnement sensoriel qu'ils désirent faire percevoir à leur clientèle. Pour de nombreuses entreprises, une stratégie sensorielle est appelée à compléter la politique de communication. De même que la partie précédente, notre quatrième partie présente des exemples concrets permettant d'illustrer nos propos.

La cinquième partie s'attache à traiter des relations subliminales qui existent entre le cerveau, la communication et les marques. Si l'on se réfère au montant des budgets dépensés par les entreprises dans ces domaines, il est aisé de comprendre le souci qu'elles ont d'assurer leur efficacité. Le sujet n'est pas nouveau. De longue date, les orateurs, comme nous venons de le voir, cherchent à améliorer la crédibilité de leurs discours en utilisant des procédés subliminaux c'est-à-dire en touchant le cerveau des auditeurs en dehors de leur conscience. Certains d'entre eux – tels que la présence de messages non observables par la vue mais directement enregistrés par le cerveau – sont interdits dans de nombreux pays. Le subliminal sous des formes parfaitement licites améliore l'efficacité des messages. Dans un ouvrage devenu un « best-seller », Vance Packard dénonce la croissance de la « persuasion clandestine » dans les civilisations occidentales. Au cours de cette partie, nous exposons la plupart des artifices employés dans la communication. Ils revêtent des formes variées reposant sur des astuces classiques : divertissement publicitaire, arts, règles de l'harmonie comme le célèbre « nombre d'or » ou les « proportions de Vitruve », érotisme… à des méthodes plus élaborées comme l'utilisation des *« nudges »*. Dans ce domaine, l'appel aux neurosciences apporte un éclairage nouveau. Les récentes recherches nous aident à davantage comprendre l'influence de certains artifices de la communication venant de l'écriture, des images, des vidéos, des pages sur les différents écrans… Neuro-compatibles, ils plaisent au cerveau et lui rendent les messages plus agréables et davantage convaincants.

Une référence aux recherches scientifiques actuelles illustrée par des cas réels d'applications permet de conférer un contenu concret et opérationnel à cette partie.

La sixième partie concerne les mutations du cerveau engendrées par l'importance de la révolution digitale, l'émergence des réseaux communautaires et sociaux, l'interconnexion des objets entre eux et avec les humains. Grâce à l'utilisation d'Internet et des mobiles, le neuro-consommateur a désormais la possibilité d'obtenir une multiplicité d'informations et de contacts, en temps réel, sur toute la planète à des tarifs extrêmement bas. La recherche d'interactivité avec des amis virtuels tout comme avec les enseignes transforme en profondeur le comportement de son cerveau, pouvant même lui créer de véritables addictions. Certains observateurs n'hésitent pas à avancer l'idée que le téléphone mobile devient un inséparable « doudou » pour adolescents ou adultes regroupés dans les réseaux sociaux et communautaires. Leur conscience devient collective. Ils se transforment progressivement en « neuro-conso-acteurs » influencés par leurs communautés d'appartenance. Le marketing et la communication des entreprises ont besoin de s'adapter rapidement aux mutations des perceptions du cerveau.

Cette dernière partie de l'ouvrage s'efforce de comprendre et d'exposer les changements induits dans le cerveau par les profondes transformations conditionnées par l'avènement d'un environnement digital et communautaire. Elle s'intéresse à la manière dont les enseignes doivent faire face à une mutation de la conscience personnelle en conscience collective. Elle apporte une réflexion sur le besoin d'interactivité relationnelle ressentie par le cerveau des neuro-internautes adhérents aux réseaux sociaux et communautaires.

Pour faire face, elles utilisent de nouvelles techniques émanant du « Big Data », du « Social CRM »… Elles n'hésitent plus à engager des professionnels issus de nouveaux métiers : « webmaster », « community manager », « social network officer »… Aussi intéressantes qu'elles soient, les approches consistent encore trop fréquemment à apporter des réponses d'ordre tactique plutôt que stratégique et organisationnel… La sixième partie accorde une large place à une vision de ce que préconisent les experts de ce domaine et à l'analyse d'expériences concrètes.

Une évolution du marketing et de la communication devient indispensable. L'appel aux nouvelles possibilités émanant des recherches et études neuroscientifiques ne peut que se révéler profitable pour ces deux disciplines.

Le but de cet ouvrage n'est aucunement de se livrer à un prosélytisme sur l'utilisation des neurosciences dans le marketing, la vente ou la communication et encore moins de faire une apologie du neuromarketing. Il se limite à analyser les multiples recherches et applications concrètes réalisées et réfléchir sur l'intérêt qu'elles peuvent présenter pour les entreprises et les consommateurs. Il ne néglige pas les aspects éthiques et déontologiques indispensables lors de leurs utilisations. Les opinions sont diverses et les débats sont nombreux sur cette question.

Le livre n'a pas non plus pour objet de remettre en cause l'intérêt présenté par les pratiques traditionnelles du marketing et de la communication. Il s'intéresse simplement à tenter de les améliorer en proposant de nouvelles approches, désormais permises, en faisant appel au savoir neuroscientifique. À partir d'une meilleure connaissance du comportement du cerveau du consommateur, celle de ses perceptions inconscientes et irrationnelles, longtemps sous-estimées par les recherches et études dans ces disciplines, il espère apporter sa contribution à leur perfectionnement dans l'intérêt conjoint des consommateurs et des enseignes.

L'ouvrage concerne les entreprises intéressées à parfaire leur attirance. Il concerne aussi les clients soucieux de ne plus se faire surprendre par les artifices de la communication et de la vente, grâce à une meilleure connaissance des perceptions subliminales et des réactions inconscientes de leur cerveau. À ceux qui s'interpellent face à l'invasion du monde digital et des réseaux sociaux principalement lorsqu'ils transforment progressivement leur conscience individuelle en une conscience collective.

Il s'adresse aux professionnels internes et externes des recherches et études, du marketing, de la vente et la distribution, de la publicité et du design, de la communication sous toutes ses formes intégrant Internet et les mobiles, à ceux qui mettent en place le marketing digital… Il est susceptible d'intéresser les dirigeants et membres des comités de direction en leur apportant une vision nouvelle sur le comportement de ce qui constitue une des grandes richesses de leur entreprise : les clients.

Il permet d'alimenter l'information des professeurs et des étudiants incluant la formation permanente des professionnels dans les disciplines préalablement mentionnées. Il souhaite contribuer à élargir les perspectives des recherches et le contenu des enseignements.

partie 1
L'AVÈNEMENT DU NEURO-CONSOMMATEUR

Le comportement « inconscient, instinctif, irrationnel » des hommes est longtemps demeuré une énigme pour les philosophes, psychologues, sociologues... comme pour le marketing. Avec l'utilisation des techniques neuroscientifiques permettant de visualiser et d'observer le fonctionnement du cerveau, il devient possible d'éclairer cette part d'ombre. L'étude du « neuro-consommateur » apporte une indispensable contribution à la connaissance du consommateur.

INTRODUCTION

Un nombre important d'ouvrages traite des études sur les comportements des consommateurs. Leurs apports permettent aux entreprises d'améliorer leur marketing par une meilleure connaissance des clients. Malgré d'incontestables qualités, ces études présentent un ensemble de limites bien souvent dues à leur méthodologie d'enquête et d'analyse. De nouvelles techniques émanant des neurosciences sont désormais disponibles pour parfaire les connaissances relatives aux comportements des consommateurs. Leur utilisation ne prétend pas remplacer les recherches réalisées par d'autres méthodes, mais davantage les compléter. Elles se situent dans la continuité des réflexions d'abord philosophiques puis psychologiques, sociologiques et marketing sur ce sujet. En observant directement les réactions du cerveau aux stimuli du marketing et de la communication, de nouvelles technologies telles que l'IRM ou l'EEG enrichissent les informations recueillies par les enquêtes traditionnelles. L'appel aux neurosciences permet de confirmer ou d'infirmer certaines observations comportementales émanant de philosophes, de chercheurs en marketing, mais aussi de les expliquer et de les compléter. L'examen direct du cerveau du consommateur réserve souvent d'importantes surprises.

> *La connaissance du cerveau humain devient un sujet de prédilection dont l'intérêt ne cesse d'augmenter*

En ce début du XXIe siècle, les recherches sur le comportement du cerveau intéressent un nombre accru de scientifiques dans plusieurs domaines allant bien au-delà de la médecine. Longtemps sous-estimée au cours des siècles précédents, la connaissance du cerveau humain devient un sujet de prédilection dont l'intérêt ne cesse d'augmenter.

Après les psychologues, les sociologues… les chercheurs en marketing ressentent le besoin de comprendre le comportement instinctif, le plus souvent inconscient, du cerveau du « neuro-consommateur ». Le phénomène est relativement récent. Les premières investigations menées par Read Montague et ses collaborateurs aux États-Unis ne datent que du début de ce siècle. En s'intéressant à l'évolution des connaissances neuroscientifiques, en utilisant les techniques issues des neurosciences, les chercheurs découvrent de nouveaux horizons permettant de mieux saisir le comportement du consommateur lorsque ses processus d'achat et ses perceptions sont sous l'influence directe des automatismes de son cerveau.

L'efficacité obtenue par l'utilisation de ces outils amène des interrogations liées aux risques d'intrusion dans la liberté des citoyens, mais aussi de manipulation. L'édification de règles éthiques et déontologiques devient nécessaire pour les protéger contre d'éventuels abus.

CHAPITRE 1
DES THÉORIES PHILOSOPHIQUES AUX NEUROSCIENCES

Les neuroscientifiques montrent un réel intérêt pour les différentes théories proposées par les philosophes et les penseurs sur les comportements humains. Certaines d'entre elles leur permettent d'élaborer des hypothèses liées au comportement du cerveau du consommateur soumis aux stimuli de son environnement. Elles sont vérifiées à l'aide de techniques conçues par les neurosciences.

Antonio Damasio, neurologue de renommée mondiale, s'inspire de philosophes comme Descartes ou Spinoza pour élaborer des hypothèses relatives à ses expériences neuroscientifiques. Patricia Churchland, philosophe américaine, établit un lien étroit entre la philosophie et les neurosciences.

Le comportement du consommateur à la recherche du bonheur

Notre cerveau est fréquemment considéré par les neurologues comme un organe dont une des fonctions importantes est de contribuer au bonheur des personnes en organisant un fonctionnement équilibré et harmonisé du corps et des pensées humaines à partir du système hormonal. Ce processus, appelé «homéostasie», affecte le comportement des individus en situation de consommation.

La recherche du bonheur constitue une des préoccupations fondamentales de nombreuses écoles philosophiques. Il nous paraît intéressant de commencer cet ouvrage en nous référant à certaines de leurs idées susceptibles d'orienter le comportement des consommateurs. Le livre de Frédéric Lenoir *Du bonheur – Un voyage philosophique*[3], accompagné de lectures émanant de philosophes, nous aide à dresser une synthèse de pensées intéressant les neuroscientifiques du XXIe siècle.

Une première dichotomie sépare les penseurs qui croient que le bonheur ne peut être réalisé dans le monde où nous vivons et ceux qui pensent le contraire. Cette divergence des croyances entraîne des comportements d'achat différents, parfois opposés, auprès des citoyens qui y adhèrent.

Le premier courant de pensée est soutenu dans les religions judéo-chrétiennes. Il est défendu par de nombreux philosophes tels que Socrate, Pascal, Descartes, Kant…

Le bonheur ne pouvant être obtenu sur terre, l'essentiel est de vivre selon des règles morales qui permettent de l'obtenir dans un autre monde. Socrate, selon Platon, préfère parler de « vie bonne » sur terre fondée sur la vertu et les valeurs de la cité que de « vie heureuse ». Comme Jésus, Socrate n'hésite pas à sacrifier sa vie au nom d'une vérité et de valeurs plus élevées, aspirant par cette conduite à atteindre un bonheur véritable après la mort. Dans ses écrits, le philosophe Emmanuel Kant[4] (1724-1804) synthétise cette pensée. Pour lui, « le bonheur plein et complet n'existe pas sur terre : ce n'est qu'un idéal de l'imagination ». On ne peut espérer atteindre le bonheur idéal, la béatitude éternelle qu'après sa mort. C'est une récompense accordée par Dieu à ceux qui ont su mener une existence morale et juste.

Cette approche philosophique s'attache davantage à rechercher la sainteté que la sagesse. Elle peut occasionner des réponses comportementales auprès de catégories de consommateurs dont le cerveau est culturellement influencé par ces croyances.

> *Ceux qui adhèrent à ces idées adoptent parfois un comportement relativement ascétique face aux multiples sollicitations du marketing et de la communication. Ils montrent une préférence pour ce qui est naturel et un rejet de ce qu'ils considèrent comme « surfait ». Cette attitude peut se traduire chez certains par un rejet de la société de consommation ou un refus des marques. Les adeptes de ces pensées s'intéressent aux produits démarqués, au « hard discount », au « low-cost »… Ils choisissent les offres qu'ils estiment convenables eu égard à leurs principes de vie ou de moralité (biens émanant du commerce équitable, du développement*

durable, proposés par des entreprises socialement responsables), des produits en harmonie avec la nature et les métiers qui sont en étroite relation avec elle (naturels ou biologiques, de fabrication artisanale en liaison avec le terroir…).

À l'inverse, d'importants courants philosophiques estiment que le bonheur peut et doit se trouver dans notre monde. Ce qui, en dehors des non-croyants, n'empêche pas de penser qu'une certaine félicité peut également exister après la mort.

Aristote et Épicure sont restés célèbres pour avoir préconisé un style de vie fondé sur le plaisir.

Précepteur d'Alexandre le Grand, Aristote (384-322 av. J.-C.) quitte l'Académie de son maître Platon pour fonder à Athènes, en 335 avant Jésus-Christ, sa propre école, le Lycée. Dans son ouvrage largement consacré au bonheur, *Éthique à Nicomaque*[5], il écrit : « Le bonheur ne va pas sans le plaisir. » Pour ce philosophe, le plaisir est une sensation agréable liée à la satisfaction d'un besoin ou d'un désir du corps, mais aussi de l'esprit. Le plaisir demeure le principal moteur de nos actions. Il préconise d'adopter un comportement humain conduisant à rechercher « un maximum de plaisir avec un maximum de raison ».

Épicure (341-270 av. J.-C.), dont le nom reste encore de nos jours attaché à la notion de recherche du plaisir, crée également son école en Grèce, le Jardin. Dans son enseignement et ses principaux écrits, *Lettre à Ménécée* et *Lettres et Maximes*[6], il opère une distinction entre trois types de désirs. Les premiers sont les désirs naturels et nécessaires (manger, boire, s'habiller, se loger…). Les deuxièmes sont les désirs naturels non indispensables (vêtements de luxe, cuisine raffinée, logement confortable…). Les troisièmes sont des désirs qu'il considère comme ni naturels ni fondamentaux (pouvoir, honneurs, faste…). Pour atteindre le bonheur dans notre monde, il préconise un comportement qui permette de satisfaire les premiers, de chercher à satisfaire les deuxièmes et d'éviter les troisièmes. Sa pensée de recherche du plaisir reste modérée et ne correspond pas à l'image conférée de nos jours à l'épicurisme parfois considéré comme un mode de vie conduisant à la débauche, à la luxure, à la quête de jouissance immodérée.

Au XVIe siècle, Michel de Montaigne (1533-1592), considéré plus tard par Friedrich Nietzsche comme le premier des penseurs modernes, propose dans ses *Essais*[7] de trouver le bonheur en se frayant « un chemin de sagesse joyeux conforme à la nature de chacun ». Il préconise d'aimer la vie et de jouir avec justesse et souplesse des plaisirs qu'elle procure selon les besoins de sa propre nature. Le comportement qu'il conseille – et qui est le sien – consiste à être le plus heureux possible selon ses propres aspirations en goûtant aux bons plaisirs que lui dispense quotidiennement la vie.

Dans *Divan occidental et Oriental*[8], Johann Wolfgang von Goethe (1749-1832) prétend « que le bonheur consiste à vivre selon sa propre nature, en développant sa personnalité pour permettre de profiter de la vie et du monde avec la sensibilité la plus riche possible ».

Les consommateurs adhérant à ce type de philosophie adoptent davantage un comportement hédoniste, voire épicurien. Ils accorderont une préférence à la jouissance de l'instant présent ainsi qu'un intérêt pour l'acquisition de biens de consommation ou de plaisir, de produits de luxe…

Des théories philosophiques aux neurosciences

Les neuroscientifiques se réfèrent fréquemment aux concepts philosophiques pour vérifier certaines hypothèses permettant de mieux comprendre, à partir des techniques spécifiques, les fondements du comportement du cerveau des personnes.

C'est par exemple le cas lorsqu'il s'agit d'expliquer les relations entre le corps et l'esprit, le rôle des émotions, de la mémoire, des désirs…

Le neurologue Antonio Damasio, dans deux ouvrages célèbres[9], conteste les théories de Descartes visant à séparer le corps et l'esprit et atteste au contraire du bien-fondé des approches de Spinoza, lorsque ce dernier affirme une profonde interaction entre ces deux composantes de la nature humaine.

Les écrits d'Arthur Schopenhauer[10] (1788-1860) montrant le rôle fondamental de la santé sur l'aptitude au bonheur ou au malheur – « Un mendiant en bonne santé est plus heureux qu'un roi malade » – intéressent les neuroscientifiques qui étudient les rapports entre le bien-être du corps et le comportement des personnes.

> *Les neuroscientifiques se réfèrent fréquemment aux concepts philosophiques pour vérifier certaines hypothèses permettant de mieux comprendre, à partir des techniques spécifiques, les fondements du comportement du cerveau des personnes.*

Antonio Damasio apporte également une grande attention à la lecture d'*Éthique*[11], ouvrage de Baruch Spinoza (1632-1677). Il reconnaît au philosophe l'intérêt de montrer l'importance jouée par ce que celui-ci nomme les « affects », les émotions, dans le conditionnement du comportement humain. Il s'attache à vérifier ces théories à partir de l'analyse neuroscientifique dans le cadre du département de neurologie de l'institut d'Iowa aux États-Unis.

Les relations entre les comportements et la mémoire font l'objet de nombreuses préoccupations des neurologues.

Platon (427-348 av. J.-C.), dans *Philébe*[12], insiste sur le rôle que joue la mémoire sur le bonheur, mais aussi sur l'influence du souvenir des plaisirs corporels dans les comportements : « C'est parce que j'ai gardé en mémoire l'intense plaisir que j'ai éprouvé à boire un bon vin que je suis heureux non seulement de m'en souvenir, mais également d'y goûter à nouveau. »

Plus récemment, Proust (1871-1922), dans *À la recherche du temps perdu*[13], présente l'interrelation qui peut exister entre la mémoire et certains sens comme l'odorat ou le goût. Une odeur, un goût permettent au personnage du roman de revivre dans le présent des moments heureux vécus dans le passé. Ce phénomène constitue la base de recherches neuroscientifiques et neuromarketing portant sur l'influence des sens sur le comportement des consommateurs, notamment dans les points de vente. Concernant la mémoire, Antonio Damasio élabore sa théorie des « marqueurs somatiques ».

Le désir, comme source de plaisir et moteur de la consommation, fait actuellement l'objet d'études menées par plusieurs laboratoires neuroscientifiques en Europe comme aux États-Unis. Spinoza leur laisse une importante source de réflexion lorsqu'il écrit : « Je ne désire pas les choses parce qu'elles sont belles ou bonnes, c'est parce que je les désire qu'elles sont belles ou bonnes[14]. »

Joseph Breuer (1842-1925) et Sigmund Freud (1856-1939) sont avec Carl Gustav Jung[15] (1875-1961) considérés comme de véritables précurseurs de la reconnaissance du rôle joué par l'inconscient pour expliquer les attitudes et comportements humains. Sigmund Freud, en créant la psychanalyse, puis ses disciples montrent l'intérêt de comprendre les modes de fonctionnement du cerveau en deçà de la conscience. Comme de nombreux autres neuroscientifiques, David Eagleman, directeur du laboratoire « Perception et action » au Baylor Collège of Medicine à Houston (Texas), leur rend hommage dans son ouvrage *Incognito – La Vie secrète du cerveau*[16].

Dès la deuxième moitié du XXe siècle, plusieurs penseurs s'attachent à établir des liens étroits entre la philosophie et les neurosciences. Un important courant de pensée apparaît en Amérique du Nord sous le nom de « révolution cognitive » associant différentes écoles et sciences du savoir et de la réflexion.

Patricia Churchland, auteur de nombreux ouvrages dont *Braintrust – What Neurosciences Tells Us about Morality*[17], est un précurseur en créant le concept de « neurophilosophie ». Elle conseille de remplacer la philosophie du « fauteuil » par une philosophie qui soit davantage en relation avec les avancées proposées par les neurosciences.

Au milieu des années 1980, Jean-Pierre Changeux, neurobiologiste français, présente certaines recommandations pour restructurer le domaine des recherches en sciences cognitives, « sciences qui ont pour objet d'étudier les mécanismes de la pensée – langage, psychologie, mémoire, pensée, raisonnement, organisation du comportement[18] ». Il propose l'idée d'une indispensable interdisciplinarité dans ce domaine. En 1990, en France, le CNRS promeut un programme intitulé « Cognisciences », dirigé par André Holley, puis décide de créer l'Institut des sciences cognitives situé à Bron dans la banlieue lyonnaise.

Dans cet institut, Marc Jeannerod (1935-2011), auteur de plusieurs livres, dont *La Nature de l'esprit*[19], cherche à comprendre les liens entre l'esprit et le cerveau à partir d'une relation étroite entre la biologie et la philosophie, en se reposant sur l'histoire de cette relation.

CHAPITRE 2
LE COMPORTEMENT DU CONSOMMATEUR ÉCLAIRÉ PAR LA RECHERCHE EN MARKETING

Trouver le bouton qui déclenche les achats chez le consommateur demeure le rêve des services de recherche en marketing. Depuis que cette discipline existe, l'analyse des goûts, besoins et attentes des clients à travers de nombreux types d'études sur le comportement des consommateurs apporte des informations utiles aux entreprises. Plusieurs sociétés spécialisées dans la réalisation de ces études existent dans la plupart des pays. Certaines ont une renommée internationale : Nielsen, TNS-Sofres, Louis Harris… Les professeurs des départements marketing dans les grandes universités et écoles de gestion font de l'amélioration des connaissances sur le comportement du consommateur un important sujet de réflexion donnant lieu à de multiples publications dans les revues scientifiques. L'augmentation du savoir dans ce domaine permet aux entreprises de perfectionner l'adaptation de leurs offres aux attentes des clients. Les techniques utilisées sont nombreuses. Au-delà du marketing, elles font appel à d'autres disciplines telles que la psychologie, la psychanalyse, la sociologie, la sociométrie, la sémiologie…

Les recherches sur le comportement du consommateur font l'objet de plusieurs ouvrages et publications[20] permettant aux lecteurs intéressés d'approfondir ce chapitre.

Comprendre le comportement du consommateur à partir des études d'enquêtes

Les premiers types d'études ont pour but d'éclairer les interrogations que se posent en permanence les départements marketing concernant le consommateur. Parmi elles : pourquoi achète-t-il ? Quand achète-t-il ? Où achète-t-il ? Qu'achète-t-il ? Dans sa famille : qui achète ? Qui prescrit ? Qui influence ? Qui consomme ? En dehors de la famille : qui l'influence dans ses achats ? Comment a-t-il connu les offres proposées ? Qu'apprécie-t-il dans un point de vente ou en présence d'un commercial ? Elles s'intéressent à ce qui forme ses besoins actuels ou futurs, ses goûts, intérêts, motivations, intentions d'achat… Elles essayent d'apporter un éclairage aux multiples questions que se posent les entreprises souhaitant satisfaire la clientèle à partir d'une meilleure connaissance de ses attentes. Pour les aider à répondre, les chercheurs élaborent un ensemble de méthodologies largement décrites dans des ouvrages de référence[21].

Parmi les principales techniques utilisées, on rencontre :

- les interviews en face à face ;
- les interviews par questionnaire postal, téléphonique, Internet ;
- les *focus groups* ou « entretiens de groupes » habituellement menés par un psychologue ;
- l'écoute client qui consiste à un libre entretien à son domicile ou sur son lieu de travail…

Afin de garantir l'objectivité et la fiabilité des résultats, il est indispensable de faire appel à de vrais professionnels maîtrisant l'ensemble des outils employés. C'est tout particulièrement le cas dans les différents domaines que sont la rédaction des questionnaires, l'élaboration des échantillons, le recrutement, la formation, l'encadrement et la gestion des enquêteurs, la pertinence des traitements statistiques…

Comprendre le comportement du consommateur à partir des études d'observation

Les techniques de recherches relatives au comportement des consommateurs fondées sur des interviews montrent des limites dans certains domaines. C'est le cas lorsque la personne interviewée est gênée par la présence d'un enquêteur. Quand elle ne peut pas répondre, par exemple lorsque l'on souhaite connaître ce qu'aime un animal ou un bébé. C'est aussi le cas lorsqu'elle a du mal à répondre à certaines questions ou quand ses réponses ne reflètent pas son comportement d'achat.

> *Dans une expérimentation, on demande à des connaisseurs en vin ce qui pour eux fait la qualité de ce produit. Une réponse très largement majoritaire à l'interview, qui semble évidente, est « le goût ». Lorsqu'on soumet cette même population à d'autres types de tests, en particulier des tests aveugles (dégustation du même vin dans des bouteilles de formes différentes sans étiquette, dans des bouteilles identiques avec des étiquettes différentes), on s'aperçoit que la forme de la bouteille et de l'étiquette ont une influence beaucoup plus significative que le goût sur la perception de la qualité des produits.*

Afin de remédier en partie à ce type d'inconvénients, les chercheurs complètent les traditionnelles enquêtes à partir de questionnaires par des études fondées sur l'observation. Les méthodes sont variées[22]. Parmi les plus classiques, on remarque : l'utilisation de tests projectifs, la sémiologie, l'analyse des signes, des symboles, des icônes ; les tâches de construction, d'association, de complétion ; les recherches utilisant l'ethnologie ; les investigations sur la préférence et l'attirance des marques, l'étude du comportement des consommateurs observé dans des points de vente expérimentaux… Ce dernier type d'observation est réalisé par la société BVA dans différents pays.

Depuis quelques années la possibilité de stocker, gérer et d'analyser de très importantes bases de données, dans d'imposants systèmes de CRM (*Customer Relationship Management*) en français, GRC (gestion de la relation client) confère une nouvelle pertinence aux techniques d'observation. L'avènement de ce que les experts appellent « le Big Data » apporte une dimension nouvelle de grande importance à l'évolution des recherches fondées sur l'observation et à leur utilisation concrète et efficace dans le marketing, l'e-marketing (reposant sur l'Internet) et le m-marketing (reposant sur les mobiles).

Comprendre le comportement du consommateur à partir de la segmentation des clientèles

La recherche en marketing s'intéresse depuis longtemps à identifier des segments de marché composés de consommateurs ayant des comportements proches ou semblables.

Segmenter un marché, c'est : « Découper le marché potentiel total d'un produit ou d'un service en un certain nombre de sous-ensembles, aussi homogènes que possible, afin de permettre à une entreprise de mieux adapter sa politique commerciale à chacun de ces sous-ensembles ou à certains d'entre eux[23]. »

Dans la vente d'un produit alimentaire, le marché des bébés a un comportement spécifique fort différent de celui des adolescents, des adultes, des personnes âgées…
Il constitue un segment homogène du marché.

La segmentation évoque l'identification des marchés actuels et futurs en fonction de groupes spécifiques de clients ayant, à un certain niveau, des goûts, besoins et attitudes semblables. Cette connaissance est une condition fondamentale pour déceler l'apparition d'une clientèle nouvelle ou différente du « client moyen » présenté par l'analyse statistique et en tirer des conséquences au niveau de l'homogénéité des comportements.

> *La segmentation est une condition fondamentale pour déceler l'apparition d'une clientèle nouvelle ou différente du « client moyen »*

Selon Jacques Lendrevie et Julien Lévy : « Les critères de segmentation les plus fréquemment utilisés se classent en quatre catégories principales : démographiques, géographiques, sociales et économiques ; de personnalité et de style de vie ; de comportement ; d'attitude psychologique à l'égard du produit ou du service à commercialiser[24]. »

En dehors de critères de segmentations classiques (pour les individus : âge, sexe, revenu ou patrimoine, habitat, statut matrimonial ; pour les entreprises : chiffre d'affaires, nombre d'employés, secteur d'activité, statut de la société, âge et formation du dirigeant…) existent des comportements types en constante évolution qui conduisent à la recherche de typologies comportementales plus élaborées.

Aux États-Unis, James F. Engel, Roger D. Blackwell, Paul W. Miniard, dans leur ouvrage *Consumer Behavior*[25], un classique du domaine, s'intéressent à des segmentations ethniques, culturelles, sociales, familiales… susceptibles d'influencer le comportement des consommateurs. En Europe, on rencontre des segmentations temporelles qui consistent à rechercher des moments où les populations ont des comportements semblables quelle que soit leur catégorie socio-professionnelle (héritage, réception d'une somme d'argent importante, naissance d'un enfant ou d'un petit enfant…).

Les chercheurs en marketing s'efforcent de comprendre l'évolution des comportements des consommateurs dans le temps. Pour cela, ils font appel aux études sur les styles de vie et sur les courants socio-culturels dont l'origine est attribuée au sociologue Max Weber (1864-1920) pour les premières. Elles ont fait l'objet de nombreux travaux tant aux États-Unis qu'en Europe. Elles sont largement décrites en Europe dans les ouvrages de Bernard Cathelat[26] et de Pierre Valette-Florence[27].

La recherche traditionnelle sur le comportement du consommateur est en constante progression. Elle apporte un meilleur éclairage aux multiples interrogations des départements marketing sur leurs clientèles. Les méthodes couramment utilisées connaissent cependant certaines limites qui peuvent être dépassées grâce à l'utilisation de techniques proposées par les neurosciences.

CHAPITRE 3
LA LIMITE DES ÉTUDES MARKETING ET L'AVÈNEMENT DU « NEURO-CONSOMMATEUR »

L'arrivée des neurosciences dès la seconde moitié du XXe et leur utilisation dans la recherche en marketing à partir du XXIe siècle apportent une amélioration de la compréhension du comportement du consommateur. Et ce, avec la possibilité de regarder directement comment réagit le cerveau confronté aux stimuli de son environnement, en évitant l'interférence d'un enquêteur, en apportant une vision différente sur ce qui conditionne les agissements des personnes humaines… L'intégration de ces nouvelles connaissances permet de pallier certains biais. L'utilisation des neurosciences est en passe de faire évoluer la recherche en marketing sur le comportement d'un consommateur qui devient un neuro-consommateur lorsque sont privilégiées les investigations relatives aux modes de fonctionnement inconscients de son cerveau.

Limites des études traditionnelles en marketing

Les critiques concernant les limites des études traditionnelles en marketing ne datent pas d'aujourd'hui. Reposant largement sur des interviews et souvent sur la parole, les idées qui s'en dégagent font naître des interrogations sur la véracité des réponses.

Déjà, au début du XIXe siècle, le grand diplomate Talleyrand (1754-1838) se permet d'avancer dans ses discours : « La parole a été donnée à l'homme pour déguiser sa pensée. »

À la fin du siècle dernier, David Ogilvy (1911-1999), auteur d'ouvrages de référence dans la communication publicitaire[28], déclare dans ses conférences : « Les études en marketing, c'est comme les bikinis, elles montrent beaucoup de superflus, mais cachent l'essentiel. »

Plus récemment, Martin Lindstrom dans un livre reflétant le résultat de ses expériences, *Buy Ology – How Everything We Believe About Why We Buy is Wrong*[29], devenu malgré certaines critiques un « best-seller » mondial, insiste sur les insuffisances des études traditionnelles sur le consommateur. Il s'interroge sur le fait qu'en dépit des milliards de dollars dépensés chaque année aux États-Unis pour la recherche dans cette discipline, le taux d'échec des nouveaux produits continue à frôler 80 % après seulement les trois premiers mois de lancement. Il se demande pourquoi, malgré les centaines de milliards de dollars investis chaque année en communication publicitaire et dans les multiples recherches qui lui sont liées – budgets qui ont progressé de manière exponentielle au cours des quarante dernières années –, le taux de mémorisation des annonces ne fait que diminuer. À la télévision, malgré des coûts très élevés, le taux de mémorisation atteint des scores pouvant être inférieurs à 5 % quelques dizaines de minutes seulement après sa parution. La conclusion qu'il en tire est sévère : « Ce que les gens disent n'est pas significatif de leurs comportements. »

C'est aussi pour tenter de faire face aux limites rencontrées dans l'utilisation des traditionnelles études en marketing, qu'un autre chercheur, le docteur Anantha Krishnan Pradeep, auteur d'un livre[30], crée la société NeuroFocus.

Ces deux chercheurs tentent d'améliorer la perception du comportement du consommateur étudiée à partir des techniques classiques en utilisant de nouveaux outils issus des neurosciences.

> Ce que les gens disent n'est pas significatif de leurs comportements.

De nombreuses grandes entreprises internationales contribuent à financer leurs recherches ou font appel à leurs services. Parmi les sociétés mentionnées dans leurs ouvrages, on trouve des enseignes aussi différentes que : Glaxo Smith

Kline, Fremantle, Bertelsmann, Firmenich… chez le premier ; CBS, Microsoft, Google, PayPal, Citibank… chez le second.

Un ensemble de reproches sont fréquemment attribués aux méthodologies utilisées par les études traditionnelles. La principale est liée à la présence d'un enquêteur qui peut perturber les réponses de l'interviewé ou encore d'un observateur qui peut projeter ses propres sentiments dans l'interprétation des résultats. Et ce, malgré les nombreuses précautions prises pour faire face à ces biais.

Un premier type de biais cognitifs émane du contexte dans lequel se réalisent habituellement les recherches. Ils proviennent de réponses faussées par différents facteurs. Ils peuvent être liés :

- au conformisme social (souci d'apporter des réponses paraissant socialement correctes, crainte d'être évalué, jugé par l'enquêteur…) ;
- à la verbalisation (difficulté à trouver les mots ou phrases justes pour exprimer une sensation, une émotion, un sentiment…) ;
- au contexte (refus de répondre ou gêne devant l'enquêteur face à une mauvaise compréhension de la question…). Ce type de difficultés ressort plus particulièrement quand le consommateur est interrogé sur des sujets délicats : le sexe, l'argent, la mort, la vieillesse, la peur, la vie en couple ou en famille…

Il peut aussi avoir du mal à répondre lorsqu'il rencontre des difficultés à traduire par la parole ou l'écrit son cheminement cognitif conduisant à un choix ou encore à ce qu'éprouve un de ses sens. Dans leur ouvrage, Agnès Giboreau et Laurence Body[31] insistent sur cette difficulté. Pour ces deux auteurs, il est difficile de traduire les perceptions du consommateur par des mots. Il possède une faible maîtrise des termes sensoriels. Un même mot peut recouvrir différentes notions selon la personne qui l'emploie. Il devient difficile de choisir le mot pertinent pour les différents consommateurs d'un même échantillon. La perception est différente chez les experts habitués aux mots de l'expertise.

D'autres notions telles que celles du beau ou du laid, l'appréciation de formes innovantes sont difficiles à appréhender à l'aide des traditionnelles études en marketing. Leur connaissance peut pourtant se révéler très utile aux décideurs dans plusieurs domaines tels que le choix du design ou du packaging d'un produit.

L'industrie automobile est très soucieuse de découvrir la perception des consommateurs concernant le design d'un futur véhicule qui ne peut être mis sur le marché que quelques années après sa conception. Ce n'est pas le fait du hasard si le plus important constructeur mondial, Toyota, annonce son association avec le Riken Brain Science Institute au Japon. Le but de cette association est de mieux comprendre la physiologie du cerveau ainsi que le traitement des données. Le constructeur japonais envisage l'utilisation des neurosciences pour compléter les informations obtenues à partir des études traditionnelles utilisées jusqu'à présent.

L'intérêt de s'adresser directement au cerveau vient du fait que cet organe réagit avec une grande indépendance par rapport à son observateur. Il ne ment ni ne triche. La justice et la police de certains pays font appel aux réponses directes du cerveau, observées à l'IRM, comme détecteur de mensonges…

> *L'intérêt de s'adresser directement au cerveau vient du fait que cet organe réagit avec une grande indépendance par rapport à son observateur. Il ne ment ni ne triche.*

Les études traditionnelles réalisées sur le comportement du consommateur sont souvent suffisantes pour éclairer les directions marketing et répondre à un grand nombre de leurs préoccupations. L'utilisation des outils émanant des neurosciences, désormais utilisés par le neuromarketing, contribue à fournir un éclairage complémentaire si cela se révèle nécessaire. Il ne s'agit pas de remplacer les études traditionnelles, mais davantage de les compléter.

L'avènement du « neuro-consommateur »

Le « neuro-consommateur » existe depuis que les femmes et hommes choisissent de consommer. Son existence est, en revanche, révélée par l'émergence des neurosciences dans la recherche en marketing. L'étude de son comportement tente de comprendre ce qui l'amène à prendre des décisions d'achat inconscientes ou hors de sa conscience. Le philosophe Carl Gutav Jung écrit : « En chacun d'entre nous existe un autre être que nous ne connaissons pas[32]. »

Les neuroscientifiques insistent sur le fait qu'une très large majorité de nos actions et de nos décisions sont prises en dehors de l'intervention de notre conscience. Lors de la plupart de nos actions routinières (se brosser les dents, se laver, conduire), des millions de neurones sont automatiquement activés par notre cerveau sans même que nous nous en rendions compte.

Martin Lindstrom reproche aux traditionnelles recherches sur le comportement du consommateur de ne s'intéresser qu'aux 15 % des décisions d'achat qui restent conscientes alors que 85 % sont inconscientes. Pour cet expert, qui a réalisé 2 081 études sous IRM auprès de volontaires dans cinq pays (États-Unis, Grande-Bretagne, Allemagne, Japon et Chine), la plupart de nos décisions d'achat, fréquemment liées à nos émotions, sont irrationnelles : « Une marque, ce n'est que de l'émotion, on ne peut la voir, la sentir, la toucher[33]. » Elles sont rationalisées seulement *a posteriori*.

Les études de Martin Lindstrom, dont la rigueur méthodologique suscite parfois des critiques, intéressent de nombreux dirigeants de grandes sociétés performantes aux États-Unis. Celles qui remettent en cause les résultats des recherches traditionnelles sur le comportement du consommateur sont observées à la loupe par les directions du marketing et de la communication.

Certaines conclusions de ses expérimentations créent parfois un réel étonnement chez les professionnels.

Cela est le cas quand il affirme démontrer l'inutilité des « messages négatifs » largement utilisés sur les paquets de cigarettes[34]. Alors qu'une grande proportion de fumeurs déclarent, lorsqu'ils sont interviewés, que ce type de messages peut les conduire à arrêter de fumer, les études réalisées sous IRM semblent attester du contraire. Une observation directe de ce qui se passe dans le cerveau des patients soumis à ces messages montre qu'ils suscitent une réaction positive des zones de cet organe généralement impliquées dans l'addiction. L'utilisation de ce type d'annonces dans les campagnes antitabac produit un effet contraire à celui espéré, celui de donner envie de fumer.

Plusieurs découvertes de l'auteur de *Buy Ology* font l'objet de publications dans ses ouvrages ou dans différentes revues et journaux américains.

Un article publié dans le *New York Times*[35] concerne le risque élevé d'addiction que peut provoquer le téléphone mobile pour le cerveau du consommateur. Il peut même « tomber amoureux » de son appareil. L'article fait l'objet d'importants débats outre-Atlantique. Pour certains adultes, l'attachement permanent à leur téléphone mobile, ressemble à celui des jeunes enfants pour leur « doudou ».

La quantité de prestataires proposant d'améliorer la connaissance du comportement du consommateur, en utilisant les neurosciences, augmente dans le monde. Elles intéressent un

> *Pour certains adultes, l'attachement permanent à leur téléphone mobile, ressemble à celui des jeunes enfants pour leur « doudou ».*

nombre accru de professionnels du marketing et de la communication qui hésitent de moins en moins à faire appel à leurs services. L'étude du comportement du neuro-consommateur est en voie de devenir une réalité qui, au-delà du domaine de la recherche, connaît des utilisations opérationnelles dans les entreprises.

Le terme de « neuro-consommateur » n'apparaît guère dans la littérature marketing alors que celui de « neuromarketing » est désormais vulgarisé. Pour notre part, nous définissons le « neuro-consommateur » comme « un consommateur largement soumis aux automatismes inconscients ou hors de la conscience de son cerveau, dont les décisions et les processus d'achat sont fortement influencés par ses émotions et ses désirs ».

CHAPITRE 4
LE CERVEAU, UN ORGANE LONGTEMPS SOUS-ESTIMÉ

Si l'intérêt envers les connaissances sur le cerveau humain connaît un réel engouement en ce début de IIe millénaire, c'est loin d'être le cas au cours des précédents siècles. L'importance du cerveau comme centre de la réflexion, des émotions et de la pensée a longtemps été minimisée dans notre histoire.

Pour nombre de nos ancêtres, la source de la pensée et des sentiments vient du cœur et parfois du foie avec sa bile. D'où les expressions encore utilisées : « Il a du cœur », « il a bon cœur » ou encore « se faire de la bile », alors qu'il serait plus juste de dire « Il a du cerveau », « il a bon cerveau ». De plus, la bile est peu responsable de l'émergence des soucis. L'ouvrage d'André Parent *Histoire du cerveau. De l'Antiquité aux neurosciences*[36] permet au lecteur intéressé d'approfondir l'évolution des connaissances sur la fonction attribuée à cet organe au cours des siècles.

Le cerveau : de l'Antiquité au Moyen Âge

Même si l'on connaît des trépanations depuis la haute Antiquité occidentale (3000 av. J.-C.), en Afrique (2000 av. J.-C.), au Pérou vers la même époque…, l'importance du cerveau comme centre de réflexion et de décision n'est pas révélée.

Pour l'une des plus vieilles civilisations du monde, la civilisation égyptienne, le centre de la pensée et de la vie est le cœur. Les prêtres-embaumeurs n'hésitent pas à extirper le cerveau des momies sans aucune précaution alors que les autres organes sont conservés avec religiosité dans des canopes funéraires.

En Grèce, Alcméon de Crotone (VIe siècle av. J.-C.) aurait été le premier Occidental à émettre l'hypothèse que le cerveau peut être le siège qui gouverne le corps humain et à dresser une importante distinction comportementale entre les hommes et les animaux.

Plus tard, toujours en Grèce, un des philosophes les plus réputés de l'époque, Aristote (384-322 av. J.-C.), continue à prétendre que le siège de la pensée est le cœur. Il pense qu'une des rares utilités du cerveau est de refroidir le sang surchauffé par l'agitation émotionnelle du cœur. Bien que les connaissances modernes s'érigent en faux contre cette théorie, le vocabulaire en garde une réminiscence avec l'expression « avoir du sang-froid » ou « perdre son sang-froid ». Le grand médecin Hippocrate (460-377 av. J.-C.), probablement influencé par les anciennes théories d'Alcméon de Crotone, contredit les idées d'Aristote en prétendant que le cerveau est le véritable centre des sensations et de l'intelligence. Pour leur part, les philosophes grecs Platon (427-348 av. J.-C) et Démocrite (460-370 av. J.-C) pensent que le cerveau est l'organe de la pensée et des sens. Malheureusement pour la science, la vision d'Aristote reste pendant plusieurs siècles la plus suivie.

Une autre figure de la médecine de l'Antiquité, Claude Galien (131-201 apr. J.-C.), médecin grec vivant à Rome, procède à de nombreuses dissections sur des corps de singes - celles sur les cadavres humains sont interdites à l'époque. À partir d'une transposition sur les hommes de ses expériences animalières, Galien étudie l'influence des nerfs sur les mouvements musculaires. Ses recherches sur les traumatismes de la moelle épinière sont utilisées jusqu'au XIXe siècle. Les idées de Galien perdurent comme une importante base de la médecine au Moyen Âge, à l'image des pensées d'Aristote pendant plusieurs siècles.

Les Romains ne lèguent pas un important héritage à la médecine et encore moins de connaissances relatives au fonctionnement du cerveau.

Le cerveau : du Moyen Âge aux Temps modernes

Après les recherches de Galien, un âge sombre commence pour la médecine occidentale. Sous l'influence grandissante des Églises chrétiennes, la dissection du corps humain tout comme l'étude de l'anatomie demeurent largement proscrites.

La pensée ne peut venir que de l'âme, émanation directe de Dieu dont l'emplacement dans le corps humain reste diffus. Les croyances sur son origine sont largement dictées par les dogmes religieux qui régissent le comportement du public. À cette période, les citoyens semblent davantage s'intéresser au devenir de leur âme après leur mort qu'à sa place dans le corps humain.

Au XVIIe siècle, René Descartes[37] (1596-1650), dans son *Traité de l'homme* (1662), affirme une dualité corps-esprit. Les fonctions physiques sont régies par les « humeurs » alors que les fonctions mentales sont gouvernées par Dieu. Un lien, la glande pinéale, relie ces deux entités. Cette théorie, qui se révélera fausse, est assez largement acceptée pendant de nombreuses décennies. Le médecin et philosophe Julien Offray de La Mettrie[38] (1709-1751), environ un demi-siècle plus tard, élimine la nécessité de recourir, comme Descartes, à un lien (glande pinéale), en substituant le cerveau, conçu comme une machine, à l'âme.

Durant ces époques, quelques savants, peu nombreux, s'intéressent avec beaucoup de discrétion à la physiologie du cerveau. Au XVIe siècle, l'anatomiste André Vésale (1515-1564) brave les interdits en déterrant des cadavres pour les disséquer. Il fait avancer les connaissances sur le cerveau, mais est contraint de rester discret pour ne pas se voir condamner. Léonard de Vinci (1452-1519) réalise de nombreux croquis anatomiques. Il va jusqu'à imaginer que l'âme pourrait siéger dans le cerveau et que cet organe servirait de centre de contrôle au corps.

En Grande-Bretagne, au XVIIe siècle, le médecin anatomiste Thomas Willis (1621-1675) se livre aussi à l'étude des cadavres, et ce en dépit des interdits. Il découvre une partie du système vasculaire du cerveau nommé depuis « le polygone de Willis ». Il est considéré comme le père de la « neurologie », même si certains préfèrent attribuer cette paternité à Jean-Martin Charcot, deux siècles plus tard.

En autorisant la dissection des cadavres, la Révolution française permet à la médecine de réaliser d'importants progrès. Les études sur le cerveau humain mettent à profit cette opportunité.

Le XIXe siècle voit émerger de nombreuses recherches dont certains aboutissements n'ont lieu qu'au début du siècle suivant. Paul Broca (1824-1880) montre que le cerveau est compartimenté et qu'une de ses aires, toujours appelée « aire de Broca », est responsable du langage. Certaines affirmations émanant d'autres expériences de ce chirurgien-anthropologue sont moins heureuses. Fondateur de la Société d'anthropologie en France, il pèse 432 cerveaux d'hommes et de femmes. Sa conclusion selon laquelle « la petitesse du cerveau de la femme est révélatrice de son infériorité intellectuelle[39] » est démentie un siècle plus tard. Après sa mort, le cerveau de la personne considérée comme la plus intelligente du monde, Albert Einstein, donné à la médecine, est pesé. À la surprise de certains savants de l'époque, il se révèle d'un poids plus proche de celui d'un cerveau féminin que masculin.

Dès la fin du XIXe siècle et le début du XXe, on assiste à la multiplication des recherches sur le cerveau humain. Les guerres meurtrières, d'abord la guerre de Sécession aux États-Unis puis la Première Guerre mondiale, avec la multitude de blessés qu'elles engendrent et l'importance des traumatismes occasionnés, offrent un important terrain d'expérimentation aux chercheurs dans de multiples domaines liés à la médecine, à l'anatomie, à la psychologie… Les noms d'un très grand nombre d'entre eux réputés pour leurs apports aux connaissances sur le cerveau restent dans les mémoires. Ils viennent d'origines différentes : médecine, anthropologie, biologie, physique, philosophie, psychologie, psychanalyse… En étudiant les cas de deux patients ayant eu un traumatisme à la même aire du cerveau, Phinéas Gage et Elliot, le professeur Antonio Damasio[40] démontre le rôle important que joue le cerveau dans les émotions. Il observe que celles-ci conditionnent une grande partie de l'équilibre psychologique et relationnel des personnes humaines.

Les Temps modernes et l'avènement des neurosciences

La Première et la Seconde Guerres mondiales, qui ensanglantent le monde lors de la première partie du XXe siècle, permettent d'importantes connaissances sur les fonctions du cerveau humain et sur l'importance du rôle qu'il joue dans les comportements physiques et psychiques des individus.

Cette compréhension entraîne une profonde mutation des mentalités. Comme le souligne Serge Ginger[41], « au cours des années voisinant 1914, il n'est pas rare de voir une femme consulter son médecin si elle éprouve du plaisir lors de relations sexuelles ». L'orgasme féminin est souvent considéré à cette époque comme un signe d'hystérie et parfois de perversion.

Dans un autre domaine, on doit à l'honneur de l'armée américaine d'être la première au monde, pendant la Seconde Guerre mondiale, à considérer qu'un soldat qui « craque » à la suite de trop de pressions dues aux combats peut subir une profonde dépression. Il doit alors être considéré comme un malade et soigné plutôt que d'être fusillé pour lâcheté.

Les changements des mentalités transforment progressivement les visions sur la « sénilité », sur l'« autisme » et sur les « folies ».

Dès 1906, le docteur Alois Alzheimer (1864-1915), célèbre neurologue et psychiatre allemand, défend l'idée que la sénilité n'est pas une dégénérescence naturelle, mais qu'elle est due à une maladie affectant le cerveau, maladie qui porte désormais son nom.

Le pédiatre autrichien Hans Asperger (1906-1980) démontre que l'autisme est une maladie. Il réclame que les patients soient soignés comme des malades et non traités comme des « fous ». Rappelons qu'à cette époque les « fous » sont traités par des méthodes thérapeutiques aussi traumatisantes qu'inappropriées. Pour les autistes, la médecine utilise la technique de *« packing »*, consistant à envelopper l'enfant dans des draps trempés d'eau glacée puis de le réchauffer. Pour les autres malades considérés comme « fous », les traitements vont des douches froides aux impulsions électriques jusqu'à la lobotomie ou la leucotomie. Le metteur en scène Milos Forman illustre ces méthodes dans son film *Vol au-dessus d'un nid de coucous* (réalisé à partir du roman éponyme de Ken Kesey). Le neurologue portugais Egas Moniz (1874-1955) reçoit le prix Nobel de médecine en 1949 pour avoir contribué à inventer la « leucotomie frontale », une technique de lobotomie partielle.

Grâce aux importantes évolutions des connaissances, le savoir acquis sur le cerveau au cours des cent dernières années est beaucoup plus important en Occident que celui accumulé depuis six mille ans.

Pendant la seconde moitié du XXe siècle, des progrès spectaculaires sur le fonctionnement du cerveau ont lieu. Ils sont largement dus à la multiplication des inventions dans de nombreux domaines : la pharmacie, la chimie, la médecine, la physique, la radiologie, la biologie, l'informatique, la psychologie… et surtout à une étroite collaboration entre ces disciplines au niveau de la recherche.

En pharmacologie, dès les années 1950, le professeur Henri Laborit crée un produit psychotrope, le Largactil, qui se dirige vers le psychisme. Il permet d'améliorer de manière spectaculaire le traitement des maladies psychiatriques considérées comme des folies et soignées par des méthodes traumatisantes. D'autres chercheurs tels que le professeur Gowlinsky améliorent l'efficacité de ces médicaments conduisant à l'apparition du Temesta et du Prozac.

> Grâce aux importantes évolutions des connaissances, le savoir acquis sur le cerveau au cours des cent dernières années est beaucoup plus important en Occident que celui accumulé depuis six mille ans.

L'évolution de la connaissance sur le mental fait d'énormes progrès avec le développement des écoles de psychologie, de communication, de psychiatrie, de psychanalyse et, plus récemment, de neuropsychologie… Au-delà de Freud et de ses disciples, de nombreux auteurs tels que Antonio Damasio, Jean-Pierre Changeux, Read Montague, Martin Lindstrom, Robert Ornstein, Michael Gazzaniga, Arthur et Mitchell Bard, Serge Ginger, David Servan-Schreiber, Giacomo Rizzolati, etc. apportent une contribution significative aux neurosciences et au neuromarketing.

Dès le milieu du XXe siècle, deux importantes évolutions dans la représentation du cerveau voient le jour : la cybernétique et l'imagerie fonctionnelle.

La cybernétique

Elle considère que le cerveau est l'équivalent d'un ordinateur. Elle estime qu'il effectue des opérations logiques comparables à celles réalisées par cette machine. Les théories s'attachent à représenter des circuits logiques supposés être sous-jacents à son fonctionnement. Les images de neurones connectés ressemblent davantage à des schémas de logique ou d'électronique qu'à des planches histologiques. Les partisans de cette discipline privilégient les représentations fonctionnelles aux présentations physionomiques. Ils préfèrent savoir ce que fait le système plutôt que de connaître ce qu'il est.

Les représentations physionomiques ne sont plus dans l'air du temps pour avoir trop été utilisées par les régimes fascistes et nationalistes afin de prouver la supériorité de certaines races sur les autres.

L'approche cybernétique est développée par des auteurs tels que John von Neumann[42] (1903-1957), mais également par les conférences de la fondation Macy organisées à l'instigation du neurologue Warren Mc Culloch (1898-1969).

L'école de Palo Alto

À partir des années 1950 se développe un important courant de pensée et de recherche dans la ville de Palo Alto en Californie sous le nom de l'École de Palo Alto. Il est fondé par Gregory Bateson (1904-1980) et un ensemble de collègues venant d'horizons différents : psychologues, psychosociologues, informaticiens, professionnels de la communication, anthropologues, sociologues, médecins… Gregory Bateson fait part de ses idées dans plusieurs ouvrages dont *Steps to an Ecology of Mind*[43]. Influencée par les travaux des cybernéticiens, l'École a pour but d'édifier une science générale du fonctionnement de l'esprit. Les auteurs considèrent la maladie mentale comme un mode d'adaptation à une structure pathologique des relations familiales. Cette théorie provoque un bouleversement des conceptions psychiatriques de l'époque et contribue à l'émergence de la thérapie familiale. Le médecin ne considère plus son patient comme un être isolé. Il s'intéresse à ses interactions avec son environnement. Il se demande comment le système maintient l'homéostasie ou l'équilibre harmonieux du groupe. On passe d'une explication individuelle et linéaire à une explication systémique et circulaire. Comme le décrivent Dominique Picard et Edmond Marc[44], au-delà de la cybernétique, les chercheurs de cette École développent de nouvelles approches psychosociologiques comme la notion d'interaction, d'antipsychiatrie, de constructivisme.

L'imagerie fonctionnelle

Depuis les années 1990, on assiste à un important retour de l'image dans le cadre des recherches sur le cerveau.

L'apport le plus significatif est facilité par l'utilisation de l'EEG (électroencéphalographie) et surtout par l'avènement de l'IRM (imagerie par résonance magnétique). Toutes deux sont inventées par plusieurs chercheurs américains vers la fin des années 1950 pour la première, en 1970 pour la seconde. Grâce à ces nouveaux procédés, il est possible d'étudier le cerveau sans avoir besoin d'ouvrir la boîte crânienne. On peut également davantage comprendre ses interrelations avec le corps humain ainsi que la manière dont il répond aux stimuli externes.

> *Grâce à ces nouveaux procédés à imagerie, il est possible d'étudier le cerveau sans avoir besoin d'ouvrir la boîte crânienne.*

CHAPITRE 5
NEUROMARKETING ET NEURO-CONSOMMATEUR, DEUX DÉCOUVERTES DU XXIE SIÈCLE

Après les applications en psychologie, sociologie, sexologie…, une réflexion sur l'utilisation des neurosciences en marketing semble logique. Le neuromarketing apparaît au début des années 2000. Son appellation fait suite à la contraction des termes « neurosciences » et « marketing » comme c'est le cas dans d'autres domaines tels que la « neuropsychologie » ou la « neuropsychiatrie »… L'origine du nom est fréquemment attribuée à une équipe de chercheurs américains du Baylor College of Medicine au Texas, parmi lesquels Samuel McClure et Read Montague. Il émerge à la suite d'une étude scientifique utilisant l'IRM, réalisée sur les marques Pepsi-Cola et Coca-Cola. L'expérience est publiée en 2004 par Read Montague dans la revue scientifique *Neuron*.

Pour Chistophe Morin[45], des expérimentations fondées sur l'application des sciences cognitives au marketing ont déjà été initiées quelques années auparavant, par des sociétés telles que BrightHouse et SalesBrain. L'appellation « neuromarketing » aurait déjà été utilisée par la société BrigthHouse.

En introduisant les techniques des neurosciences dans le marketing et en initiant la notion de neuro-consommateur, de nouvelles perspectives de recherches et d'applications émergent pour cette discipline. Elles ne sont pas sans poser un ensemble d'interrogations sur le plan de l'efficacité, mais également de la déontologie et de l'éthique.

L'émergence du neuromarketing

En 2002, une équipe de chercheurs américains travaillant sur les marques Pepsi-Cola et Coca-Cola sont interpellés par le fait que les consommateurs préfèrent le goût du Pepsi lorsque la boisson est consommée en test aveugle sans que figure la marque, alors que ces mêmes consommateurs vont aimer davantage le Coca-Cola lorsque la marque apparaît. Read Montague[46] a l'idée de réaliser une expérience en utilisant l'imagerie cérébrale. Les conclusions de l'expérience sont surprenantes. L'IRM montre que, dans les deux cas, des zones différentes du cerveau sont activées. Une marque forte comme Coca-Cola a le pouvoir de faire travailler (allumer) la zone du cortex frontal considéré comme le siège des fonctions exécutives du cerveau qui gère également l'attention et la mémoire à court terme. Lorsque la marque n'est pas présente, c'est une autre zone du cerveau qui travaille : le « putamen », qui fait partie du cerveau primitif et est considéré comme le siège des plaisirs immédiats et instinctifs. Lorsque les consommateurs connaissent la marque du coca qu'ils testent, la zone du cerveau primitif n'est plus activée, c'est la zone du cortex préfrontale, une zone de la conscience qui prend la commande et vient inhiber le choix réalisé précédemment. Cette étude permet de mettre en lumière l'importance que joue une marque forte sur les mécanismes du cerveau d'un consommateur. Pour Read Montague, les consommateurs mémorisent les images et les messages de la communication Coca-Cola. La marque se substitue progressivement à leur jugement dans leur cerveau et modifie leur préférence d'achat.

À partir des publications des conclusions de cette étude, un intérêt spécifique pour l'utilisation des neurosciences, dans le but d'améliorer le marketing, progresse aux États-Unis avant de se diffuser auprès de grandes sociétés du monde entier.

Plus récemment, un article de Justin R. Garcia et Gad Saad[47] s'intéresse à l'influence du prix sur l'activité neuronale dans le domaine de la consommation des vins. L'expérience menée sous IRM montre chez des acteurs consommateurs de vin une nette augmentation de l'activité neuronale de la zone du cerveau dédiée au plaisir lorsqu'ils goûtent les vins présentés comme les plus chers, alors que tous les vins sont identiques. L'étude atteste que la reconnaissance du prix a un impact direct sur la réponse du cerveau du neuro-consommateur au détriment du goût.

Le prix le plus élevé créant dans le cerveau une image de meilleure qualité pour le produit.

Dès 2002, les recherches universitaires commencent progressivement à être concernées par le neuromarketing. Christophe Morin[48] fait remarquer qu'à cette époque leur nombre est très faible. Les causes viennent pour lui de plusieurs raisons :

- une éthique personnelle qui crée un frein lorsqu'il s'agit de fouiller dans les arcanes du cerveau ;
- la crainte de se faire critiquer par la communauté scientifique ou par les médias pour les mêmes raisons ;
- mais, surtout, le manque de formation des chercheurs en marketing dans le domaine des neurosciences.

Il faut ajouter une faible collaboration entre les recherches sur le comportement du consommateur développées en marketing et celles réalisées par les autres disciplines. Les mentalités évoluent rapidement. À l'heure actuelle, des milliers de recherches universitaires accompagnées de très nombreuses publications dans les revues scientifiques fleurissent dans le monde. L'étude du neuro-consommateur, même si ce nom n'apparaît pas explicitement, devient un sujet de préoccupation pour les départements marketing des grandes universités et écoles de gestion internationales.

Aux États-Unis, le premier livre sur ce sujet est écrit par Patrick Renvoisé et Christophe Morin dès 2003[49]. L'ouvrage se consacre principalement au fonctionnement du cerveau « reptilien » et à l'influence que peut avoir sa compréhension pour améliorer les ventes.

Les premiers colloques débutent aux États-Unis en 2005. De nombreux chercheurs, soutenus financièrement par de grandes sociétés, commencent à engager d'importantes études…

La plus conséquente est celle menée par Martin Lindstrom entre 2004 et 2007, dont les résultats sont publiés dans son livre *Buy.Ology*[50]. Elle étudie 2 081 personnes volontaires sous IRM dans cinq pays avec un budget avoisinant 7 millions de dollars[51]. Les informations recueillies contredisent plusieurs préconisations émanant des traditionnelles études marketing. Outre le fait de remettre en cause les messages dramatisant le risque de fumer sur les paquets de cigarettes, de montrer que le sexe en publicité ne fait pas vendre… les recherches de Martin Lindstrom, après celles de Read Montague, s'attachent à mettre en lumière l'importance jouée par les marques pour influencer le cerveau.

D'autres chercheurs s'intéressent à son rôle dans les choix et prises de décision du neuro-consommateur.

Sans vouloir être exhaustif, on peut mentionner les expérimentations de Brian Knutson[52] à l'université de Stanford en Californie. Elles concernent les prédictions d'achat de produits en analysant les réactions du cerveau observé à partir de l'IRM.

Du côté européen de l'Atlantique, les chercheurs s'intéressent aussi à utiliser les outils et connaissances émanant des neurosciences pour mieux appréhender les réactions du neuro-consommateur soumis aux sollicitations du marketing et de la communication.

Gemma Calvert à l'université d'Oxford puis de Warwick en Grande-Bretagne est considérée comme un véritable précurseur. Elle fonde la première société d'étude dans ce domaine en 1999 sous le nom de NeuroSense.

D'autres chercheurs européens multiplient les travaux dans ce domaine. Fabio Fabiloni à Rome, Arnaud Pêtre et Patrick Georges en Belgique, Olivier Oullier et Olivier Droulers en France… engagent des études neuromarketing en relation avec les entreprises.

En Asie, l'université de Zhejiang située à Hangzhou (Chine) entreprend des investigations sur la perception des marques.

La cinéaste Laurence Serfati, en France, présente en 2010 un film montrant certaines de ces expériences sous le titre évocateur : *Des citoyens sous influence*.

Plusieurs ouvrages de référence apparaissent à partir des années 2010 tant aux USA[53] qu'en Europe[54].

Afin de pouvoir répondre à l'intérêt croissant des entreprises pour la connaissance du neuro-consommateur, des sociétés expertes naissent dans le monde. Selon les propos d'Arnaud Pêtre, un neuroscientifique belge, il existe plus de 200 sociétés spécialisées en neuromarketing dans le monde[55]. Leur augmentation est très rapide quand on sait qu'en 2008, il y en avait seulement trois, la première étant celle de Gemma Calvert dès 1999. Aux États-Unis, Patrick Renvoisé et Christophe Morin créent SalesBrain en 2002 à San Francisco. Une des plus connues est NeuroFocus fondée par A.K. Pradeep à Berkeley, rachetée par le leader des études de marché, la société Nielsen. Dans

> *De nombreuses enseignes, dans des secteurs d'activités très variés – tels que les biens de grande consommation, le luxe, l'hôtellerie, la pharmacie, la banque –, font appel aux techniques du neuromarketing ou du marketing sensoriel.*

la plupart des pays avancés, émergent des filiales ou des sociétés indépendantes proposant des études neuromarketing : BrightHouse, NeuroInsight, NeuroFocus, SalesBrain… aux États-Unis, PhdMedia au Canada… NeuroInsight en Australie… Brain Impact, NeuroSense, Shop Consult, Map Brain Communication, Neuroco, Comao, Delphi… en Europe, etc. Il faut ajouter à cette énumération non exhaustive un plus grand nombre d'entreprises offrant des services dans le domaine du marketing sensoriel.

De nombreuses enseignes, dans des secteurs d'activités très variés – tels que les biens de grande consommation, le luxe, la distribution, l'hôtellerie, les services, la pharmacie, la banque, la communication… –, font appel aux techniques du neuromarketing ou du marketing sensoriel. Aux États-Unis et dans le monde anglo-saxon, les experts n'hésitent pas à communiquer sur leurs expérimentations. En Europe, en particulier dans les pays latins, la communication dans ces domaines demeure plus confidentielle.

Le neuromarketing fait désormais partie intégrante du marketing dans les sociétés les plus avancées du monde. Il atteint même la politique. Les conseillers en communication des derniers présidents américains n'ont pas hésité à faire appel à ses services et ne s'en cachent pas.

L'étude du comportement du neuro-consommateur apparaît indispensable pour améliorer l'efficacité du marketing et réduire les coûts considérables dépensés dans la communication, la distribution, la création et le développement de nouveaux produits. Sa place est appelée à s'étendre au cours des prochaines années et la notion de neuro-consommateur à compléter progressivement celle de consommateur.

La publication de la onzième édition de l'étude du cabinet Deloitte concernant *Les grandes tendances qui vont changer les technologies, les médias, les télécommunications*[56], très suivie par les dirigeants des grandes entreprises mondiales, mentionne pour la première fois l'émergence du neuromarketing. Elle marque un important tournant dans le rôle que cette discipline est appelée à avoir dans les entreprises.

Le journaliste Yann Verdo[57] mentionne une expérience d'envergure utilisant les neurosciences commandée par les organisateurs du Forum de Davos. Initiée à partir de septembre 2013, elle est conduite par Olivier Oullier, professeur à l'université d'Aix-Marseille en France. Menée dans plusieurs pays – parmi lesquels les États-Unis, la Grande-Bretagne, l'Inde, la Chine, etc. –, elle s'intéresse à mieux comprendre comment les jeunes de la génération Y (15-35 ans) réagissent aux messages environnementaux mis en avant par les fabricants.

Les techniques utilisées pour connaître et séduire le neuro-consommateur sont de plus en plus efficaces. Elles doivent être entourées, en interne et en externe, par un important dispositif déontologique et éthique permettant d'éviter les risques de tromperies ou de manipulations abusives. Les recherches neurologiques entreprises sur le cerveau montrent qu'il peut effectivement être facilement abusé ou trompé par de fausses informations.

L'évolution des connaissances sur le comportement du cerveau

Les investissements en marketing et en communication dans les grandes sociétés mondiales s'adressant à un vaste public deviennent très importants. Les dirigeants sont en permanence à l'écoute des techniques qui permettent de les optimiser. Les recherches destinées à améliorer la connaissance de ce qui pourrait conditionner le « bouton d'achat » chez le neuro-consommateur font l'objet d'une attention particulière.

En parallèle, les expériences neuroscientifiques connaissent un intérêt accru dans les centres de recherche du monde entier. Elles bénéficient d'importantes sources de financement.

En Suisse, à Lausanne, le HBP (Human Brain Project) tente de créer à partir de l'informatique une copie du cerveau humain.

En France, dans le cadre de NeuroSpin, appartenant au CNRS, grâce à l'invention d'une IRM de diffusion surpuissante, le professeur Denis Le Bihan entouré d'une équipe de chercheurs a pour ambition de mettre en lumière un code neural régissant l'agencement spatial des neurones.

Aux États-Unis, le cerveau intéresse au plus haut point. Selon un communiqué officiel, le président Obama soutiendrait le projet de création d'une « carte d'activité cérébrale » ou « BAM » *(Brain Activity Map)*[58]. Cette étude permettrait de savoir comment les messages nerveux s'échangent et comment les connexions entre les cellules permettent la formation de la mémoire. Un projet ambitieux et très coûteux qui ne peut voir le jour que si le gouvernement américain décide d'investir massivement.

En dehors des États-Unis et de l'Europe, les recherches ne cessent de se développer. C'est le cas en Asie, particulièrement en Chine, en Corée du Sud et au Japon.

Certaines d'entre elles intéressent directement le marketing et la communication, plus spécifiquement celles réalisées sur la mémoire, la pensée, l'implication, la manipulation…

La mémoire

En Italie, à la Fondation Santa Lucia de Rome, le professeur Fabio Babiloni, chercheur en neurosciences, s'efforce de décrypter le fonctionnement de la mémoire. Il étudie les phénomènes de mémorisation et d'oubli dans le cadre de la communication publicitaire. Certaines de ses expériences laissent paraître que la mémorisation d'une publicité n'est pas obligatoirement liée au désir d'acheter le produit. Ce professeur est même convaincu que l'on peut se souvenir de mauvaises publicités ou de produits que l'on ne souhaite pas acheter.

> Il est facile pour la mémoire de confondre la réalité avec l'imaginaire. Il est possible de créer une fausse mémoire chez un patient.

En Suisse, à l'université de Genève, le professeur neuropsychologue Martial Van der Linden montre à travers des expériences qu'il est facile pour la mémoire de confondre la réalité avec l'imaginaire. Il est possible de créer une fausse mémoire chez un patient. Les souvenirs se forment par un processus de reconstruction ou ils sont remodelés par les valeurs, les croyances, les stratégies de vie. Ils peuvent être occultés s'ils sont trop gênants ou réorganisés à partir d'événements qui n'ont jamais eu lieu afin d'être plus agréables ou valorisants pour une personne.

Aux États-Unis, le professeur Elizabeth Loftus, psychologue à l'université d'Irvine en Californie, réussit à créer une fausse mémoire. Au cours de plusieurs expériences, elle implante volontairement de faux souvenirs d'événements qui ne se sont jamais produits auprès de patients qui déclarent être certains de les avoir vécus.

Au Royaume-Uni, Gemma Calvert et sa société NeuroSense mènent des études avec l'IRM pour la chaîne de télévision MTV. Elles concernent l'implication du téléspectateur lorsqu'il regarde un spot publicitaire. Les résultats font apparaître l'importance du contexte dans lequel il convient de placer le message pour obtenir une mémorisation maximale.

Les travaux sur la mémorisation des communications, des marques, des logos… par le neuro-consommateur se réalisent dans plusieurs universités aux États-Unis et dans le monde.

La pensée, l'implication, la manipulation du cerveau

D'autres expériences neuroscientifiques intéressent les experts en marketing et en communication. En particulier celles qui cherchent à lire dans la pensée, à étudier l'influence de l'implication ou de la manipulation.

Aux États-Unis, le professeur Marcel Just, du Center for Cognitive Brain Imaging de la Carnegie Mellon University à Pittsburgh, et ses équipes tentent de lire dans les pensées. Ils ont mis au point un logiciel capable de reconnaître des mots auxquels les personnes pensent sous IRM.

Aux USA, le professeur Brian Knutson, psychologue et chercheur à l'université de Stanford, s'intéresse au rôle de l'émotion dans la décision. Comme le montre le film de Laurence Serfati *Des citoyens sous influence*, il peut même prédire un achat simplement en regardant ce qui se passe dans le cerveau avant même que le client ne se prononce.

En Suisse, le professeur Daria Knoch[59], au département de psychologie sociale de l'université de Bâle, réussit à modifier le comportement d'un sujet par la stimulation d'une zone du cortex préfrontal qui joue un rôle dans la prise de décision. Il devient plus impulsif, moins correct ou présente d'autres modifications de son comportement.

Les perspectives offertes par les études neuroscientifiques vont se développer au cours du XXIe siècle. Elles permettent d'apporter une connaissance approfondie sur le comportement du neuro-consommateur. De là naissent des craintes légitimes sur les risques qui peuvent surgir. Ils sont relatifs au maintien de sa liberté de choix et de décision. L'ensemble de ces peurs, largement relayées par des scientifiques et des journalistes, rend obligatoires la mise en place et l'organisation d'importantes règles déontologiques et éthiques.

La nécessité d'élaborer des règles déontologiques et éthiques

Les études dans le domaine des neurosciences connaissent un tel engouement dans le monde que leur progression apparaît inéluctable. L'approfondissement des connaissances sur le comportement du neuro-consommateur ne peut qu'accompagner ce développement. Comme le souligne la sagesse populaire, « lorsqu'une idée arrive à maturité, rien ne peut l'arrêter ». Idée souvent reprise par l'écrivain Victor

Hugo dans ses conversations avec les scientifiques. Le combat de ceux qui veulent purement et simplement interdire ces expériences semble déjà d'arrière-garde.

Les expérimentations concernant les études marketing réalisées dans les hôpitaux à partir d'IRM sont interdites dans certains pays européens comme la France. Cette interdiction n'empêche pas leurs entreprises de les réaliser en Grande-Bretagne, en Belgique, aux États-Unis… et d'apporter aux hôpitaux de ces pays des sources de financement non négligeables pour s'équiper en IRM.

Jusqu'à présent, l'utilisation des IRM est considérée comme sans conséquences nocives pour les patients. Aucun effet dangereux n'a été constaté. Cela fait dire aux opposants à certaines de ces réglementations, qu'ils jugent trop restrictives, que les interdictions ne reposent bien souvent sur aucun fondement scientifique pertinent. Ils vont jusqu'à faire remarquer que, contrairement à l'IRM, l'utilisation de l'Internet et des réseaux sociaux crée d'importants facteurs de risques et de maladies, même de décès, principalement chez les jeunes : suicides individuels à la suite d'un harcèlement ou collectifs dans les « communautés » de suicide, groupes faisant l'apologie de l'anorexie, addiction aux jeux… Ils s'étonnent que les censeurs des études utilisant l'IRM pour améliorer la compréhension du comportement du consommateur ne réclament pas l'interdiction d'Internet et des réseaux sociaux pourtant beaucoup plus dangereux pour les citoyens ! D'autres interdictions liées à la communication mensongère peuvent faire l'objet de poursuites judiciaires.

Il est par exemple interdit de diffuser une odeur artificielle de pêche dans un espace commercialisant des primeurs, de mettre des gouttelettes d'eau artificielles sur des salades en rayons afin de les faire ressentir comme plus fraîches, de créer une odeur de croissant chaud en l'absence de feu… Il faut toutefois reconnaître que certaines de ces pratiques existent et font très rarement l'objet de poursuites.

Faut-il protéger le neuro-consommateur du neuromarketing ?

Dès 2006, aux États-Unis, Nick Lee, Amanda J. Broderick et Laura Chamberlain[60] parlent des controverses qui ont lieu. Elles émergent dans le monde scientifique autour de l'utilisation de ces nouveaux outils, permettant d'importants risques d'intrusion dans la « liberté » du consommateur.

Toujours aux États-Unis, le CDD (Center for Digital Democracy) critique l'utilisation du neuromarketing pour son caractère invasif et les problèmes qu'il pose sur le plan de l'éthique. Il met en garde sur les risques de débordements relatifs à la manipulation mentale des consommateurs pour influencer leurs choix.

Les débats sur l'éthique et la déontologie ne manquent pas. Ils conduisent certains États à réagir pour interdire la publicité subliminale (qui touche directement le cerveau sans être remarquée par les sens) ou encore l'utilisation de certaines techniques comme l'IRM pour les études en marketing. À l'inverse, ils élaborent des lois destinées à donner au cerveau un temps de réflexion permettant de revenir sur une décision d'achat et de pouvoir se désister sans pénalités…

L'avis des professionnels concernés par l'utilisation du neuromarketing

Les dirigeants des entreprises utilisant le neuromarketing donnent également leur avis.

Une large majorité s'accorde sur le fait qu'il est indispensable d'ériger de solides règles éthiques et déontologiques pour encadrer l'emploi des techniques neuroscientifiques dans les domaines du marketing et de la communication. Ils font remarquer que ces règles sont déjà mises en place en interne dans la plupart des sociétés sérieuses. Ils ne contestent pas le rôle indispensable que doivent jouer les organismes de protection des consommateurs, les politiques et les États sur ces questions. Ils s'étonnent par contre de constater que ces organismes se limitent trop souvent « à jeter le bébé avec l'eau du bain » en proposant des interdictions globales sans même chercher à comprendre comment fonctionnent et sont utilisées les études neuroscientifiques par les experts. Une bonne connaissance de leur réalité et de leurs limites permettrait de proposer l'élaboration de directives « intelligentes et efficaces » pour davantage protéger le consommateur contre les excès liés à des formes de tromperie ou de manipulation.

Lorsqu'ils sont interrogés sur ce sujet, la plupart des professionnels refusent d'être accusés de manipulation. C'est le cas pour A.K. Pradeep, Gemma Calvert, Brian Knutson… Lors de ses conférences, le dirigeant fondateur de NeuroFocus, A.K. Pradeep, utilise souvent la formule : « Une bougie peut donner de la lumière. Une bougie peut brûler un immeuble. Il faut être prudent quant à l'usage de la bougie et ne pas blâmer la bougie. »

Si l'on se réfère aux connaissances neuroscientifiques sur le cerveau, la meilleure protection du neuro-consommateur contre les risques d'abus et de manipulations est sans doute de faire confiance à sa partie la plus réfléchie : le néocortex. Comme nous le verrons par la suite, le cerveau finit toujours par prendre de bonnes décisions, à condition de lui laisser du temps pour réfléchir et pouvoir changer d'avis. L'ensemble des pratiques ou des lois qui permettent un désistement du consommateur sans pénalités quelques jours après un achat peuvent se révéler très efficaces pour le protéger contre les risques de manipulations abusives.

Enfin, il n'est pas dans l'intérêt d'une entreprise de tromper ou de manipuler ses clients. Une bonne démarche marketing montre que son souhait consiste davantage à les fidéliser et à se constituer progressivement auprès d'eux une image de marque attractive. Toute tromperie ou manipulation du consommateur va à l'opposé de cette volonté. Pire pour l'entreprise, une communication fausse ou mystificatrice est de nos jours rapidement et abondamment relayée et dénoncée dans les réseaux sociaux. Les critiques risquent de causer rapidement une dégradation préjudiciable pour la marque qui la mettrait en œuvre. Cette situation ne peut aller qu'à l'encontre des directives données par la plupart des dirigeants.

Le neuromarketing : manipulation ou conviction du neuro-consommateur ?

Le débat reste ouvert sur la limite entre manipulation et conviction. Contrairement à certains propos, la manipulation ne peut pas venir des techniques neuroscientifiques, par essence neutres comme toutes les techniques. Elle ne peut émaner que de la manière et de la volonté qu'ont les entreprises de s'en servir.

Si le but de l'entreprise est de maximiser le chiffre d'affaires en trompant le consommateur avec des outils plus efficaces que ceux traditionnellement employés par le marketing et la publicité, la manipulation est avérée.

> Dans tous les cas, les risques concernant l'image de l'entreprise faisant appel aux neurosciences pour étudier et aborder ses clients sont si importants qu'elle doit impérativement s'entourer d'un ensemble de précautions éthiques et déontologiques.

Si, par contre, le but prioritaire de la société est d'anticiper et de répondre par ses innovations à de réels besoins favorisant la vie de ses clients, de proposer des communications plus créatives ou plus conformes à leurs attentes, d'améliorer la convivialité des points de vente… il est difficile de parler de manipulation.

L'appel à des techniques efficaces permettant d'obtenir une meilleure connaissance sur ce que ressentent les consommateurs, sur ce qu'ils pensent en profondeur, afin de mieux satisfaire leurs attentes, peut apparaître comme une approche acceptable. Cette situation correspond à la volonté affirmée de nombreuses sociétés même s'il s'agit là d'une façon intelligente de créer de la valeur. Dans ce cas, la démarche nous semble plus proche d'une tentative de conviction que de manipulation.

Dans tous les cas, les risques concernant l'image de l'entreprise faisant appel aux neurosciences pour étudier et aborder ses clients sont si importants qu'elle doit impérativement s'entourer d'un ensemble de précautions éthiques et déontologiques. Il est souhaitable qu'elle fasse réaliser un audit déontologique et éthique avant d'entreprendre des tentatives dans ce domaine, même si ses intentions sont louables. L'entourage de spécialistes internes ou externes ainsi qu'une formation de ses responsables pour anticiper et préparer les réponses aux interrogations venant de l'intérieur ou de l'extérieur ne peuvent que lui être profitables.

CHAPITRE 6
DE L'OBSERVATION SENSORIELLE AUX NEUROSCIENCES

Les techniques neuroscientifiques utilisées pour améliorer les connaissances sur les attentes profondes, les perceptions sensorielles et les comportements des neuro-consommateurs sont multiples et variées. Elles vont des outils sophistiqués et coûteux tels que l'IRM ou les EEG au simple diagnostic neuromarketing proposé par des cogniticiens experts de cette discipline. Leur mise en place dépend de plusieurs facteurs tels que l'intérêt de leur apport en relation avec les traditionnelles études marketing, mais aussi du budget à leur consacrer.

L'utilisation des neurosciences a été précédée par des méthodes cherchant à mieux comprendre le comportement des citoyens à partir d'expressions et de signes décodés par des experts. Elles sont élaborées par les théoriciens de la psychologie sociale. Ils s'intéressent à l'impact de l'environnement des autres sur le comportement des personnes. L'étude de l'« influence » est un sujet favori pour ces chercheurs.

Parmi les nombreux auteurs, le professeur de psychologie Robert Cialdini, de l'université d'État de l'Arizona, observe pendant trois années, en situation de persuasion, différents publics dont : des vendeurs de voitures d'occasion, des sociétés de télémarketing et des organisations caritatives. Dans son ouvrage *Influence: The Psychology of Persuasion*[61], il décrit les résultats de ses expériences et montre que les individus fonctionnent selon des mécanismes préprogrammés qui conditionnent leurs réflexes.

Différentes écoles fondées sur l'observation sensorielle se créent au cours du siècle précédent. Elles proposent des méthodes ou des programmes permettant de mieux appréhender les individus à partir d'une observation et d'un décryptage des expressions émanant de leurs sens. Parmi les plus connues, la PNL (programmation neuro-linguistique) et l'AT (analyse transactionnelle).

La PNL et L'AT, deux précurseurs pour la compréhension comportementale

À partir d'une compréhension sensorielle des personnes, la PNL (programmation neuro-linguistique), comme d'autres approches telles que l'AT (analyse transactionnelle) ou les groupes de développement personnel ont pour but de les aider à mobiliser leurs ressources internes et à utiliser leurs sens.

La PNL (programmation neuro-linguistique)

La PNL est inventée en 1972 par John Grinder, professeur en linguistique, et Richard Bandler, mathématicien-psychothérapeute, tous deux auteurs de nombreuses publications[62]. Elle comporte un ensemble de techniques de communication et de transformation de soi. Elle privilégie les réactions des personnes plutôt que les origines des comportements. Elle propose une grille d'observation pour améliorer la perception de soi-même et des autres. C'est une méthode qui repose sur le langage et l'utilisation de la gestuelle corporelle que produit chaque individu à partir de ses cinq sens. Elle s'efforce de programmer et de reproduire ses propres modèles de réussite. Les concepteurs considèrent que les sujets construisent leur représentation du monde à partir de leurs sens. Les intervenants cherchent à établir des liens entre les aspects sensoriels de la pensée d'une personne et ses réactions émotionnelles.

Programmation

Elle fait référence aux automatismes d'apprentissage. Les experts de la PNL proposent différents modèles conçus à partir d'un ensemble de questions préétablies et de l'observation. La programmation consiste à mettre en formules la façon qu'ont les personnes de penser, de ressentir, de se comporter, dans différentes situations de la vie. La PNL présente des modèles de réussite dans plusieurs domaines tels que la psychothérapie, le sport, la pédagogie, mais aussi la créativité, la communication, le management, le marketing, la vente…

Neuro

La PNL repose sur l'analyse des capacités neurologiques. Robert Dilts et Judith Delozier, qui contribuent largement à la faire évoluer, précisent : « Il y a un lien entre la PNL et d'autres courants psychologiques car la PNL se dessine à partir de la neurologie et des sciences cognitives[63]. »

Linguistique

Les deux premiers modèles de la PNL sous la dénomination de « méta-modèles » sont essentiellement linguistiques. Ils se fondent sur douze questions. Ils s'attachent à mettre en évidence les mécanismes de transformation de l'expérience sensorielle en langage. À l'initiative de chercheurs, mais aussi de formateurs et de consultants tels que Robert Dilts[64], ils évoluent en s'intéressant à l'ensemble des sens. Le modèle « des canaux sensoriels », ou VAKOG – un acronyme pour : Visuel, Auditif, Kinesthésique, Olfactif, Gustatif –, fait partie de cette évolution. Le modèle VAKOG se fonde sur l'idée que chaque individu possède un mode de communication privilégié et sur l'expression qui reflète cet état de fait. Il met en avant le postulat que ce sont les sens qui mettent la personne en relation avec son environnement.

D'abord centrée sur la psychothérapie, à l'initiative de John Grinder qui quitte l'Université en 1977, la PNL s'élargit vers d'autres domaines tels que le marketing et la communication.

En 1979 s'organise la première formation certifiante aux États-Unis. La certification permet de créer plusieurs niveaux de savoir. La formation à la PNL s'internationalise à partir des années 1980. Elle se matérialise à travers l'émergence d'instituts ou de centres de formation dans différents pays européens : la France, l'Allemagne, le Royaume-Uni… La PNL offre plusieurs modèles. Ils s'efforcent à partir des techniques appropriées : de repenser la communication personnelle, d'évaluer les aptitudes managériales, de mieux comprendre la psychologie et le comportement des clients pour les vendeurs, d'améliorer le marketing et la communication.

De nombreux séminaires de formation sont proposés aux entreprises. Ils sont enseignés par différents types d'intervenants : des managers ayant reçu une formation spécifique, des « coachs » bénéficiant d'une formation plus complète, ou encore des maîtres-praticiens confirmés par les écoles de PNL.

Comme de nombreuses sciences qui prétendent décoder le cerveau, la PNL fait l'objet de critiques sur le plan scientifique, mais aussi éthique[65].

L'AT (analyse transactionnelle)

L'AT, ou analyse transactionnelle, est une théorie de la personnalité et de la communication inventée dans les années 1950 par le médecin psychiatre américain à l'hôpital d'Englewood (New Jersey) Eric Berne[66] (1910-1970). De nombreux auteurs poursuivent les recherches et publications relatives à l'AT[67]. La théorie de l'analyse transactionnelle propose une méthode qui vise à permettre une prise de conscience de « ce qui se joue ici et maintenant » dans les relations entre deux personnes ou dans un groupe. L'amélioration de la compréhension des relations s'établit à partir de trois « états du moi » et de l'étude « de phénomènes intrapsychiques qui se constatent à travers les échanges relationnels dénommés "transactions" ». L'AT propose une méthode, des grilles de lecture et des modalités d'intervention destinées à éclairer et à résoudre ces problèmes.

Eric Berne postule que les grandes orientations de la vie sont décidées dès l'enfance et peuvent prendre la forme d'un « scénario de vie ». La compréhension des relations entre les personnes se réalise à partir d'une observation de leur « état du moi » pendant cette relation. Il distingue trois « états du moi » qui représentent chez une personne « un système cohérent de pensée, d'émotions et de comportements associés : le parent, l'adulte et l'enfant ». Ils sont observés à partir de « signes de reconnaissance ». Eric Berne les définit sous un terme polysémique en anglais : « *stroke* ».

Depuis sa création, l'analyse transactionnelle donne lieu à plusieurs écoles de pensées et de traitements. Elle est actuellement gérée par une structure officielle sous le nom d'EATA (*European AT Association*) pour l'Europe. La structure propose différents niveaux de formations matérialisés par des certifications. Les applications se retrouvent dans plusieurs domaines allant de la psychothérapie des personnes à celles permettant de résoudre les conflits interpersonnels ou dans les groupes.

> *Elle est utilisée pour permettre une amélioration des rencontres dans un environnement où les clients peuvent se montrer agressifs, par exemple les bureaux de*

poste, les agences bancaires, les hôpitaux… Elle prépare le cerveau des personnes concernées pour leur permettre de mieux supporter les conflits et de tenter de dédramatiser la situation auprès d'interlocuteurs énervés ou agressifs.

Elle se pratique également pour rendre plus sympathiques les contacts routiniers de certains interlocuteurs (caissiers de supermarchés, de péages d'autoroutes…) avec les clients ou les usagers. Elle propose à cet égard un ensemble de formations qui leur sont destinées. Par exemple, la méthode BAM (Bonjour, Au-revoir, Merci) ou encore BAM-Plus. Cette dernière ajoute systématiquement à BAM un mot qui s'adapte à une actualité du moment comme : « Bon week-end, bonnes vacances, bon séjour… ».

Comme la PNL, l'analyse transactionnelle fait l'objet de plusieurs débats, mais également de critiques et de remises en cause[68].

L'IRM-IRMF et l'EEG, deux techniques complexes

En 1890, le professeur en physiologie anglais sir Charles Scott Sherrington (1857-1952), prix Nobel de médecine en 1932, et son ami Charles Smart Roy (1854-1897) établissent un lien entre l'activité cérébrale et le flux sanguin. Lorsqu'une aire du cerveau est sollicitée, elle reçoit davantage d'hémoglobine chargée d'oxygène et de glucose. Cette découverte conduit un siècle plus tard à des inventions révolutionnaires pour la connaissance du cerveau.

> Lorsqu'une aire du cerveau est sollicitée, elle reçoit davantage d'hémoglobine chargée d'oxygène et de glucose. Cette découverte conduit un siècle plus tard à des inventions révolutionnaires pour la connaissance du cerveau.

Certaines d'entre elles, comme l'IRM (image par résonance magnétique), sont utilisées pour mieux comprendre le fonctionnement du cerveau du neuro-consommateur. Une large partie des inventions a lieu pendant la seconde moitié du XXe siècle. Dans leur ouvrage *Le Cerveau,* les docteurs Arthur S. Bard et Mitchell G. Bard[69] les décrivent brièvement.

Une première avancée est réalisée par le neurologue allemand Hans Berger (1873-1941). Il réussit en 1929 à enregistrer les courants électriques dans le cerveau à partir d'électrodes placées sur le cuir chevelu. Cette technique qui devient l'EEG est en mesure de détecter des ondes cérébrales chez un patient conscient.

Il faut attendre 1968 pour que David Cohen, physicien à l'université de l'Illinois, découvre l'émission de signaux magnétiques, ce qui permet de créer la MEG (magnétoencéphalographie).

En 1972, Godfrey Hounsfield (1919-2004), ingénieur britannique, invente la « tomographie axiale assistée par ordinateur », plus connue sous le nom de scanner (CT-Scan ou Cat-Scan). Lors de cette expérience, le patient place sa tête dans un cylindre. Les données obtenues aux rayons X sont traitées par ordinateur afin de présenter une image en coupe transversale beaucoup plus précise qu'une radiographie ordinaire.

Deux ans après cette invention, une nouvelle technique voit le jour « tomographie par émission de positrons », ou encore TEP ou TEP-Scan. Plus complexe, elle nécessite l'injection de glucose ou d'eau avec un composant radioactif qui s'accumule dans les aires du cerveau lorsqu'elles s'activent. Le postulat est simple : « Plus les cellules cérébrales sont actives, plus elles consomment de glucose radioactif. » Les éléments radioactifs apparaissent aux images TEP. Les plus activées généralement en rouge, les moins activées en bleu. Elles permettent au chercheur de voir les parties du cerveau qui réagissent à certaines actions spécifiques.

En 1946, les Américains Felix Bloch (1905-1983) et Edward Mills Purcell (1912-1997) découvrent le concept de résonance magnétique nucléaire. Cette découverte leur permet d'obtenir le prix Nobel de physique en 1952. Elle conduit, quelques années plus tard, à l'invention de l'IRM.

Certains de ces outils sont utilisés pour savoir ce que pense le neuro-consommateur. Comme l'écrit A.K Pradeep[70] : « Ce qui intéresse nos chercheurs, c'est de savoir pourquoi et comment achète le consommateur. »

Le processus de fonctionnement des techniques est relativement simple à expliquer tout en étant complexe à réaliser. Quand un neurone travaille, il produit de l'électricité et appelle plus de sang frais pour se nourrir. Son métabolisme se transforme. Les appareils neuroscientifiques captent les signaux induits par ces modifications. Ils sont ensuite traités par des logiciels complexes qui permettent d'obtenir des représentations, ou des images en couleur et en 3D. Elles présentent des zones du cerveau qui s'activent quand le patient fait une action, a une pensée, prend une décision.

En analysant les effets produits par le stimulus sur des aires précises du cerveau, les experts cogniticiens étudient l'efficacité des actions testées (acceptation d'un prix, intérêt pour la présentation d'un produit, mémorisation d'une communication...).

Les premiers travaux concernant l'IRM sont publiés en 1973 dans la revue *Nature* par le chimiste américain Paul Lauterbur (1929-2007), prix Nobel de médecine en 2003. Au départ, l'IRM a pour nom RMN (résonance magnétique nucléaire). Le mot « nucléaire » est abandonné par crainte d'effrayer les patients. L'ouvrage de Denis le Bihan *Le Cerveau de cristal – Ce que nous révèle la neuro-imagerie*[71] donne la possibilité au lecteur intéressé d'approfondir ses connaissances sur cette technique.

L'IRMF (imagerie par résonance magnétique fonctionnelle) permet d'étudier l'activité du cerveau d'une personne, placé au centre d'un aimant surpuissant dont le champ magnétique est 30 000 fois supérieur à celui de la Terre. Il est beaucoup plus fort dans les IRM de la dernière génération. Lorsqu'une aire du cerveau est sollicitée par un stimulus, on constate une augmentation de sang frais largement chargé en hémoglobine transportée par les globules rouges. L'hémoglobine possède des noyaux d'hydrogène et d'oxygène. L'aimantation fait résonner ses atomes. Les ondes émises par ces noyaux sont récupérées par la mémoire centrale de l'ordinateur du scanner. Elles sont triées par un logiciel informatique de « reconstruction » en fonction de leur localisation dans le cerveau. L'ordinateur connaît la carte du champ magnétique préalablement programmée par le chercheur. Les informations sont finalement traduites en images selon plusieurs définitions comme la 3D… La vision obtenue avec l'IRM n'est pas une représentation directe de ce qui se passe dans le cerveau, mais une reconstitution transformée en images à partir de logiciels complexes.

Grâce aux travaux de scientifiques dont Denis le Bihan, fondateur en France de NeuroSpin, une institution du CEA (Commissariat à l'énergie atomique), les IRMF deviennent de plus en plus puissantes et performantes. Elles permettent des investigations approfondies sur le fonctionnement du cerveau. L'IRM fonctionnelle permet de voir le cerveau en activité en train de penser. Les chercheurs découvrent que le simple fait de penser crée une image visuelle mentale dans le cerveau. Ils s'aperçoivent qu'une action peut se voir dans le cerveau avant qu'elle ne se réalise effectivement comme l'illustre le film *Le Cerveau et ses automatismes*[72].

L'IRM fonctionnelle devient un outil particulièrement apprécié dans la réalisation d'études comportementales. Par souci de simplification dans cet ouvrage, nous utiliserons le terme générique d'IRM plutôt que d'IRMF.

Les plus grands laboratoires de psychologie aux États-Unis s'équipent de ces machines employées dans les études sur le neuro-consommateur. De très nombreuses sociétés prestataires de services telles que NeuroSense en Grande-Bretagne, des centres de recherche universitaires comme à Stanford… font appel à l'IRM souvent en liaison avec les hôpitaux pour réaliser des expériences en neuromarketing.

> *De très nombreuses entreprises mondiales (Coca-Cola, Apple, e-Bay, Google, Facebook, McDonald's…) font appel à des sociétés spécialisées qui le pratiquent pour améliorer le marketing traditionnel et la communication. Certaines sociétés possèdent leur propre IRM.*
>
> *Les principaux domaines de son utilisation sont : le choix de nouveaux produits, la sélection d'un packaging, le test d'une marque, d'une communication… L'IRM permet d'établir une réaction directe entre la visualisation d'une image, d'une communication, d'un logo, d'un slogan et l'effet qu'elle produit dans le cerveau. À partir des informations obtenues, les offres sont améliorées, les campagnes de communication rendues plus attractives.*

En dépit de ses avantages, l'IRM présente plusieurs inconvénients limitant ses applications. Son coût n'est pas à la portée de toutes les entreprises. Son tarif varie selon les prestataires et les types d'utilisations. En Europe, il est d'environ 2 000 000 € pour son achat, de 3 000 € à 3 500 € pour une séance de location, de 10 000 € pour une journée de location, généralement en dehors des frais du consultant. Un minimum de quinze à vingt expériences est fréquemment préconisé.

On lui reproche son côté artificiel qui oblige l'expérience à se réaliser dans un tube et de faire appel à des volontaires souvent rémunérés. On est loin de se situer dans un cadre naturel où s'effectuent habituellement les achats.

Sa faible praticité est aussi évoquée. Même si elles sont indolores et non intrusives, les expérimentations sous IRM sont peu agréables. Le bruit de l'aimant est infernal. Le passage dans le tube est fortement déconseillé aux claustrophobes. Il est dangereux et formellement interdit aux personnes ayant un objet métallique dans leur corps (pacemaker, broches…).

L'EEG (électroencéphalographie) et la MEG (magnétoencéphalographie) sont aussi utilisées dans les études neuromarketing. L'EEG est la plus connue. Elle consiste à capter en temps réel l'activité électrique des neurones d'un consommateur soumis à des stimulations du marketing ou de la communication. Des électrodes sont posées sur sa tête. La personne peut rester fixe ou se déplacer dans un lieu de vente.

La plus importante société de neuromarketing mondiale, NeuroFocus-Nielsen, utilise cette technique dans les études qu'elle mène pour de grandes sociétés internationales telles que : Pepsi-Cola, Intel, CBS-New, Pay-Pal, la marque de chips Cheetos du groupe Pepsico… Elle fait concevoir pour ses propres usages un EEG portable répondant au nom de « Mynd ». L'appareil transmet en temps réel les données à un PC via BlueTooth.

Plus pratique et plus convivial que l'IRM, l'EEG permet d'étudier les comportements d'un neuro-consommateur se déplaçant dans un point de vente, mais aussi ses pensées face aux produits disposés sur des linéaires. Elle est pratiquée dans des études permettant de tester l'impact d'une communication ou d'une e-communication sur le cerveau. Les experts cherchent à savoir si elle crée de l'attention, de l'intérêt, de l'émotion, si elle est mémorisée…

A.K. Pradeep, président-fondateur de NeuroFocus, avance dans ses nombreuses conférences que, grâce à ces techniques, il est désormais possible de prévoir si une campagne de publicité risque d'échouer et d'en expliquer les causes.

Un autre type d'utilisation de l'EEG vise à appréhender l'effet ressenti par le design d'un produit ou par une marque dans l'inconscient du client.

Moins précis que l'IRM, l'EEG présente un avantage au niveau de la praticité et de la mobilité. De surcroît son coût d'utilisation est moins élevé. Celui de l'interprétation des données et des conseils en marketing est plus conséquent. Les tarifs fluctuent selon les intervenants et le type de recherches. Certains professionnels situent, en Europe, entre 20 000 et 50 000 € le tarif d'un test de produit portant sur un échantillon de 20 à 30 consommateurs.

Plusieurs praticiens évoquent des limites dans l'utilisation de l'EEG pour les recherches sur le neuro-consommateur. Les principales sont relatives à sa faible précision spatiale dans le cerveau et à la quasi-impossibilité d'enregistrer les régions profondes de cet organe.

D'autres outils moins complexes et moins onéreux

Si l'IRM ou l'EEG restent des techniques privilégiées par certaines grandes entreprises, d'autres outils, moins complexes et moins onéreux, sont utilisés par des sociétés disposant de moyens plus limités. Moins coûteux et plus simples, ils sont employés par les experts en marketing et en communication désirant améliorer leur compréhension du comportement des neuro-consommateurs. Les neuroscientifiques les classent dans la catégorie des « périphériques ». La plupart de ces outils permettent également de capter les émotions ressenties par le cerveau du neuro-consommateur lorsqu'il est confronté aux différentes sollicitations de son environnement. Les méthodes sont variées, allant de la sécrétion hormonale au simple diagnostic cognitif en passant par un ensemble d'outils « périphériques » appropriés.

La sécrétion hormonale ou neuroendocrinologie et ses applications

Les messages nerveux sont véhiculés sous la forme de signaux électriques par des centaines de milliards de neurones. L'influx nerveux file le long des axones à la manière d'une flamme sur une traînée de poudre. La communication entre les neurones se fait par les synapses qui forment un espace entre eux. Arrivé dans la partie terminale de l'axone du neurone, le message nerveux doit trouver un moyen de traverser la synapse. Son énergie électrique se voit alors convertie en énergie chimique sous la forme d'une substance hormonale appelée « neurotransmetteur ». Lorsque le cerveau est soumis à diverses sollicitations, certains types d'hormones sont produits en plus grande quantité. La quantité secrétée conditionne le comportement des personnes. Les neurotransmetteurs peuvent être mesurés dans le sang, les urines, parfois la salive. La quantité d'hormones décelées donne des indications sur ce que ressent le neuro-consommateur au moment où il est sollicité. Pour le professeur neurochirurgien Patrick Georges[73], les désirs et les plaisirs sont par exemples corrélés à trois hormones neurotransmetteurs : « la dopamine (tension du désir), la noradrénaline (excitation, plaisir partagé), les endorphines (bien être, repos). Une forte sécrétion de cortisol décèle pour sa part un état de "stress" élevé… »

Les mesures liées à la sécrétion des neurotransmetteurs présentent l'avantage d'être assez précises et relativement peu onéreuses. Les expérimentations réalisées à partir de prélèvements sanguins ou urinaires sont peu commodes à réaliser pour des recherches en marketing et en communication. Les tests salivaires sont plus faciles à faire.

> *Les études à partir de prélèvements hormonaux, en particulier à partir de la salive, apportent des indications intéressantes dans le domaine de la restauration. Elles sont, par exemple, pratiquées pour tester l'attractivité des cartes de*

restaurant et fournir des conseils efficaces concernant leur formulation et leur présentation.

Elles sont aussi réalisées pour comprendre le comportement d'acceptation ou de résistance de populations pouvant être soumises à des situations de stress importantes. Une forte sécrétion de cortisol peut révéler un niveau élevé de stress. Si une personne possède une faible tolérance au stress, il peut être dangereux de la placer face à une situation ou dans un contexte où elle risque de sécréter une trop forte quantité de cette hormone. Cela peut se révéler le cas pour le choix de vendeurs soumis à d'importants risques d'incertitudes créatrices de stress.

La tolérance de différentes populations de clientèles face au stress s'utilise également pour optimiser le marketing sensoriel d'un point de vente.

L'utilisation d'outils périphériques

Dans son mémoire, Clélia Six[74] décrit les principaux outils périphériques fréquemment utilisés par les sociétés proposant des études en neuromarketing.

> La tolérance de différentes populations de clientèles face au stress s'utilise également pour optimiser le marketing sensoriel d'un point de vente.

L'EDA (activité électrodermale)

Elle mesure la microtranspiration en posant des électrodes sur les doigts. Si la transpiration évolue au visionnage d'une vidéo ou d'une image particulière, cela indique qu'il y a une réponse du système nerveux et plus précisément une implication émotionnelle, qu'elle soit positive ou négative.

L'ECG (électrocardiogramme)

Il analyse le rythme cardiaque. Généralement, il s'agit de l'augmentation de la température du corps ou bien de la respiration, des palpitations… Cette technique rejoint la précédente puisqu'elle permet d'appréhender les émotions du consommateur face à un produit ou à un service donné.

L'EMGF (électromyographie faciale)

Elle mesure les tensions des muscles du visage à l'aide d'électrodes. Il s'agit d'un outil davantage destiné à désigner l'importance de l'émotion.

L'oculométrie

Aussi appelée *« eye-tracking »*, elle s'intéresse à la fonctionnalité des yeux, à la direction qu'ils prennent instantanément. Réalisée à l'aide d'un pointage laser, elle est très utilisée par les agences d'étude marketing qui s'en servent pour tester l'impact du packaging et de la disposition des produits en grande surface. Des rayons fictifs sont installés avec les produits concernés. Le participant, portant l'appareil, se promène dans les rayons. Il peut aussi être amené à regarder des vidéos, des sites internet, des images publicitaires…

> *L'« eye-tracking » permet de suivre le regard d'un consommateur. De mesurer le temps qu'il passe sur chaque endroit visionné. Cette technique est très utile pour appréhender ses préférences. Elle se pratique dans différents tests permettant de déterminer la bonne place des produits sur un linéaire, ce qui est perçu favorablement sur un packaging, une affiche, une vidéo publicitaire, un site internet, un mobile, une page Facebook… Elle aide à trouver l'emplacement idéal pour faire figurer une annonce publicitaire.*

Les études utilisant l'*« eye-tracking »* sont simples et relativement peu coûteuses. Elles sont expérimentées dans des lieux de vente artificiels comme ceux réalisés par Eric Singler pour la société BVA en Europe, en Asie et aux États-Unis. L'*« eye-tracking »* présente un intérêt particulier dans les études comportementales lorsqu'il est couplé avec d'autres procédés télémétriques permettant de capter l'émotion, par exemple avec l'EDA ou l'ECG. Une application de ces deux techniques est présentée dans le film réalisé par Emmanuelle Ménage «Consommateur pris au piège[75]».

La télémétrie

À partir de différentes techniques (humidification de l'œil, accélération du rythme cardiaque relevée par une prise du pouls, coloration de la peau, sudation, analyse du visage…), elle apporte de bonnes indications sur ce que ressent le cerveau dans divers contextes où il est sollicité.

Les neurologues montrent que le cerveau éprouve une sensation quelques microsecondes avant de l'exprimer. La sensation crée une variation des turgescences comme l'humidification de l'œil, des signes particuliers sur le visage, une augmentation de la pression sanguine… qui correspondent à un type d'émotion ressentie. Il est très difficile de pouvoir les dissimuler. L'utilisation de techniques adaptées utilisant des micro-senseurs ou encore des caméras de surveillance des visages couplées avec un logiciel d'analyse permet de les déceler et de les interpréter.

> *Ces méthodes relativement simples à mettre en œuvre sont parfois employées par les « spin doctors » ou conseillers en communication dans l'industrie culturelle. Certains éditeurs s'en servent pour aider les auteurs à retravailler leurs ouvrages afin de le rendre plus attirant pour le cerveau. Des metteurs en scène tels que James Cameron font appel à certaines de ces techniques pour améliorer l'attractivité de leurs films.* Titanic *et plus récemment* Avatar *en auraient bénéficié.*

La communication publicitaire, sur Internet, les mobiles, sur les réseaux sociaux se révèle de plus en plus intéressée par ces outils qui permettent d'analyser le comportement et de percevoir les émotions ressenties par le neuro-consommateur. Un nombre croissant de services marketing et communication fait appel à eux lorsqu'ils ne s'adressent pas à des techniques plus sophistiquées telles que L'IRM où l'EEG.

Lors d'une émission télévisée[76], Nicolas Delattre, directeur du développement marketing de la société Perception Média, présente des expériences d'utilisation d'un bracelet mesurant plusieurs paramètres physiologiques tels que les battements cardiaques ou la micro-sudation couplée avec l'oculométrie. Ces applications contribuent à améliorer plusieurs domaines du marketing et de la communication. La technique est utilisée pour analyser l'émotion produite par une publicité, qui aide à sa mémorisation, l'agencement d'un présentoir, le design d'un produit… Plus simple que l'utilisation de l'IRM ou de l'EEG, cette méthode peut apporter de bonnes indications à des tarifs plus modestes. Le coût d'une étude pour mesurer l'impact d'une communication ou d'un produit se situe autour de 15 000 €.

Le diagnostic neuroscientifique ou l'émergence de nouveaux métiers : cogniticiens, « spin doctors »…

Une nouvelle profession d'experts en neuromanagement et neuromarketing voit le jour. Elle concerne des professionnels d'origine médicale, psychologique, marketing, etc. formés aux sciences cognitives et aux neurosciences. Fréquemment regroupés sous diverses appellations (cogniticiens, « *spin doctors* »…), ils sont capables de conseiller les entreprises dans le diagnostic et la mise en œuvre d'actions compatibles avec la manière dont fonctionne le cerveau des clients. Les recommandations concernent l'amélioration des politiques de produit, de prix, de vente, de distribution, de communication… Elles permettent de tenir compte et d'intégrer les récentes découvertes émanant des neurosciences. Les conseils peuvent se limiter à un diagnostic d'experts et à des solutions pratiques rapidement réalisables. C'est fréquemment le cas lorsqu'ils s'intéressent à l'évaluation de l'effet sensoriel des points de vente. Ils peuvent aussi déboucher sur la préconisation de recherches complémentaires utilisant des outils neuroscientifiques plus élaborés. Le coût d'un expert patenté se situe autour de 2 500 à 3 000 € la journée. Selon les cas, l'expertise va de trois jours à une semaine. Elle peut parfois réclamer davantage de temps. L'encadré reproduit ci-après montre un exemple de méthodologie de diagnostic et de préconisations cognitives pour une politique de marketing sensoriel d'un espace de vente ou de services.

Méthode d'élaboration d'une politique sensorielle dans un espace de vente ou de services

1. Élaboration d'un diagnostic sensoriel de l'espace de vente ou de services
Élaboration du diagnostic par les cogniticiens. Évaluation de l'adaptation de l'espace aux modes de fonctionnement du cerveau. Vérification de la neuro-compatibilité.
Analyse des caractéristiques des clients fréquentant l'espace. Élaboration d'une segmentation cognitive. Étude sur la perception sensorielle du point de vente par les clients (ce qu'ils apprécient et ce qu'ils n'apprécient pas).
Interrogation sur les raisons qui font que certains clients ne viennent pas dans l'espace. Recherche de causes sensorielles.
Benchmarking d'espaces ayant développé un marketing sensoriel original dans d'autres secteurs d'activité.

2. Bilan sensoriel
Élaboration d'un bilan sous forme d'une matrice SWOT sensorielle (Forces, Faiblesses, Opportunités, Menaces) concernant les sens utilisés.

3. Stratégie sensorielle
Réflexion stratégique à partir de la matrice « Blue Ocean » de Chan Kim et Renée Mauborgne.
Détermination des cibles de clientèle visée.
Positionnement sensoriel choisi pour l'espace.
Objectifs à réaliser par la mise en place de la politique sensorielle (nombre de clients, nombre de nouveaux clients, chiffres d'affaires, augmentation de la notoriété, acquisition d'une image cohérente avec le positionnement choisi...).

4. Mise en place des moyens sensoriels et organisation
Choix des moyens sensoriels à mettre en place (vue, ouïe, odorat, toucher, goût).
Élaboration d'une congruence des sens.
Tests de perception sensorielle par les clients (EEG, eye-tracking, mesures électrodermales...).
Organisation.
Échéances dans le temps.
Budget à allouer et *business plan*.

5. Contrôle de l'efficacité de la politique sensorielle
Définitions des éléments à contrôler.
Organisation du contrôle dans le temps.

Les formations

Les formations structurées proposées par les universités et les grandes écoles internationales concernant le comportement du neuro-consommateur, mais aussi le neuromarketing sont encore peu développées. Elles ont, jusqu'à présent, été davantage l'œuvre de formateurs ou d'entreprises privées telles que SalesBrain aux États-Unis. En Europe, le professeur neurochirurgien Patrick Georges et ses équipes proposent des programmes complets de formation aux entreprises sur plusieurs journées. Des Master Class d'une journée sont réalisés dans différentes grandes villes du monde par la NMSBA (Neuromarketing Science and Business Association) dont l'origine se situe en Hollande. Les formations sur l'application des neurosciences au marketing, à la communication et au marketing sensoriel se développent dans plusieurs universités en Europe. Elles accordent désormais une bonne place à l'élaboration de thèses doctorales dans ce domaine. Des écoles

> *Un nouveau métier destiné à mieux comprendre et à mieux satisfaire les perceptions inconscientes du cerveau du neuro-consommateur, celui de « neuro-marketeur », est en voie d'éclosion.*

comme l'Iscom, à Paris, s'intéressent à cette nouvelle discipline du management. Le centre de formation pour dirigeants et cadres d'HEC Paris, HEC Exed offre également des Master Class sur ce sujet en France et lui octroie une place dans son programme consacré au marketing digital et aux nouvelles tendances du marketing. L'école accorde un espace accru à cette thématique dans ses enseignements liés au marketing et à la communication destinés aux étudiants comme aux professionnels.

L'avenir des formations peut prendre différentes directions :

- la création d'écoles « certifiantes » de « coaching » et d'expertise en neuromarketing semblable à ce qui se réalise dans l'enseignement de la PNL ou de l'AT ;

- l'édification de modules ou de séminaires complets intégrés dans les enseignements traditionnels de comportement du consommateur, marketing, marketing digital, communication, e-communication, etc. à destination des étudiants et des professionnels. Cette seconde solution nous apparaît la plus probable.

Un nouveau métier destiné à mieux comprendre et à mieux satisfaire les perceptions inconscientes du cerveau du neuro-consommateur, celui de « neuromarketeur », est en voie d'éclosion. Outre une indispensable formation aux principes et techniques du neuromarketing, il doit s'attacher à connaître l'ensemble des nouveaux outils neuroscientifiques qui voient le jour régulièrement et peuvent présenter un intérêt pour son métier. Des ingénieurs inventifs n'ont de cesse de perfectionner les outils existants et d'en créer de nouveaux dans le but d'améliorer les connaissances sur le comportement du cerveau. Les principaux domaines, en dehors de la biologie, concernent l'imagerie cérébrale et le traitement statistique des informations. Déjà, de nouvelles innovations apparaissent répondant à des noms scientifiques savants :

- pour l'imagerie :

– la tractographie,

– la TMS, en français SMT (simulation magnétique transcranienne) ;

- pour le traitement de l'information :

– l'ICA, en français ACI (analyse en composantes indépendantes),

– les analyses discriminantes multiples,

– l'analyse des schémas multivoxels…

Les connaissances sur le comportement du cerveau humain en sont encore à leurs balbutiements. Leur progression rapide, au cours de ce nouveau siècle, ne manquera pas d'avoir d'importantes répercussions sur l'ensemble du savoir en médecine, psychologie, sociologie, mais également pour l'amélioration des connaissances relatives au comportement du neuro-consommateur.

CE QU'IL FAUT RETENIR

Les technologies émanant des neurosciences (IRM, EEG, oculométrie…) permettent d'améliorer la pertinence des informations recueillies dans les traditionnelles études marketing. Souvent de les compléter, parfois de les remettre en cause ou de les contredire.

Les connaissances sur le comportement des individus et des consommateurs interpellent les penseurs depuis la haute Antiquité. Certains philosophes élaborent, au cours des siècles, des théories empreintes de modernité. Elles servent de fondements à de nombreux chercheurs contemporains pour formuler des hypothèses qu'ils s'efforcent de vérifier à partir d'outils neuroscientifiques.

Le célèbre neurologue Antonio Damasio et ses collègues font souvent référence aux écrits de Descartes ou de Spinoza. Les théories anciennes menées par les philosophes sur des thèmes tels que les relations entre le corps et l'esprit, le rôle des émotions, de la mémoire, des désirs, l'importance de l'inconscient sont analysés à partir d'observations scientifiques sur les réactions du cerveau.

Des chercheurs tels que Joseph Breuer, Carl Gustav Jung, Sigmund Freud, probablement le plus connu, sont de véritables précurseurs ayant mis en lumière le rôle fondamental de l'inconscient dans le comportement des personnes. Disposant d'outils performants d'analyse neuroscientifique, les chercheurs actuels peuvent se permettre d'approfondir leurs théories. Patricia Churchland, auteur de nombreux ouvrages de renommée mondiale, crée le concept de « neuro-philosophie » destiné à associer la réflexion philosophique avec la recherche neuroscientifique. Ses idées sont suivies par de nombreux savants.

Après avoir dressé un bilan des recherches en marketing sur le comportement du consommateur, il importe de comprendre leurs limites et de voir où et comment l'analyse neuroscientifique permet de leur apporter des améliorations.

Nous définissons le « neuro-consommateur » comme « un consommateur largement soumis aux automatismes inconscients ou hors de la conscience de son cerveau, dont les décisions et les processus d'achat sont fortement influencés par ses émotions et ses désirs ».

Après l'application des neurosciences dans de nombreux domaines allant de la médecine à la psychologie, l'intérêt du marketing pour ces nouvelles techniques de recherche semble inéluctable. Il faut attendre la fin du XXe siècle et le début du XXIe pour voir apparaître les premières expériences aux USA relatives aux études sur le comportement des consommateurs.

Longtemps sous-estimées au cours des siècles, les fonctions du cerveau font l'objet d'intérêts accrus, principalement à partir du XIXe siècle. Les études se multiplient dans le monde entier pendant les décades suivantes. Elles constituent une source importante de recherches dans de très nombreux domaines dont le marketing lors de cette première partie du IIIe millénaire. Elles profitent de réflexions telles que celles émanant de l'école de Palo Alto et d'outils provenant de sciences comme la cybernétique et l'imagerie fonctionnelle.

L'émergence des applications en marketing voit le jour au début des années 2000. Le chercheur américain Read Montague et ses collègues ont l'idée d'utiliser l'IRM dans une expérience relative aux marques Coca-Cola et Pepsi-Cola. On attribue fréquemment à ce chercheur la création du terme « neuromarketing ». Les expériences destinées à mieux comprendre le comportement des consommateurs à partir de techniques utilisées par les neurosciences ne cessent de se multiplier dans le monde entier. De nombreuses entreprises spécialisées émergent au cours des années qui suivent : SalesBrain, NeuroSense, NeuroFocus… Des expérimentations se développent dans les centres de recherche des grandes universités. Des ouvrages décrivent leurs applications. La plupart des importantes sociétés mondiales avancées en marketing et en communication font appel au neuromarketing pour améliorer l'efficacité de leur marketing et de leur communication.

Plusieurs approches fondées sur l'observation conduisent à la création de théories telles que la PNL (programmation neuro-linguistique), l'AT (analyse transactionnelle)… Les techniques issues des neurosciences permettent d'aller plus loin dans la compréhension du comportement du neuro-consommateur. Elles vont des plus complexes telles que l'IRM (imagerie par résonance magnétique) ou L'EEG (électroencéphalographie)… à l'utilisation d'outils plus simples et moins onéreux. Parmi eux : la sécrétion hormonale, l'EDA (activité électrodermale), l'ECG (électrocardiogramme), l'oculométrie (ou « *eye tracking* »), le simple diagnostic neuroscientifique… Certaines de ces techniques sont couplées avec d'autres outils neuroscientifiques ou avec les traditionnelles études en marketing et en communication. Leur but n'est pas de remettre en cause les recherches existantes, mais de les améliorer ou de les compléter.

NOTES

1. Eric Richard Kandel, *In Search of Memory : the Emergence of New Science of Mind,* W.W. Norton & Company, 2000 ; traduction en français : *À la recherche de la mémoire : une nouvelle théorie de l'esprit,* Odile Jacob, 2007.

2. Patrick Georges, Michel Badoc et Anne-Sophie Bayle Tourtoulou, *Le Neuromarketing en action,* Eyrolles, 2010 ; traduction en anglais : *Neuromarketing in Action : How to Talk and Sell to the Brain,* Kogan Page, 2013.

3. Frédéric Lenoir, *Du bonheur – Un voyage philosophique,* Fayard, 2013.

4. Emmanuel Kant, *Fondements de la métaphysique des mœurs* (1785), Delagrave, 2009.

5. Aristote, *Éthique à Nicomaque,* Bréal, 2001.

6. Épicure, *Lettre à Ménécée,* Hatier, 1999 ; *Lettres et Maximes,* Flammarion, 2011.

7. Michel de Montaigne, *Essais* (1590), Pocket, 2012.

8. Johann Wolfgang von Goethe, *Divan occidental et oriental* (1819-1827), FB Éditions, 2015.

9. Antonio R. Damasio, *L'Erreur de Descartes – La Raison des émotions,* Odile Jacob, 2001 et *Spinoza avait raison,* Odile Jacob, 2003.

10. Arthur Schopenhauer, *L'Art d'être heureux* (1840), Le Seuil, 2001.

11. Spinoza, *Éthique* (1675), Gallimard, coll. « Folio », 2010.

12. Platon, *Philèbe,* Garnier-Flammarion, 2012.

13. Proust, *À la recherche du temps perdu* (1913-1926), Gallimard, coll. « Folio », 1992.

14. Spinoza, *Éthique, op. cit.*

15. Sigmund Freud et Joseph Breuer, *Études sur l'hystérie* (1895), Presses universitaires de France, 1996. Sigmund Freud, *Le Malaise dans la civilisation* (1930), Le Seuil, 2010 ; Carl Gustav Jung, *Les Racines de la conscience – Étude sur l'archétype,* Le Livre de poche, coll. « Références », 1998 ; *Dialectique du moi et de l'inconscient,* Gallimard, 1986.

16. David Eagleman, *Incognito – La Vie secrète du cerveau,* Robert Laffont, 2013.

17. Patricia Churchland, *Braintrust – What Neuroscience Tells Us about Morality,* Priceton University Press, 2012 (édition de poche).

18. Jean-Pierre Changeux, *L'Homme neuronal,* Fayard, 1983.

19. Marc Jeannerod, *La Nature de l'esprit,* Odile Jacob, 2002.

20. Notamment le livre de Robert East, Malcolm Wright et Marc Van huele, *Consumer Behaviour. Applications in Marketing,* Sage Publications, 2008. Voir aussi : Joël Brée, Le *Comportement du consommateur,* Dunod,

2012 ; Denis Darpy, *Comportements du consommateur-Concepts et outils,* Dunod, 2012 ; Michael Solomon, *Consumer Behavior – Global Edition,* Pearson, 2012 ; James F. Engel *et al., Consumer Behavior,* The Dryden Press-Harcourt, Brace College Publisher, 1994.

21. *Idem.*

22. Voir Yves Evrard *et al., Market – Études et recherches en marketing – Fondements et méthodes*, Nathan, 1993.

23. Jacques Lendrevie et Julien Lévy, *Mercator*, Dunod, 2013.

24. *Idem.*

25. James F. Engel *et al.op. cit.*

26. Bernard Cathelat, *Styles de vie*, Éditions d'Organisation, 1985.

27. Pierre Valette-Florence, *Les Styles de vie – Bilan, critiques et perspectives,* Nathan, 1994.

28. Notamment, David Ogilvy, *La Publicité selon Ogilvy,* Dunod, 1984.

29. Martin Lindstrom, *BuyOlogy. How Everything We Believe About Why We Buy is Wrong,* R.H. Business Books, 2009.

30. A.K. Pradeep, *The Buying Brain. Secrets for Selling to the Subconscious Mind,* Wiley, 2010.

31. Agnès Giboreau et Laurence Body, *Le Marketing sensoriel : de la stratégie à la mise en œuvre,* Vuibert, 2007.

32. Carl Gustav Jung, *Les Racines de la conscience. Étude sur l'archétype, op.cit.*

33. Martin Lindstrom, *op. cit.*

34. *Idem.*

35. Martin Lindstrom, « You Love Your iPhone Literally », *The New York Times,* 30 septembre 2011.

36. André Parent, *Histoire du cerveau. De l'Antiquité aux neurosciences,* Chroniques sociales, 2009.

37. René Descartes, *Traité de l'homme* (1662), Arvensa Editions 2015.

38. Julien Offray de La Mettrie, *L'Homme machine.* Editions Bossard 1921. Amazon Kindle 2015.

39. Paul Broca, « Les femmes et les "sauvages" », Séances de la Société d'Anthropologie des 21 mars et 2 mai 1861.

40. Antonio Damasio, *L'Erreur de Descartes, op. cit.*

41. Serge Ginger, *La Gestalt. L'Art du contact*, Marabout, 2009.

42. John Von Neumann, *The Computer and the Brain*, University Press, 1958.

43. Gregory Bateston, *Steps to an Ecology of Mind*, University of Chicago Press, 2000.

44. Edmond Marc et Dominique Picard, *L'École de Palo-Alto. Un nouveau regard sur les relations humaines,* Retz, 1984.

45. Christophe Morin, *Neuromarketing. The New Science of Consumer Behavior*, Springer Science + Business Media LLC, 2011.

46. Read Montague, *Your Brain Is (Almost) Perfect : How We Make Decisions,* Plume Book, 2006 ; Samuel McLure, Read Montague *et al.* (Li, Tomlin, Cypert), « Neural Correlates of Behavioral Preference for Culturally Familiar Drinks », *Neuron*, n° 44, 2004.

47. Justin R. Garcia et Gaad Saad, « Evolutionary neuromarketing : Darwinizing the Neuroimaging Paradigm for Consumer Behavior », *Journal of Consumer Behavior,* n° 7, 2007, p. 397-414.

48. Christophe Morin, *op. cit.*

49. Patrick Renvoisé et Christophe Morin, *Selling to the Old Brain*, SalesBrain, 2003 ; traduction en français : *Neuromarketing. Le Nerf de la vente*, De Boeck, 2005.

50. Martin Lindstrom, *Buy Ology…, op. cit.*

51. Daniel Keravec, « Neuromarketing et smartphone. Quelles sont les bonnes pratiques en marketing d'entreprise ? », thèse Master Direction marketing et Stratégie commerciale, HEC Executive, HEC Paris, 2014.

52. Brian Knutson *et al.,* « Neural predictory of purchases », *Neuron,* n° 53, 2007.

53. A.K. Pradeep, *op. cit.* ; Leon Zurawicki, *Neuromarketing. Exploring the Brain of the Consumer, Springer,* 2010 ; Roger Dooley, *Brainfluence. 100 Ways to Persuade and Convince Consumers With Neuromarketing,* John Wiley & Sons, 2013.

54. Patrick Georges, Michel Badoc et Anne-Sophie Bayle-Tourtoulou, *op. cit.* ; Bernard Roullet et Olivier Droulers, *Neuromarketing. Le Marketing revisité par les neurosciences du consommateur*, Dunod, 2010.

55. Propos recueillis par Nicolas Bermond, « Neuromarketing vu par un neuro-marketer », web-marketing-com.com, février 2014.

56. Éditions Prédictions TMT, 2012.

57. Yann Verdo, « Le neuromarketing, entre fantasmes publicitaires et réalités scientifiques », *Les Echos*, 1er décembre 2014.

58. Paul Alivisatos *et al.*, « Brain Activity Map and the Challenge of Functional Connectomics », *Neurones*, vol. 74, 21 juin 2012. Voir aussi l'article de John Markoff « Projet Obama : Obama veut cartographier le cerveau humain », *The New York Times*, 19 février 2013.

59. Daria Knoch *et al.*, « Disrupting the Prefrontal Cortex Diminishes the Human Ability to Build a Good Reputation », *Proceedings of the National Academy of Sciences of the USA*, vol. 106, n° 49, 2009.

60. Nick Lee, Amanda J. Broderick et Laura Chamberlain, « What Is Neuromarketing ? A Discussion and Agenda For Future Research », *International Journal of psychology*, n° 63, 2006.

61. Robert Cialdini, *Influence : Psychology of Persuasion*, Harper Business, Revised Edition, 1986.

62. Notamment Richard Bandler et John Grinder, *Reframing : Neuro-Linguistic Programming and the Transformation of Meaning*, Real People Press, 1983 ; traduction en français - *Les Secrets de la communication : les techniques de la PNL*, J'ai Lu, 2011.

63. Robert Dilts et Judith Delozier, *Encyclopedia of Systemic Programming and NLP New Coding*, Scotts Valley NLP, University Press, 2000.

64. Robert Dilts, *Roots of NLP*, Metamorphous Press, 1983.

65. Christian Balicco, « La programmation neurolinguistique ou l'art de manipuler ses semblables », *SPS*, n° 243, 2000 ; Philippe Breton, *La Parole manipulée*, La Découverte, coll. « Essais », 2004.

66. Notamment : Eric Berne, *Analyse transactionnelle et psychothérapie*, Payot, 2001 et en collaboration avec Paul Vauguin, *Que dites-vous après avoir dit bonjour ?*, Tchou, 2012.

67. France Brecard et Laurie Hawkes, *Le Grand Livre de l'analyse transactionnelle*, Eyrolles 2008 ; Christine Chevalier et Martine Walter, *Découvrir l'Analyse transactionnelle*, InterÉditions, 2008 ; Agnès Le Guernic, *Sortir des conflits – Méthodes et outils pratiques de l'Analyse transactionnelle*, InterÉditions, 2009.

68. Michel Tougne, *Ni prince ni crapaud : l'Analyse transactionnelle, savoir ou mystification ?*, Éditions CFP, 2009.

69. Arthur S. Bard et Mitchell G. Bard, *Le Cerveau*, Marabout, 2002.

70. A.K. Pradeep, *op. cit.*

71. Denis le Bihan, *Le Cerveau de cristal. Ce que nous révèle la neuro-imagerie*, Odile Jacob, 2012.

72. *Le Cerveau et ses automatismes. Le pouvoir de l'inconscient*, Arte Partie 1 : 1er décembre 2011, Partie 2 : 14 avril 2014.

73. Patrick Georges, Michel Badoc et Anne-Sophie Bayle-Tourtoulou, *op. cit.*

74. Clélia Six, « L'impact du neuromarketing sur la société de consommation », mémoire de recherche, Master 1 Communication Iscom, 2014.

75. Emmanuelle Ménage, *Consommateur pris au piège*, France 5, 12 janvier 2014.

76. « La Quotidienne » du 2 mars 2016 sur France 5.

partie 2
COMPRENDRE LE CERVEAU DU NEURO-CONSOMMATEUR

Comprendre le fonctionnement du cerveau du neuro-consommateur et son irrationalité est indispensable pour déchiffrer son comportement. Sa perception de la réalité du monde est largement conditionnée par des éléments qui agissent en dehors de sa conscience. Des facteurs tels que l'âge, le sexe, la mémoire, les émotions, les désirs influencent son attitude. Les « marqueurs somatiques » ou les « neurones miroirs », récemment découverts par les neuroscientifiques, conditionnent ses réponses à l'environnement. Les neurosciences apportent leur concours pour améliorer les connaissances dans ce domaine.

INTRODUCTION

Sous-estimées pendant des siècles, les connaissances sur le comportement du cerveau humain recueillent un intérêt accru en ce début de millénaire. Les neuropsychologues Bryan Kolb et Ian Q. Whishaw de l'université de Lethbridge au Canada consacrent un important ouvrage à ce sujet[1]. Les découvertes des extraordinaires capacités, largement méconnues de cet organe, fascinent les chercheurs dans des domaines nombreux et variés. Les professeurs en médecine Arthur et Mitchell Bard au début de leur ouvrage *Le Cerveau* écrivent : « Le cerveau est un organe fascinant. Il détermine ce que nous pensons et comment nous interprétons le monde. Il produit nos rêves et nos cauchemars. Il nous dit d'être heureux ou tristes. Nous mangeons, nous buvons, nous avons des activités sexuelles grâce aux instructions de notre cerveau… En saisissant mieux de quoi le cerveau a l'air, comment il est assemblé et comment il fonctionne, nous espérons améliorer nos vies et celle de nos enfants. Nous espérons trouver les moyens d'améliorer notre mémoire, de modifier le comportement de nos enfants, de surmonter les angoisses qui gèrent nos actions et affectent notre bonheur[2]. » Ces deux auteurs considèrent que la curiosité à elle seule constitue une très bonne raison d'étudier le cerveau. Nous nous associons à leur avis, même si l'on sait que les connaissances sur son fonctionnement demeurent embryonnaires et, par conséquent, susceptibles, en évoluant, de remettre en cause certaines idées avancées. Dans la communauté des chercheurs en neurosciences, on entend parfois : « Nous en savons davantage sur le fonctionnement de l'univers que sur celui du cerveau ! » Une modestie révélatrice de l'extrême limite des connaissances dans ce domaine.

Pour mieux comprendre le cerveau du neuro-consommateur, nous porterons un bref regard sur sa constitution puis nous nous pencherons sur les automatismes qui conditionnent ses actions.

Le comportement inconscient du neuro-consommateur est influencé par la manière dont son cerveau est structuré, mais aussi par ses humeurs que modifient les émotions et les désirs. Des éléments endogènes tels que l'âge, le sexe, la mémoire, les « marqueurs somatiques », les « neurones miroirs » jouent un rôle important sur les réponses apportées par le cerveau aux sollicitations de son environnement. Tous ces éléments conditionnent les perceptions, attitudes, comportements d'achats. Les émotions et les désirs peuvent annihiler en quelques instants les raisonnements conscients et rationnels. De très nombreuses recherches se réalisent dans le monde pour tenter de connaître les phénomènes d'influence ou de conditionnement du cerveau. Elles apportent un éclairage nouveau dans la compréhension du comportement du neuro-consommateur.

L'acquisition de ce savoir est indispensable pour améliorer l'efficacité des entreprises désirant approfondir leurs connaissances sur son comportement. Tout cela dans le but de mieux satisfaire les besoins et attentes qu'il hésite à exprimer. Comme le souligne Roger Dooley[3] avec pragmatisme, les recherches sur ce sujet ont un grand intérêt, en particulier celui de permettre aux entreprises de rendre plus efficaces leurs politiques de marketing, de communication et de vente afin d'obtenir « de meilleurs résultats tout en dépensant moins d'argent ». Elles sont également utiles aux neuro-consommateurs. Une bonne connaissance des réactions inconscientes de leur cerveau peut leur permettre d'éviter de succomber trop facilement aux sollicitations conçues pour les entraîner vers des achats irraisonnés ou instinctifs.

> Le comportement inconscient du neuro-consommateur est influencé par la manière dont son cerveau est structuré, mais aussi par ses humeurs que modifient les émotions et les désirs.

CHAPITRE 7
LE CERVEAU DU NEURO-CONSOMMATEUR, UN ORGANE COMPLEXE

Comprendre le neuro-consommateur consiste d'abord à s'intéresser à ce merveilleux et surprenant organe de la nature qu'est son cerveau. Il est capable d'intégrer les informations provenant des cinq sens, de contrôler la motricité du corps et d'assurer les fonctions cognitives. Souvent comparé à un ordinateur surpuissant ou à un chef d'orchestre, il montre des qualités insoupçonnées. Elles sont mises en lumière par les importantes recherches réalisées dans les laboratoires du monde entier grâce à une rapide évolution des techniques neuroscientifiques.

Pour apporter un éclairage sur le cerveau et ses relations avec le corps humain, nous nous référons à plusieurs articles et ouvrages publiés par des professeurs – médecins-neuroscientifiques. Parmi les nombreuses lectures, outre le livre des docteurs Arthur S. et Mitchell G. Bard[4], nous avons tiré profit d'autres publications dont celle des docteurs Frédéric Sedel et Olivier Lyon-Caen[5]. Ces deux lectures, écrites dans un langage accessible pour des non-scientifiques, permettent aux lecteurs intéressés d'approfondir leurs connaissances sur ce sujet.

Le cerveau du neuro-consommateur, un organe particulièrement complexe

Le cerveau du neuro-consommateur pèse environ 340 grammes à la naissance, 930 grammes au bout d'une année, 1,3 à 1,4 kg à l'âge adulte. Il est plus léger que celui du cachalot qui pèse 7,8 kg et de l'éléphant, 6 kg. Il ne semble pas y avoir de relations directes entre le poids du cerveau et le niveau de l'intelligence. Le cerveau d'Einstein, recueilli par l'anatomopathologiste américain Thomas Stoltz Harvey (1912-2007) en 1955, à l'hôpital de Princeton, pèse moins lourd que la moyenne. Toutefois, il est doté d'une plus forte intensité de neurones dans le cortex.

L'homonculus de Penfield

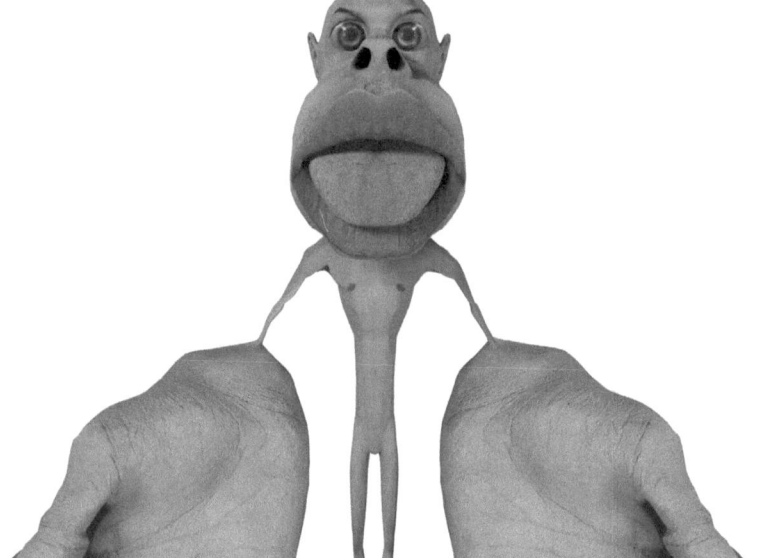

L'homoncule de Penfield, nom du célèbre neurologue américain, Wilder Penfield (1891-1976), qui l'a découvert, est une représentation simplifiée de la taille des parties du corps en fonction du contrôle que le cortex du cerveau a sur elles.

La volumétrie du cerveau est de 1 400 cm³, le périmètre crânien de 55 à 60 cm.

L'organe ne représente que 2 % du poids du corps, mais consomme 20 % de son énergie. Environ un cinquième du sang pompé par le cœur (à peu près 5 litres par minute au repos) est envoyé vers le cerveau. Il s'alimente grâce à l'oxygène et au glucose transportés par le sang. Il produit la même quantité d'énergie qu'une ampoule de 10 watts. Il travaille 24 heures sur 24, 7 jours sur 7, tout au long de la vie. Sa composition comprend 75 % d'eau. Il ne possède aucune partie mobile et est totalement insensible, ce qui facilite certaines opérations.

Dès sa naissance, un enfant possède 100 milliards de neurones. Chaque neurone peut se connecter avec 100 000 autres neurones. Le fœtus crée chaque minute 250 000 neurones. Un milliard de signaux circulent dans le cerveau toutes les secondes. La vitesse de l'influx peut dépasser 400 km/h. Outre les neurones, le cerveau est constitué de cellules gliales (ou « névroglie »). Contrairement aux neurones elles n'ont ni axone ni synapse. Elles aident les neurones à leur réparation et à la fabrication de myéline. Ces cellules font l'objet d'études récentes. Parmi elles, les « astrocytes » qui apportent des nutriments aux neurones et les aident à se débarrasser de leurs déchets. Elles joueraient également un rôle dans la mémoire.

À l'âge de 20 ans, les cellules du cerveau commencent à mourir à un rythme de 10 000 par jour. À partir de 45 ans, la diminution de son poids peut aller jusqu'à 10 %. Au bout d'une vie, ce sont des millions de neurones qui disparaissent. Le professeur Pierre-Marie Lledo de l'Institut Pasteur[6] révèle que, quel que soit l'âge, le cerveau peut produire de nouveaux neurones. Ce potentiel de création varie selon les personnes. Pour ce chercheur, plusieurs facteurs sont nécessaires pour contribuer à cette régénérescence : « Ne pas être soumis au stress, ne pas consommer régulièrement de psychotropes, pratiquer une activité physique, avoir une vie sociale active, s'émerveiller et désirer apprendre. »

Une communication très élaborée avec le corps humain

Le cerveau communique avec le corps humain à l'aide d'une multitude de câbles que constitue le système nerveux. La moelle épinière est le centre de passage obligé entre le cerveau et les muscles. Le corps contient environ 50 000 kilomètres

> *Le corps contient environ 50 000 kilomètres de nerfs connecteurs reliant des nerfs sensoriels et moteurs permettant de prendre et d'exécuter des décisions.*

de nerfs connecteurs reliant des nerfs sensoriels et moteurs permettant de prendre et d'exécuter des décisions.

L'unité de base du système nerveux est le neurone. Le cerveau regroupe 100 milliards de neurones. La Voie lactée possède le même nombre d'étoiles. Le reste du corps humain en possède autant. Le centre du câblage est concentré dans la tête. Concernant l'espace occupé, 30 000 neurones pourraient tenir sur une tête d'épingle.

Le neurone possède deux propriétés : l'excitabilité et la conductibilité. Il peut répondre à un stimulus et détient l'aptitude de propager une activité électrique (ou « influx nerveux ») générée par ce stimulus.

Le contact avec l'environnement se fait à partir de récepteurs reliés aux sens. Ils communiquent des informations au cerveau en utilisant le système de câblage.

Chez le neuro-consommateur, il existe plus de 135 millions de récepteurs visuels, 5 millions pour l'odorat, 700 000 pour le toucher, 30 000 pour l'ouïe. La vue est pour lui un organe dominant. La communication et le marketing obtiennent une grande efficacité lorsqu'ils privilégient ce sens.

La synapse

La synapse chimique est formée par :

Le bouton terminal de l'**axone** ❶ contenant les **messagers chimiques** ❷ qui vont être relâchés à travers la **fente synaptique** ❸ avant d'atteindre la **dendrite** ❹ du neurone suivant.

Les neurones communiquent entre eux par les synapses. Elles sont un espace entre deux neurones. Pour franchir les synapses et transmettre les messages, l'énergie électrique est transformée en substances chimiques : les hormones « neurotransmetteurs ». Elles sont ensuite reconverties en signaux électriques.

Les chercheurs identifient plus d'une cinquantaine d'hormones-neurotransmetteurs, parmi lesquelles : l'acétylcholine, la dopamine, la sérotonine, la noradrénaline… Un seul neurone peut posséder jusqu'à 100 000 synapses recevant et transmettant des informations au moyen de milliers de neurotransmetteurs produits par 100 000 neurones voisins. La captation de la sécrétion des hormones-neurotransmetteurs donne des informations utiles permettant d'appréhender ce qu'éprouve ou ressent un neuro-consommateur confronté aux sollicitations de son environnement.

Les zones du cerveau du neuro-consommateur et leurs fonctions

Le corps du cerveau est le cortex. C'est le lieu où la plupart des fonctions associées à la pensée, la mémoire créative, l'intelligence se réalisent. Le cerveau comprend deux hémisphères, le droit et le gauche. Chaque hémisphère se subdivise en quatre parties, « les lobes », qui possèdent des fonctions spécifiques. Si le cerveau était un cube, le lobe frontal serait la face avant, le lobe pariétal la face arrière, les lobes latéraux, les faces latérales et le lobe limbique la face inférieure.

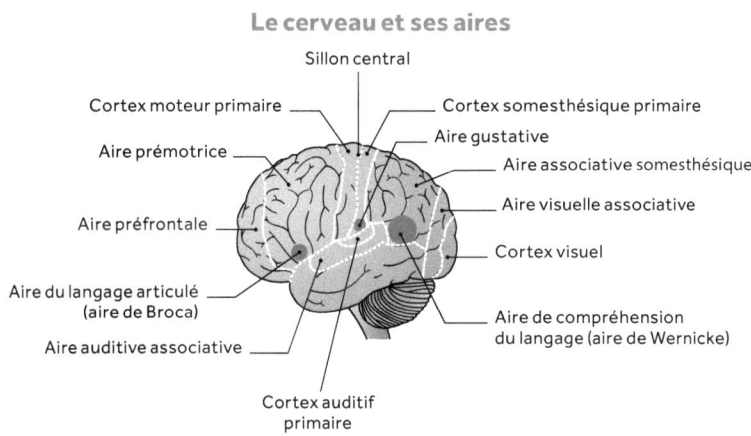

Le cerveau et ses aires

Ces zones comprennent des aires qui ont des rôles encore plus précis. Elles sont globalement mises en lumière au début du XXe siècle par l'anatomiste allemand Korbinian Brodmann (1868-1918), qui établit une carte du cerveau fondé sur les différences d'architecture microscopiques des régions du cortex. Numérotée de 1 à 47, chaque aire correspond à des fonctions différentes (audition, reconnaissance des formes, émotion, mémoire, olfaction…). La cartographie demeure encore utilisée de nos jours. Au cours des années, les fonctions sont affinées et améliorées. Le neurologue Wilder Penfield (1891-1976) élabore des cartes encore plus détaillées du cerveau humain.

Les connaissances des actions liées aux zones et aux aires sont complexes, car de nature systémique. Elles évoluent avec la sophistication des techniques issues des connaissances neuroscientifiques. C'est le cas des IRM fonctionnelles de dernière génération créées par Denis Le Bihan et ses collègues dans le cadre de NeuroSpin en France. Ou plus récemment de la méthode «Clarity», élaborée pour le projet «Brain» lancé par le gouvernement américain dans le but d'établir une carte complète du cerveau humain. Cette technique, mise au point par les ingénieurs chimistes et neuroscientifiques de l'université de Stanford aux USA, permet de rendre le cerveau transparent.

Comme nous l'avons vu au cours de la partie précédente, des zones du cerveau «s'allument» lorsqu'elles travaillent. Il s'agit d'un éclairage qui se voit lorsque l'on pratique une IRM. Comme l'explique le professeur neurochirurgien Patrick Georges[7].

Les zones du cerveau

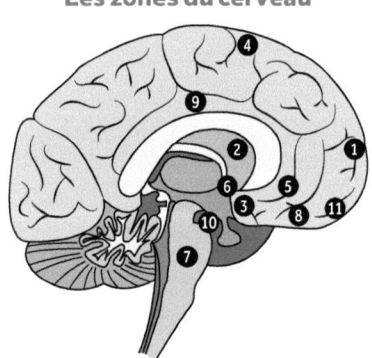

Les zones indiquées correspondent à différentes fonctions du cerveau, elles s'allument quand il les fait travailler :

- la zone 1 : le cortex préfrontal correspond à la mémorisation, la déduction, la planification. Le noyau accubens s'allume quand on montre à une personne ce qu'elle désire vraiment, quelque chose de précieux pour elle : alcool, sexe, jeu, nourriture… ou des produits liés, pouvant annoncer ces plaisirs. Il s'allume avec les nourritures grasses et sucrées, avec le plaisir sexuel, avec les belles voitures…
- la zone 2 : l'hypothalamus correspond à la joie ;
- la zone 3 : le cortex limbique correspond aux émotions, à la surprise. La zone entre en action quand nous sommes émus et ouvrons notre mémoire ;
- la zone 4 : le cortex prémoteur correspond à l'imitation. La zone prémotrice travaille quand nous voyons faire un geste et que nous nous préparons à l'imiter.
- la zone 5 : le cortex temporal correspond à la mémoire, à l'empathie. Il s'allume quand nous écoutons, quand nous mémorisons…
- la zone 6 : l'amygdale cérébrale correspond à l'agressivité. Les amygdales (du cerveau) s'activent quand quelque chose fait peur, rend agressif à son encontre, quand nous sommes anxieux.

- la zone 7 : les neurones à endorphines correspondent à la douleur ;
- la zone 8 : le cortex ventromédian préfrontal correspond à un comportement de jugement ;
- la zone 9 : le cortex cingulaire correspond à l'envie, à la tristesse ;
- la zone 10 : l'hippocampe correspond au stress ;
- la zone 11 : le cortex orbitaire correspond au contrôle des émotions.

La connaissance des zones et aires qui s'activent face à des stimuli émanant du marketing, de la communication, de la vente, etc. est particulièrement riche pour comprendre ce qui intéresse, plaît ou déplaît au neuro-consommateur.

Pour mieux cerner son comportement. Elle permet d'économiser des investissements inutiles en évitant de proposer des produits qui n'intéressent pas son cerveau, des publicités qui le laissent indifférent ou l'irrite. Elle contribue à améliorer ces disciplines en procurant aux entreprises des informations fondamentales sur la profondeur de ses attentes et sur la réalité de ses processus de décision d'achat.

Le fonctionnement de la conscience est plus complexe à saisir. Pour Stanislas Dehaene[8], psychologue cogniticien et neuroscientifique, la conscience est un système qui distribue l'information. Ce n'est pas une aire mais un réseau.

> La connaissance des zones et aires qui s'activent face à des stimuli émanant du marketing, de la communication, de la vente, etc. est particulièrement riche pour comprendre ce qui intéresse, plaît ou déplaît au neuro-consommateur.

Le cerveau observé à partir de ses sécrétions hormonales

Le corps humain géré par le cerveau peut être comparé à une usine chimique. Une large partie des sentiments et des attitudes du neuro-consommateur est conditionnée par la production des hormones-neurotransmetteurs. Certains sont liés au plaisir, d'autres à l'agressivité, au stress, à la sérénité… Parmi les hormones pouvant être mesurées chez un neuro-consommateur :

- la sérotonine, l'hormone de la bonne humeur, qui protège contre la dépression et l'impulsivité ;

- la dopamine qui facilite l'impulsivité, l'agressivité. Elle signale aussi le plaisir ;

- le cortisol dans la salive qui mesure l'intensité du stress ;

- la testostérone qui est liée au désir sexuel ;

- la progestérone et les œstrogènes. Elles sont très importantes chez les femmes. Elles sont reliées à l'amour ou à l'attachement affectif ;

- la noradrénaline qui crée de l'excitation et du plaisir partagé ;
- l'adrénaline qui suscite de la tension, du stress ;
- les endorphines qui conditionnent le bien-être et l'autoanesthésie…

Cette liste n'est pas exhaustive. La sécrétion hormonale fait partie d'études utilisées par le neuromarketing pour améliorer ses connaissances sur le comportement du neuro-consommateur.

Le cerveau : ordinateur ou chef d'orchestre ?

Le cerveau du neuro-consommateur est souvent comparé à un ordinateur. Cette idée remonte en partie aux années 1950. Le mathématicien britannique Alan Turing[9] (1912-1954) avance en effet que les ordinateurs peuvent être programmés pour rivaliser avec le cerveau humain[10]. Il propose « le test de Turing » permettant de déceler ce qui, créé par une machine, peut être considéré comme humain.

En 1996, l'ordinateur fabriqué par IBM, « Deep Blue », réussit à battre aux échecs le champion du monde Garry Kasparov.

Plus récemment, en 2008, sous la direction du chercheur en neurosciences Henri Markram, le « Human Brain Project » tente de créer une copie informatisée du cerveau humain. Le projet est piloté par l'EPFL (École polytechnique fédérale de Lausanne).

Si les comparaisons avec un ordinateur surpuissant sont possibles, de nombreux chercheurs en doutent. Certains d'entre eux comme les professeurs Arthur et Mitchell Bard font remarquer que, contrairement au cerveau, l'ordinateur « ne ressent pas, ne pense pas, n'est pas conscient de sa propre existence. Le cerveau humain l'est[11] ». D'autres scientifiques tels que le professeur Andreas Kleinschmidt à Genève montrent que le cerveau « anticipe lorsque nous dormons, évalue les hypothèses sur une situation qui pourrait se produire dans le futur, cherche en permanence à établir un équilibre entre les mondes intérieurs et extérieurs[12] ». Dès les années 1960, les médecins américains George et Paul Bach-y-Rita (1934-2006) indiquent que cet organe est capable de s'autoréparer. Il possède de nombreuses capacités qui sont encore très éloignées et surtout beaucoup plus complexes que celles des ordinateurs. C'est pourquoi de nombreux neuroscientifiques préfèrent comparer le cerveau à un chef d'orchestre plutôt qu'à un ordinateur surpuissant.

Le ventre, un deuxième cerveau !

La plupart des gens connaissent les expressions populaires : « avoir la peur au ventre » ; « prendre des décisions viscérales » ; « avoir des tripes » ; « avoir de l'estomac », etc. ; en revanche, ils ignorent souvent que le ventre constitue un deuxième cerveau[13]. Michael Gershon, professeur au département d'anatomie et de biologie de l'université de Columbia à New York, émet des hypothèses dans ce sens. Les parois intestinales hébergent le système nerveux entérique, véritable second cerveau, double du premier. Il écrit : « Deux cents millions de neurones, autant que dans le cerveau d'un chien, tapissent la paroi intestinale. Les cellules proviennent du même feuillet embryonnaire que celles du cerveau, qu'elles quittent à un stade précoce du développement pour migrer dans le ventre, où elles forment le système nerveux entérique[14]. » Ces centaines de millions de neurones qui forment des réseaux locaux régulent les fonctions intestinales et libèrent des hormones-neurotransmetteurs identiques à celles ordonnées par le cerveau. Selon des découvertes récentes, près de 95 % de la sérotonine produite dans notre corps serait fabriquée par le système intestinal. Rappelons que ce neurotransmetteur participe à la gestion des émotions. Pour Michael Gershon : « Avec ces substances psychoactives endogènes, le ventre a le pouvoir de donner naissance à du découragement ou à de l'enthousiasme, à de l'impuissance ou à du plaisir, à la dépression ou à de l'accomplissement[15]. » Ces deux cerveaux, un pour penser et un pour ressentir, communiquent en permanence, dans les deux sens par le nerf vague parasympathique. Cette connexion se manifeste par le stress et l'anxiété. Le ventre est une fenêtre ouverte sur le système nerveux central. Les recherches ne cessent de se multiplier sur ce sujet. Deux grands projets voient le jour : l'un, américain, le HMP (*Human Microbiome Project*), a été lancé en 2008 sur plusieurs années dans le cadre du National Institute of Health ; l'autre, européen, le projet Meta HIT (*Metagenomics of Human Intestinal*), promu en 2011. Depuis les travaux de Michael Gershon, plusieurs chercheurs écrivent sur ce sujet[16].

Une visualisation de l'influence des neurones situés dans le ventre sur les comportements humains est présentée par le film documentaire de Cécile Denjean, sous le titre évocateur *Le Ventre, notre deuxième cerveau*[17]. Ce film montre également, à partir de recherches réalisées sur des humains et entreprises par le docteur Kirsten Tillisch et ses collègues de l'UCLA Medical Center de l'université de Californie, le rôle que jouent certaines bactéries sur la sensibilité à la vision d'images négatives et la capacité de résistance au stress produit par ces représentations. Pour Kirsten Tillish, l'injection de probiotiques (micro-organismes vivants ajoutés à des aliments) incluant certaines bactéries modifie les réponses du cerveau à l'environnement face à des images négatives. Leur conclusion est que certaines bactéries, sous forme de probiotiques, ont la possibilité de changer les perceptions du cerveau et d'influencer les comportements humains.

Pas moins de 100 000 milliards de bactéries habitent notre ventre. L'ensemble des bactéries internes présente un poids de 1 à 2 kilos et apporte 30 % des calories. Les récentes recherches découvrent qu'elles jouent un rôle fondamental dans l'élimination des déchets, l'apport d'énergie, l'équilibre interne du corps. Elles communiquent avec le cerveau en liaison avec le système neuronal des intestins.

Le professeur Stephen M. Collins de l'université McMaster au Canada, en se référant à des recherches réalisées sur les animaux, montre que l'action des bactéries a une influence directe sur les comportements régis par le cerveau. Il avance qu'au-delà du deuxième cerveau, nous possédons dans notre ventre un troisième cerveau émanant de l'intelligence des bactéries. Elles vivent dans un écosystème interne de nos organes encore appelé « microbiote ». Il représente un environnement indépendant interne du corps humain composé de bactéries autonomes.

Beaucoup d'espoirs sont fondés sur les projets de recherches dans ces domaines pour améliorer la santé dans le traitement de maladies telles que le diabète, l'obésité et plusieurs maladies incurables.

Aucune application n'a encore été réalisée pour accroître les connaissances sur les émotions ressenties par le neuro-consommateur. L'avancée des recherches permettra probablement des applications sur ce sujet dans le futur.

CHAPITRE 8
LE CERVEAU EST-IL LIBRE OU PROGRAMMÉ ?

Les modes d'action du cerveau font l'objet de multiples recherches, publications et vidéos. Les résultats vont de l'élaboration d'hypothèses aux études empiriques confirmées ou non par l'expérimentation. Le but de ce chapitre est de tenter de mieux comprendre comment fonctionne le cerveau du neuro-consommateur, en particulier lorsqu'il agit en mode automatique. Pour nous aider, nous ferons appel aux différentes théories et expérimentations formulées par les scientifiques et les neuroscientifiques sans oublier les philosophes. Certaines approches font l'objet de débats et parfois de contestations dans la communauté des experts. Les idées évoluent au fur et à mesure des progrès accomplis par les neurosciences. Comme pour la médecine, nous utilisons les connaissances actuelles, même si nous savons qu'elles sont susceptibles d'être largement améliorées dans le futur. Elles permettent déjà de découvrir des modes de comportements du neuro-consommateur longtemps ignorés par les études traditionnelles du marketing et de la communication.

Le cerveau « triunique » de Mac Lean ou les trois cerveaux

En 1969, à l'université de Bethesda, le médecin neurobiologiste américain Paul D. MacLean[18] élabore la théorie du cerveau « triunique » qui fera l'objet d'un ouvrage. La théorie mentionne trois cerveaux distincts apparus progressivement au cours de l'évolution.

Représentation du cerveau « triunique » de MacLean

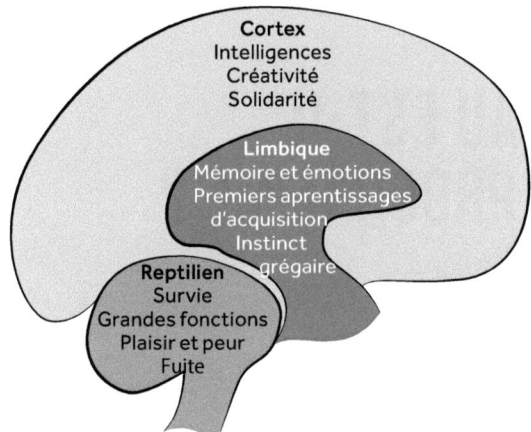

> *La théorie mentionne trois cerveaux distincts apparus progressivement au cours de l'évolution.*

Le premier, le cerveau reptilien, a environ 400 millions d'années. Il remonte à l'époque des poissons qui sortent de l'eau et deviennent des batraciens ou des reptiles. Il est le siège de comportements réflexes comme l'agressivité ou la fuite. Il assure l'homéostasie ou le bon équilibre du corps en régulant des fonctions telles que la respiration, le rythme cardiaque, la tension artérielle, la température corporelle… Il gère la satisfaction des besoins primaires vitaux : l'alimentation, le sommeil, la reproduction… Il est conservateur et possède l'instinct d'imitation. Il privilégie l'odorat aux autres sens. Ses actions sont primaires, instinctives et rapides.

Le deuxième, le cerveau paléo-mammalien ou limbique, apparaît il y a 65 millions d'années avec les premiers mammifères. Il est lié à la mémoire. Il est à la base des émotions et déclenche les réactions d'alarme ou de stress. Il sépare le monde en deux : « j'aime » ou « je n'aime pas ». Ce qui est plaisant est enregistré comme à recommencer. Ce qui est désagréable comme à éviter ou à fuir. Il est le centre de l'affectivité, il permet de s'occuper des enfants, d'avoir le sens de la famille, celui du clan. Il compare tout avec le vécu. Il privilégie l'audition aux autres sens.

Le troisième, le cerveau néo-mammalien ou néocortex, constitue la partie véritablement « humaine ». Il n'a qu'environ 3,6 millions d'années. Il apparaît avec les premiers bipèdes, les Australopithèques africains. Il permet le raisonnement logique, la pensée abstraite, le langage, l'anticipation des actes. Le néocortex ou cerveau cortical analyse, raisonne, anticipe le futur, prend des décisions. Il préfère la vision aux autres sens. Relativement dépourvu d'émotions, il agit comme un ordinateur… En quelque sorte, le néocortex rend le neuro-consommateur intelligent.

Les lobes frontaux sont des parties qui rendent le néocortex humain et différencient l'homme des animaux. Certains scientifiques les considèrent comme un quatrième cerveau. Ils permettent à l'homme d'être altruiste, de penser à l'autre, de créer et de se projeter dans l'avenir.

Le neuromarketing attache un intérêt particulier au cerveau primitif lorsqu'il entraîne chez le neuro-consommateur des comportements stéréotypés pouvant être anticipés. Comme nous le verrons d'une manière plus détaillée au cours des paragraphes qui suivent, les experts élaborent à partir des réactions réflexives de cette partie du cerveau des approches permettant d'améliorer l'efficacité du marketing, de la vente, de la communication.

L'information circule dans le cerveau en tenant compte de la présence de ces trois parties. Dans un article, le formateur en gestion mentale belge Rava-Reny[19] présente les modes de circulation de l'information selon les théories élaborées par le chercheur américain.

L'information arrive par le cerveau reptilien. Si la survie de l'être humain, si ses besoins essentiels (nourriture, reproduction, défense) ne sont pas menacés, il la transmet à l'étage supérieur : le système limbique. Dans certains cas (le stress, l'alcool, la peur, une irritation forte, une irrationalité forte, une autorité forte, l'atrophie du lobe frontal…), il est conduit à prendre des décisions par lui-même.

Le système limbique évalue si l'information est agréable ou désagréable. Dans le premier cas, il la transmet au néocortex qui va la traiter avec intelligence et souvent d'une manière positive. Dans le second cas, il ne la laisse pas passer. La personne se trouve alors confrontée à une perception négative. Elle est conduite à « ressasser », à « broyer du noir ». Pour « gagner », comme le fait remarquer Rava-Reny, une personne a tout intérêt à positiver les situations. « Non seulement le cerveau limbique fait passer l'information au néocortex mais en plus celui-ci la traite en priorité[20]. » Un vieux proverbe limbique prétend : « Si tu pars perdant, tu es sûr de perdre ; pars gagnant si tu veux gagner. »

Les théories de Paul MacLean, popularisées par le romancier hongrois Arthur Koestler[21] (1905-1983), sont l'objet de critiques et contestations de la part de plusieurs scientifiques. Le concept est en particulier contesté par le journaliste scientifique Michel de Pracontal[22]. L'indépendance des trois cerveaux est rejetée par certains neuroscientifiques qui préfèrent considérer les aires cérébrales comme des ensembles en interaction. Ces critiques n'empêchent pas de justifier d'autres domaines de sa théorie comme la partie paléontologique et évolutive.

L'analyse du fonctionnement du cerveau « triunique » proposée par Paul MacLean est utilisée par des experts en neuromarketing. Patrick Renvoisé et Christophe Morin[23] s'intéressent plus spécifiquement au fonctionnement du cerveau reptilien.

Plus largement, les travaux de Paul MacLean aident à comprendre le comportement du cerveau du neuro-consommateur dans certaines situations. En particulier, lorsqu'il est soumis à divers stimuli émanant de son environnement. Ses recherches permettent d'engager des réflexions dans différents domaines tels que la segmentation des neuro-consommateurs, le design, la présentation des produits, la formation, la motivation et la gestion des équipes commerciales, l'attitude face aux clients, la communication…

Le cerveau et ses automatismes

Les décisions prises par l'esprit humain ont pendant des siècles été considérées comme l'émanation d'une pensée consciente. Gottfried Wilhelm Leibniz[24] (1646-1716) est l'un des premiers philosophes et scientifiques à suggérer que l'esprit est un mélange de parties accessibles et de parties inaccessibles à la pensée. Mathématicien allemand surdoué, il se demande, comme James Clerk Maxwell (1831-1879), Joseph Blake (1728-1739) et Johan Wolfgang von Goethe (1749-1832), s'il n'y a pas en lui des cavernes profondes inaccessibles à sa conscience. Il formule l'hypothèse qu'il existe des perceptions dont nous ne sommes pas conscients. Il les nomme « petites perceptions ». Dans son ouvrage, il suggère que nous sommes inconscients de certaines de nos volontés et de nos tendances qui néanmoins peuvent gouverner nos actes. Pour la première fois dans l'histoire, les pulsions inconscientes sont clairement mises à jour.

En 1670, dans ses *Pensées*, publiées après sa mort, Blaise Pascal (1623-1662), qui ne va pas aussi loin que Leibniz, écrit déjà : « L'homme est incapable de voir le néant d'où il est tiré et l'infini où il est englouti[25]. »

Un siècle plus tard, le physiologiste allemand Johannes Peter Müller (1801-1858), à la suite de ses expériences menées sur l'œil et la lumière, déduit dans ses écrits publiés en 1833[26] que l'homme n'a pas directement conscience du monde qui l'entoure. Son cerveau ne traite que les signaux du système nerveux. Les relations entre le cerveau et la perception sont élaborées. De nombreux chercheurs tentent d'approfondir cet inconnu en nous qui guide la plupart de nos actes. Joseph

Breuer et surtout Sigmund Freud apportent une contribution essentielle au rôle de l'inconscient. Les automatismes inconscients du cerveau semblent tenir une place particulièrement importante dans la création. Certains grands artistes, dans de nombreux domaines, éprouvent leurs effets. Le peintre Pablo Picasso déclare souvent à ses proches : « La peinture est plus forte que moi. Elle me fait faire ce qu'elle veut. »

Les technologies actuelles permettent aux chercheurs d'aller plus loin dans la compréhension du fonctionnement inconscient du cerveau. Parmi eux, David Eagleman apporte un éclairage : « Le libre arbitre était soit une illusion soit, au minimum, beaucoup plus largement contraint qu'on ne l'avait jamais cru. Vers le milieu du XXe siècle, les intellectuels commencèrent à réfléchir au fait que l'être humain se connaît finalement très peu lui-même. Nous ne sommes pas au centre de nous-mêmes, mais comme la Terre dans la Voie lactée et la Voie lactée dans l'univers observable – loin, très loin à la périphérie. Et très peu des nouvelles qui circulent dans notre univers intérieur parviennent à nous[27]. »

Les nouvelles connaissances sur les actions du cerveau en dehors du contrôle de la conscience incitent à regarder avec un nouvel éclairage ce qui conditionne le comportement du neuro-consommateur. C'est probablement ce type de réflexion qui fait déclarer à Gary Singer, cofondateur de Buy Ology Inc., dans ses conférences données à travers le monde : « Les décisions d'achat se jouent à 85 % au niveau de l'inconscient, l'analyse traditionnelle de marketing se fonde sur les 15 % qui restent conscientes[28] ». Afin de mieux comprendre les réactions inconscientes chez le neuro-consommateur, il apparaît utile de nous pencher sur les automatismes de son cerveau. Pour nous aider, nous ferons appel aux recherches émanant des neuroscientifiques actuels. Elles sont largement décrites dans de nombreux ouvrages, parmi lesquels celui de David Eagleman[29]. Elles sont également illustrées par plusieurs films parmi lesquels *Le Cerveau et ses automatismes*[30]. Trois importantes questions concernant le neuro-consommateur nous interpellent plus particulièrement : quelle est sa véritable perception du monde réel ? Son cerveau est-il libre ou programmé pour réagir aux sollicitations de son environnement ? Pourquoi son cerveau agit-il ainsi ?

La perception du monde : réalité objective ou simple construction du cerveau ?

Les neuroscientifiques se rejoignent pour avancer l'idée que la perception du monde n'est pas la réalité perçue par les sens, mais une reconstruction réalisée par le cerveau en fonction de ses objectifs. Le neuro-consommateur ne perçoit pas ce qui est devant lui. Il perçoit ce que son cerveau lui dit de percevoir.

Dès le milieu du XIXe siècle, dans un mémoire datant de 1847, le physicien allemand Hermann Ludwig Ferdinand von Helmholtz (1821-1894) avance que le cerveau fait des suppositions sur les données qui lui parviennent[31]. Elles sont fondées sur les informations mémorisées de ses expériences passées. Il établit les meilleures hypothèses possibles pour transformer celles provenant de l'extérieur en quelque chose de plus vaste qui crée une réalité perçue. Plusieurs faits ou expériences attestent de cette reconstruction du cerveau. Ils sont largement illustrés dans les lectures et les films précédemment mentionnés. Ce sont les différentes illusions d'optique, la capacité de lire des mots incompréhensibles à la lecture mais parfaitement lisibles à partir d'une reconstitution instantanée par le cerveau, les fausses mémoires, l'effet placebo… La sélectivité du cerveau qui ne peut voir que l'essentiel d'une scène en fonction de ses habitudes et de ses besoins immédiats est largement exploitée par les magiciens.

> *Le neuro-consommateur ne perçoit pas ce qui est devant lui. Il perçoit ce que son cerveau lui dit de percevoir.*

Dans les années 1960, le neuroscientifique américain Paul Bach-y-Rita de l'université du Wisconsin s'intéresse à redonner la vision aux aveugles en procurant des informations directes au cerveau sans passer par la vue.

Comme le mentionne David Eagleman[32], l'alpiniste de haut niveau, aveugle, Erik Weihenmayer fait des ascensions et a atteint le sommet de l'Everest. Il a la possibilité de voir grâce à un appareil appelé BrainPort posé sur sa langue. Cet organe transmet les informations au cerveau en utilisant ses nombreux capteurs. Cette expérience atteste que nous ne voyons pas avec nos yeux, mais avec notre cerveau.

Il en va de même pour les autres sens. Le neuro-consommateur doit prendre conscience que la réalité perçue n'est pas forcément la vraie réalité. Une des plus importantes règles des pilotes de chasse intègre ce phénomène lorsqu'elle énonce : « Faites confiance à vos instruments. » Ce constat montre que l'on peut transmettre au cerveau des informations à partir de ses modes de fonctionnement créant des réactions réflexives en dehors de la conscience. L'intérêt est important en médecine. L'hypnose s'utilise pour atténuer certaines douleurs dans les chimiothérapies, mais également pour remplacer certaines anesthésies légères.

La connaissance du comportement hors de la conscience et du raisonnement objectif du neuro-consommateur se révèle riche en enseignements pour le marketing et la communication.

Des chercheurs[33] montrent que le simple effet d'exposition à certaines données possède un très fort impact sur la mémorisation positive. Si le visage d'une personne a déjà été vu en photographie, cette personne est jugée plus attirante lorsqu'elle est aperçue ultérieurement. Cela demeure vrai même si on ne garde aucun souvenir de la photo. Ce phénomène est appelé l'« effet de simple exposition ». Il n'est pas surprenant que la simple répétition des images ou des messages tienne une si grande importance dans les campagnes électorales, le marketing et la communication. Elle vise à obtenir un sentiment positif de la part du neuro-consommateur. Cet effet fait dire avec humour à certaines personnes célèbres : « Il n'y a qu'une seule publicité négative, c'est l'absence de publicité » ou encore « Tant que les journaux orthographient correctement mon nom, je me fiche de ce qu'ils disent sur moi[34]. »

Un autre constat[35] est relatif à la répétition. Il veut que plus une chose est répétée, plus elle apparaît comme exacte.

Le rôle des sens, qui transmettent directement des informations au cerveau, peut être mis à profit pour influencer positivement le comportement d'achat du neuro-consommateur. Le marketing sensoriel s'intéresse à mieux connaître leur pouvoir d'influence. Il est possible de donner de fausses informations au cerveau. Elles peuvent être traitées comme vraies.

> *Dans une grande surface en Europe, qui a demandé de conserver son anonymat, le rayon de la poissonnerie n'arrive pas à faire croître son chiffre d'affaires. Les consommateurs interrogés lors d'une enquête avancent que le poisson ne peut pas être très frais dans un supermarché. Après réflexion les experts en neuro-marketing décident de diffuser chimiquement une odeur de marée autour du rayon et d'ajouter des bruits de mouettes. En quelques mois, les ventes de la poissonnerie progressent de 25 %.*

Les risques de manipulation peuvent devenir importants dans l'utilisation du marketing sensoriel. Les actions entreprises dans ce domaine exigent d'être encadrées par d'importantes règles éthiques et déontologiques.

Le cerveau est-il libre ou programmé ?

Pour de nombreux chercheurs en neurologie comme David Eagleman : « Nos comportements innés sont l'incarnation d'idées tellement utiles pour l'espèce qu'elles ont fini par s'inscrire dans le langage cryptique et minuscule de l'ADN.

Cela s'est passé sous l'effet de la sélection naturelle et sur des millions d'années. Les individus qui possédaient les instincts favorables à leur survie et à leur capacité de reproduction se sont multipliés[36]. »

Des auteurs tels que Charles Darwin[37] (1809-1882) ou Paul Mac Lean[38] nous sensibilisent au phénomène de construction du cerveau humain à travers les siècles. Certains de nos instincts, ceux qui conduisent aux comportements les plus automatiques, les plus naturels sont programmés dans notre cerveau depuis des millénaires. Parmi eux, le désir sexuel, l'alimentation, la peur du noir, l'empathie, la colère, l'identification des régions faciales… Les vastes réseaux de neurones qui sous-tendent ces actes sont si bien organisés et réglés que nous n'avons pas conscience de leur fonctionnement normal.

De nombreux neuroscientifiques[39] montrent que les critères de beauté féminins et masculins sont programmés dans notre cerveau et reliés à des impératifs d'optimisation de la reproduction de l'espèce et de recherche d'un partenaire en bonne santé. Nos circuits de désir sexuel ne sont pas attirés par la vue d'une grenouille nue, parce que nous ne pouvons pas nous reproduire avec elle. En revanche, le cerveau masculin est sensible à la dilatation de la prunelle des yeux d'une femme, car ce signal, selon les experts, semble livrer des informations importantes sur la disponibilité sexuelle[40].

Nous sommes capables d'attraper des balles en vol parce que nous possédons des lois de la physique profondément préprogrammées en nous. Ces modélisations internes génèrent des prévisions sur la position de la balle dans l'espace et son point d'atterrissage. Les paramètres de notre système prédictif sont calibrés par notre expérience tout au long de la vie : partie instinctive et partie due à l'apprentissage. Pratiquer la natation, le ski, le vélo, ou tout autre sport paraît difficile à réaliser la première fois. Lorsque ces activités sont programmées dans le cerveau, elles s'effectuent instinctivement sans même en avoir conscience.

Un des premiers exemples du cadre conceptuel de programmation du cerveau est réalisé par le neuroscientifique Donald Mackay en 1956[41]. Il propose l'idée que le cortex visuel est une machine dont le travail fondamental est de réaliser pour le cerveau des représentations du monde.

L'étude des préprogrammations du cerveau ouvre des perspectives importantes dans l'analyse des attitudes du neuro-consommateur influencé par certains de ses instincts fondamentaux tels que la survie à court terme, la reproduction, le danger.

Elles peuvent éclairer le fait que le nombre de produits alimentaires achetés dans les boutiques est supérieur avant déjeuner. Que la publicité reliée au sexe prend autant de place dans les budgets de communication de la majorité des pays dans le monde. Que les communications proposant des solutions permettant de faire face aux peurs rencontrent fréquemment du succès.

Les automatismes du cerveau et leur intérêt pour le neuro-consommateur

Deux principales raisons sont fréquemment avancées pour expliquer les automatismes du cerveau.

La première est la vitesse d'exécution[42]. Les études sous IRM montrent qu'une action est anticipée et se réalise dans le cerveau avant d'être transmise aux muscles pour être effectivement exécutée. Le temps de réaction du cerveau est supérieur au temps de réflexion réclamé par la conscience. Un joueur de tennis ne pourrait jamais rattraper un service ayant une vitesse de 230 km/h s'il se mettait à réfléchir. Pour pouvoir le faire, il doit laisser le programme de son cerveau, consacré à ce geste, acquis après un long apprentissage de répétitions, agir hors de sa conscience. Ce que l'on nomme « concentration » pour un sportif de haut niveau est en fait une « déconcentration ». Il en est de même dans le domaine musical. Un virtuose du piano risque de mal jouer s'il commence à penser au mouvement de ses doigts sur le clavier. Dans de nombreux cas comme le danger ou l'agression, la rapidité d'exécution peut être une question de survie. Les circuits du cerveau sont conçus pour générer des comportements adaptés à la survie.

La seconde raison est liée à l'efficacité énergétique. En automatisant son fonctionnement, le cerveau minimise l'énergie dont il a besoin pour résoudre les problèmes qu'il doit traiter. Lorsqu'il accomplit les tâches d'une manière automatique, il consomme énormément moins d'énergie que quand il doit réfléchir. À l'imagerie cérébrale, les chercheurs[43] montrent que les sujets qui apprennent le fonctionnement d'un jeu vidéo comme Tetris consomment une très grande quantité d'énergie. La consommation devient très faible lorsqu'ils jouent en étant devenus des experts.

Le processus qui consiste à graver les tâches à accomplir dans les circuits est un aspect fondamental du fonctionnement cérébral.

Ce phénomène peut être dangereux pour le neuro-consommateur s'il grave dans les automatismes de son cerveau certaines tâches répétitives. Habitude de jouer toujours le même numéro au loto, de fumer, de regarder la même saga à la télévision, de jouer régulièrement aux mêmes jeux vidéo, de ne jamais se séparer de son téléphone mobile… Ces habitudes, classées par le cerveau en automatismes, peuvent se transformer en addictions et occasionner des achats répétitifs.

Le système « biparti » du cerveau chez le neuro-consommateur

Paul MacLean décrit le cerveau en trois parties. Le détail de ses théories ne semble plus avoir la faveur des neuroanatomistes. Les principes centraux subsistent. Les parties du cerveau sont faites de sous-ensembles en compétition les uns avec les autres. Le cerveau contient deux systèmes distincts. L'un est rapide, automatique sous la surface de la conscience. L'autre est lent, réfléchi et conscient. Pour simplifier, le premier est prioritairement primaire et émotionnel alors que le second est davantage rationnel. En quelque sorte, le neuro-consommateur possède deux types d'intelligences.

Une intelligence instinctive

Elle est primaire mais rapide. Elle crée des réflexes immédiats indispensables en cas de danger.

Une situation de stress peut être considérée comme dangereuse ou problématique pour le cerveau qui cherche une parade rapide. L'achat est parfois perçu comme un anti-stress. Les experts en neuromarketing comme le professeur Patrick Georges[44] tentent de calculer le niveau idéal de stress d'une population de neuro-consommateurs correspondant à la meilleure disposition d'achat.

L'intelligence instinctive agit à partir de réflexes mentaux donnés par la génétique et l'apprentissage : vécu, générationnel ou culturel. Elle est fortement conditionnée par les émotions. Les causes de son intervention sont fréquemment : trop d'informations, la peur, le stress, une forte autorité en face de soi, l'atrophie du lobe frontal, l'alcool, les drogues…

> *Les soldes non préparées font partie de cette situation où l'intelligence instinctive du neuro-consommateur entre en action. Les décisions sont rapides mais de moins bonne qualité, car elles se fondent sur des référents primaires tels que la crainte de ne pas avoir, la peur de la concurrence, ou la volonté de faire une bonne affaire à tout prix. De surcroît, les réactions primaires peuvent être*

prédictives, ce qui crée une vulnérabilité pour le neuro-consommateur face à des professionnels avertis.

Une intelligence fine

Elle émane du système conscient et rationnel du cerveau situé dans le néocortex. Le cerveau agit comme un ordinateur lent. Il ne peut traiter qu'un cinquième des informations qui lui parviennent. Il ne peut à la fois bien réfléchir et bien décider. Dans ce contexte, l'intelligence fine agit en permanence quand le neuro-consommateur lui en donne le temps. Dans ce cas, elle est amenée à prendre les commandes sur l'intelligence instinctive. Pour bien décider, le neuro-consommateur doit impérativement donner à son cerveau le temps de réfléchir. Il lui est déconseillé de prendre des décisions rapides en réunion ou devant un vendeur si elles n'ont pas été préalablement mûries et préparées. Dans le cas contraire, il est sage de demander une interruption de séance d'environ une demi-heure. Tout le monde connaît l'adage populaire : « La nuit porte conseil. » Il est particulièrement efficace, car pendant le sommeil le cerveau reclasse les informations. Pour des décisions d'achat importantes, il peut être conseillé de se détendre plus longtemps, en prenant par exemple un long week-end de loisirs. Cela conduit à donner un temps de repos à l'intelligence, ce qui lui permet d'optimiser la qualité de sa décision.

Un autre chercheur, Daniel Kahneman, professeur à l'université de Princeton, apporte un éclairage aux deux systèmes de fonctionnement du cerveau humain dans un ouvrage devenu célèbre (système 1, système 2, les deux vitesses de la pensée)[45]. Dans le Système 1, il fonctionne en pilotage automatique et hors de la conscience. Il ne nécessite aucun effort attentionnel et prend des décisions très rapides. Il demande à cet organe une faible consommation d'énergie. Le Système 2, à l'opposé, est lent mais conscient et rationnel. Il réclame des efforts et de l'attention. Il cherche à évaluer positivement ou négativement les choix auxquels il est confronté. Il consomme une importante quantité d'énergie. Selon la nature des décisions qu'il doit prendre, le cerveau passe d'un système à l'autre. Pour les décisions importantes – choisir d'avoir un enfant, acheter une maison, sélectionner une voiture… –, le Système 2 est sollicité. Pour la plupart des décisions, l'utilisation de ce système nécessite des efforts associés à une forte dépense d'énergie que le cerveau n'aime pas faire. Daniel Kahnemann le décrit comme un « contrôleur paresseux ». Préférant éviter trop d'efforts, il utilise le Système 1 pour prendre la plupart des décisions quotidiennes. Ce système fonctionne à partir de routines, de raccourcis mentaux, d'associations mémorisées, d'approximations… Il simplifie et ne doute pas. Rapides mais de moins bonne qualité, les décisions sont de surcroît anticipables. Des auteurs tels que le professeur neurochirurgien

Patrick Georges, des professionnels comme Patrick Renvoisé et Christophe Morin étudient les modes de décisions instinctives du cerveau pour mieux analyser les perceptions inconscientes des neuro-consommateurs. Cela dans le but d'améliorer l'efficacité du marketing, de la vente, de la communication…

Le comportement du cerveau soumis à l'intelligence instinctive

Lorsqu'il est soumis à son intelligence instinctive, le neuro-consommateur peut avoir des réactions primaires et prévisibles. Ce qui n'est pas le cas quand son intelligence fine est sollicitée. Plusieurs experts ont mené des réflexions afin de mieux comprendre les fondements de son comportement quand il se retrouve dans cette situation. Leur but est d'améliorer, à partir de cette compréhension, l'efficacité des ventes, du marketing et de la communication. À titre d'illustration, nous développons les approches de Patrick Renvoisé et de Christophe Morin aux États-Unis puis celles de Patrick Georges en Europe. Nous nous intéressons aussi à cette fonction importante du cerveau liée à l'équilibre que constitue l'homéostasie. Elle est présentée par Bernadette Lecerf-Thomas.

> *Lorsqu'il est soumis à son intelligence instinctive, le neuro-consommateur peut avoir des réactions primaires et prévisibles. Ce qui n'est pas le cas quand son intelligence fine est sollicitée.*

Les six stimuli de la décision

Aux USA, Patrick Renvoisé et Christion Morin[46], deux experts en neuromarketing fondateurs de la société SalesBrain à San Francisco, se réfèrent à six stimuli qui conditionnent le comportement du consommateur dans ses décisions d'achat. Ils font reposer leurs réflexions sur les travaux de spécialistes des neurosciences tels que Robert Ornstein, Leslie Hart, Bert Decker, Joseph Ledoux… Les stimuli émanent pour eux des réactions réflexes du cerveau primitif ou reptilien lorsqu'il est soumis à des sollicitations commerciales. Cette analyse leur permet de proposer une approche destinée à améliorer l'efficacité des vendeurs. Les six stimuli sont :

- l'égocentrisme : le cerveau primitif est égocentrique. Il n'a d'intérêt ou de sympathie que pour ce qui concerne directement son bien-être et sa survie ;

- le contraste : le cerveau primitif est sensible aux contrastes. Les oppositions lui permettent de prendre des décisions rapides sans risque ;

- la tangibilité : le cerveau primitif aime les informations tangibles. Il recherche en permanence ce qui lui est familier et amical, ce qui peut être reconnu rapidement, ce qui est concret et immuable. Il apprécie les idées concrètes, simples et faciles à saisir ;

- le début et la fin : le cerveau primitif se souvient du début et de la fin d'un événement, mais oublie à peu près tout ce qui est entre. Cette faculté limitée de l'attention a un impact significatif sur la manière de présenter un projet ou un argumentaire de vente ;

- la visualisation : le cerveau primitif est visuel. Le nerf optique est physiquement connecté au cerveau primitif et lui transmet 25 fois plus d'informations que le nerf auditif. Le canal visuel procure une connexion rapide et efficace au vrai décideur ;

- l'émotionnel : le cerveau primitif réagit fortement aux émotions.

Les pièges de l'intelligence

Patrick Georges[47] met en lumière certaines faiblesses de l'intelligence du neuro-consommateur. À travers ses conférences, formations et activités de conseil, il aide les entreprises à organiser leurs actions de marketing, de vente et de communication pour devenir « cerveau-compatible ». Parmi ces pièges :

- l'attention et la perception sont limitées. On ne peut pas faire bien deux choses à la fois, comme réfléchir et décider. Le vendeur essaye de profiter de cette faiblesse en poussant vers l'achat immédiat ;

- la mémoire à court terme est limitée. Il faut savoir préparer une présentation pour que l'auditoire retienne l'essentiel ;

- le langage rend possible la communication, mais il la fausse aussi. Il ne faut pas hésiter à faire répéter à son interlocuteur ce qu'il a compris ;

- notre cerveau ne peut traiter qu'un cinquième des informations qui lui parviennent. Les jugements et décisions peuvent être faussés ;

- nous avons deux intelligences en nous :

– une intelligence ancestrale, réflexe, rapide, automatique. Elle obéit à neuf règles simples :

- ce qui est beau est bon. On juge intuitivement comme plus intelligents les gens beaux, volubiles, grands et minces,

- ce qui est différent est dangereux, nous nous méfions de ce que nous ne connaissons pas,

- pour se reproduire, la femme donnera inconsciemment la préférence à l'homme au ventre plat. Son subconscient lui dicte qu'il est fort et qu'il la protégera mieux. L'homme aura tendance à favoriser la femme ronde. Les hanches larges et la poitrine généreuse sembleront lui garantir une descendance facile et bien nourrie. De préférence blonde et à la peau claire, car elle peut moins cacher que les brunes l'état de sa santé[48],

- plus une chose est visible, plus elle est considérée comme importante,

- plus une chose est permanente, plus elle est considérée comme importante,

- plus une chose est grande, plus elle est considérée comme importante,

- plus une chose est répétée, fréquente, plus elle est considérée comme vraie,

- plus une chose est accessible, moins elle est considérée comme importante,

- ce qui est placé en premier est considéré comme important ;

– une intelligence plus fine et plus lente qui, après analyse, peut nous dire le contraire de notre intelligence automatique, engendre de potentiels conflits internes.

Notre environnement peut favoriser notre usage de l'une ou de l'autre.

Nous activons notre intelligence fine quand nous avons le temps et quand l'environnement est favorable à ce type d'intelligence. Il suffit quelquefois d'augmenter la vitesse des informations, le stress, pour qu'une personne qui était en mode de « jugement fin » passe en mode d'« intelligence automatique ». Bien intégrées, ces notions sont importantes pour mieux analyser son propre comportement et celui des autres.

L'homéostasie pour assurer l'équilibre comportemental interne du cerveau

Pour achever ce chapitre, mentionnons Bernadette Lecerf-Thomas, qui met en exergue l'homéostasie, du grec *hómoios*, « similaire », et *stásis*, « stabilité, action de se tenir debout », soit « demeurer constant ».

Quand nos paramètres internes sont normaux, nous disons que le corps est en équilibre. Cet état d'équilibre correspond à l'homéostasie, notion introduite par le physiologiste français Claude Bernard[49] (1813-1878). L'homéostasie est la capacité de conserver l'équilibre de fonctionnement en dépit des contraintes extérieures. Pour Claude Bernard, «l'homéostasie est l'équilibre dynamique qui nous maintient en vie». Tout système vivant doit simultanément satisfaire sa stabilité et son mouvement pour rester vivant.

> *Si les responsables marketing veulent transformer l'environnement et pouvoir agir sur lui, ils doivent transformer cet équilibre. Ceux qui réussissent sont ceux qui savent transformer l'équilibre homéostatique par des innovations anticipant les besoins des neuro-consommateurs. Pour ne pas créer un stress trop envahissant à ceux qui subissent le changement, ils doivent le préparer et le conduire quand ils les proposent. Le cerveau accorde une très grande importance à ce qui peut lui paraître comme harmonieux face au déséquilibre afin de diminuer le stress. À partir des réflexions sur l'homéostasie, Bernadette Lecerf-Thomas[50] présente un ensemble de préconisations permettant d'adapter le management de l'entreprise afin de mieux satisfaire les attentes des collaborateurs, des partenaires et des clients lorsqu'ils sont confrontés au changement.*

… CHAPITRE 9
COMMENT L'ÂGE ET LE SEXE CONDITIONNENT LE CERVEAU

Des éléments internes au cerveau tels que l'âge, les hormones sexuelles, conditionnent largement le comportement des neuro-consommateurs. Pour A. K. Pradeep, qui participe à de très nombreuses études reposant sur l'imagerie médicale, « l'âge et le genre (masculin/féminin) affectent le câblage du cerveau. L'environnement, l'éducation, la culture, l'expérience l'affectent aussi. Mais ils sont appris. Âge et genre ne le sont pas[51] ». Afin de mieux comprendre les comportements des neuro-consommateurs, de nouvelles formes de segmentation des populations peuvent s'inspirer des critères de structuration de leur cerveau en fonction de l'âge ou du sexe.

L'âge du cerveau du neuro-consommateur

Depuis le célèbre professeur suisse, épistémologue et psychologue Jean Piaget (1896-1980), il est commun de penser que la formation du cerveau et le développement de ses fonctions sont presque terminés à l'âge de 12 ans. Les recherches reposant sur l'imagerie cérébrale montrent que la maturation de cet organe est incomplète avant 20-25 ans.

Un autre auteur, Paul MacLean[52], parle d'une formation progressive du cerveau en trois parties : d'abord le cerveau reptilien, puis le cerveau limbique, enfin le néocortex. Les trois composantes du cerveau occupent un volume différent dans la tête des jeunes neuro-consommateurs, selon leur âge, avant d'atteindre la complète maturité de cet organe. La variation explique en partie les importantes mutations qui peuvent se constater dans leurs comportements.

Le cerveau reptilien et son influence prioritaire chez les jeunes enfants

Le cerveau reptilien est le centre des instincts, de l'assouvissement des besoins primaires permettant de survivre et de se reproduire. Il accorde une priorité au groupe familial ou extérieur. Il respecte le « leader » fréquemment représenté par le père ou la mère, mais également par le plus fort, susceptible d'apporter une protection face aux dangers externes. Cette partie du cerveau est majoritaire chez le jeune enfant jusqu'à l'âge de 8-12 ans selon les personnes. L'écart varie en fonction du contexte familial, social, culturel et environnemental où il évolue.

Au cours des cinq premières années de son existence, le jeune enfant connaît un très important développement de sa mémoire. Ses capacités d'apprentissage sont considérables. Il enregistre les objets, les images, les événements. Les parties de son cerveau se développent en fonction de ce qu'il cherche à apprendre. Ce phénomène explique sa grande capacité à assimiler les langues étrangères. Entre 6 et 13 ans, les aires du cerveau en relation avec le langage se développent le plus rapidement.

Le jeu constitue un élément fondamental d'apprentissage où l'enfant acquiert les connaissances les plus importantes. Il n'est pas étonnant que le jeune neuro-consommateur révèle un vif intérêt pour toutes les formes de jeux matériels ou électroniques, en particulier pour ceux qui favorisent son apprentissage ou son imagination.

> *Les produits de marques telles que Lego, Fisher-Price, Playmobil… parmi d'autres correspondent assez bien à ses attentes.*
>
> *Le souci d'appartenir à un groupe explique le désir de se procurer les mêmes objets que les autres membres. Les parents prennent un grand risque au moment de Noël à offrir un produit original, non partagé par le groupe, à un petit garçon ou à une petite fille de cette tranche d'âge. Des marques telles que Barbie, Hello Kitty… et bien d'autres savent créer des offres et surfer sur cet engouement collectif.*

Les produits sont d'autant plus appréciés qu'ils favorisent les relations internes au sein du groupe, que ce soit la famille ou les amis. L'attrait pour les collections comportant des échanges, pour les jeux en famille est particulièrement ressenti par ces nouveaux consommateurs. Le Monopoly parmi de nombreux autres jeux familiaux bénéficie de cet engouement. La marque Nintendo ne doit-elle pas une large part du succès de sa console Wii à sa conception destinée à un usage familial ?

Pour les professionnels du marketing, le marché des enfants est particulièrement important. Roy Bergold, vice-président, responsable de la communication et de la création chez McDonald's, déclare fréquemment dans ses conférences : « Si vous avez un seul dollar à dépenser, dépensez-le avec les enfants. » La société McDonald's est bien connue pour avoir très tôt privilégié le marché des enfants, notamment avec son célèbre clown mais aussi avec d'autres actions qui leur sont destinées.

> Les parents prennent un grand risque au moment de Noël à offrir un produit original, non partagé par le groupe, à un petit garçon ou à une petite fille de cette tranche d'âge.

Le cerveau limbique conditionne le comportement des adolescents

Le cerveau limbique, ou « mammalien », est le centre des émotions, du stress, des comportements instinctifs tels que le désir et l'agressivité, mais également de la mémoire. Il enregistre les expériences transformées en mémoire personnelle. Il ramène les souvenirs chargés d'émotions. Il conditionne l'apprentissage et les réflexes en relation avec les expériences passées. Comme le fait remarquer le professeur en psychiatrie David Servan-Schreiber[53] (1961-2011) de l'université de Pittsburgh aux États-Unis, « dès la puberté, vers 12 ans, les ovaires et les testicules commencent à fonctionner à plein régime. Les hormones qu'ils libèrent dans la circulation baignent les neurones du cerveau émotionnel et stimulent le besoin de s'affirmer, d'être pris au sérieux, de découvrir ce qui existe au-delà des frontières et de tester son appartenance au groupe[54] ». Le décalage entre la maturation hormonale et celle de la région du cerveau, le néocortex, qui permet de réfléchir avant de se lancer, explique certains comportements des adolescents jugés immatures par les adultes. Selon le docteur Jay Giedd, du NINH (National Institute of Mental Health) aux États-Unis, « le câblage de la substance blanche, la gaine de neurones qui assure une conduction fiable des influx nerveux, n'arrive pas à maturité avant l'âge de 20 ans en moyenne[55] ». La formation définitive du cortex préfrontal, responsable du contrôle des pulsions et de la capacité à se projeter dans l'avenir, n'apparaît qu'après cet âge. Le comportement du neuro-consommateur adolescent est fortement conditionné par cette maturation de son cerveau. Cet état explique les incompréhensions au cœur de la famille pouvant surgir entre les parents et leurs enfants devenant des adolescents. Elle est naturelle, étant donné que la formation de leur cerveau ne se situe pas au même niveau. Ce n'est pas sans raison que le professeur David Servan-Schreiber conseille aux adultes de davantage s'intéresser à ce qui préoccupe les adolescents plutôt que de se concentrer sur ce qui inquiète les adultes. L'inquiétude des parents n'est toutefois pas sans fondements lorsque l'on sait que les deux premières causes de mortalité dans cette population sont les accidents et les suicides.

Les neuro-consommateurs adolescents, contrairement à leurs cadets, sont prioritairement attirés par les produits ou marques nouvelles, les modes originales qui peuvent les distinguer et même s'opposer aux goûts des adultes. Ils adorent exprimer leurs émotions et n'hésitent pas à les dévoiler et à les partager sur les réseaux sociaux qui constituent leurs médias préférés.

> *Certaines marques telles que les chaussures Converse ou les magasins Abercrombie & Fitch comprennent cette attirance et tentent d'y répondre. Cette tranche d'âge montre fréquemment un intérêt pour les causes et sujets porteurs d'émotions : sociaux, humanitaires, concernant l'avenir de la planète, le développement durable, le commerce équitable… Elle privilégie la communication émotive plutôt que l'information rationnelle. Elle aime le risque, principalement chez les garçons soumis à une importante augmentation de la testostérone.*

Le vieillissement du cerveau et ses conséquences chez les seniors

Vers l'âge de 20-25 ans, les neuroscientifiques considèrent que le cerveau est achevé avec la formation du néocortex ou cerveau cortical. Le néocortex constitue la partie « logique » du cerveau. C'est le centre du langage, de l'anticipation des actes, des décisions, de la projection dans l'avenir, des liens avec la fidélité aux actes… Il permet de faire des choix, de prendre des décisions plus rationnelles, de gérer le futur. Il rend le neuro-consommateur plus « intelligent », même si les autres composantes de son cerveau, comme nous l'avons vu, le poussent à commettre des actes impulsifs et irrationnels.

À partir de 20 ans, les cellules du cerveau commencent à mourir au rythme de 10 000 par jour. La capacité d'apprentissage et d'acquisition de nouvelles aptitudes physiques ou mentales se détériore dès le début de ce vieillissement. À 30 ans, le neuro-consommateur en a encore peu conscience, mais à 60, il commence à sentir leurs limites. À 70 ans, le cerveau perd 5 % de sa masse, la perte peut aller jusqu'à 20 % à 90 ans. Selon certains experts en neuromarketing tel A.K. Pradeep, après 60 ans, le consommateur connaît d'importants changements dans ses attentes et comportements, lorsqu'il est confronté aux sollicitations de son environnement. L'amygdale des personnes plus âgées, par conséquent leur mémoire, apparaît plus active quand celles-ci reçoivent des messages positifs. Le cerveau disposant de beaucoup moins de neurones est plus sensible aux messages directs, aux images simples, claires, sans superflu. Il mémorise les communications (sous la forme de sons, chansons, d'écrits ou d'images…) qui lui rappellent les expériences passées. Les informations familières répétées et reçues à travers différents médias (presse, radio, télévision, etc.) ont ainsi tendance à être considérées comme vraies.

Les « digital natives » et les « digital immigrants »

Une des grandes différences de comportement générationnel des neuro-consommateurs se retrouve dans l'utilisation d'Internet. Marc Prensky figure parmi les principaux experts de ce médium. Dans son livre *Don't Bother Me Mom, I'Am Learning!*[56], il avance que cette nouvelle forme de communication change les émotions et la perception du monde de ceux qui sont nés avec elle. Il établit une nette distinction comportementale entre les neuro-consommateurs nés à partir de 1990, qu'il nomme les *« digital natives »*, et ceux nés auparavant, qu'il appelle les *« digital immigrants »*. Pour Mark Prensky, les *digital natives* ont une préférence pour l'information saccadée sans verbe ni complément d'objet. De là leur goût pour le rap ou le hip-hop. Ils sont capables de suivre en parallèle diverses informations proposées par plusieurs médias. Ils ne ressentent pas le besoin de structurer leur pensée et n'hésitent pas à pratiquer un mode de lecture aléatoire. Ils ressentent davantage d'émotions à partir des couleurs, du graphisme que par l'écriture organisée d'un texte. Ils souhaitent que les choses aillent vite. Ils sont les premiers adeptes des achats en ligne mais aussi du *fast-food*, du *speed-dating*, du « *drive* »… Pour eux, l'intelligence est dans l'esprit, dans la rapidité de traitement de l'information, pas dans la hiérarchie ou la maturité dues à l'âge. On retrouve ces idées dans les *start-up* désormais mondialement connues comme Facebook, Apple, Google… Ils apprécient avant tout que l'information soit amusante et se délectent à transmettre à la communauté des « films viraux » humoristiques. Ils éprouvent un grand besoin d'être régulièrement connectés, de communiquer sur les réseaux sociaux. Pour certains d'entre eux, le besoin de connexion permanente devient une véritable addiction. En dépit du danger, ils n'hésitent pas à utiliser régulièrement leur téléphone mobile, à envoyer des SMS et même à se prendre en photo puis à envoyer celle-ci immédiatement à leur communauté, tout en conduisant leur voiture.

À l'inverse, les *digitals immigrants* recherchent davantage un traitement linéaire des informations. Ils accordent une importance à la logique du texte. Ils préfèrent un discours reçu avec une vitesse plus lente qui demeure cohérent dans sa structure. Ils aiment sauvegarder leur intimité, se méfient de la diffusion des informations à travers les réseaux sociaux et souhaitent parfois travailler seuls. Ils estiment que l'intelligence est hiérarchique, mais aussi liée à l'expérience.

L'invasion d'Internet et la présence accrue des *digitals natives* sont en voie d'apporter de profonds bouleversements dans la conception de la formation et la communication. Le souci de ce média est d'être plus efficace auprès de cette nouvelle population. Aux USA, de nouvelles formes de formations, comme les *serious games* ou les *digital games-based learning*, qui remettent en question les méthodes classiques, semblent obtenir de bons résultats.

Au niveau de la communication, l'importante différenciation émotionnelle qui existe entre ces deux populations de neuro-consommateurs réclame des approches adaptées aux manières de penser et de ressentir de chacune d'entre elles. Dès 2020, beaucoup d'entre eux seront des *digital natives*, mais le pouvoir d'achat appartiendra encore aux *digital immigrants*. Dans ce contexte, comme le fait remarquer Georges Chétochine[57] (1938-2010), il devient indispensable de créer des sites internet différents, adaptés à ces deux populations sans que les *digital immigrants* se rendent compte qu'on les traite différemment, sans qu'ils prennent conscience qu'ils se raccrochent à une civilisation qui les dépasse.

Le cerveau influencé par l'âge de sa génération

> *L'appartenance à une génération qui a connu des événements importants influence en profondeur le cerveau.*

L'appartenance à une génération qui a connu des événements importants influence en profondeur le cerveau. Elle conditionne émotivement avec certaines similitudes le comportement des personnes qui en furent les acteurs ou les témoins. Ce conditionnement laisse dans la mémoire émotive de leur cerveau des traces indélébiles qui se prolongent tout au long de leur existence. Magda Arnold[58] dans *Magda B. Arnold's Contributions to Emotion Research and Theory,* avance que les émotions sont reliées à notre expérience et qu'il est particulièrement important d'intégrer cette notion dans le processus de segmentation des populations. William Strauss et Neil Howe[59], deux sociologues américains, distinguent quatre importantes générations qui correspondent à cette segmentation. Les neuro-consommateurs qui en font partie révèlent des comportements proches pour chaque génération, mais différents d'une génération à l'autre. Bernard Préel[60] présente une application au sein de la société européenne. Les premiers auteurs prennent en compte quatre générations de personnes auxquelles ils accordent des comportements très différents : les seniors (nés entre 1901 et 1946), les baby-boomers (1946-1958), la génération X (1958-1975), la génération Y (1975-1994).

La génération des seniors (1901-1946)

Elle est marquée par les souvenirs de deux guerres mondiales. Elle a la mémoire du sacrifice de sa famille ou de ses proches. Elle croit en la morale et l'éthique religieuse ou personnelle. Elle a grandi avec le petit commerce, le boucher, l'épicier, le centre-ville du village ou du quartier. Elle a davantage connu la radio, les journaux, le café du commerce que la télévision et encore moins Internet. Le médecin, l'instituteur, le professeur bénéficient d'une aura de savoir et sont respectés. Elle croit dans la valeur du mariage et des institutions. Elle reste fidèle à ses idées politiques de jeunesse, à son entreprise, mais aussi à son médecin, à son boulanger, à son boucher. Elle regrette qu'ils prennent leur retraite sans être remplacés par quelqu'un de leur famille.

Les baby-boomers (1946-1958)

Ils sont également marqués par le souvenir de la Seconde Guerre mondiale vécue et racontée par leurs parents. Dans certains pays comme la France, la Grande-Bretagne, la Belgique, ils assistent à la décolonisation, à la perte du prestige de l'Empire. Des phénomènes qui se produisent parfois dans des conditions dramatiques. Dans d'autres, comme l'Allemagne ou le Japon, ils subissent les drames de l'occupation, de la destruction du pays et parfois la honte des régimes totalitaires qui les ont précédés. Pendant ce temps, les USA connaissent une forte croissance économique, la fierté de leur grandeur et de leur puissance mondiale. C'est aussi le début de la guerre froide. Ils vivent dans une époque marquée par la reconstruction et le développement économique en Europe. Le pouvoir d'achat augmente peu à peu. La multiplication des produits de consommation les attire. C'est la génération marketing. C'est aussi la génération qui vibre pour Mai 68 en France ou les mouvements hippies aux États-Unis. C'est l'époque de la libération sexuelle favorisée par l'apparition de la pilule. Cette génération fait le succès du Club Med. Elle conserve cependant au cours de sa vie une attitude proche de la génération précédente : fidélité, respect des institutions. Moins austère que son aînée, elle développe un sens accru de l'hédonisme, un goût prononcé pour la consommation et le libéralisme, moins de rigueur dans l'éducation des enfants.

La génération X (1958-1975)

Elle se situe dans une période de transition et de déclin. C'est la fin de l'impérialisme et de la guerre froide. Aux USA, c'est la guerre du Vietnam fortement contestée par les jeunes sur les campus universitaires. Cette génération prend de plein fouet la crise économique. Elle assiste au licenciement des parents qui n'ont pourtant pas démérité. Elle subit les divorces familiaux qui sont en nette augmentation. Le tout sans y être préparée. Le taux de natalité chute, ce qui l'a parfois fait appeler génération *« baby bust »* (natalité en déclin). Elle tend à rejeter les valeurs chères aux deux générations précédentes. Elle éprouve un certain goût pour l'aventure, l'anarchie, le rejet des institutions, le cynisme, la contre-culture… L'écrivain britannique Henri James Deverson écrit : « C'est la génération qui couche avant le mariage, qui ne croit pas en Dieu, qui n'aime pas la reine et ne respecte pas ses parents[61]. » Elle se caractérise par le pragmatisme, l'individualisme, mais aussi par un certain pessimisme face à l'avenir. Elle maîtrise l'informatique. Elle est bercée par la télévision, n'accorde pas une valeur essentielle au travail, plutôt considéré comme un défi difficile. Elle attache de l'importance à la musique et aux sports, en particulier les sports extrêmes. Douglas Coupland[62] apporte un bon éclairage sur ses caractéristiques intrinsèques.

La génération Y (1975-1994)

Elle est largement décrite par Olivier Rollot[63] ou encore par Florence Pinaud et Marie Desplats[64]. Contrairement aux enfants de la génération précédente qui ont été surpris par les crises, elle a eu le temps de s'adapter. Les personnes de cette tranche d'âge ont confiance en eux, sont optimistes, indépendantes, instruites et perspicaces. Ayant souvent vécu dans un contexte de deux parents qui travaillent ou qui ont divorcé, les enfants se sont souvent retrouvés seuls. Les relations humaines avec des amis qu'ils ont choisis sont importantes pour eux. Ils sont plus tolérants et moins radicaux que leurs aînés. Compétents dans la manipulation des ordinateurs personnels et d'Internet, ils connaissent leur valeur personnelle et savent la négocier avec leurs employeurs. Ils aiment le travail en équipe, mais considèrent qu'avec les moyens modernes ils ne sont pas obligés de rester au bureau pour accomplir des tâches pouvant être réalisées à domicile. Ils ne se sentent pas à l'aise dans les conflits hiérarchiques et préfèrent parfois donner leur démission plutôt que de les assumer ou quand le poste occupé ne les intéresse pas. Ils n'accordent pas une valeur prioritaire au travail ni à la hiérarchie. Ils souhaitent profiter des loisirs et réclament des congés pour décompresser. La santé mentale et physique revêt pour eux de l'importance. Ils recherchent une bonne qualité de vie pouvant concilier travail et intérêt. Ils sont mobiles, avides de découvrir le monde et d'établir des relations professionnelles ou personnelles avec d'autres pays ou d'autres cultures que la leur. Ils se rapprochent de la génération des *digital natives* qui émerge après eux. Elle formera peut-être la génération Z.

Pour les auteurs précédemment mentionnés, l'appartenance à une génération joue un rôle important dans le comportement inconscient du cerveau des neuro-consommateurs qui en font partie. Les émotions ressenties par les diverses populations pouvant être très différentes, leur compréhension est utile tant pour l'élaboration des types de produits et services qui peuvent les satisfaire que pour définir des modes de distribution et de communication qui s'adaptent à leurs désirs. Elles réclament des approches marketing appropriées pour chaque segment.

Le cerveau et le sexe du neuro-consommateur

Les neurologues sont unanimes à penser que le cerveau à proprement parler n'a pas de sexe. Cela n'empêche pas certains auteurs de distinguer de nettes différences dans le comportement des neuro-consommateurs féminins et masculins. De très nombreuses publications aux États-Unis comme en Europe attestent de cette différence. Parmi elles, on notera l'ouvrage bien connu de John Gray, *Men Are from Mars, Women Are from Venus*[65]. On peut aussi se référer aux ouvrages de Claude Aron, Doreen Kimura, Simon Le Vay, Serge Ginger[66]…

Soulignons que cette approche est en partie remise en cause par la théorie *« queer »* proposée aux USA par Judith Butler[67]. Elle est reprise en Europe par Marie-Hélène Bourcier[68], sociologue et maître de conférences à l'université de Lille III. Les théories *« queer »* (ou du « genre ») estiment que la dichotomie hommes/femmes est trop simpliste. Elles soutiennent le principe d'une multiplicité de genre avec plusieurs variantes d'hétérosexuels, de bisexuels, de gays, de lesbiennes, de différentes catégories de transsexuels… Leur approche prône la contestation d'un genre typiquement masculin ou féminin. Elle préfère opter pour un genre « unisexe ». La théorie est récemment remise à la mode par la politique dans différents pays européens.

Tout en demeurant conscients des réserves précédemment formulées, nous nous référerons davantage à des auteurs tels que les psychologues, cliniciens et psychothérapeutes-didacticiens en Gestalt-thérapie tels que : Serge Ginger, John Gray, Doreen Kimura, Simon Le Vay, Claude Aron mais également au docteur A.K. Pradeep[69]. Ils font appel dans leurs recherches et publications à une convergence d'études empruntées à divers domaines : psychologie, génomique, neurologie, médecine voire à certaines croyances ou religions…

Plus récemment, Ragini Verma[70] et ses collègues de l'université de Pennsylvanie montrent, à partir d'expériences réalisées sous IRM, l'existence de différences de connexions dans le cerveau masculin et féminin. Le cerveau masculin dispose de connexions plus fortes à l'intérieur des hémisphères, alors que pour le cerveau féminin, elles le sont davantage entre les hémisphères. Ainsi, Ragini Verma déclare, lors de conférences : « C'est fascinant que nous puissions voir structurellement quelques-unes des différences fonctionnelles entre les hommes et les femmes. »

> Le cerveau masculin dispose de connexions plus fortes à l'intérieur des hémisphères, alors que pour le cerveau féminin, elles le sont davantage entre les hémisphères.

Serge Ginger affirme : « À cette époque où l'on vient d'achever les premières phases de décryptage du génome humain, on a pu montrer que l'homme et le singe possèdent un patrimoine génétique de base commun à 98,4 % ; ce qui laisse seulement 1,6 % de différence… contre environ 5 % de différence génétique entre l'homme et la femme. Ainsi un homme mâle est physiologiquement plus proche d'un singe mâle que d'une femme !… et naturellement, les guenons sont proches des femmes[71]. » Mais cela n'est pas suffisant pour déterminer le comportement d'un neuro-consommateur.

La plupart des chercheurs considèrent actuellement que le caractère d'une personne est d'environ pour un tiers héréditaire, pour un tiers congénital et pour le dernier tiers acquis à travers la culture, l'éducation, l'expérience de la vie…

L'épigenèse du cerveau, c'est-à-dire sa croissance en fonction de l'environnement culturel, est présentée par Jean-Pierre Changeux, dès les années 1980, dans *L'Homme neuronal*[72].

Le vécu intérieur des neuro-consommateurs et consommatrices est largement conditionné par des dispositions préexistantes de nature biologique sur lesquelles viennent se greffer des influences éducatives et culturelles. La distinction entre « cerveau féminin » et « cerveau masculin » apparaît intéressante pour mieux comprendre les différences de comportement des personnes appartenant à ces deux sexes. Cette vision doit toutefois être modulée par deux facteurs. Tout d'abord, les différences individuelles sont souvent plus importantes que les différences de genre. Ensuite, par le fait que, d'après Serge Ginger, on estime qu'environ 20 % des hommes disposent d'un cerveau de type « féminin » et 10 % des femmes fonctionnent avec un cerveau de type « masculin ».

Le comportement du cerveau de la neuro-consommatrice

Une très large majorité de neuroscientifiques s'accordent pour considérer que l'hémisphère gauche du cerveau est plus développé chez la femme très fortement soumise à l'influence d'hormones telles que les œstrogènes (hormone sexuelle féminine primaire qui développe ses sens) ou l'ocytocine (hormone qui développe un besoin de tendresse, d'attachement, de compréhension, de confiance, d'amour…). Le phénomène se constate encore davantage lorsqu'elle devient mère. Le cerveau féminin serait également conditionné par une transmission génétique à travers les générations. Elle remonterait à l'âge des cavernes où elle vit en communauté. Elle a pour principal rôle celui de s'occuper des enfants avec les autres compagnes de son clan. Elle est plus portée que l'homme au partage verbal et à la communication. Elle aime parler et être écoutée. Elle a besoin de partager ses idées, ses sentiments, ses émotions. À l'âge adulte, les femmes téléphonent en moyenne vingt minutes par appel contre seulement dix pour les hommes. La femme est davantage orientée dans le temps, souvent peu dans l'espace. Contrairement à certaines croyances largement répandues, elle est moins émotive, mais cela se voit peu, car elle exprime davantage ses émotions.

Elle est en revanche plus sensible, car elle possède davantage de sens plus développés que l'homme. Ce sont en particulier l'audition, l'odorat et le toucher.

Les femmes entendent environ 2,3 fois plus fort que leurs compagnons. Pour Serge Ginger : « Elles écoutent avec les deux hémisphères, ce qui rend l'audition d'un discours coloré d'émotions, perçu subjectivement à travers leurs désirs, leurs craintes, leurs valeurs éthiques et sociales (parfois féministes…). Elles entendent ce que je dis, mais surtout comme je le dis. Elles sont sensibles aux inflexions de ma voix, au rythme de ma respiration. » Elles sont sensibles à la voix, à la musique. Statistiquement, les femmes chantent moins faux que les hommes.

Le sens de l'olfaction est plus fin. Il peut être jusqu'à cent fois plus développé à certaines périodes du cycle.

Les gantiers du XIXe siècle savent tirer parti de ce sens féminin développé pour augmenter les ventes en intégrant des parfums dans la conception des gants destinés aux femmes.

Leur OVN (organe voméro-nasal), considéré comme un sixième sens, leur permettrait de percevoir les phéromones, seules hormones-neurotransmetteurs qui peuvent se transmettre d'une personne à une autre, ce qui expliquerait leurs capacités d'empathie.

Enfin le sens du toucher. Elles possèdent dix fois plus de récepteurs cutanés pour le contact. Leur sécrétion d'ocytocine et de prolactine (hormones favorisant l'attachement et le besoin de câlins) développe leurs besoins de toucher et d'être touchées.

La société Antoine & Lili travaille la texture de ses textiles afin de les rendre agréables au toucher et y intègre des parfums. Grâce à cette offre, elle rencontre un réel succès auprès des consommatrices.

La compréhension des spécificités attribuées au cerveau féminin est fondamentale pour mieux appréhender la psychologie et la sexologie. Elle est aussi utile pour comprendre les attentes et perceptions des neuro-consommatrices.

Le comportement du cerveau du neuro-consommateur masculin

L'hémisphère droit du cerveau est davantage développé chez l'homme soumis à l'influence de la testostérone (hormone de l'agressivité, du désir sexuel, de la conquête amoureuse et militaire). Il est plus émotif que la femme, mais exprime moins ses émotions. Il est centré sur l'action et la compétition. Il s'oriente bien dans l'espace, sait trouver des raccourcis et possède une vision plus pertinente que sa compagne. Ces facultés viendraient également d'une transmission génétique depuis l'âge des cavernes. Son principal rôle dans la société est de chercher la nourriture en chassant et de défendre le clan. Plus développée, sa vue est de surcroît érotisée. De là son attirance pour le nu – en particulier les seins ou les fesses selon les cultures –, mais aussi les bijoux, le maquillage, les habits. La sécrétion de testostérone accentue son goût pour l'aventure, les nouvelles expériences, la prise de risques, l'instinct de domination. Elle lui procure de l'endurance et de la ténacité. Le cerveau masculin possède une bonne mémoire spatiale alors que celui de sa compagne est doté d'une meilleure mémoire temporelle, verbale, des couleurs et de la localisation des objets.

La nécessité de s'adresser différemment aux deux cerveaux

La différenciation entre cerveau masculin et féminin opte pour une réflexion approfondie sur les approches du marketing, de la communication et de la vente. Elle permet de répondre aux attentes profondes des consommateurs ou

> Le cerveau masculin possède une bonne mémoire spatiale alors que celui de sa compagne est doté d'une meilleure mémoire temporelle, verbale, des couleurs et de la localisation des objets.

des consommatrices. La réponse aux attentes du neuro-consommateur masculin semble plus facile que celle destinée aux attentes de la neuro-consommatrice. Le cerveau de l'homme, conditionné par la testostérone, priorisant la vue, est attiré par les produits et services pouvant attester de sa force tout comme de son goût pour la domination et la séduction.

> *C'est par exemple le cas pour les voitures, produits de luxe, les bons restaurants… Il est particulièrement sensible à la vision des offres ou communications se référant au sexe. Comme le font remarquer Patrick Georges, Michel Badoc et Anne-Sophie Bayle-Tourtoulou[73] : « Les communications se référant au sexe ne manquent pas de l'attirer. Un cinquième des publicités dans le monde ont un lien avec lui. Le chiffre d'affaires de l'industrie du sexe est supérieur à celui de l'industrie automobile. Un des films viraux les plus retransmis sur la planète est celui montrant Paris Hilton lavant une voiture dans une tenue et des pauses particulièrement suggestives dans le but de faire la promotion d'une marque de hamburger généralement oubliée. » On connaît aussi l'effet positif que produit une vendeuse : belle, sympathique et chaleureuse, dans l'augmentation des ventes de produits et services auprès des neuro-consommateurs masculins. Il est toutefois utile de noter que si les communications se référant au sexe jouent un important rôle d'attraction auprès des hommes, elles ne se traduisent pas aussi facilement dans les achats. Certaines peuvent même se révéler contre-productives en cannibalisant, par des visions trop séduisantes, les avantages qu'elles souhaitent promouvoir des offres.*

Pour Roger Dooley[74], le neuro-consommateur masculin est davantage sensible aux offres qui proposent un bénéfice à court terme. Il préfère les communications simples et directes qui évitent le verbiage. Il semble préférer les images aux textes. Il attache plus que sa compagne une importance au prix.

La consommatrice féminine est plus complexe dans ses attentes. Elle traite l'information d'une manière à la fois rationnelle et émotionnelle grâce à une connexion supérieure entre les deux hémisphères de son cerveau.

La vision de la nudité l'attire moins. Elle est davantage sensible à la vue d'une personne soignée, harmonieusement vêtue, qui a de jolies mains, porte de belles chaussures, une belle montre… Son attirance pour un commercial de l'un ou l'autre sexe est assujettie à un ensemble de facteurs perçus par ses sens dominants : la voix, l'odorat… mais également pas son expression faciale, ses capacités d'écoute, la qualité des réponses à ses questions. Pour Roger Dooley, elle accorde une préférence à la communication écrite et documentée. Pour A.K. Pradeep, elle aime les médias sociaux qui lui permettent de s'exprimer, de transmettre ses idées, où elle peut rencontrer d'autres partenaires partageant ses goûts. Elle filtre les messages rationnels à travers ses émotions. Elle s'intéresse aux histoires relatives à une marque ou à un produit. Elle préfère les communications positives.

Avant de choisir une offre, elle écoute les avis d'autres personnes l'ayant expérimentée préalablement, tout comme ceux émanant d'experts. Elle s'intéresse au testimonial d'un expérimentateur reconnu. Son sens de la communication l'entraîne à s'informer, auprès de ses collègues et amies, mais aussi à comparer les offres préalablement à ses achats. Elle est moins impulsive que les hommes, même si l'achat peut lui servir d'antistress. La qualité du toucher et de l'odorat peut l'influencer dans certains achats, notamment pour les textiles, la texture des draps dans le choix d'une chambre d'hôtel.

Des changements importants lorsque la neuro-consommatrice devient mère

Aux USA, des auteurs tels que Katherine Ellison[75] ou encore Michael Numan et Thomas Insel[76] montrent de profondes modifications dans le comportement des neuro-consommatrices lorsqu'elles deviennent mères. Les changements sont dus à une importante croissance de la sécrétion d'hormones telles que l'ocytocine, la prolactine, le cortisol… qui font évoluer les priorités de leur cerveau.

> *Aux USA, des auteurs montrent de profondes modifications dans le comportement des neuro-consommatrices lorsqu'elles deviennent mères.*

Selon ces auteurs, pour la neuro-consommatrice qui devient mère de famille, une des principales préoccupations de son cerveau concerne sa descendance. Elle est fortement à l'écoute des offres de produits, services mais également des communications pouvant avoir un rapport avec la santé, la sécurité, le bien-être ou le bonheur des enfants et de la famille. Elle est sensible aux testimoniaux, aux expériences d'autres mères, à celles de spécialistes de l'enfance, qu'elle n'hésite pas à consulter sur les réseaux sociaux ou dans les forums. Elle accorde une préférence aux messages positifs et optimistes. Elle mémorise davantage les informations faciles, agréables, qui lui semblent authentiques et honnêtes. Elle est inconsciemment attirée par les formes qu'elle peut identifier comme ressemblant à la face d'un bébé. Son odorat devenu plus développé, elle fuit les odeurs qu'elle juge nocives. Elle aime les produits et les magasins qui ont une odeur plaisante ou encore reflètent la propreté. Les lieux où l'ambiance musicale est empreinte de calme et de sérénité lui sont agréables.

Les études en psychologie et en sociologie sur la différenciation entre les deux sexes sont nombreuses, même si elles sont parfois contestées. Les recherches en marketing et en communication le sont beaucoup moins. Elles méritent d'être développées en tenant davantage compte des modifications de comportements selon les genres, mais aussi des événements créant des facteurs endogènes pouvant faire évoluer les perceptions de leur cerveau. Aujourd'hui les chercheurs s'intéressent à la maternité. Demain, ils seront peut-être conduits à trouver des modes spécifiques de comportement dans le cerveau liés à la paternité, au fait de devenir grand-père ou grand-mère…

CHAPITRE 10
COMMENT LA MÉMOIRE CONDITIONNE LE CERVEAU

Connaître la manière dont fonctionne la mémoire apporte un éclairage permettant d'améliorer la connaissance du comportement du neuro-consommateur. C'est en particulier le cas lorsqu'il est confronté aux sollicitations de la communication et quand il est soumis à l'influence des marques. Dans leur ouvrage consacré au cerveau[77], les docteurs Arthur et Mitchell Bard consacrent un chapitre entier pour expliquer les modes d'action de la mémoire et des souvenirs.

Dans *L'Erreur de Descartes,* le neuroscientifique Antonio Damasio[78], propose la théorie des « marqueurs somatiques ».

De son côté, Giacomo Rizzolati et ses collègues de la faculté de médecine de Parme s'intéressent à une nouvelle théorie qui révolutionne les connaissances sur le comportement du cerveau, celle des « neurones miroirs ».

Patrick Georges, Michel Badoc et Anne-Sophie Bayle-Tourtoulou[79] réfléchissent aux applications qui résultent de ces théories sur le comportement du neuro-consommateur confronté à la communication et à la politique de marque.

La mémoire et ses modes d'action

Contrairement à une pensée fréquemment répandue, la mémoire et les souvenirs ne sont pas stockés dans une aire précise du cerveau comme sur un fichier dans un ordinateur. Le cortex préfrontal joue un rôle spécifique dans la conservation de la mémoire, mais il le partage avec d'autres zones comme l'hippocampe et l'amygdale. Les souvenirs correspondent à des morceaux d'informations qui pénètrent le cerveau et peuvent en être extraits selon ses besoins. Ils concernent des événements mais aussi des textes, des paroles, des images, des goûts, des odeurs, des sentiments… Quand le neuro-consommateur voit, entend, reçoit des informations, le cerveau crée de nouveaux circuits, sous la forme de synapses répartis dans ses structures. Leur but est de pouvoir restituer les souvenirs. L'oubli vient du fait que les circuits se déconnectent progressivement lorsqu'ils ne sont pas utilisés. Les chercheurs avancent qu'il existe plusieurs formes de mémoire.

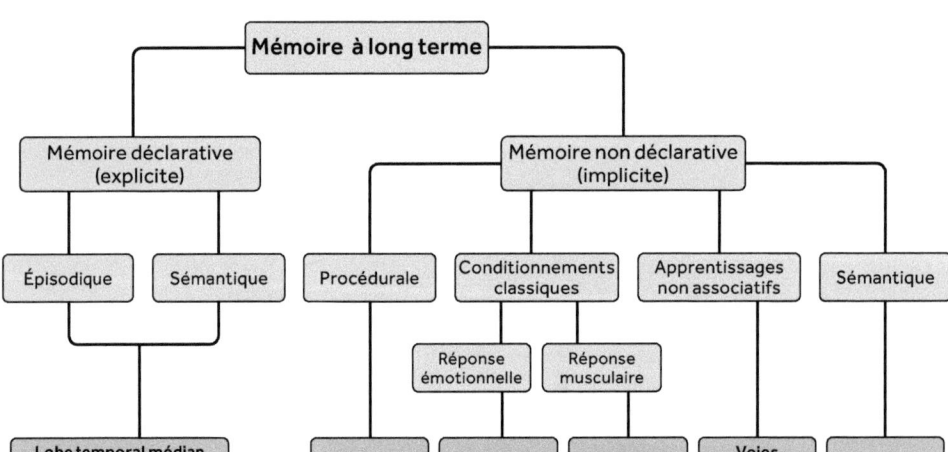

Les différentes mémoires et leur mode de fonctionnement

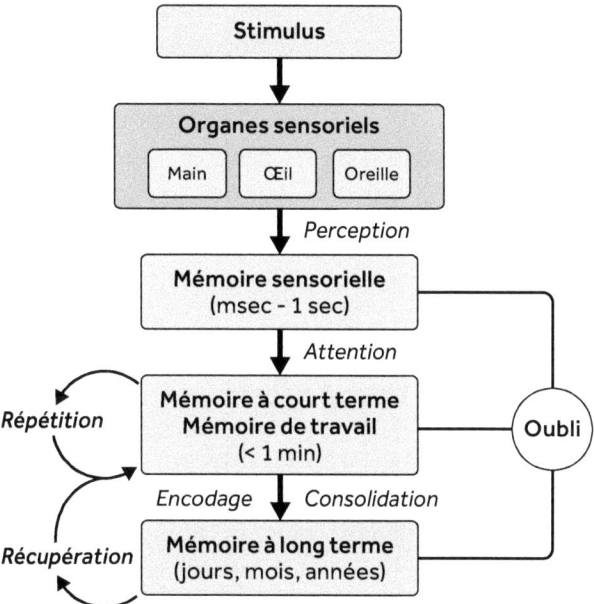

La mémoire implicite se réfère à des représentations mentales sollicitées par la conscience.
La mémoire explicite relève d'un processus automatique en dehors de la conscience comme s'habiller, se laver les dents, conduire une voiture tout en obéissant automatiquement aux impératifs du code de la route.
Ils distinguent fréquemment trois niveaux de mémoire :
- la mémoire à court terme. Elle ne dépasse guère trente secondes. Les mots que l'on vient de lire en haut de la page d'un roman sont déjà oubliés quand on se trouve à la lecture du bas de la même page. La plupart des phrases que l'on écoute, lors d'une conférence pourtant intéressante, sont perdues quelques minutes après avoir été prononcées ;
- la mémoire dite « de travail ». Elle permet de maintenir les informations pendant la durée où elles sont utiles ;
- la mémoire à long terme. Elle peut durer une vie entière, même s'il est souvent admis que les personnes ne possèdent pas de souvenirs antérieurs à l'âge de 3 ans.

Arthur et Mitchell Bard présentent une approche qui permet de suivre le système de traitement de l'information par le cerveau. L'information entre dans la mémoire sensorielle, puis devient mémoire de travail. Si elle est apprise, elle peut pénétrer la mémoire à long terme. Il semble toutefois que ces deux types de mémoire, court et long terme, puissent être indépendants.

Pour pouvoir être stockée dans la mémoire à long terme, l'information nécessite d'être encodée. Seules les informations dont nous avons besoin, qui répondent à un intérêt personnel, qui procurent une vive émotion, portent sur des événements exceptionnels, sont transférées dans la mémoire à long terme. Le neuro-consommateur se souvient essentiellement des communications et des marques qui répondent à ces critères. Les autres sont oubliées peu après leur visualisation. On peut alors comprendre le faible taux de mémorisation de la plupart des publicités à la télévision, même si leur répétition a un effet positif pour leur souvenir. De nombreuses expériences neuroscientifiques attestent que la mémoire est réorganisée par le cerveau en fonction de ses propres objectifs. Elle peut parfois se révéler fausse dans de larges proportions chez des neuro-consommateurs sincères. La perception sensorielle joue un rôle important dans la restitution des souvenirs.

Les « marqueurs somatiques » et leur influence sur le comportement du cerveau

La théorie des « marqueurs somatiques » est mise en lumière par le neuropsychologue Antonio Damasio dans plusieurs publications et en particulier dans son livre *L'Erreur de Descartes*[80]. Elle fait l'objet de plusieurs études de sa part et de celle de ses collègues comme Hanna Damasio et Antoine Bechara… Ses idées reposent sur le fait que les souvenirs, souvent associés à des émotions ou à des stimuli sensoriels, demeurent dans l'inconscient. Ils constituent des « marqueurs somatiques » pouvant être réactivés lorsque la personne se retrouve confrontée aux mêmes stimuli. Comme le décrit le neuropsychologue Nicolas Vermeulen : « Pour résumer, le cortex orbito-frontal va associer les sensations émotionnelles, qui sont implicites et automatiques, à un stimulus. Il va en même temps enregistrer cette relation et sera par ailleurs capable de réactiver les sensations émotionnelles lors d'une rencontre ultérieure avec le stimulus conditionnant. Damasio (1995) parle de "marqueurs somatiques"[81]. »

> Les souvenirs, souvent associés à des émotions ou à des stimuli sensoriels, demeurent dans l'inconscient. Ils constituent des « marqueurs somatiques » pouvant être réactivés lorsque la personne se retrouve confrontée aux mêmes stimuli.

Le neuro-consommateur ne manque pas de subir inconsciemment l'influence de ses propres « marqueurs somatiques ».

Les professionnels du marketing tentent d'en tirer parti en organisant avec le concours des cogniticiens la sensorialité des marques ou des espaces de vente. À travers cette sensorialité, ils cherchent à faire assimiler la marque au souvenir d'une comparaison qui lui est favorable, enregistré dans la mémoire du neuro-consommateur.

Lorsqu'il entend un nom de marque à consonance allemande, le cerveau du neuro-consommateur européen attribue souvent, sans même y penser, une idée de bonne technicité, de fiabilité. En choisissant le nom de Weston, la célèbre marque de chaussures, française depuis 1891, s'attribue une évocation de chic britannique. En utilisant le nom de K-Way, le « coupe-vent » des établissements Duhamel, également d'origine française, se voit attribuer une idée d'efficacité américaine indispensable lorsqu'il faut affronter les tempêtes de l'ouest des États-Unis.

Comme pour le narrateur du roman de Marcel Proust[82], l'odeur dans un espace de vente peut mettre le client dans une ambiance de bien-être en lui rappelant des moments vécus heureux et le prédisposer favorablement à l'achat. Certains lieux de vente comme Nature et Découvertes font appel à des ingrédients sensoriels agréables aux sens du neuro-consommateur.

Certaines couleurs se voient aussi attribuer des significations précises. Les couleurs achromatiques blanc, noir, gris sont fréquemment associées à une image de luxe, voire de « haut de gamme ». Elles peuvent refléter des associations différentes selon les cultures ou les pays. Le blanc est associé à la pureté, au bonheur dans les pays occidentaux, alors qu'il est relié à la mort dans de nombreux pays asiatiques. La couleur orange est considérée comme festive en Hollande, appréciée en Ukraine alors qu'elle revêt un côté négatif en Irlande. Les marques peuvent chercher à se relier à des « marqueurs somatiques » pour se faire attribuer une image émotive. Elles peuvent également s'efforcer d'en créer à partir d'histoires ou *storytelling* vécues ou inventées, rappelant des moments heureux ou exceptionnels à la mémoire des neuro-consommateurs. L'histoire de la marque racontée sous la forme de sagas les invite à s'associer au récit, à partager les sentiments et les valeurs des héros.

Lorsqu'il achète des produits Chanel, il participe inconsciemment à la saga de Coco Chanel (celle de Mme Gabrielle Chasnel). Lorsqu'il porte une chemise Ralph Lauren, il consomme une part de l'Empire britannique. Pour Lacoste, on participe au monde du tennis. À Shanghai, Dunhill crée un point de vente dans une vieille maison coloniale mise en scène comme s'il s'agissait de l'ancienne habitation d'Alfred Dunhill.

On raconte son histoire dans le but de créer pour les neuro-consommateurs intéressés un sentiment d'affection nostalgique du passé.

Les grandes marques utilisent souvent, volontairement ou pas, des ingrédients sollicitant les « marqueurs somatiques » du cerveau liés à des éléments marquant l'inconscient collectif.

> *Un secret, celui de la formule du Coca-Cola ou de la bulle d'air chez Nike, une vie de personnage hors du commun, celle du colonel de Kentucky Fried Chicken, des aviateurs de la Seconde Guerre mondiale britanniques et américains portant les blousons Mac Douglas ou Chevignon...*

Le cerveau conditionné par ses « neurones miroirs »

Les neurones miroirs sont découverts par hasard grâce aux recherches de l'équipe du professeur Giacomo Rizzolati. Ils sont d'abord observés au cours des années 1990 dans le cortex prémoteur ventral du singe macaque avec l'utilisation de l'imagerie cérébrale. La preuve de leur existence chez l'homme a lieu quelques années plus tard. Les expériences, définitions et l'utilité des « neurones miroirs » font l'objet de plusieurs publications[83] dont l'ouvrage fondamental de Giacomo Rizzolatti et Corrado Singaglia *Les Neurones miroirs*[84]. Le docteur Vilayana Ramachandran, directeur du Centre pour le cerveau et la cognition, professeur en neurosciences à l'université de San Diego en Californie, avance : « Les découvertes sur les neurones miroirs sont la plus importante nouvelle non transmise de la décennie. Je prédis que les neurones miroirs feront pour la psychologie ce que l'ADN a fait pour la biologie. Elles vont fournir un cadre unifiant et aider à expliquer une quantité de dispositions mentales qui jusqu'à maintenant restaient mystérieuses et inaccessibles à l'empirisme[85]. »

Les « neurones miroirs » constituent une catégorie de neurones situés dans le cortex prémoteur du cerveau qui s'activent aussi bien lorsqu'un individu, un humain ou un animal, exécute une action que lorsqu'il observe quelqu'un d'autre exécuter la même action ou même lorsqu'il imagine une telle action. D'où le terme « miroir ». En lisant un roman comprenant des personnages ou des scènes qui l'émeuvent, le lecteur peut éprouver des émotions ou des sentiments semblables à ceux ressentis par les héros. L'importante découverte de Giacomo Rizzolatti est de constater l'existence de cette activation liée à la simple observation d'une action réalisée par un autre individu.

Pour les experts en neurosciences, les « neurones miroirs » jouent un rôle important dans la cognition sociale, notamment dans l'apprentissage par imitation. C'est en partie le cas dans le langage corporel, la communication non verbale ou l'apprentissage des sports. La vision des pratiques réalisées par des sportifs de haut niveau crée des mimétismes susceptibles d'améliorer le jeu des élèves débutants.

Ils tiennent une place dans les processus affectifs tels que l'empathie. Le professeur Vilayana Ramachandran les surnomme dans ce cas « neurones empathiques ». Des psychologues parmi lesquels Frans de Waal, Jean Decety, Vittorio Gallese[86] entreprennent des recherches sur la fonction des « neurones miroirs » dans l'empathie, dans la capacité à percevoir et à reconnaître les émotions d'autrui. Ils se fondent sur l'idée qu'il semble exister un « neurone miroir » pour les émotions. Quand nous observons de l'émotion chez autrui, nous ressentons cette même émotion avec des nuances relatives selon nos liens d'affection avec cette personne. Tout le monde éprouve le pouvoir du simple sourire pour créer auprès de son interlocuteur un réel sentiment de sympathie. Les « neurones miroirs » permettent la communication avec autrui. Pour A.K.Pradeep[87], les neurones miroirs ont une plus forte activité chez les femmes que chez les hommes. Pour Patrick Georges[88], la tendance à l'imitation émanant des neurones miroirs peut se déclencher dès que le cortex prémoteur, zone du cerveau entre la décision et l'action, est préchauffé. S'il chauffe trop et si son activité électrique déborde dans la zone d'à côté, une action peut s'engager. C'est le cas pour un animal qui commence à remuer la queue avant d'agir. Cela peut aussi être celui du spectateur d'un match de football qui, assis dans son fauteuil devant son poste de télévision, se met à crier pour encourager son équipe ou à shooter instinctivement dans la balle avec son pied. La réaction des « neurones miroirs » est aisée à constater. Dans une grande gare, tout est calme, les passagers attendent patiemment les indications concernant l'arrivée de leur train. Soudain quelqu'un se met à courir. Il est rapidement suivi par d'autres personnes qui se mettent à courir derrière lui sans véritable raison.

> *L'effet des « neurones miroirs » peut avoir conditionné la mobilisation exceptionnelle des Français après la tuerie des journalistes et dessinateurs du journal Charlie Hebdo par des terroristes puis l'assassinat des clients de la Superette Casher du boulevard de Vincennes. La mobilisation connaît un succès exceptionnel tant auprès des chefs d'État du monde entier, qui se déplacent pour venir manifester avec le président français, que des citoyens de ce pays. Le phénomène, bien que très symbolique, n'a pourtant pas connu une importance de décès comparable au 11 Septembre ou à l'attentat de la gare de Madrid en Espagne. Encore moins que le nombre de morts comptabilisés en plusieurs*

dizaines de millions, survenus pendant la Seconde Guerre mondiale. Pourtant, selon les médias, il a entraîné une mobilisation de millions de personnes aussi importante que celles qui se sont manifestées en France après la victoire des Alliés et la capitulation de l'Allemagne nazie. Pour sa part, un journal vendu habituellement à seulement 60 000 exemplaires reçoit, du jour au lendemain, des milliers d'abonnements supplémentaires. Son nouveau tirage se commercialise à 7 millions d'exemplaires en seulement quelques jours. Certaines personnes n'hésitent pas à faire la queue auprès des kiosques dès 6 heures du matin, le premier jour, tout en sachant que le journal sera retiré en autant d'exemplaires que nécessaire et qu'ils peuvent facilement l'obtenir les jours qui suivent. Outre le rôle important de l'émotion pour attribuer une valeur à un événement, le phénomène « Je suis Charlie » nous semble une illustration de l'importance que peuvent jouer les « neurones miroirs » sur le comportement des personnes pour les rassemblements et des consommateurs pour les achats.

L'effet dû à l'empathie explique pourquoi le spectateur d'un film ou le lecteur d'un roman peut soudain fondre en larmes en visionnant une scène ou en lisant un passage n'ayant pourtant aucun lien ni relation avec sa propre personne.

Toujours selon Patrick Georges, certains éléments comme le stress, la visualisation d'une forte autorité peuvent augmenter l'effet d'imitation créé par les « neurones miroirs ».

La connaissance de leurs effets est particulièrement importante pour comprendre certains comportements instinctifs et parfois irréfléchis des neuro-consommateurs.

Un restaurant vide n'attire pas les clients, qui préfèrent souvent faire la queue pour aller dans celui qui est complet sans même connaître la qualité de la carte. Certaines enseignes savent créer le stress en organisant des queues artificielles ou en orchestrant la rareté. Dans les magasins d'habillement Zara, appartenant au groupe espagnol Inditex, on évite de réassortir les produits. Si un client n'achète pas l'exemplaire qui lui plaît lors de sa visite, il n'est pas certain de pouvoir le retrouver, pas plus qu'un semblable, en revenant plus tard. Abercrombie & Fich organise des queues artificielles en filtrant les entrées de ses boutiques. Les faux clients, utilisés pour acheter des produits désignés, sont d'autres astuces bien connues par quelques enseignes pour augmenter artificiellement leurs ventes. La présence dans les films de produits utilisés par des acteurs fétiches contribue également

> Certaines enseignes savent créer le stress en organisant des queues artificielles ou en orchestrant la rareté.

à faire croître les achats, seulement s'ils sont bien mis en valeur et jouent un rôle significatif dans le scénario.

L'utilisation de méthodes visant les processus d'achat par imitation est mise en œuvre, de manière pragmatique et empirique, par les services marketing, commerciaux et de la communication de plusieurs entreprises. Les techniques sont issues de la pratique et de l'observation, souvent dans l'ignorance de la manière dont réagissent les « neurones miroirs » dans ces processus. Pour demain, l'engagement de recherches permettant de mieux appréhender la façon dont fonctionnent les « neurones miroirs » dans les processus cognitifs d'achat, tout comme dans ceux de la perception des informations et des messages, améliorera significativement la connaissance de certains comportements instinctifs jusqu'alors inexpliqués des neuro-consommateurs.

CHAPITRE 11
L'INFLUENCE DES ÉMOTIONS ET DES DÉSIRS

De nombreux ouvrages sont consacrés à l'étude de l'influence des émotions sur la psychologie des personnes. Les recherches et publications appliquées au neuro-consommateur dans les disciplines du marketing, de la communication et de la vente demeurent encore peu abondantes. Elles constituent un important axe de réflexion pour l'avenir. Le rôle joué par les émotions dans des domaines tels que les achats, la communication, la politique de marque est fondamental. La recherche d'une « satisfaction des désirs » tend à se voir accorder une place importante face à la simple « satisfaction des besoins ».

Le rôle joué par les émotions

Les émotions sont assez difficiles à définir. Elles ne sont pas quelque chose de palpable. Il s'agit d'un état particulier pouvant être ressenti en interne ou résulter d'une situation propre à les induire. La manière dont elles se manifestent est plus facile à identifier.

L'origine du mot « émotion » vient du latin *emovere* ou *émotum*. Il peut se traduire par « enlever » ou « secouer ». Il provient également de *movere* qui veut dire « se mouvoir ». Pour les Anciens, l'émotion est un mouvement susceptible de se référer au « mouvement de l'âme ». Elles produisent des changements psychiques ou comportementaux qui entraînent un ébranlement positif ou négatif conduisant à des comportements d'approche ou d'évitement. Bryan Kolb et Ian Q. Whishaw les définissent comme « une interprétation cognitive de sentiments subjectifs[89] ». De son côté, le journaliste, chroniqueur et écrivain Sébastien Bohler dresse, dans *La Chimie de nos émotions*[90], un bilan des connaissances actuelles sur leur rôle dans la vie des citoyens.

Les émotions sont étroitement liées à nos interactions avec le monde. Elles se réfèrent au cerveau social qui permet la vie en communauté. Leur manifestation est plus facile à décrire.

Le psychologue Paul Ekman[91] propose des émotions primaires : joie, dégoût, peur, colère et tristesse, auxquelles il ajoute des variations liées à leur intensité. Les émotions concernent l'amour, l'euphorie et l'optimisme. D'autres psychologues ajoutent des manifestations telles que la jalousie ou l'embarras.

Le neuropsychologue Antonio Damasio[92] distingue trois modes de déclenchement des émotions :

- les émotions primaires. Elles constituent une réponse adaptative immédiate et objective : la faim, la soif, la peur, le désir, etc. ;

- les émotions secondaires. Elles font appel à la mémoire et tentent d'éviter une perturbation à venir : éviter de caresser un animal, ne pas regarder fixement certaines personnes, etc. ;

- les émotions tertiaires. Elles sont assimilées à l'empathie, c'est-à-dire la capacité de comprendre les sentiments d'une autre personne.

Le comportement du cerveau lié aux émotions : le cas Phinéas Gage

En 1848, Phinéas Gage travaille à la construction d'une ligne de chemin de fer aux États-Unis. Alors qu'il se prépare à faire sauter un rocher, une explosion éclate inopinément et propulse une barre de mine qui traverse son crâne. Elle endommage le lobe frontal gauche de son cerveau. Malgré la gravité apparente de ses blessures, soignées par le docteur Harlow, le patient arrive à survivre. Après avoir été soigné, Phinéas Gage retrouve un état physique quasi normal. Il ne souffre d'aucune paralysie et récupère une grande partie de ses facultés intellectuelles. Le médecin constate un important changement dans son humeur et ses comportements. Avant son accident, il est considéré comme un compagnon sérieux, sociable, fiable, disposant d'un bon jugement. Après sa blessure, son comportement émotionnel, social et personnel montre un état instable et profondément asocial. Son humeur devient changeante, son tempérament instable, capricieux et grossier. Il meurt douze années après son accident.

En 1867, le docteur Harlow fait exhumer son crâne pour l'étudier. Il n'obtient pas d'informations concluantes. Conservé au Warren Anatomical Museum, le crâne est à nouveau étudié en 1994 par les neuro-anatomistes Antonio et Anna Damasio. Ils reconstituent par ordinateur la trajectoire de la barre de mine dans le crâne. Ils comparent le cas de Phinéas Gage avec d'autres patients ayant subi de profonds changements de comportement à la suite à de lésions comparables dans la même partie du cerveau. C'est le cas d'Elliot. Il s'agit d'un avocat d'affaires réputé qui se voit amputé de la même partie de son cerveau à la suite d'une tumeur. Après son opération, il subit une profonde altération de sa personnalité comparable à celle éprouvée par Phinéas Gage.

Antonio Damasio en tire la conclusion que les sentiments jouent un rôle décisif dans le flot incessant des décisions personnelles. Dans certains domaines, la raison devient aveugle sans les sentiments.

La logique formelle ne peut permettre de choisir un métier ou son conjoint, de savoir si l'on peut faire confiance à quelqu'un. Pour un neuro-consommateur, de ressentir s'il peut se fier à une offre, à un vendeur ou à une communication.

Les signes intuitifs qui le guident en ces instants décisifs relèvent d'impressions viscérales d'origine limbique. Ils ressurgissent des « marqueurs somatiques », de sentiments instinctifs. Antonio Damasio établit une étroite liaison entre les émotions conditionnées par le cerveau et le comportement physique des patients. Les travaux de ce chercheur et de son équipe font l'objet de nombreuses publications parmi lesquelles le best-seller *L'Erreur de Descartes*[93], mais également d'autres ouvrages plus récents[94].

> *Les sentiments jouent un rôle décisif dans le flot incessant des décisions personnelles. Dans certains domaines, la raison devient aveugle sans les sentiments.*

Les émotions tiennent une place fondamentale dans le conditionnement du comportement du neuro-consommateur.

Sur le plan positif, elles sont la source d'inspirations pour la création. C'est en particulier le cas dans les domaines artistiques tels que la poésie, le cinéma, la peinture… et l'innovation et la création publicitaire.

Pour le côté négatif, elles sont susceptibles d'engendrer des situations de stress pouvant occasionner de profondes dépressions, des états de peur obsessionnels, de colères maladives…

L'utilisation de la peur par certaines communications peut se révéler efficace auprès de neuro-consommateurs maîtrisant mal leurs émotions. Elle permet d'accélérer la vente de produits ou services promettant d'y faire face.

La manifestation des émotions (sudation, augmentation du rythme cardiaque, expressions faciales…) se décèle à travers des signes identifiables difficiles à dissimuler. Ils peuvent être vus et analysés par des techniques adaptées émanant des neurosciences ou par des professionnels avertis. Leur utilisation permet de sentir les états émotionnels des neuro-consommateurs.

L'intelligence émotionnelle

L'aviateur et écrivain Antoine de Saint-Exupéry (1990-1944), dans son célèbre conte *Le Petit Prince,* écrit : « On ne voit bien qu'avec le cœur. L'essentiel est invisible pour les yeux[95]. »

En ce début de XXIe siècle, plusieurs auteurs remettent en question le rôle prépondérant joué par l'intelligence rationnelle mesurée par le QI (quotient intellectuel) et son fameux test, conçu en 1912 par le psychologue allemand William Stern (1871-1938). Le psychologue Howard Gardner[96] en dénonce la tyrannie. Pour cet auteur, les gens sont plus ou moins intelligents : « Ils sont nés comme ça et on n'y peut pas grand-chose. » Il montre qu'il n'existe pas une forme unique d'intelligence mais plutôt un large éventail d'intelligences et notamment ce qu'il appelle « les intelligences personnelles ». À partir d'études réalisées auprès d'anciens étudiants d'universités américaines, il s'étonne de constater que ceux possédant un fort QI mais une faible intelligence relationnelle réussissent moins bien que ceux possédant un QI plus faible mais disposant de cette autre forme d'intelligence. Pour Howard Gardner, « il faudrait passer moins de temps à classer les enfants et davantage à les aider à reconnaître leurs dons naturels et à les cultiver ». Une infinité de voies conduisent à la réussite. Les aptitudes à la perspicacité sociale représentent des talents qu'une bonne éducation se doit de cultiver au lieu de les ignorer sinon de les étouffer.

Une nouvelle forme d'intelligence, non rationnelle, se voit accorder une place prépondérante dans les processus de choix et le comportement des personnes : l'intelligence émotionnelle. Elle est définie comme la capacité pour les personnes d'utiliser les émotions et les sentiments dans leur prise de décisions.

Le docteur en psychologie enseignant à Harvard et journaliste au *New York Times* Daniel Goleman y consacre un ouvrage fondamental, *Emotional Intelligence*[97].

Pour lui, les véritables questions sont : « Comment mettre notre intelligence en accord avec nos émotions ? Comment rendre à la vie quotidienne sa civilité ? À la vie communautaire son humanité ? » L'auteur montre que si les émotions constituent de bons guides au cours de l'évolution de l'humanité, les nouvelles réalités de la civilisation apparaissent avec une telle rapidité que la lente marche de l'évolution ne peut pas en suivre le rythme.

Les premières lois et les premiers codes moraux, celui d'Hammourabi, les Dix Commandements, les édits de l'empereur Ashoka sont réalisés comme des tentatives destinées à canaliser, à maîtriser et à domestiquer la puissance des passions humaines émanant des émotions.

> L'intelligence émotionnelle est définie comme la capacité pour les personnes d'utiliser les émotions et les sentiments dans leur prise de décisions.

Dans *Malaise dans la civilisation*[98], Sigmund Freud avance l'idée que la société est contrainte d'imposer à l'individu des règles destinées à contenir le déchaînement trop facile de ses émotions. Malgré les règles sociales, force est de constater que les passions dominent bien souvent la raison et que l'intelligence rationnelle est inutile quand elle est sous l'emprise des émotions. Plus un sentiment est intense, plus l'esprit émotionnel domine et plus le rationnel perd de son efficacité.

L'amygdale, également siège de la mémoire affective, commande les émotions. Joseph Le Doux[99], psychologue et neuroscientifique à l'université de New York, est le premier à mettre en évidence le rôle fondamental qu'elle joue dans l'activité affective du cerveau. Il explique comment l'amygdale parvient à déterminer nos actions avant même que le cerveau pensant, le néocortex, puisse prendre une décision. Dans son interaction avec le néocortex, elle est au cœur de l'intelligence émotionnelle. Son vaste réseau de liaisons neuronales lui permet en cas d'urgence de prendre la direction de la majeure partie du cerveau, y compris de l'esprit rationnel. Joseph Le Doux réussit à montrer que l'amygdale possède un faisceau de neurones qui la relient directement au thalamus. L'existence de ce circuit direct, court-circuitant le néocortex, explique en partie comment les émotions arrivent à surpasser la raison.

L'amygdale est aussi le centre des souvenirs émotionnels. Si l'hippocampe permet de reconnaître sa cousine, l'amygdale ajoute qu'elle est antipathique. Plus elle est excitée, plus profonde est l'empreinte dans la mémoire. Les souvenirs d'événements effrayants sont particulièrement indélébiles. L'ensemble des sens peut également être associé à une émotion dans la mémoire.

Ces interactions ont une grande importance lorsque l'on s'adresse au neuro-consommateur. Un chant d'oiseau peut lui donner une impression de sécurité. Une musique nostalgique peut le mettre de bonne humeur ou lui permettre de mieux retenir la publicité qui s'y réfère. Une odeur de madeleine ou de chewing-gum peut le replonger dans un moment heureux de son enfance… La communication est davantage mémorisée lorsqu'elle se fonde sur des émotions. La création de marques identifiables par plusieurs sens permet non seulement d'améliorer la crédibilité de leur positionnement, mais également d'accroître leur souvenir.

Lorsqu'il ne parvient pas à maîtriser ses émotions, le cerveau du neuro-consommateur se retrouve en grande vulnérabilité, particulièrement dans un contexte où il est fortement sollicité par le marketing et la communication.

L'acquisition d'une intelligence émotionnelle a pour but de l'aider à les maîtriser. Dès 1989, le docteur Peter Salovey[100], président de l'université de Yale, et le psychologue de l'université du New Hampshire John D. Mayer réfléchissent sur les ingrédients de l'intelligence émotionnelle.

Les deux chercheurs distinguent cinq domaines permettant de la définir et de la posséder :

- la connaissance des émotions. La connaissance de soi. La fameuse injonction de Socrate (470-399 av. JC) « Connais-toi toi-même », qui figure comme épitaphe sur le temple d'Apollon à Delphes, renvoie à cette clé de voûte de l'intelligence émotionnelle. Quiconque est aveugle à ce qu'il ressent demeure sous la maîtrise de ses sentiments. Les personnes qui en sont capables conduisent mieux leur vie ;

- la maîtrise des émotions. La capacité d'adapter ses sentiments à chaque situation dépend de la conscience de soi. Un ensemble de méthodes permet d'aider à pacifier son esprit, à se libérer de l'emprise de l'angoisse, de la tristesse, de la colère…

- l'automotivation. Elle conduit à se mettre dans un état de « fluidité psychologique ». À remettre à plus tard la satisfaction de ses désirs et de réprimer ses pulsions, à savoir canaliser ses émotions pour se concentrer, se maîtriser et s'automotiver ;

- la perception des émotions d'autrui. L'empathie constitue un élément essentiel de l'intelligence interpersonnelle. Les personnes empathiques sont particulièrement réceptives aux signaux subtils indiquant les besoins et les désirs des autres. Elles sont douées pour la communication et le commerce ;

- la maîtrise des relations humaines. Pouvoir entretenir de bonnes relations avec les autres, c'est en grande partie savoir gérer leurs émotions. Les personnes possédant cette qualité réussissent dans toutes les entreprises fondées sur des rapports harmonieux.

Le cerveau du neuro-consommateur sous l'influence de ses émotions et de ses désirs

Lors de ses processus de décision d'achat, le neuro-consommateur subit de plein fouet l'influence du marketing des émotions et du désir. Alors qu'il pense de bonne foi faire des choix conscients et raisonnés, il est largement orienté par des pulsions inconscientes. Elles agissent en toute indépendance de sa raison. Leurs connaissances peuvent être utilisées et devenir de puissants outils de persuasion. Alain Berthoz, professeur au Collège de France, auteur de plusieurs ouvrages concernant le rôle des émotions, écrit : « Le fait d'acheter ou de ne pas acheter un produit, le choix d'une marque… ne sont que la résultante de la mise en route des moteurs de l'émotion ou des émotions dans notre cerveau[101]. » Peu d'auteurs tentent de se détacher de l'approche classique du besoin, symbolisée par un des penseurs réputés du marketing, Philip Kotler, pour mettre les mécanismes de l'émotion au centre de la réflexion marketing. Parmi les exceptions, on peut mentionner Georges Chétochine[102] (1938-2010), professeur de marketing à l'université Paris IX-Dauphine et consultant auprès de sociétés internationales à travers le monde.

Les travaux relatifs au marketing du désir se révèlent également peu abondants. Toujours en Europe, Jean Mouton, consultant et enseignant à l'université de Paris XII ainsi qu'à l'ESCP-Europe, a publié *Le Marketing du désir – L'indispensable stratégie*[103]. Pour sa part Gabriel Szapiro, président de l'agence de communication Saphir, enseignant à HEC-Paris, réalise de nombreuses conférences sur le thème du « Marketing de la permission et du désir ». Dans son livre *L'Inbound marketing selon la stratégie du Sherpa*[104], il développe ses principales idées dans ce domaine.

Le neuro-consommateur confronté à ses émotions

S'adresser à la mémoire émotionnelle du neuro-consommateur est un bon moyen de s'attirer sa sympathie. Les conseillers en marketing politique le savent bien. Ils en usent et parfois même en abusent pour leurs candidats en multipliant les visites de citoyens victimes de malheurs : maladies graves, incendies, dégâts des eaux, accidents, commémorations de guerre, etc. Les grands personnages de l'histoire d'Alexandre le Grand à de Gaulle en passant par Napoléon et Louis XIV savent orchestrer les émotions de leur peuple. Certains n'hésitent pas à réécrire ou à faire réécrire leur histoire de manière plus romantique que la réalité historique. Les effets produits par les émotions sur les neuro-consommateurs sont utilisés par le marketing et la communication.

Le neuro-consommateur confronté au plaisir et à l'attachement

Dès 1954, deux psychologues américains, James Olds (1922-1976) et Peter Milner, identifient une zone du cerveau qui procure du plaisir[105].

Le centre se situe au niveau du noyau accumbens. Quand il est stimulé par différents facteurs comme la contemplation d'une scène émouvante, le rappel d'un moment heureux intégré dans les « marqueurs somatiques », une relation sexuelle, mais aussi la consommation de drogues…, ce noyau entraîne une production de dopamine. Elle fait partie des hormones-neurotransmetteurs, engendrant une sensation de plaisir.

Le marketing, la communication, en commençant par la marque cherchent à communiquer cette sensation au neuro-consommateur afin de le rendre plus ouvert aux offres. Les plaisirs peuvent être très différents.

> *Plaisir gustatif de déguster un café exceptionnel chez Starbucks. Plaisir de la vue puis du goût chez les enfants lorsque les parents préparent une tartine de Nutella. Plaisir de participer avec Leclerc à la lutte contre les tarifs trop élevés pratiqués par les fabricants ou la grande distribution et plus récemment à l'aventure écologique. Plaisir de conduire une Porsche, une BMW, une Mercedes… Plaisir d'être dans le vent chez Abercrombie & Fich.*

Le sentiment peut aussi se ressentir dans des lieux de distribution où les sens du neuro-consommateur se sentent bien, où l'accueil et le parcours dans le magasin sont agréables.

Les grandes marques puisent fréquemment leur force dans le plaisir unique qu'elles procurent à leurs adhérents.

> *La nostalgie du passé inscrite dans les « marqueurs somatiques » apporte des moments de plaisir. La communication tente parfois à les faire ressurgir. Pour cela, elle utilise des personnages connus, vivants ou disparus. L'Eau Sauvage de Christian Dior présente l'acteur de cinéma Alain Delon à l'époque où il est un grand séducteur. Des chansons ayant ému les consommateurs à une époque sont repris pour créer chez eux un sentiment de nostalgie et le transférer à un produit ou une marque à promouvoir.*

> Des chansons ayant ému les consommateurs à une époque sont repris pour créer chez eux un sentiment de nostalgie et le transférer à un produit ou une marque à promouvoir.

L'attachement devient encore plus fort lorsque la marque parvient à fédérer une communauté. Certaines, comme Apple, Nespresso, Converse, Google, Microsoft, entreprennent d'importants efforts pour créer et entretenir un sentiment émotif communautaire auprès de leurs clients, notamment à partir des médias sociaux.

Le neuro-consommateur soumis à la peur et à l'angoisse

L'amygdale du cerveau constitue le centre de la peur et du stress. Lorsqu'elle s'active, elle conditionne la libération de neurotransmetteurs dont le cortisol produit par les glandes surrénales, hormone du stress, mais également l'adrénaline qui provoque la réaction de fuite et de lutte.

La peur produit chez le neuro-consommateur une réaction forte dont il essaie de se prémunir par un achat destiné à l'atténuer ou à la faire disparaître. Le sentiment de peur apparaît sous des formes multiples et variées :

- peur pour soi-même : de perdre sa santé, de mourir, de vieillir, de grossir, de ne pas plaire, d'avoir des dents jaunes, une peau sèche, des gencives qui saignent, des fuites urinaires, des éjaculations précoces, etc.
- pour les autres : d'avoir des bébés mouillés, un conjoint ou des enfants insuffisamment protégés en cas de décès, un animal mal nourri…

Les responsables de la communication connaissent l'importance du rôle joué par la peur chez les neuro-consommateurs. Ils n'hésitent pas à utiliser, souvent avec succès, des messages anxiogènes pour développer la vente de produits ou services destinés à supprimer la peur ou à l'atténuer.

La peur peut se transformer en anxiété et même en angoisse si elle est trop intense ou si elle crée un important dilemme de choix.

Une pensée largement développée dans le monde occidental avance que la liberté de l'homme lui procure du bonheur, car il peut faire les choix qu'il désire. Cette idée est fortement contredite par certains psychologues, notamment le professeur Barry Schwartz de l'université de Pennsylvanie, lequel défend l'idée que « plus il y a de choix, plus le consommateur est souvent déçu, triste et malheureux[106] ». Il démontre dans ses expérimentations que le fait de choisir crée plus de problèmes que de satisfactions.

Deux autres psychologues, Amos Tversky (1937-1996), professeur israélien de l'université du Michigan et de Jérusalem, enseignant à Stanford, et Daniel Kahneman, américano-israélien, professeur à l'université de Princeton[107], expliquent ce phénomène à partir d'une expérience. Ils montrent que le consommateur est davantage sensible aux pertes qu'aux gains. Après avoir réalisé son choix, le consommateur pense qu'il peut être passé à côté d'une meilleure affaire, ce qui lui crée une frustration. Elle est amplifiée par le fait qu'il est difficile pour une personne de reconnaître ses erreurs et d'admettre qu'elle a fait un mauvais choix.

La prise de conscience du fait de s'être trompé crée dans le cerveau du neuro-consommateur un phénomène appelé « dissonance cognitive ». Il est expliqué par Leon Festinger[108] (1919-1989), professeur à l'université de Yale : « Nous souffrons en quelque sorte de notre bêtise, de cet emportement émotionnel qui nous a privés du bon choix. Pour diminuer la « dissonance cognitive », nous tentons de nous convaincre que nous avons tout de même fait le bon choix. Nous élaborons une argumentation de « mauvaise foi » à laquelle nous finissons par croire. » Selon les idées de Leon Festinger, mais également d'autres chercheurs tels que Barry Schwartz et Louisa Egan de l'université de Yale, ce ne sont pas les vagues incessantes de la publicité qui exacerbent les consommateurs. C'est en premier lieu le fait de devoir choisir, parfois de regretter le choix réalisé, enfin de subir les effets de la « dissonance cognitive » qui créent les frustrations principales de la civilisation de l'hyper-choix.

Afin de faire face à la peur ou à l'anxiété des neuro-consommateurs, plusieurs marques réfléchissent aux moyens permettant de limiter leurs frustrations. Parmi ces réflexions, la sélection du nombre optimal de produits, appartenant à une même catégorie, qu'il convient de placer sur un linéaire pour les prémunir contre les effets négatifs de la « dissonance cognitive ».

D'autres s'efforcent, par leurs innovations ou leur organisation, de limiter l'anxiété des clients. Pour ne citer que quelques exemples, on peut remarquer en Europe : les cas de Dyson, Décathlon, Darty… Dyson tente de répondre à la frustration du neuro-consommateur liée aux sacs des aspirateurs en inventant un aspirateur sans sac. La société Décathlon essaie de faire face à l'anxiété des clients confrontés à l'hyper-choix pour acheter des articles de sport. Elle met à leur disposition des commerciaux ayant pour mission d'apporter un conseil véritable selon leurs besoins. Les vendeurs reçoivent une formation et sont motivés dans ce sens. Ils ne sont animés par aucun objectif ou orientation destinés à vendre les produits les plus profitables pour l'entreprise. Darty tient à rassurer ses clients en leur proposant « un contrat de confiance » complété par un service après-vente rapide et performant.

Le neuro-consommateur influencé par ses désirs

Dans ses célèbres discours, Cicéron (106-43 av. J.-C.) déclare déjà : « Si vous voulez me convaincre, vous devez penser mes pensées, ressentir mes émotions et parler avec mes mots[109]. »

Pour le docteur Pierre Sedel et le professeur Olivier Lyon-Caen[110], le moteur des désirs vient de facteurs qui s'ajoutent aux émotions tels que le plaisir, l'amour, le sexe.

Pour le neuropsychologue David Eagleman, « les pulsions comme les désirs sont programmés dans notre cerveau. La plus grande partie de notre personnalité n'est définie ni par nos opinions ni par nos choix. Imaginez de changer vos idées en matière de beauté ou de séduction. Pourriez-vous faire ces choses-là ? Sans doute pas. Vos pulsions fondamentales sont imprimées dans les circuits de vos tissus neuronaux et vous n'y avez pas accès. Certaines choses vous séduisent plus que d'autres, mais vous ne savez pas vraiment pourquoi[111] ». Les objectifs de notre espèce fixés par l'évolution orientent nos désirs.

L'ensemble de ces facteurs expliquent la puissance parfois immaîtrisable des désirs. L'écrivain Ken Follett écrit à propos d'un de ses personnages : « Pour le moment, cependant Woody avait du mal à penser à la menace de guerre en Europe. Ses sentiments pour Joanne le submergeaient, intacts… Il était sorti avec d'autres filles à Buffalo et à Harvard, mais n'avait jamais éprouvé pour aucune d'elles la passion dévorante que lui inspirait Joanne[112]. »

Les désirs peuvent aller jusqu'à changer notre perception du monde. Le philosophe Baruch Spinoza (1632-1677) est l'un des premiers à déceler cette force lorsqu'il écrit : « Je ne désire pas les choses parce qu'elles sont belles et bonnes. C'est parce je les désire qu'elles sont belles et bonnes[113]. »

> Les désirs peuvent aller jusqu'à changer notre perception du monde.

Ils peuvent être déclenchés par des signaux inconsciemment détectés par le cerveau. Ainsi, plusieurs auteurs déjà mentionnés comme Frédéric Sedel et Olivier Lyon-Caen ou encore David Eagleman parlent, par exemple, d'une attirance inconsciente créant un profond désir des hommes pour les femmes montrant une pupille dilatée. Les pupilles dilatées semblent exercer un réel pouvoir d'attraction. Dans les rouages inaccessibles de leur cerveau, « quelque chose sait » que la dilatation des pupilles, chez les femmes, est un indicateur d'excitation et de disponibilité sexuelle. Pour Frédéric Sedel et Olivier Lyon-Caen : « Des expériences ont montré que les femmes comme les hommes jugeaient plus attirantes des photographies de personnes du sexe opposé dont les pupilles étaient dilatées. La belladone (une substance stimulant le système sympathique, qui entraîne une dilatation des pupilles) était utilisée par les femmes de la Renaissance pour séduire. Belladone vient de "bella donna"[114]. »

Le côté irrésistible des désirs peut être si fort qu'il occasionne parfois de véritables drames pouvant se matérialiser par des actions condamnables comme le meurtre, le viol, le vol, la prise de stupéfiants…

La plupart des philosophies, mais aussi des religions, certains courants de pensée comme le bouddhisme élaborent des principes, des codes ou des lois destinés à les canaliser.

Des méthodes thérapeutiques de méditation, telles que celles élaborées par des médecins comme Jon Kabat-Zinn à l'université du Massachusetts[115], reposant sur une recherche de « la pleine conscience », aident à les maîtriser.

Des moyens inconscients de substitution existent pour assouvir certains désirs irréalisables dans l'instant. C'est par exemple le pouce ou la tétine pour remplacer l'envie du sein maternel, la cigarette électronique face au besoin de fumer ou encore le « sextoy » pour assouvir un désir sexuel… La recherche des désirs inassouvis des neuro-consommateurs, dans différents domaines, constitue une base importante des innovations marketing pour des entreprises soucieuses d'inventer et de proposer des produits ou services de substitution.

Vers un marketing des émotions et des désirs

Les émotions et les désirs constituent une base de recherche qui intéresse de plus en plus de nos jours les professionnels du marketing et de la communication.

Le marketing des émotions

Georges Chétochine présente une évolution du marketing avec l'émergence du « marketing des émotions[116] ». Il émet l'idée, qu'à l'heure actuelle, en dépit des discours et des actions marketing entreprises par les sociétés, trop de clients demeurent en position de « subisseurs » face aux offres et aux canaux de distribution. Il souhaite élaborer un marketing fondé sur le principe « zéro frustration » pour le client. Son approche consiste d'abord à détecter l'ensemble des émotions ressenties par le consommateur en amont et en aval de ses processus d'achat. Il propose ensuite de mettre en œuvre une politique fondée sur un nouvel état d'esprit. Elle consiste à faire comprendre et admettre aux collaborateurs de l'entreprise les diverses frustrations ressenties par les clients tout au long de leurs relations avec eux puis de s'efforcer de les éviter. À la satisfaction des besoins s'ajoute la suppression des frustrations émotionnelles. L'ensemble des actions du marketing (produit, tarification, distribution, vente, communication et e-communication…) s'imprègne de cette mentalité. Le CRM est conçu pour anticiper et appréhender l'ensemble des frustrations personnalisées des clients. Un « marketing relationnel » permanent avec la clientèle s'organise selon les principes précédemment énoncés.

Le marketing du désir et l'« inbound » marketing

Un nombre restreint d'auteurs s'intéresse au marketing du désir. Un des premiers, Jean Mouton, avance qu'il ne peut y avoir de désir sans un « manque » assorti d'une « attente » : « Le client désire un produit parce que ce produit lui manque[117]. » Le désir devient l'émergence d'un besoin, mais également d'une reconnaissance tous deux exaltés par l'imagination. La plupart du temps, le marketing traditionnel ne s'intéresse qu'au besoin et privilégie l'offre de produits et services. De son côté, le client ressent silencieusement le sentiment d'être reconnu, respecté, aimé. Lui et son désir doivent se placer au centre de la stratégie de l'entreprise. L'auteur propose une méthode destinée à rechercher et à éveiller les désirs des consommateurs potentiels afin de pouvoir les conquérir, puis de réactiver leurs sentiments positifs pour les fidéliser. Il élabore le concept DIAD (Double InterAction du Désir). La première interaction s'attache à satisfaire le besoin du client par le produit. La seconde à répondre à sa demande de reconnaissance. Il définit son concept ainsi : « La double interaction du désir (DIAD) est la prise en compte, dans une stratégie globale de l'entreprise, du croisement entre une première interaction client-demandeur-acteur et l'entreprise-acteur-demandeur, et une deuxième interaction entre la satisfaction du client et la réponse de sa demande de reconnaissance[118]. » La réalisation des promesses faites aux clients constitue une condition absolue pour assurer sa fidélisation…

> *Le désir devient l'émergence d'un besoin, mais également d'une reconnaissance tous deux exaltés par l'imagination.*

> *Jean Mouton illustre ses propos en mentionnant, parmi d'autres, l'exemple du Club Med. Dans les années 1960, c'est Éros-Hélios-Thalassa, son slogan deviendra : « Sun, Sex, and Sea » (le soleil, le sexe, la mer). Son concept apporte une bonne réponse aux désirs, à une époque qui commence à connaître la libération sexuelle avec l'apparition de la pilule et l'ouverture des idées. Mai 1968 en France, les mouvements de liberté partant des « campus américains » et du phénomène hippie sont passés par là. L'idée du Club est inventée par le Belge Gérard Blitz (1912-1990) en 1950. Elle est développée et organisée par Gilbert Trigano (1920-2001), qui en devient le président-directeur général en 1963. Le concept répond parfaitement aux désirs d'une population, principalement européenne, éprise de liberté. Des emplacements idylliques baignés par la mer et chauffés par le soleil, de grandes tables favorisant la convivialité, le tutoiement obligatoire, la présence de GO (gentils organisateurs) accueillant des GM (gentils membres), la suppression de l'argent comme symbole discriminant… La réponse aux désirs est présente, les promesses sont tenues entraînant la fidélisation puis la prescription. Le succès du Club Med est spectaculaire.*

Plusieurs années après, les désirs des clients traditionnels, qui ont vieilli, changent. Ceux des nouvelles catégories de populations désormais internationales ne sont plus les mêmes. La formule est en partie copiée par de nombreux concurrents. Faute de trouver un nouveau modèle répondant à de nouveaux désirs, la séduction du Club Med tend à s'atténuer. L'entreprise qui ne sait pas anticiper à temps les désirs émergents risque de connaître de grandes difficultés si elle n'arrive pas à les découvrir et à proposer des orientations destinées à les satisfaire.

Un autre consultant-enseignant en communication, Gabriel Szapiro, élabore un travail de réflexion sur le marketing du désir auquel il ajoute la notion de permission. Il propose le concept de « marketing de la permission et du désir » intégré dans celui de l'« *inbound* marketing ». Il définit ce concept comme : « Faire venir à soi les clients au lieu d'aller les chercher […] en privilégiant le "désir" préalablement au "besoin"[119]. » Son approche tire une partie de ses inspirations de cinq auteurs de nationalités différentes (américaine, coréenne, canadienne et indienne) : Seth Godin[120], Chan Kim et Renée Mauborgne[121], Brian Halligan et Dharmesh Shah[122]. La méthode se déroule en plusieurs phases.

En premier lieu, la nécessité d'arrêter tout marketing de « l'interruption ». Ce type de marketing sature le consommateur par des messages non désirés. Il est antiproductif, car coûteux pour l'entreprise, et irritant pour le client parce que ne correspondant à aucun désir formulé de sa part.

En deuxième lieu, communiquer uniquement avec les clients qui donnent leur permission. Pour l'obtenir, il est indispensable de trouver un « appât » qui leur paraît désirable.

En troisième lieu, face à une concurrence exacerbée, ne plus se limiter à répondre aux besoins des clients, mais les faire rêver en cherchant et en satisfaisant leurs désirs. Il faut à ce stade devenir incontournable et différent. À ce niveau, les techniques « d'innovation-valeur » à partir de la recherche d'un « océan bleu » élaborées par Chan Kim et Renée Mauborgne, professeurs à l'Insead, peuvent être utilisées.

En quatrième lieu, il est nécessaire d'anticiper et de répondre aux nouveaux désirs du cerveau des neuro-consommateurs, mais aussi de les reconquérir en permanence pour pouvoir fidéliser les clients. L'utilisation du CRM se révèle d'une grande utilité pour y parvenir.

En cinquième lieu, il faut s'efforcer de créer et d'entretenir une relation d'« amour » avec les clients qui doivent devenir de véritables partenaires. L'utilisation d'un encerclement médiatique permanent du client, avec l'ensemble des moyens relationnels disponibles, notamment l'e-communication et les réseaux sociaux, se met en place.

En sixième lieu, à partir de cette relation affective et permanente avec les partenaires ayant donné leur permission peut s'élaborer un « buzz marketing », ou « marketing viral », destiné à acquérir de nouveaux consommateurs. Il repose sur la sélection de « leaders d'opinion » attachés au produit ou à la marque. Ils sont transformés en « ambassadeurs » qui communiquent leur affection à leur communauté sur les réseaux sociaux. La confiance émanant d'une réponse efficace et permanente à la satisfaction des désirs est indispensable pour assurer la fidélisation et la conquête à partir du parrainage.

Sans s'en rendre compte, le neuro-consommateur est déjà soumis à certaines tentatives du marketing et de la communication qui, au-delà de ses besoins, privilégient ses émotions et ses désirs. Une nouvelle forme de marketing et de communication exploitant les connaissances des neurosciences liées aux émotions et aux désirs est en voie d'éclore. Les applications se multiplient avec l'important développement du « marketing sensoriel ».

CE QU'IL FAUT RETENIR

Les chercheurs du XXIe siècle engagent d'importants moyens pour comprendre le fonctionnement du cerveau. Grâce à l'utilisation des neurosciences, ils découvrent un organe très complexe doté de pouvoirs insoupçonnés : une communication très sophistiquée avec le corps humain organisée à partir d'hormones-neuro-transmetteurs, une importante influence sur la pensée, les sens, la mémoire, la conscience… Plus performant qu'un puissant ordinateur, le cerveau peut se comparer à un chef d'orchestre des comportements humains.

Les récentes découvertes neuroscientifiques montrent que le ventre, à partir du nombre important de neurones qu'il possède, constitue un deuxième cerveau chargé de tâches qui lui sont spécifiques.

Le chercheur américain Paul D. MacLean avance que le cerveau humain se compose de trois parties. Il les nomme le « cerveau triunique ». Leur prépondérance liée à l'évolution génétique au cours des siècles varie selon l'âge des personnes. Elles influencent et expliquent les différences de comportements observés chez les enfants, les ados, les adultes. Le cerveau reptilien, prédominant chez les enfants, accorde une priorité aux réflexes, au leader, à l'importance du groupe. Le cerveau limbique, prioritaire chez les ados, renforce les émotions le sens de l'affectivité. Le néocortex, qui se développe à l'âge adulte, permet le raisonnement logique, la pensée abstraite, l'anticipation des actes.

La perception du monde par les individus est davantage une construction de leur cerveau qu'une réalité objective. Il est en grande partie programmé, ce qui le conduit à des comportements instinctifs notamment dans ses actes d'achats. Une étude approfondie de l'« intelligence instinctive » apporte une compréhension des actes irrationnels des neuro-consommateurs.

Le cerveau du neuro-consommateur est largement conditionné par sa structure et ses humeurs. L'âge et le sexe entraînent des comportements et attitudes spécifiques parfois difficiles à comprendre par une personne n'appartenant pas à la même catégorie. Des éléments tels que la mémoire, les « neurones miroirs », les « marqueurs somatiques » conditionnent fortement le comportement du cerveau humain. Ils font l'objet d'études relativement récentes utiles pour mieux appréhender celui du neuro-consommateur.

Les émotions et les désirs ont une grande influence sur les réactions du cerveau humain. Les nombreuses recherches entreprises sur ce sujet permettent de mettre en valeur l'importance du rôle de l'« intelligence émotionnelle ». Lorsqu'elles concernent le neuro-consommateur, elles réclament l'élaboration d'un marketing spécifique adapté : un « marketing des émotions et des désirs ».

NOTES

1. Bryan Kolb et Ian Q. Whishaw, *An introduction to Brain and Behavior,* Worth Publishers, 2006 (2ᵉ édition) ; traduction et adaptation en français par Jean-Christophe Cassel, *Cerveau et comportement,* De Boeck, 2008.

2. Arthur S. Bard et Mitchell G. Bard, *op. cit.*

3. Roger Dooley, *op. cit.*

4. Arthur S. et Mitchell G. Bard, *op. cit.*

5. Frédéric Sedel et Olivier Lyon-Camp, *Le Cerveau – Pour les Nuls*, XO First Éditions, 2010.

6. Pierre-Marie Lledo, cité par Victoria Gairin, « Les vrais pouvoirs du cerveau », *Le Point,* n° 2160, 6 février 2014, p. 60-67.

7. Patrick Georges, Michel Badoc et Anne-Sophie Bayle-Tourtoulou, *op. cit.*

8. Stanislas Dehaene, *Le Code de la conscience*, Odile Jacob, 2014.

9. Alan Turing, « Computing Machinery and Intelligence », *Mind,* n° 49 page s433-460. 1950.

10. Idem.

11. Arthur S. Bard et Mitchell G. Bard, *op. cit.*

12. Andreas Kleinschmidt, cité par Victoria Gairin, *op. cit*

13. Paul Molga, « Notre ventre, une intelligence supérieure », *Les Echos,* mai 2014.

14. Michael Gershon, *The Second Brain*, Harper Paperbacks, 1999.

15. *Idem.*

16. Notamment, Giulia Anders *Le Charme discret de l'intestin. Tout sur un organe mal aimé,* Acte Sud, coll. « Essai Sciences », 2015 ; Fabrice Papillon et Héloïse Ramber, *Le Ventre notre deuxième cerveau,* Tallandier, 2014.

17. Cécile Denjean (réalisatrice), « Le ventre notre deuxième cerveau », Arte, 4 septembre 2015.

18. Paul MacLean, *Triune Conception of the Brain Behavior*. Toronto Press University, 1974. Voir aussi MacLean et Roland Guyot, *Les Trois Cerveaux de l'homme*, Robert Laffont, 1990.

19. Frédéric Rava-Reny, « Le cerveau triunique de MacLean », 2007 ; http://www.rava-reny.com/Auteur_Rava-Reny/Le_cerveau_triunique_de_Mac_Lean.pdf

20. Idem.

21. Arthur Koestler, *Le cheval dans la locomotive,* Calmann-Lévy, 1968, rééd. 1994.

22. Michel de Pracontal, *L'Imposture scientifique en dix leçons,* Le Seuil, 2005.

23. Patrick Renvoisé et Christophe Morin, *op. cit.*

24. Gottfried Wilhelm Leibniz, *Nouveaux Essais sur l'entendement humain* (1704, publiés en 1765 pour la première fois), Garnier-Flammarion, 1993.

25. Blaise Pascal, *Pensées,* Philippe Sellier (dir.). Le Livre de Poche, 2000.

26. Johannes Peter Müller, *Des manifestations visuelles fantastiques* (1826), L'Harmattan, coll. « Psyché de par le monde », 2010.

27. David Eagleman, *op. cit.*

28. Propos de Gary Singer recueillis par Patrick Capelli dans l'article « Le marketing s'invite dans nos cerveaux », *Libération,* 13 mai 2012.

29. David Eagleman, *op. cit.*

30. « Le Cerveau et ses automatismes, Le pouvoir de l'inconscient », partie 1, *op. cit.*

31. Ferdinand Von Helmholtz, *Science and Culture Popular And Philosophical,* University Chicago Press, 1995.

32. David Eagleman, *op. cit.*

33. G. Tom, C. Srzentic, C. Nelson « Mere Exposure and the Endowment Effect on Consumer Decision Making », *Journal of Psychology,* vol. 141, mars 2007, p. 117-125.

34. Citation attribuée à l'actrice Mae West.

35. L. Hasher, D. Goldstein, T. Toppino « Frequency and the Conference of Referential Validity », *Journal of Verbal Learning,* Elsevier, 1977.

36. David Eagleman, *op. cit.*

37. Charles Darwin, *L'Origine des espèces* (1859), Champion-Le Seuil, 2009.

38. Paul MacLean, *op. cit.*

39. Notamment : Vilayanur S. Ramachandran, « Why Do Gentlemen Prefer Blondes ? », Elsevier Inc., 1997.

40. D.W. Yu et G.H. Shepard, « Is Beauty in the Eyes of the Beholder ? », *Nature,* n° 396-1998.

41. Donald. M. Mackay, « *The Epistemological Problem for automata* », Princeton University Press, 1956.

42. David Eagleman, *op. cit.* et *Le Cerveau et ses automatismes, op.cit.*

43. David Eagleman, *op. cit.*

44. Patrick Georges, Michel Badoc, Anne-Sophie Bayle-Tourtoulou., *op. cit.*

45. Daniel Kahneman, *Système 1, Système 2 : Les Deux Vitesses de la pensée,* Flammarion, 2012.

46. Patrick Renvoisé et Christophe Morin, *op. cit.*

47. Patrick Georges, Michel Badoc et Anne-Sophie Bayle-Tourtoulou., *op. cit.* Voir aussi Patrick Georges, *Gagner en efficacité*, Éditions d'Organisation, 2004.

48. Vilanayur S. Ramachandran, *op. cit.*

49. Claude Bernard, *Introduction à l'étude de la médecine expérimentale* (1865), Garnier-Flammarion, 1966.

50. Elizabeth Lecerf-Thomas, *Neurosciences et management – Le pouvoir de changer,* Eyrolles, 2009. Voir aussi Gregory Bateson, *La Nature et la Pensée,* Le Seuil, 1984.

51. A. K. Pradeep, *op. cit.*

52. Paul MacLean, *op. cit.*

53. David Servan-Schreiber, *Guérir*, Pocket, 2005 et *Anticancer*, Robert Laffont, 2007, notamment.

54. David Servan-Schreiber et Fabrice Midal, *Notre corps aime la vérité,* Pocket, coll. « Psychologie », 2012.

55. Jay Giedd *et al.* « Brain Development during Childhood and Adolescence : a Longitudinal MRI Study », *Nature Neuroscience,* n° 2, 1999.

56. Marc Prensky, *Don't Bother Me Mom, I'am Learning !,* Paragon House, 2006.

57. Georges Chétochine, *Le Marketing des émotions – Pourquoi Kotler est obsolète,* Eyrolles, 2008.

58. Magda B. Arnold's *Contributions to Emotion Research and Theory,* Psychology Press, 2006 et *Emotional Factors in Experimental Neurons,* Sagwan Press, 2015.

59. William Straus et Neil Howe, *Generations : The History of America's Future,* Morrow, 1991.

60. Bernard Préel, *Le Choc des générations*, La Découverte, 2000.

61. Henry James Deverson, *Woman's Own,* 1964.

62. Douglas Coupland, *Generation X : Tales for an Accelerated Culture*, St Martin's Griffin, 1992 ; traduction en français : *Génération X,* 10/18, 2004.

63. Olivier Rollot, *La Génération Y*, PUF, 2012.

64. Florence Pinaud et Marie Desplats, *Manager la génération Y*, Dunod, coll. « Best Practices », 2011.

65. John Gray, *Men Are from Mars, Women Are from Venus*, Harper Collins, 1998; traduction en français: *Les hommes viennent de Mars, les femmes viennent de Vénus*, J'ai lu, 2011.

66. Claude Aron, *La Sexualité – Phéromones et désir*, Odile Jacob, 2000; Doreen Kimura, *Cerveau d'homme, cerveau de femme?*, Odile Jacob, 2000; Simon Le Vay, *Le cerveau a-t-il un sexe?*, Flammarion, coll. «Bibliothèque scientifique», 1994; Serge Ginger, *op. cit.*

67. Judith Butler, *Gender Trouble*, Routlege Kegan & Paul, 1990; traduction en français: *Trouble dans le genre*, La Découverte, 2005.

68. Marie-Hélène Bourcier, *Queer Zone – Politique des identités sexuelles et des savoirs* (2001), Amsterdam Poche, 2011.

69. A.K. Pradeep, *op. cit.*

70. Ragini Verma, «Brain Connectivity Study Reveals Striking Differences Between Men And Women», *Proceedings of the National Academy of Sciences of the United States of America*, 2014 (repris dans *News & Publication. New Release Penn Medecine*, 2 décembre 2013).

71. Serge Ginger: conférence de Vienne au troisième Congrès mondial de psychothérapie, 2002 (publiée dans *International Journal of Psychotherapy*, UK, juillet 2003).

72. Jean-Pierre Changeux, *op. cit.*

73. Patrick Georges, Michel Badoc, Anne-Sophie Bayle-Tourtoulou, *op. cit.*

74. Roger Dooley, *op. cit.*

75. Katherine Ellison, *The Mommy Brain: How Motherhood Makes us Smarter*, Basic Book, 2005.

76. Michael Numan et Thomas Insel, *The Neurobiology of Parental Behavior*, Springer, 2003.

77. Arthur S. Bard & Mitchell G. Bard, *op. cit.*

78. Antonio Damasio, *L'Erreur de Descartes*, *op. cit.*

79. Patrick Georges, Michel Badoc, Anne-Sophie Bayle-Tourtoulou, *op. cit.*

80. Antonio Damasio, *L'Erreur de Descartes*, *op. cit.*

81. Nicolas Vermeulen «Les émotions en tant que "marqueurs somatiques" (Antonio Damasio)», Le Psychologue.be du 5 juillet 2014.

82. Marcel Proust, *À la recherche du temps perdu*, *op. cit.*

83. Vittorio Caggiano, Leonardo Fogassi, Giacomo Rizzolatti *et al.*, «Mirror Neurons Differentially Encode the Peripersonal and Extrapersonal Space of Monkeys», *Science*, n° 324, 2009; Jean Decety «Naturaliser l'empathie», *L'Encéphale*, 2002; Vittorio Gallese et Alvin Goldman, «Mirror Neurons And The Simulation Theory of Mind-reading», *Trends in Cognitive Sciences*, n° 2, 1998; S.D. Preston et F.B.M. de Waal, «Empathy: Its Ultimates And Proximates Bases», *Behavior Brain Sciences*, n° 25, 2002.

84. Giacomo Rizzolatti et Corrado Singaglia, *Les Neurones miroirs*, Odile Jacob, 2011.

85. Vilayana Ramachandran, *Le cerveau fait de l'esprit. Enquête sur les neurones miroirs*, Dunod, 2011.

86. Vittorio Gallese et Alvin Goldman, *op. cit.*

87. A.K. Pradeep. *op. cit.*

88. Patrick Georges, Michel Badoc, Anne-Sophie Bayle-Tourtoulou, *op. cit.*

89. Bryan Kolb et Ian Q. Whishaw, *op. cit.*

90. Sébastien Bohler, *La Chimie de nos émotions*, Aubanel, 2007.

91. Paul Ekman, *The Nature of Emotion*, Oxford University Press, 2008.

92. Antonio Damasio *L'Erreur de Descartes*, *op. cit.*

93. *Idem.*

94. Antonio Damasio, *L'Autre moi-même. Les nouvelles cartes du cerveau, de la conscience et des émotions*, Odile Jacob, 2010 et *Le Sentiment même de soi – Corps, émotions, conscience*, Odile Jacob, 2002.

95. Antoine de Saint-Exupéry, *Le Petit Prince* (1943, simultanément en français et en anglais), Folio, 2007.

96. Howard Gardner, *Frames of mind. The Theory of Multiple Intelligences*, Basik Book, 1983; traduction en français: Les *intelligences multiples*, Éditions Retz, 2004.

97. Daniel Goleman, *Emotional Intelligence*, Bantam Book, 1995; traduction en français: *L'Intelligence émotionnelle*, Robert Laffont, 1997.

98. Sigmund Freud, *Malaise dans la civilisation*, Payot, coll. «Petite Bibliothèque», 2010; James Olds, *Pleasure Center in the Brain*, Scientific America, 1956.

99. Joseph Le Doux, *The Emotional Brain: the Mysterious Underpinnings of Emotional Life,* Touchstone, 1998 ; traduction en français : *Le Cerveau des émotions,* Odile Jacob, 2005.

100. Peter Salovey et John D. Mayer, « Emotional Intelligence, Imagination, Cognition and Personality », vol. 9, n° 3, 1989, p. 185-211.

101. Alain Berthoz, *La Décision,* Odile Jacob, 2003.

102. Georges Chétochine, *op. cit.*

103. Jean Mouton, *Le Marketing du désir – L'indispensable stratégie,* Éditions d'Organisation, 2000.

104. Gabriel Szapiro, *L'Inbound marketing selon la stratégie du Sherpa,* Jacques-Marie Laffont, 2015.

105. James Olds et Peter Milner « Reward Centers in The Brain And Lessons For Modern Neuroscience », *J. Comp. Physiol. Psychol.*, décembre 1954, n°47, SeminalPaper, Mc. Gill University.

106. Barry Schwartz, *The Paradox of Choice*, Ecco, 2005.

107. Amos Tversky et Daniel Kahneman, *Judgment under uncertainty : Heuristics and biases, Science,* vol. 185, n° 4157, 1974.

108. Leon Festinger, *When Prophecy Fails,* Pinter et Martin Ltd, 2008.

109. Cicéron, *Œuvres complètes (Éd. 1866),* Hachette, Livre BNF, 2013.

110. Frédéric Sedel et Olivier Lyon-Caen, *Le Cerveau pour les nuls,* First, 2010.

111. David Eagleman, *op. cit.*

112. Ken Follett, *Winter of the World*, Dutton Penguin Group, 2011 ; traduction en français : *L'Hiver du monde,* Robert Laffont, 2012.

113. Baruch Spinoza, *op. cit.*

114. Fréderic Sedel et Olivier Lyon-Camp, *op. cit.*

115. Jon Kabat-Zinn, *Wherever You Go, There You Are,* Hyperion, 1994 ; en français : *Où tu vas, tu es – Apprendre à méditer pour se libérer du stress et des tensions profondes,* Robert Lattès, 1996.

116. Georges Chétochine, *op. cit.*

117. Jean Mouton, *Le Marketing du désir, op cit.*

118. *Idem.*

119. Gabriel Szapiro, *op. cit.*

120. Seth Godin, *Permission Marketing. Turning Strangers into Friends, and Friends into Customers,* Simon & Schuster, 1999 ; en français : *Permission Marketing – Les Leçons d'Internet en marketing,* Maxima, 2000.

121. Chan Kim et Renée Mauborgne, *Blue Ocean Strategy*, Harvard Business School Press, 2005 ; en français : *Stratégie Océan bleu – Comment créer de nouveaux espaces stratégiques* ; Village Mondial – Pearson Education, 2005.

122. Brian Halligan et Dharmesh Shah, *Inbound Marketing. Get Found Using Google, Social Media and Blogs,* John Wiley & Son, 2009 (nouvelle Edition 2014).

partie III
LE CERVEAU DU NEURO-CONSOMMATEUR INFLUENCÉ PAR LES SENS

Grâce à leur accès direct aux aires du cerveau sans passer par la barrière du raisonnement, les sens ont une influence primordiale sur son comportement. Savamment orchestrée, leur utilisation contribue à améliorer l'efficacité du marketing, de la communication, de la vente, mais aussi à établir des liens durables avec les marques. Le marketing sensoriel devient partie intégrante du marketing traditionnel.

INTRODUCTION

Les cinq sens – à savoir la vue, l'ouïe, l'odorat, le toucher et le goût – sont essentiels à la vie humaine. Ils informent le cerveau sur l'environnement qui l'entoure. Clés d'ouverture au monde, ils permettent à l'homme de sentir puis de percevoir le monde dans lequel il vit. Ils sont aux fondements de sa compréhension par les humains. En liaison avec le système limbique du cerveau, les sens sont la porte d'entrée des émotions humaines. Ils sont liés à la mémoire et aux souvenirs émotionnels que telle ou telle information sensorielle a provoqués. Leur pouvoir d'évocation est immense.

Cette incroyable puissance des sens, le marketing l'a très vite appréhendée. Leur capacité à construire des liens émotionnels, au centre même du concept de marque, est exploitée par les entreprises. Si les sens de la vue et de l'ouïe recueillent le plus d'attention, les autres reçoivent un intérêt grandissant. Cette démarche, qui cherche à établir un lien durable avec la marque au travers d'expériences sensorielles uniques, est au cœur du marketing sensoriel. L'approche consiste à capitaliser sur les liens entre sens et émotions mis en évidence par la recherche scientifique pour renforcer la puissance de la marque, contribuer à une différenciation des concurrents qui soit valorisée par les neuro-consommateurs, accroître leur fidélité et augmenter leurs achats. Les marques qui jouent la sensorialité misent sur le fait que les souvenirs émotionnels tissés avec elles sont plus susceptibles de se former, d'être stockés et réactivés lorsqu'une large palette de sens est engagée.

Cette partie offre une analyse approfondie de chacun des sens au travers d'un descriptif de leur fonctionnement, de leur particularité, de leurs influences cognitives, affectives et comportementales mises en évidence par les recherches neuroscientifiques. Les sens sont indissociables du fonctionnement neuronal. Ils sont des éléments clés grâce auxquels les marques tissent des connexions distinctives et durables avec le neuro-consommateur.

CHAPITRE 12
LE NEURO-CONSOMMATEUR ET LE SENS DE LA VUE

La compréhension du monde est très étroitement liée à ce que les yeux voient. La vue est le sens qui permet d'observer et d'analyser l'environnement à distance au moyen des rayonnements lumineux. Il est d'une grande importance pour l'espèce humaine. Un tiers de notre cerveau y est consacré[1], 70 % des récepteurs sensoriels de notre corps sont dans nos yeux[2] et 80 % des informations qui nous parviennent sont visuelles[3]. La façon la plus optimale de capter l'attention du cerveau humain est de passer par le système visuel. La publicité, les packagings, les pages de site web, les applications, etc. le sollicitent sans cesse. La vue est l'objet de multiples recherches pour le marketing et la communication dans de nombreux secteurs d'activités.

> *La façon la plus optimale de capter l'attention du cerveau humain est de passer par le système visuel.*

Le mécanisme de la vision

La vision est la fonction par laquelle les images, une fois captées par l'œil sous forme de rayons lumineux, sont transmises puis interprétées par le cerveau. Si elle passe nécessairement par l'œil, organe de la vue, elle nécessite également l'intervention de zones spécialisées du cerveau qui constituent le cortex visuel. Ces zones analysent et synthétisent les informations collectées en termes de forme, de couleur, de texture, de relief ou de distance. Elles produisent l'interprétation finale de ce qui est « observé » par le cerveau.

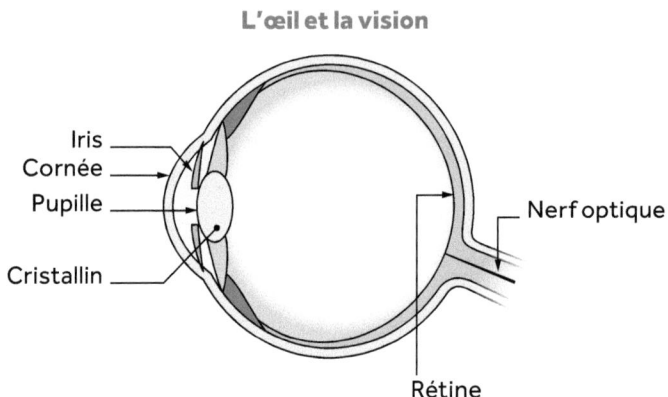

L'œil et la vision

Malgré son mode d'action en apparence simple, la vision présente un processus très complexe. Les rayons lumineux qui se réfléchissent sur les objets de l'environnement pénètrent dans l'œil par la cornée et divers milieux transparents tels que l'humeur aqueuse ou vitrée, le cristallin... Le processus de réfraction est régulé par l'iris (partie colorée de l'œil) et la pupille (cercle noir au cœur de l'iris). Selon les conditions d'éclairage, la pupille s'élargit ou se rétrécit pour faire entrer plus ou moins de lumière.

L'information arrive à la rétine en formant une image inversée. Elle entraîne des réactions chimiques dans certaines cellules nerveuses appelées « photorécepteurs ». Il existe deux types de photorécepteurs rétiniens : les cônes et les bâtonnets. Les cônes, au nombre de 6 millions et de trois différentes sortes, sont actifs durant la journée. Ils permettent de distinguer les couleurs, plus précisément des millions de nuances chromatiques. Lorsque la luminosité est insuffisante, les 120 millions de bâtonnets de la rétine s'activent. Ils permettent de voir dans l'obscurité, sans distinction des couleurs. La vision nocturne est principalement en noir et blanc.

Les réactions chimiques qui ont lieu dans les cônes et les bâtonnets entraînent la création de messages nerveux de type électrique. Ils se propagent dans les nerfs optiques. Ces derniers se croisant partiellement, le cerveau droit reçoit les informations du champ visuel gauche tandis que le cerveau gauche reçoit celles du champ visuel droit. Les signaux électriques rejoignent le cortex visuel occipital, à l'arrière du cerveau, qui traite les informations visuelles.

Cette zone cérébrale se compose de plusieurs aires spécialisées dans la gestion des messages nerveux. Chaque aire interprète une caractéristique de l'image observée :

la forme, la couleur, le mouvement… Les différentes aires communiquent entre elles. À partir des informations partagées, le cerveau réalise une interprétation globale en trois dimensions.

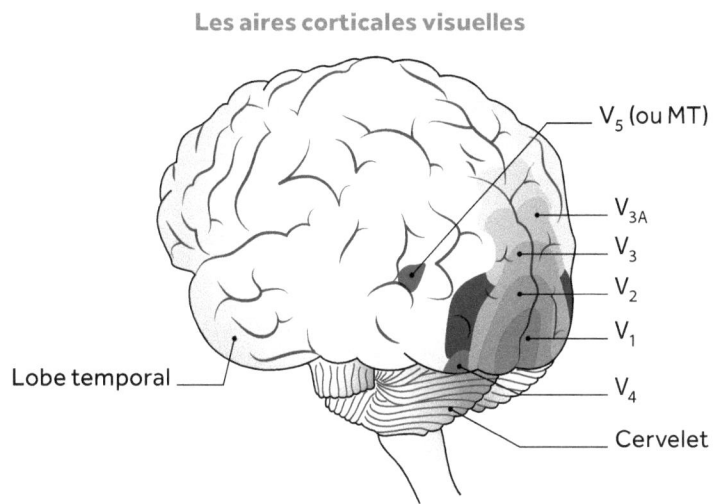

Les aires corticales visuelles

La connaissance des mécanismes de la vision et des aires du cortex visuel occipital provient de l'observation de lésions cérébrales et de leurs conséquences. Elle s'est enrichie de l'utilisation des techniques d'imagerie cérébrale. Les zones actives lors de la perception visuelle sont détectées par une plus forte intensité de la circulation sanguine et une plus grande activité électrique. Les aires V1 et V2 sont importantes dans la perception des contours, V3 dans celle des formes (orientation et taille), V4 dans celle des couleurs et V5 dans celle des mouvements.

L'échange des analyses et interprétations émanant des aires visuelles permet au cerveau d'élaborer une perception globale et unifiée. Elle constitue une image finale pluridimensionnelle. Comme les deux hémisphères cérébraux reçoivent des informations de la même image selon un angle légèrement différent, le cerveau est à même de générer les volumes de l'objet et d'estimer sa distance.

Malgré cette machinerie visuelle extrêmement complexe, le temps écoulé entre le moment où la lumière traverse la pupille et celui où les signaux arrivent au cerveau n'est que de quelques millisecondes.

La vision et les interprétations du cerveau

Ce que l'on appelle « vision » est une interprétation cérébrale de signaux électrochimiques. C'est une construction du cerveau. Le monde réel n'est jamais « vu » tel qu'il est. Sa perception est façonnée par le cerveau soumis à diverses influences : les expériences acquises antérieures, le contexte, les objectifs qu'il a et qui orientent son attention, les phénomènes d'illusion dont il peut être victime.

> *Ce que l'on appelle « vision » est une interprétation cérébrale de signaux électrochimiques. C'est une construction du cerveau. Le monde réel n'est jamais « vu » tel qu'il est.*

La vision, les expériences acquises antérieures et la mémoire

Comme l'explique le neuroscientifique David Eagleman, « Le cerveau doit accomplir un travail phénoménal pour interpréter sans ambiguïté les milliards de photons captés par les yeux[4]. » Il active à cet égard les images déjà traitées puis emmagasinées dans la mémoire. Les expériences acquises passées sont essentielles. La vue, permise par les yeux, est innée. La vision, elle, s'acquiert. C'est la douloureuse et étonnante expérience vécue par des patients recouvrant la vue, grâce à la chirurgie, après des décennies de cécité. Les nouvelles informations visuelles ne sont que « déluge tourbillonnant et très déconcertant, de formes et de couleurs. Ils ne voient pas subitement le monde au sortir de la salle d'opération ; ils doivent apprendre à le voir ou à le revoir. Même quand leurs yeux sont parfaitement fonctionnels sur le plan mécanique, leur cerveau doit s'entraîner à interpréter les données qui lui parviennent[5] ».

Dans le même ordre d'idées, la lecture d'un texte nécessite l'apprentissage et la mémorisation préalable des mots. Ils permettent ainsi au cerveau de restituer un texte incorrectement écrit. C'est ce que démontre l'expérimentation mise au point par l'université de Cambridge que nous vous proposons de réaliser vous-même en cherchant à lire le texte ci-après :

« Sleon une édtue de l'uvinertisé de Cmabrigde, l'odrre des ltteers dnas un mto n'a pas d'ipmrotncae, la suele coshe ipmrotnate est que la pmeirère et la drenèire soeint à la bnnoe pclae. Le rsete peut êrte dnas un dsérorde ttoal et vuos puoevz tujoruos lrie snas porlbème. C'est prace que le creaveu hmauin ne lit pas chuaqe ltetre elle-mmêe, mias le mot cmome un tuot. »

Le texte ci-dessus est parfaitement illisible. Toutefois, le cerveau reconstitue le bon texte en une fraction de seconde. Il utilise, pour cela, les connaissances acquises sur l'écriture stockées dans sa mémoire et corrige inconsciemment les erreurs qu'il perçoit dans les mots.

La vision et le contexte

Comme l'exprime David Eagleman : « Strictement parlant, toutes les scènes visuelles sont équivoques[6]. » En guise d'illustration, l'auteur utilise une image de la tour de Pise. Qu'il s'agisse du monument original ou d'un bibelot-souvenir tenu à bout de bras, l'image projetée sur les rétines est la même. Les yeux ne suffisent pas à la résolution de la reconnaissance entre la vraie tour et sa reproduction. Le cerveau se sert du contexte pour interpréter les informations reçues. Il formule des hypothèses, les évalue avant de n'en retenir qu'une seule. Il exerce beaucoup d'efforts pour « désambiguïser » les données qui parviennent au regard grâce à l'aide d'éléments contextuels.

Visage ou vase ?

La vision est clairement un processus actif et non passif. L'image ci-dessus peut être interprétée de différentes façons par le système visuel du cerveau : soit comme la représentation de deux visages semblables de couleur noire se faisant face, soit comme un vase blanc.

Le cerveau analyse les deux possibilités en passant de l'une à l'autre. Pour paraphraser David Eagleman, « les visages tout comme le vase sont chacun présents sur l'image qui ne change pas[7] ». Le changement se produit dans le cerveau selon le processus d'oscillation qu'il opère entre les deux interprétations.

La vision et l'attention

Le cerveau travaille fondamentalement en fonction de ses besoins et de ses objectifs. C'est la conséquence du fait qu'il n'est capable de traiter, selon les neuroscientifiques, comme nous l'avons vu précédemment, qu'un cinquième des informations transmises par les sens. Il concentre son attention sur ce qui lui est utile sur le moment et ignore inconsciemment bien des stimuli extérieurs présents.

Le philosophe William James (1842-1910), considéré comme le père de la psychologie américaine, donne de l'attention une définition devenue classique : « L'attention est la prise de possession par l'esprit, sous une forme claire et vive, d'un objet ou d'une suite de pensées parmi plusieurs qui semblent possibles […] Elle implique le retrait de certains objets afin de traiter plus efficacement les autres[8]. »

La sollicitation de l'attention est souvent liée à des objectifs donnés. En raison des capacités cognitives limitées du cerveau, elle implique d'exclure des informations pour privilégier le traitement de celles nécessaires à la réalisation des objectifs.

En 1999, deux chercheurs en psychologie cognitive de l'université de Harvard, Christopher Chabris et Daniel Simons, définissent un test de manipulation de l'attention visuelle appelé « test du gorille invisible[9] ».

La consigne donnée aux participants est de regarder attentivement une vidéo. Deux équipes de joueurs de basket, l'une habillée en blanc, l'autre en noir, s'y lancent un ballon. Il leur est demandé de compter le nombre de passes entre les membres de l'équipe des blancs. Pendant la partie, une personne déguisée en gorille traverse la scène de droite à gauche en se frappant la poitrine avec les poings.

Les participants sont interrogés sur le nombre de passes comptées et s'ils ont vu quelque chose qui sort de l'ordinaire. Environ 50 % d'entre eux n'ont pas vu le gorille passer.

De manière contre-intuitive, ce n'est pas par manque d'attention que nous ne voyons pas quelque chose, c'est parce que nous sommes trop attentifs à une chose que nous n'en voyons pas une autre. Les magiciens connaissent bien ce processus et l'exploitent pour réaliser leur tour à l'insu des spectateurs.

Non seulement la vision du monde est une construction différente du monde réel, mais encore se restreint-elle au minimum nécessaire au cerveau pour accomplir ses besoins et objectifs.

Les liens entre l'attention et la mémoire sont intéressants pour les hommes de marketing. Un objet sur lequel se porte l'attention est mieux mémorisé. Le combat pour l'attention des consommateurs se justifie et est étudié par de nombreuses recherches.

La vision et les phénomènes d'illusion

Les illusions d'optique sont nombreuses et rappellent combien les erreurs visuelles sont fréquentes. Preuve supplémentaire que la vision est une construction, parfois erronée, des messages oculaires reçus !

Il existe divers tests d'illusions. En guise d'exemple, présentons celui des lignes droites.

Lignes droites ou incurvées ?

Les lignes paraissent s'incurver alors que l'utilisation d'une simple règle l'infirme. La simple utilisation de cette règle montre que les droites sont parfaitement parallèles.

En 1911, le psychologue italien Mario Ponzo (1882-1960) met au point un test d'illusion géométrique devenu célèbre. Il y souligne l'impact de la perspective dans la perception visuelle.

Le test de Mario Ponzo

Deux lignes identiques sont tracées horizontalement et encadrées par une paire de lignes convergentes semblables à des rails de chemin de fer. Les effets de la perspective influent sur notre perception de la taille réelle des objets, la ligne supérieure étant faussement évaluée par le cerveau comme plus grande. Bien que les sensations visuelles causées par ces deux lignes soient les mêmes, l'interprétation faite par le cerveau ne l'est pas. Leur perception en est différente.

La vision périphérique est, de par sa nature, facilement sujette aux illusions. Contrairement à la vision centrale, dite « fovéale », à la très grande acuité et précision, la vision périphérique livre des impressions floues mais rapides émanant du champ visuel élargi. Elle transmet jusqu'à cent images, au lieu des trois ou quatre images par seconde de la vision fovéale. Elle permet la perception ultra-rapide de mouvements dans la périphérie du champ visuel. L'analyse plus détaillée et lente d'objets précis est confiée à la vision centrale.

La vision se révèle être un processus complexe. La reconnaissance des données reçues se fait par confrontation avec les images déjà contenues dans la mémoire visuelle. Les formes, contours, distances et mouvements deviennent un tout que le cerveau interprète au regard des différents éléments évoqués précédemment.

Visualisation des produits ou services : les logos et designs

Logos et designs deviennent des éléments différenciateurs d'une marque comme son nom, son slogan... Leur pouvoir est très grand.

L'importance du sens de la vue chez les humains est grandement exploitée par le marketing. À côté des publicités, l'attention portée aux logos visuels et aux designs des produits par les entreprises ne cesse de croître. Le but est de marquer les esprits. Logos et designs deviennent des éléments différenciateurs d'une marque comme son nom, son slogan... Leur pouvoir est très grand.

Pour accroître le pouvoir de mémorisation et d'association, la tendance au niveau des logos est à la simplification à l'instar de celui de Coca-Cola ou de HEC-Paris. Les évolutions les plus marquantes sont la concentration sur une ou deux couleurs, la stylisation et l'épuration des lignes et du graphisme tendant vers un allégement des logos.

Certaines marques arrivent à la prouesse de pouvoir être évoquées par un unique symbole, sans mention explicite de leur nom. Ainsi, en est-il depuis longtemps déjà de la virgule de la marque Nike.

La force du lien créé entre une couleur et une enseigne, entre un symbole et une marque constitue un stimulus capable d'activer les marqueurs somatiques emmagasinés sur elles dans la mémoire émotionnelle des neuro-consommateurs.

Il en est de même pour un design spécifique. Il peut, à lui seul, évoquer la marque.

C'est le cas des bouteilles de Coca-Cola, d'Orangina ou de la barre de Toblerone. Aucune autre barre de chocolat privée de son nom de marque sur le packaging ne pourrait bénéficier d'une reconnaissance à la hauteur de celle du Toblerone. Le triangle est devenu un signe distinctif indissociable de la marque, comme les semelles rouges et talons aiguilles des escarpins Louboutin ou le design très particulier des iPod d'Apple. Les couleurs peuvent aussi devenir très liées à des univers ou à des marques. Le noir ou l'or sont distinctifs du secteur du luxe. On parle aussi du rouge « Ferrari ».

L'adoption de « motifs » exclusifs (« patterns » en anglais) constitue un autre élément visuel important sur lequel s'appuient l'identité et la reconnaissance de marques fortes comme Burberry ou Vuitton.

Recherches oculométriques (« eye-tracking ») sur le marketing visuel des publicités

En 2015, sur le campus de HEC-Paris, le professeur Michel Wedel de l'université du Maryland donne une conférence sur son sujet d'expertise privilégié, le *« visual marketing »*. Il y présente une synthèse des principaux enseignements dérivés de recherches publicitaires conduites à partir de la technique de l'« oculométrie » en français. Une grande partie de ces travaux est décrite en détail dans *Visual Marketing: From Attention to Action*[10], coécrit avec Rik Pieters.

L'oculométrie regroupe un ensemble de techniques permettant d'enregistrer les mouvements oculaires. Les oculomètres les plus courants analysent des images de l'œil humain enregistrées par une caméra. Y sont mesurées les fixations des yeux et les saccades ou laps de temps entre deux fixations.

La première application en marketing de l'oculométrie remonte à 1924. Elle est désormais utilisée par des entreprises comme Procter and Gamble, IBM, Pepsico, Target, Google… Elle permet de prédire ce que les consommateurs vont regarder, leur choix et les achats qui risquent d'en découler. Elle aide à optimiser les étagères de présentation des produits dans les magasins, les packagings, les sites ou bandeaux sur Internet ainsi que les publicités.

De nombreuses expositions visuelles ne reçoivent au mieux qu'une fixation oculaire. Les consommateurs apparaissent cependant capables de saisir l'essentiel d'une affiche publicitaire en une unique fixation (100 millisecondes). Ils le font d'autant plus facilement que le message est typique du secteur ou du produit concerné : visage de femme pour les produits de beauté, voiture pour l'industrie automobile… L'association en facilite efficacement la compréhension.

Non seulement brèves, les expositions sont souvent floues. L'utilisation de couleurs et d'un objet central typique protège contre la rapidité et le flou souvent associés à la visualisation des publicités.

Les effets du temps d'exposition varient avec le type de publicités. Des annonces traditionnelles recueillent habituellement une bonne identification. Leur appréciation décroît néanmoins avec le temps d'exposition. Les communications « mystère » pour lesquelles la marque n'est révélée qu'à la fin facilitent, quant à elles, leur identification et leur appréciation.

Une présence forte de la marque est cruciale pour améliorer l'efficacité d'un message. Plus la taille de sa typographie est importante, plus l'attention qu'elle reçoit est grande ainsi que celle donnée au reste de la publicité. L'attention à la marque favorise sa mémorisation.

Les expositions répétées entraînent une moindre attention. La durée de visualisation baisse d'environ 50 % à chaque nouvelle exposition sans que les lieux ni la séquence de fixation des yeux, visualisés grâce à la technique de l'oculométrie, n'en soient modifiés.

L'originalité favorise l'attention et la mémoire. Elle accroît le temps total de fixation du regard sur la marque et l'image. Encore davantage quand la publicité devient familière au consommateur. Pour des expositions assez longues et répétées, le choix de l'originalité est à privilégier. Pour des expositions très brèves, il est plus efficace de préférer des publicités traditionnelles ou déjà connues.

La complexité peut nuire ou au contraire aider à une meilleure attention. Une forte densité d'attributs mis en avant (couleur, bordure chargée…) diminue l'attention à la marque. En revanche, une complexité dans le design (beaucoup d'objets asymétriques, irréguliers, dissimilaires…) favorise l'attention à l'image et à la communication (mais pas nécessairement à la marque).

Les prospectus actuels sont loin d'être optimaux. Si la taille facilite le traitement par le cerveau de la marque et du texte, il n'en est pas de même pour les images. Les recherches réalisées par Michel Wedel et Rick Pieters suggèrent qu'elles devraient être plus petites à l'inverse des marques et des prix affichés. Il en résulterait une attention plus grande envers à la fois le distributeur et les fabricants mis en avant, ce qui accroîtrait les ventes futures.

Jouer sur les émotions pour les publicités télévisuelles est enfin à préconiser. La joie augmente l'appréciation du message tandis que la surprise permet de « récupérer » des spectateurs inattentifs.

L'importance de la vue pour les espaces de distribution et de services

La vue est un sens fortement sollicité par les espaces de distribution et de service. C'est une tendance ancienne utilisée par les marchands ambulants de toutes les civilisations. L'agencement des couleurs, le jeu des volumes constituent des facteurs attractifs forts de la clientèle que les enseignes d'aujourd'hui travaillent très minutieusement. Elles cherchent d'abord, en travaillant l'esthétisme de leur vitrine, à accroître leur taux de pénétration, c'est-à-dire la part des visiteurs des magasins de l'enseigne sur l'ensemble des clients potentiels des zones de chalandise concernées. Elles travaillent ensuite à améliorer leur taux de transformation qui représente la part des visiteurs d'un magasin convertis en acheteurs. Les facteurs visuels peuvent y aider.

De nombreuses recherches témoignent, par exemple, de l'influence des couleurs sur les comportements et perceptions en points de vente[11]. Les couleurs chaudes, dites « activantes », ont un pouvoir d'attraction fort. Il est souvent conseillé de les utiliser à l'extérieur du magasin pour attirer la clientèle. Elles favorisent les achats d'impulsion et augmentent le taux de rotation des clients, ce qui explique pourquoi les enseignes de restauration rapide comme McDonald's ou Subway, en sont friandes. À l'opposé, les couleurs froides, plus relaxantes, favorisent les achats réfléchis et augmentent le temps passé des clients en points de vente. Elles contribuent aussi à accroître l'évaluation de cherté d'un produit ou d'un espace. Les couleurs pastel sont choisies pour amplifier l'impression d'espace. Suivant les objectifs de comportements ou de perceptions poursuivis, les lieux de distribution ou de services privilégient les unes ou les autres.

Attention toutefois lors du choix des couleurs à ne pas oublier leur très importante dimension culturelle dans le cadre d'un contexte international. Les associations symboliques des couleurs peuvent grandement varier d'une culture à l'autre. Le noir symbolise le deuil dans bien des cultures alors qu'il s'agit du blanc dans d'autres. Certaines couleurs sont très appréciées dans divers endroits du globe et beaucoup moins dans d'autres.

Comme le montrent les chercheurs Charles Areni et David Kim[12], alors à la Texas Tech. University, l'intensité de la lumière peut aussi influencer les comportements des clients. Une lumière plus forte participe à des comportements d'approche et augmente l'examen et la prise en main de plus de produits.

La sollicitation de la vue passe aussi par l'utilisation d'écrans plasma dont l'objectif est de mettre en valeur la marque ou les produits de l'enseigne.

> *Ainsi en est-il dans de nombreuses enseignes de prêt-à-porter qui diffusent leurs défilés de mode ou d'enseignes de sport comme Décathlon, qui entrecoupe dans son espace vidéo des séquences sportives avec des spots promotionnels. L'installation d'écrans visuels ne se limite pas à l'intérieur des magasins. Elle s'avère très efficace pour attirer l'œil des passants, très sensible aux mouvements, et accroître l'attractivité des vitrines.*

L'importance de la vue se travaille également dans l'apparence des vendeurs ou des commerciaux des entreprises. Leur habillement, leur «look» peuvent conforter l'ambiance ou l'image souhaitée dans un lieu ou pour une marque.

> *Sophistiquée dans les enseignes de luxe, professionnelle dans certaines enseignes d'optique avec le port d'une blouse blanche, décontractée et jeune dans les enseignes de prêt-à-porter pour adolescents, voire dénudée comme chez Abercrombie & Fitch. Leur sélection de personnes au physique flatteur et musclé que plébiscite leur cible cherche à tirer parti de l'«effet de halo» mis en évidence en psychologie. Il se produit quand une des caractéristiques d'une personne, comme l'apparence physique, domine la façon dont elle est perçue.*

Comme l'explique Robert Cialdini[13], nous attribuons inconsciemment aux personnes à l'apparence physique agréable des qualités telles que le talent, la gentillesse, l'intelligence… sans même nous rendre compte de l'influence de cette apparence physique sur notre jugement. Nous avons tendance à leur faire davantage confiance ainsi qu'aux produits qu'ils représentent, l'effet de halo s'étendant à ces derniers.

Évoquons, pour conclure ce chapitre, des résultats scientifiques montrant une certaine suprématie tant psychique que physiologique du sens de la vue sur les autres. Beaucoup d'articles en psychologie et en marketing témoignent de cette domination de la vue.

Les professeurs de marketing JoAndrea Hoegg de la Sauder School of Business de Vancouver et Joseph Alba de l'université de Floride montrent ainsi que la couleur d'une boisson peut davantage influencer sa perception gustative que son goût

> *Les paires de boissons présentant une couleur semblable mais des jus différents sont perçues comme plus proches d'un point de vue gustatif que celles avec un jus identique mais des colorations différentes.*

réel. Dans une expérimentation, les chercheurs manipulent la couleur et le jus de plusieurs paires de boissons d'orange pour lesquelles ils demandent aux participants d'évaluer la similarité gustative. Les résultats révèlent que les paires de boissons présentant une couleur semblable mais des jus différents sont perçues comme plus proches d'un point de vue gustatif que celles avec un jus identique mais des colorations différentes. La couleur a plus d'impact sur la perception gustative que la qualité même du jus, soulignant la supériorité du sens de la vue sur celui du goût[14].

Les recherches neurologiques attestent de cette puissance relative du nerf optique. Il transmet vingt-cinq fois plus d'informations que le nerf auditif[15] et est physiquement connecté au cerveau primitif. Les hommes de marketing ne s'y trompent pas. Leurs efforts de communication s'y adressent en priorité.

CHAPITRE 13
LE NEURO-CONSOMMATEUR ET LE SENS DE L'OUÏE

Chaque jour, nous sommes assaillis par des milliers de sons d'ordres naturel, mécanique ou commercial. Ils nous apportent des informations sur le monde extérieur et nous permettent d'avoir une vie en société par les échanges qu'ils suscitent. Leur absence inquiète car elle est très souvent synonyme d'anormalité ou de mort. Quel parent ne s'interroge pas sur le silence soudain entendu dans une chambre d'enfants ? Qui n'a pas déjà observé une minute de silence à la mémoire de disparus ?

Les sons font partie intégrante de notre vie sociale et ont ceci de singulier qu'ils n'ont pas besoin de toute notre attention pour être remarqués. Tandis que les attributs visuels, gustatifs ou tactiles requièrent une interaction directe avec le produit pour être perçus, l'élément sonore est un moyen facile pour atteindre les consommateurs, même passifs. Que nous le voulions ou non, nous sommes tous exposés à des sons et nous n'avons besoin de rien faire de spécifique pour les entendre.

Les professionnels de la communication et du marketing sollicitent beaucoup le sens de l'audition. Ils le font au travers des messages publicitaires radiophoniques ou télévisuels, des « jingles », chansons ou slogans attachés aux marques ainsi que des

> *Tandis que les attributs visuels, gustatifs ou tactiles requièrent une interaction directe avec le produit pour être perçus, l'élément sonore est un moyen facile pour atteindre les consommateurs, même passifs.*

musiques d'ambiance dans les magasins, hôtels et autres lieux publics. Cette utilisation prononcée des sons et de la musique trouve une justification dans la littérature académique qui souligne leurs impacts affectifs, cognitifs et comportementaux sur les individus et les consommateurs.

L'ouïe et le traitement des sons par le système auditif

L'ouïe est le sens qui permet d'entendre. Les sons sont collectés par les oreilles et sont analysés par le cerveau.

Notre organe est constitué de trois parties : l'oreille externe, l'oreille moyenne et l'oreille interne.

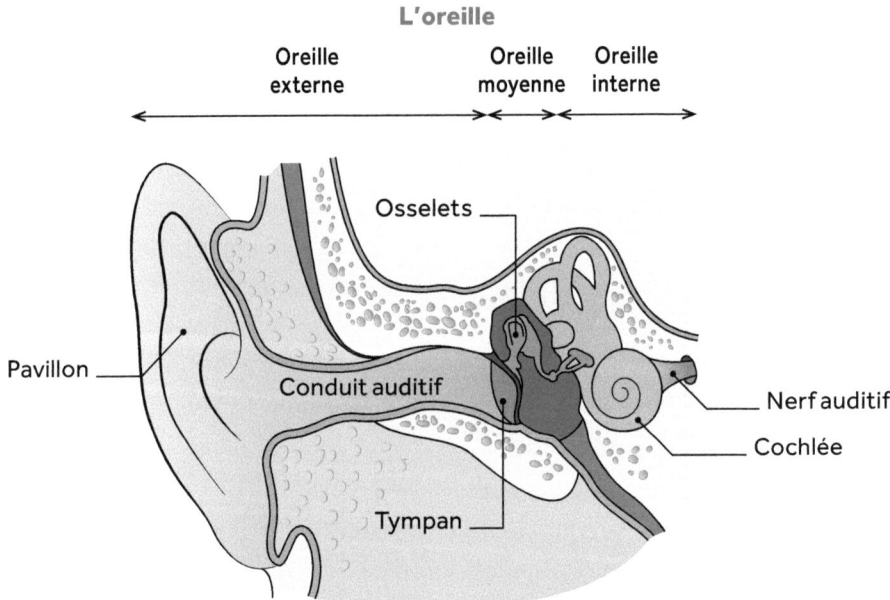

L'oreille externe est composée du pavillon et du conduit auditif externe. Le pavillon de l'oreille capte les vibrations sonores et les achemine vers le tympan *via* le conduit auditif.
L'oreille moyenne est faite du tympan et de la chaîne des osselets qui regroupe les plus petits os du corps humain, le marteau, l'enclume et l'étrier. L'oreille moyenne est un amplificateur qui propage les ondes sonores de la membrane tympanique jusqu'à l'oreille interne, en passant par la chaîne des osselets.

L'oreille interne est composée du vestibule, organe de l'équilibre, et de la cochlée et ses 15 000 cellules sensorielles. Ce sont ces dernières qui traduisent le message vibratoire en influx nerveux. Celui-ci quitte l'oreille par le nerf auditif pour être transmis aux centres auditifs cérébraux. C'est à ce niveau que les vibrations initiales sont finalement reconnues et perçues comme des sons. Ce long processus se produit des milliers de fois tous les jours en une fraction de seconde.

Les ondes vibratoires ont plusieurs caractéristiques physiques qui peuvent être senties par les oreilles. L'une correspond à l'amplitude de l'onde et est mesurée en décibels. Une autre est la fréquence qui mesure le nombre de cycles d'une onde par seconde, exprimée couramment en hertz. Une dernière se réfère à l'harmonie d'une onde, perçue comme le timbre d'un son.

Comme pour la vision, notre capacité à percevoir des sons est assez limitée. Les êtres humains peuvent seulement entendre les sons entre 20 et 20 000 hertz à la différence de beaucoup d'animaux avec un spectre plus large, comme les chiens ou les dauphins.

Les sons sont les premières informations à atteindre le cerveau encore peu formé du bébé dans le ventre de sa mère. Il y a une prédisposition toute naturelle au sens de l'audition. Et, comme le montre la recherche scientifique, la fonction crée l'organe. Les enfants nés de mères ayant passé leur grossesse environnée de musique possèdent des zones du cerveau traitant la musique plus grandes que celles des autres enfants. Ils ont également davantage l'oreille musicale.

L'utilisation du son en publicité

L'utilisation du son comme instrument de réclame pour une marque est ancienne.

Dès 1922, une station new-yorkaise invente l'annonce promotionnelle à la radio. Depuis, les messages publicitaires sonores se multiplient et se déclinent sur de nombreux supports : radio, télévision, centres d'appels, sites internet ou applications…

Le concept de lier un son spécifique à un nom de marque particulier est qualifié de *« sonic branding »*, titre d'un ouvrage de Daniel Jackson[16]. Ce terme regroupe l'ensemble des signatures auditives, aujourd'hui adoptées par de très nombreuses marques. Elles reposent sur des logos auditifs ou jingles ainsi que sur des slogans.

> *Une des premières marques à avoir utilisé un jingle comme signature est l'entreprise américaine NBC pour synchroniser ses stations de radio dans les différentes régions du pays. Ce jingle est devenu très vite reconnaissable et un signe distinctif de la marque.*
>
> *Il en est de même pour le bruit d'ouverture de la marque Intel devenu l'une des signatures auditives les plus reconnues au monde. Ces exemples ne sont pas uniques. Parmi les sons commerciaux les plus célèbres, nous pouvons aussi citer*

celui de CNN, le rugissement des studios MGM ou le bruit caractéristique des Nintendo.

À côté de ces jingles ou logos auditifs fondés sur de petites chansons ou des sons caractéristiques, des phrases entières ou slogans sont aussi indissociablement liées à l'évocation de certaines marques.

Le slogan « Parce que je le vaux bien », en anglais « Because you're worth it », appelle sans équivoque, dans l'esprit du consommateur, la marque L'Oréal. Même pouvoir évocateur pour le « I'm lovin'it » de McDonald's ou le « What else ? » de Nespresso. Toutes ces grandes marques intègrent dans leur identité de marque une personnalité sonore propre, exprimée au travers d'une signature auditive.

En Chine, McDonald's a entrepris une campagne de branding sonore remarquée en faisant appel au célèbre chanteur de pop chinoise Leehom Wang pour chanter son slogan « I'm loving it » en chinois.

Une dernière catégorie de logos auditifs est celle constituée de bruits provenant du produit lui-même.

Ainsi en est-il du son très distinctif du moteur des Harley Davidson que la marque de motos a cherché à déposer. Toute une équipe de spécialistes a travaillé de nombreuses années sur chacun des sons émis par le moteur afin d'arriver à ce bruit très caractéristique des Harley Davidson.

Le marketing auditif et la création de signatures auditives sont le fait d'agences spécialisées telle l'entreprise Sixième Son en France.

Créatrice de l'identité sonore de deux géants français, France Télécom en 2001 et la SNCF en 2005, puis de la marque Samsung en 2007, cette société a été créée en 1995 par Michaël Boumendil, lui-même musicien, compositeur et producteur. Pour lui et ses collaborateurs, les principales caractéristiques recherchées en créant l'identité sonore d'une marque sont la durée et la clarté, la singularité, la relation au produit, le caractère agréable, la familiarité et l'accessibilité.

Aujourd'hui, plus de 320 marques à travers le monde font confiance à l'agence Sixième Son parmi lesquelles : Aéroports de Paris, Alstom, Areva, Axa, Baccarat, Castorama, Chanel, Coca-Cola, FDJ, Fnac, France Telecom, Groupe Accor,

Groupe Bel, Hammerson, ING Direct, Lancôme, Michelin, Nexity, Petit Bateau, Peugeot, RATP, Roland-Garros, SFR, SNCF, Société Générale, Total, Unibail-Rodamco, Royal Air Maroc…

> *Lors de la refonte de son identité de marque, Royal Air Maroc confie le volet sonore à Sixième Son avec trois objectifs majeurs : mieux différencier la compagnie aérienne, exprimer ses valeurs et renforcer l'impact de sa communication. Cinq valeurs clés de la marque sont au centre de la composition musicale. Elles se résument par les termes « marocaine, majestueuse, magique, maternelle et moderne » avec un respect des racines orientales de la marque. Depuis, la signature sonore s'utilise pour les publicités à la radio et à la télévision, sur le site Internet de l'entreprise, comme jingle dans les terminaux des aéroports, sur des CD pour les clients et comme sonneries de téléphone*[17].

> La musique éveille très souvent des souvenirs ou des expériences passées, ce qui représente un avantage certain quand il s'agit de construire une marque forte dans l'esprit des consommateurs.

Côté académique, les recherches sur le son et la publicité témoignent de nombreux impacts sur les consommateurs. La musique, par l'énergie qu'elle véhicule ou l'apaisement qu'elle suscite, a un fort pouvoir émotionnel. Elle est capable de générer de la joie ou de la tristesse. Elle éveille très souvent des souvenirs ou des expériences passées, ce qui représente un avantage certain quand il s'agit de construire une marque forte dans l'esprit des consommateurs.

Des recherches psychologiques menées à l'instigation du professeur de marketing Richard Yalch[18], de l'université de Washington, montrent que la musique augmente la mémorisation des messages publicitaires et que les jingles se retiennent mieux que les slogans parlés. Associer de la musique à un message publicitaire constitue donc un bon moyen pour aider le consommateur à s'en souvenir. Lorsqu'elle obtient de bons scores d'agrément, la musique peut améliorer l'attitude envers l'annonce, l'attitude envers la marque ou l'intention d'achat comme le montrent la recherche du professeur Gerald J. Gorn[19] de l'université polytechnique de Hong Kong, et celles des professeurs C. Whan Park, S.M. Young[20] et Deborah J. MacInnis[21] de l'université de Californie du Sud.

Le développement et l'impact de la musique d'ambiance

La musique d'ambiance dans les lieux de consommation ou de service figure parmi les facteurs d'atmosphère les plus faciles à contrôler et les moins chers à mettre au point. Son utilisation est en constante progression depuis son apparition dans les années 1920. Outre le fait qu'employés de magasin et clients la préfèrent au silence, la musique d'ambiance séduit les distributeurs parce qu'elle permet d'influencer les émotions et comportements des consommateurs. En l'absence de musique, des recherches montrent que les clients passent moins de temps dans le magasin, dépensent moins, sont de moins bonne humeur, discutent moins avec le personnel de vente et sont plus stressés[22].

> *La musique d'ambiance aide à contextualiser le lieu d'achat et à susciter des états émotionnels propices à l'endroit : excitation et émulation chez Abercrombie & Fitch avec sa musique techno ou bien-être et relaxation chez Nature et Découvertes avec ses bruits d'eau ou d'oiseaux.*

À côté de ces effets émotionnels, le style de musique proposé peut avoir un impact sur la perception du positionnement prix d'un magasin comme en témoigne la recherche des professeurs Richard Yalch et Eric R. Spangenberg[23]. La musique classique, comparativement à la musique de variété, accroît la perception haut de gamme d'un magasin, ce qui justifie son importante utilisation par l'industrie du luxe. Grâce au plaisir suscité, la musique améliore l'évaluation que les consommateurs ont d'un magasin et leur jugement sur les vendeurs[24]. Elle a un effet positif sur la fidélité au magasin lorsqu'elle est appréciée de ses clients[25].

Le rôle de la musique d'ambiance dans les décisions d'achat a fait l'objet d'études intéressantes. En 1999, Adrian North, David Hargreaves et Jennifer McKendrick[26] de l'université de Leicester en Angleterre montrent son influence sur le choix des produits achetés.

> *Dans un magasin de vins, ils programment alternativement, pendant plusieurs jours, une musique typiquement française et une typiquement allemande. Lors des jours à musique française, le vin français se vend mieux que celui d'origine allemande et l'inverse se produit lors des jours à musique allemande.*

Une étude similaire est conduite en 1993 par Charles S. Areni et David Kim[27].

Cette fois-ci, le magasin de vin diffuse soit de la musique classique, soit de la musique du Top 40. Du vin plus cher est acheté en cas de musique classique.

La musique peut également aider au « *crowd management* », autrement dit la « gestion des foules », en influant sur le temps passé à l'intérieur des magasins. Deux études réalisées en 1985 et 1986 montrent qu'une musique à tempo rapide pousse le client à partir plus rapidement[28]. En revanche, une musique lente jouée à faible volume augmente le temps passé et l'argent dépensé. Ces mêmes études révèlent que les clients mangent plus vite et consomment moins avec une musique de tempo rapide à fort volume, type de musique très souvent rencontré dans les chaînes de fast-food. Une autre recherche de 1966 trouve que, dans un point de vente, le client adapte sa vitesse de marche au tempo de la musique[29]. La musique d'ambiance offre ainsi aux marketeurs divers moyens d'influencer le consommateur lors de son passage en magasin.

Plusieurs sociétés se partagent le marché très concentré de la musique d'ambiance. Parmi celles-ci, citons la pionnière, Muzak, créée en 1922 et rachetée depuis par la société mondiale Mood Media Corporation. Équipant près de 600 000 points de vente dans le monde, cette société offre, comme ses concurrentes, la création par des DJ professionnels de bandes-son propres à chaque marque cliente. Elle mixe des morceaux de musique pour de nombreuses entreprises de distribution ou de prêt-à-porter en intégrant des modulations en fonction des heures de la journée ou des jours de la semaine. Les *playlists* sont en général plus calmes les lundis et plus énergétiques les samedis. La diffusion de musique dans un magasin augmenterait les ventes de 18 %[30].

La diffusion de musique d'ambiance ne se limite pas aux seuls magasins. Les sites internet sollicitent de plus en plus le sens de l'ouïe : bande son pop-rock en cohérence avec son image rock décontractée chez Levis, ronflement du moteur Cayenne chez Porsche, ambiance zen chez Suzy One[31]…

Congruence avec la cible visée et l'objectif recherché

Le marketing auditif repose, comme le marketing sensoriel en général, sur la notion de congruence. Il n'y a pas de bonne ou de mauvaise musique. Il y a une musique ou un son qui est en congruence avec le positionnement choisi, la cible visée et l'objectif recherché.

> *Il serait tout aussi incongru d'entendre de la musique hard rock chez Nature et Découvertes ou chez Yves Rocher que d'entendre des bruits d'eau ou des chants d'oiseaux chez Abercrombie & Fitch.*

De manière amusante, le choix de la musique et la force du son peuvent parfois être guidés autant par la cible visée que par celle que l'on souhaite éviter!

> *La techno jouée comme dans une boîte de nuit chez Abercrombie cherche autant à attirer les adolescents, cœur de cible de l'enseigne, qu'à dissuader les parents de les accompagner. Libérés de ces derniers, les adolescents, venus en groupe comme l'on va en discothèque, sont censés se désinhiber plus vite et ouvrir plus facilement leur portefeuille.*

La congruence est aussi à rechercher avec les autres facteurs de l'environnement d'achat : décor, lumière, texture, habits du personnel… En s'intéressant à la cohérence entre odeur et musique, les chercheurs Eric R. Spangenberg, Bianca Grohmann et David E. Sprott[32] trouvent que l'évaluation des produits, celle du magasin ainsi que les intentions de visite sont meilleures lorsqu'une odeur évocatrice de Noël est diffusée avec une musique du même type.

Le son comme indicateur de qualité d'un produit

À l'image des motos Harley Davidson, les marques d'automobiles investissent beaucoup dans la recherche acoustique en laboratoire.

> *Chez BMW, 60 personnes travaillent à ajuster le bruit de chaque élément des voitures et ce travail va jusqu'à la mise au point du « juste son » pour la fermeture des portes. Chez Audi, c'est une équipe de 45 personnes qui est dédiée à la signature phonique des modèles de la marque[33] !*

Les sons contribuent à être utilisés par les consommateurs – souvent inconsciemment – lors de l'évaluation qualitative d'un produit et leur absence (ou leur moindre amplitude) peut parfois nuire à cette évaluation.

C'est ce qu'IBM apprend à ses dépens lors du lancement d'une machine à écrire silencieuse. Perplexes, les consommateurs la boudent et IBM choisit d'ajouter un son artificiel en remplacement du bruit naturel éliminé par ses soins !

Pour les aspirateurs, les consommateurs ont également besoin d'un minimum de bruit pour évaluer positivement la puissance de nettoyage d'un appareil.

Ces exemples concrets, rencontrés dans l'industrie, suscitent d'ailleurs des interrogations quant à un potentiel effet négatif de l'absence de bruit des voitures électriques sur leur performance et leur attractivité relative par rapport aux voitures à essence.

Goût et audition étant liés, l'industrie agroalimentaire travaille, elle aussi, les sons entendus lors de la consommation de produits.

> Pour les aspirateurs, les consommateurs ont également besoin d'un minimum de bruit pour évaluer positivement la puissance de nettoyage d'un appareil.

C'est le fameux « Cric, Crac, Croc » émis par les céréales Rice Krispies quand elles sont mélangées au lait et que l'entreprise Kellogg's a développé avec soin en laboratoire.

En 2013, c'est l'entreprise Coca-Cola qui confie au DJ japonais Jun Fujiwara le soin de faire évoluer le pschitt émis par le son d'ouverture de ses bouteilles. L'entreprise McDonald's travaille de son côté sur le bruit que doit produire un hamburger lorsqu'il est croqué…

À côté de ces exploitations commerciales, terminons ce chapitre par une découverte encourageante et porteuse d'espoir quant aux effets bénéfiques de la musique sur les déficiences cognitives et motrices cérébrales graves. Elle est relatée par des chercheurs sous la direction d'Emmanuel Bigand[34], professeur de psychologie cognitive et directeur du Laboratoire d'étude de l'apprentissage et du développement (LEAD) à l'université de Bourgogne. Les neurosciences cognitives montrent que la musique agit comme un neurostimulateur et un neuroprotecteur. Au-delà d'une régulation de l'humeur de certains patients, la musique stimule la plasticité cérébrale et contribue, par la réorganisation des circuits neuronaux affectés, à améliorer la récupération de la motricité ou de la parole.

CHAPITRE 14
LE NEURO-CONSOMMATEUR ET LE SENS DE L'ODORAT

L'odorat (ou olfaction) est un sens vital pour de nombreuses espèces. Il est le moyen le plus élémentaire de percevoir le monde qui nous entoure : il s'avère utile pour rechercher de la nourriture, éviter des prédateurs, identifier les membres de son groupe, marquer son territoire, rechercher des partenaires sexuels… Il contribue à la survie des espèces en générant une approche d'acceptation ou de rejet de l'environnement proche[35]. Sa place dans la culture ou les religions reste conséquente malgré le constat d'une perte de son importance au profit de la vue dans les sociétés modernes[36]. Cela explique une exploitation commerciale et marketing de ce sens relativement faible comparée à celle de la vue ou du son. Cette réalité tend à se modifier en raison du lien direct, démontré par la recherche scientifique, entre l'odorat, la mémoire et les émotions. L'odorat apparaît comme une « porte ouverte sur nos souvenirs et nos émotions ». Les marques cherchent à en tirer parti dans leur construction de liens affectifs avec les consommateurs. L'étude scientifique de ce « sens chimique » se développe à partir de 2004, date à laquelle Richard Axel et Linda Buck, professeurs aux universités de Columbia et Washington, reçoivent le prix Nobel de physiologie ou de médecine pour l'ensemble de leurs travaux sur les récepteurs olfactifs.

Le mécanisme de l'odorat

L'odorat est le sens qui permet d'analyser les molécules volatiles chimiques – ou odeurs – présentes dans l'air. Il existe deux façons de sentir une odeur : de manière directe *via* le nez (ortho-olfaction) et de manière indirecte via la bouche (rétro-olfaction). Dans les deux cas, les molécules atteignent la muqueuse olfactive, située en haut d'une cavité, la fosse nasale. Elle contient des cellules olfactives dont les récepteurs spécialisés permettent la détection des odeurs. Chaque molécule active un ensemble unique de récepteurs. La muqueuse couvre environ 10 %, soit 2 cm^2 de la surface totale de la cavité nasale. Elle comprend 5 millions de cellules et 400 récepteurs olfactifs différents. Grâce à eux, la muqueuse est capable de distinguer un trillion d'odeurs différentes ! Ce chiffre phénoménal est avancé par une étude parue dans la revue *Science* en mars 2014[37]. Jusqu'à cette publication, la littérature scientifique considérait que l'odorat ne pouvait détecter que 10 000 odeurs différentes, ce qui en faisait l'un de nos sens les moins développés. À titre de comparaison, l'œil humain perçoit de 2,5 à 7,5 millions de couleurs différentes et l'oreille dans les 340 000 sons. Cette récente découverte révèle la puissance de l'odorat humain.

Comment s'opère la perception des odeurs ?

Elle s'opère grâce à de minuscules cils à l'extrémité des cellules olfactives qui convertissent les stimuli chimiques des odeurs en impulsions nerveuses. Les informations sont transmises par le nerf olfactif au cerveau. Les influx nerveux gagnent directement le bulbe olfactif, dans la région préfrontale du cerveau où les informations, ainsi que celles du goût, sont traitées. Le bulbe constitue la première étape dans le traitement des données olfactives par le cerveau. Après lui, l'information est transmise au cortex olfactif puis au système limbique du cerveau. Elle entre en contact avec les zones affectées aux émotions et à la mémoire[38].

> L'olfaction est, avec l'ouïe, l'organe des sens spatialement le plus proche du cerveau.

L'olfaction est, avec l'ouïe, l'organe des sens spatialement le plus proche du cerveau. Contrairement aux autres sens, elle offre un accès direct au système limbique, responsable des émotions et de la mémoire. Comme le dit le neurochirurgien Patrick Georges, « l'odorat est le sens que la raison ose le moins contredire[39] ».

Il fait appel à un processus de traitement essentiellement hédonique : « Confrontés à une odeur, nous nous demandons en premier lieu si nous l'aimons ou non avant d'avoir une approche plus analytique pour savoir ce qu'elle est, d'où elle vient[40]. »

Les deux seuils perceptifs de l'odorat et les différences individuelles

Il existe en pratique deux seuils perceptifs. Le premier, le plus faible, ou « seuil de détection », correspond au niveau auquel une odeur peut être détectée dans l'air. Les niveaux de détection varient entre les espèces, les organismes individuels ainsi que le type d'odeurs. Les animaux sont capables de détecter des odeurs à des seuils bien plus faibles que les humains. Certaines odeurs sont détectables à des taux plus faibles que les autres. Des molécules comme les phéromones seraient par ailleurs perçues de manière inconsciente par le système olfactif.

Le second seuil concerne la reconnaissance de l'odeur. Il s'agit du « seuil de reconnaissance », plus élevé que le précédent. Il est difficile d'attribuer à une odeur perçue des qualificatifs comme fleuri, sensuel, sucré, acide… Il est encore plus difficile d'identifier une source spécifique à l'odeur : nature précise de la fleur, de l'aliment… Cette difficulté d'identification vient d'un défaut de mémoire et non d'une déficience de l'odorat.

De fortes différences individuelles existent et peuvent être fonction notamment du sexe, de l'âge ou de la culture. Voici, ci-après, quelques-uns des principaux résultats mis en évidence par la recherche académique et répertoriés par Virginie Maille, professeur de gestion et experte en marketing olfactif :

- « les femmes possèdent un sens de l'odorat plus développé que les hommes et l'odeur évoque plus de souvenirs chez elles que chez eux » ;

- « en ce qui concerne l'âge, des effets sensibles de génération existent. Et l'acuité de l'odorat se détériore avec le temps » ;

- « en matière de culture, ce sont l'origine ethnique, la localisation géographique et la génération à laquelle la personne appartient qui affecteraient la sensibilité aux odeurs. La mer, par exemple, évoque des senteurs différentes chez des Bretons ou chez des Méditerranéens[41] ».

Tout puissant qu'il est, ce sens s'avère cependant plus lent dans son processus de traitement par le cerveau que les autres. Selon une étude menée par Rachel Herz, professeur de psychiatrie et de comportement humain à l'université américaine de Brown à Providence, et le Suédois Trygg Engen[42], alors qu'il faut à une personne seulement 45 millisecondes pour détecter un objet visuel, il lui en faut environ 450, soit dix fois plus, pour détecter une odeur. Après quelques minutes, la perception tend à disparaître selon un processus dit d'adaptation ayant pour effet d'élever le seuil de détection initial.

L'odorat, un sens acquis et persistant, en lien direct avec la mémoire

À la différence des autres sens, notre connaissance des odeurs est principalement acquise. Les humains ne préfèrent pas certaines odeurs dès la naissance[43]. Cependant, la perception de certaines odeurs semble innée, notamment celles liées à la survie de l'espèce. Elle se développe avec le temps de manière principalement associative. De nombreuses odeurs sont directement liées aux expériences, à la mémoire et aux émotions éprouvées à leur contact.

Cette connexion avec la mémoire se retrouve chez Proust dès le début du XXe siècle dans *À la recherche du temps perdu*. De plus, les neuroscientifiques démontrent non seulement que l'odorat est étroitement connecté à la mémoire, mais aussi que les odeurs sont propices à l'enregistrement d'associations mentales[44].

Il existe ainsi une proximité physique et neuronale des systèmes associés à l'olfaction et à la mémoire. Selon les chercheurs Rachel Herz et Trygg Engen, « il existe une connexion directe unique, avec transferts synaptiques rapides, entre le cortex olfactif et le complexe amygdalo-hippocampique du système limbique, siège des émotions et de la mémoire[45] ». (Rappelons que l'amygdale est connue pour être le centre des émotions et que l'hippocampe est impliqué dans le processus et la formation des souvenirs.) Alors que le thalamus trie et relaie les informations sensorielles aux structures du cerveau, l'odorat constitue une exception. Les stimuli olfactifs contournent le thalamus et se dirigent directement vers le système limbique du cerveau pour être traités par des structures associées aux émotions et à la mémoire.

Ces liens forts entre odeurs et mémoire sont mis en évidence par de nombreuses recherches dont celles du professeur Aradhna Krishna[46], chercheuse renommée en marketing sensoriel à l'université du Michigan. Elle propose une revue des principales constatations réalisées à partir des études sur le sujet :

- la capacité de reconnaître des odeurs rencontrées dans le passé persiste sur des périodes de temps très longues avec une réduction minimale dans la précision de la reconnaissance. Le phénomène se constate quel que soit le délai entre la première exposition et les suivantes, que la nouvelle exposition se fasse après quelques secondes, après quelques mois ou même quelques années. Cela n'est pas le cas des souvenirs provenant d'autres sens. Ils diminuent plus vite dans le temps ;

- la mémoire olfactive à long terme se révèle plus résistante que les autres mémoires sensorielles. La raison vient du fait que les souvenirs liés à l'odorat sont initialement plus chargés d'émotion ;

- la mémorisation d'informations véhiculées en présence d'odeurs persiste plus longtemps. Il s'agit d'une conséquence du lien direct établi entre l'odeur et la mémoire ;
- la présence d'une odeur d'ambiance plaisante favorise la mémorisation.

Le sens de l'odorat est aussi relié aux émotions. Il est qualifié comme le plus émotionnel de nos sens[47].

Rachel Herz[48] montre que les souvenirs autobiographiques réactivés par les odeurs sont plus émotionnels, plus détaillés et plus anciens que ceux réactivés par des stimuli visuels ou auditifs.

La relation étroite entre les émotions et les odeurs révèle que ces dernières sont capables d'influencer l'humeur, de générer un état d'éveil ou de relaxation et d'évoquer des souvenirs émotionnels. Certaines odeurs constituent des stimulants physiologiques tandis que d'autres possèdent des qualités calmantes et relaxantes. L'effet de la menthe, observé sous IRM, est capable d'activer une partie du cerveau responsable de l'éveil. Elle permet d'augmenter la performance et d'accroître la capacité à travailler plus longtemps et plus durement, que ce soit dans le cadre d'activités sportives ou intellectuelles. Pour leur part, les senteurs d'orange ou de lavande réduisent l'anxiété.

> *Les odeurs sont capables d'influencer l'humeur, de générer un état d'éveil ou de relaxation et d'évoquer des souvenirs émotionnels.*

Conséquence de l'apprentissage associatif, une odeur est davantage préférée si elle est rencontrée pour la première fois dans un cadre positif.

Les recherches en marketing sur l'odorat

Les recherches précédentes suscitent un intérêt marqué dans le monde de l'entreprise dans les domaines du marketing et de la communication. 99 % de la communication des marques se concentrent encore en 2005 sur seulement deux sens : la vue et le son[49]. L'odorat, avec sa connexion directe aux émotions et à la mémoire humaine, se révèle être très prometteur. Au cours des vingt dernières années, on assiste au développement d'un marketing olfactif et à l'apparition de signatures olfactives de marques. La publication de recherches en marketing dont quelques résultats sont présentés ci-après vient conforter et enrichir les informations des précédentes études émanant des approches neuroscientifiques.

Dès 1932, une première recherche[50] montre l'impact positif de la présence d'une odeur agréable sur l'évaluation de la qualité d'un produit par les consommateurs. Des articles de lingerie parfumés avec une odeur florale bénéficient d'une évaluation plus positive des ménagères interrogées, sans qu'aucune référence à l'odeur ne soit formulée.

Un ensemble de recherches plus récentes observent que la présence d'odeurs d'atmosphère agréables a un impact positif sur :

- l'évaluation du magasin et de ses produits ;

- l'intention de visite du magasin, l'intention d'achat et le temps passé en magasin, qu'il corresponde au temps passé perçu par le consommateur[51] ou au temps passé effectif [52] ; le premier étant sous-estimé et le second accru[53] ;

- l'évaluation et la mémorisation de noms de marques (connues et plus encore inconnues) en procurant une plus grande attention[54] ;

- la somme d'argent dépensée sur le lieu de vente[55], sous condition que l'odeur émise soit congruente avec le type de produits achetés (exemple : odeur féminine/masculine dans un rayon de vêtements pour femmes/hommes)[56].

Des différences individuelles s'observent. La capacité d'une odeur d'ambiance à accroître les dépenses dans un centre commercial se révèle significativement plus faible chez les consommateurs âgés[57].

Sur le lien entre mémorisation, souvenirs et odeur, Aradhna Krishna et deux de ses collègues, May Lwin et Maureen Morrin[58], réalisent une recherche montrant qu'une exposition olfactive, concomitante à des informations données sur les attributs d'un produit, améliore la mémorisation de ces derniers, y compris lorsque l'odeur en question n'est pas réintroduite lors de la tâche de restitution de ces attributs. La recherche repose sur des expérimentations conduites avec des crayons. La moitié est parfumée par une odeur d'huile essentielle tandis que l'autre n'est pas parfumée. Une liste de 11 caractéristiques de ces produits (écologique, facile à tailler, plus résistant…) est donnée à chacun des participants de l'étude en même temps qu'un crayon, doté ou non d'une odeur. Après plusieurs périodes : cinq minutes, vingt-quatre heures et deux semaines, il est demandé aux participants de lister autant de caractéristiques des crayons que possible. Les personnes exposées à des crayons avec odeur montrent une capacité de mémorisation significativement supérieure à celles ayant reçu des crayons sans odeur. Au-delà du « phénomène proustien », la recherche indique que la mémorisation est supérieure non seulement quand l'odeur d'huile essentielle est réintroduite, mais aussi quand elle ne l'est pas. Comme le souligne Aradhna Krishna[59], les expérimentations montrent qu'une exposition répétée à une odeur active un lien dans le cerveau avec le produit attaché à cette odeur, mais augmente également la capacité à se souvenir d'autres détails concernant le produit. Les signatures olfactives peuvent se révéler plus puissantes que lorsqu'elles sont visuelles ou auditives. Le constat est intéressant quand l'objectif de la signature d'une marque est d'aider les consommateurs à se souvenir des caractéristiques d'un produit.

Une recherche réalisée par Rachel Herz et Julia von Clef[60] sur la perception des odeurs montre qu'elle peut être manipulée par les appellations qu'on leur donne. Une même odeur qualifiée dans un cas d'odeur de « vomi » et, dans l'autre, d'odeur de « parmesan » est perçue bien plus positivement dans le second, y compris lorsque l'odeur testée est réellement celle de parmesan. L'appellation de l'odeur davantage que l'odeur elle-même entraîne des changements de perception. Les conséquences managériales sont formulées par Aradhna Krishna : « Les marketeurs peuvent masquer des odeurs déplaisantes en utilisant des appellations attractives[61]. »

La relation entre l'intensité d'une odeur et sa préférence correspond à une courbe en U inversé pour les odeurs plaisantes et à une fonction linéaire pour les odeurs désagréables. L'évaluation d'une odeur de lilas (plaisante) tend à croître avec son intensité jusqu'à un certain point où la relation s'inverse et où plus l'intensité devient forte plus l'odeur est perçue comme désagréable. Une faible odeur de poisson (déplaisante) peut être acceptable, mais plus son intensité croît, plus son appréciation devient négative[62]. Le niveau optimal de l'intensité d'une odeur doit donc être déterminé avant son utilisation pour éviter une saturation de l'odorat et un sentiment de rejet. De fortes différences individuelles existent. Il convient de s'adapter au segment de clients ciblés (seuils potentiellement différents par segment) ou de privilégier, à défaut de comportement olfactif homogène par cible, un seuil proche des *minima* observés (courbe de distribution à étudier avec précision).

À la lumière des recherches et de leurs résultats, il se confirme que l'odorat est un sens très intéressant pour les marketeurs. Deux raisons supplémentaires sont encore à souligner. La première est que l'olfaction correspond à un processus automatique que l'on ne peut totalement prévenir. Avant de se boucher le nez, la mauvaise odeur est effectivement perçue par le cerveau. La deuxième raison est que face à la communication des marques, quasi totalement orientée sur la vue et le son, il convient, selon une étude de Lindstrom et du cabinet Millward Brown de 2005[63], d'opposer les 75 % des émotions générées par ce que nous sentons.

Récentes, les recherches marketing sur l'odorat sont encore peu nombreuses. Elles souffrent de trois maux principaux soulignés par le professeur Virginie Maille :

« la difficulté à manipuler les stimuli olfactifs, l'importance des différences individuelles et la difficulté de verbaliser ce que l'on ressent[64] ». Au vu de l'intérêt grandissant généré par ce sens, il est raisonnable de penser qu'elles continueront à se développer à un rythme soutenu.

Marketing olfactif et techniques olfactives

En parallèle des recherches, se développe un marketing qualifié d'olfactif depuis une vingtaine d'années dans la vie des entreprises et des marques. Sensible au lien direct et étroit de l'odorat avec le système limbique, il cherche à utiliser les capacités de l'odorat pour attirer et accroître l'attention, favoriser la mémorisation, créer des liens émotionnels, apporter un confort d'ambiance… Il est aidé par la multiplication de nouvelles techniques olfactives qui rendent possible la sollicitation de ce sens dans bien des endroits, selon un mode actif ou passif. Odeurs de synthèse, techniques micromoléculaires, nébulisation, coupons publicitaires parfumés, diffuseurs d'ambiance, etc. forment une large panoplie des outils destinés aux marques et aux espaces de vente.

De nombreuses entreprises aident au développement du marketing olfactif. Air Berger, numéro un du secteur en Europe et division européenne du leader mondial Scentair, produit une centaine d'odeurs différentes dans son usine de Rouen, en Normandie. Elles vont du sapin de Noël à la fraise Tagada ou à la crème brûlée en passant par celle intitulée « Pieds dans l'eau ». Mélange d'odeurs iodées marines, celle-ci est conçue pour les magasins de surf et planches à voile. En agissant sur les humeurs, la diffusion de senteurs artificielles résulte dans un accroissement des achats d'impulsion de 38 % et une augmentation de la qualité perçue de 5 à 9 % selon le dirigeant, Pascal Charlier[65].

En agissant sur les humeurs, la diffusion de senteurs artificielles résulte dans un accroissement des achats d'impulsion de 38 % et une augmentation de la qualité perçue de 5 à 9 %

> *Les clients d'Air Berger sont nombreux à l'image de l'enseigne d'électroménager Boulanger. Plusieurs diffuseurs se répartissent dans les magasins : odeur de café mêlée à du cappuccino au rayon des machines à café, senteur d'herbe fraîche coupée, au rayon téléviseurs, avant la Coupe du monde de foot et ses beaux terrains en gazon, odeur de propre dans le rayon machines à laver. L'augmentation moyenne des ventes est estimée à 20 %.*

Dans la concession automobile, un autre client demande de concevoir une fragrance capable de « créer de la joie et de la chaleur humaine ». Il souhaite favoriser l'effet euphorisant d'acheter une voiture au détriment de son possible effet anxiogène. Le « brief » souligne la volonté d'inscrire la marque dans la mémoire des clients à des fins de fidélisation.

La diffusion de senteurs spécifiques est aussi pratiquée par l'enseigne de jouets Toys R'Us dans les différentes zones de ses magasins. À l'image de ce que font depuis longtemps bouchers et boulangers, Disney se sert, depuis les années 1990, d'odeurs pour augmenter les ventes de ses stands alimentaires comme celles du popcorn.

Lors d'une émission télévisée[66], Stéphane Arfi, directeur de la société Emosense, atteste de l'efficacité de l'utilisation des odeurs.

Son entreprise propose d'augmenter la vente de chocolats en diffusant l'odeur de ce produit à l'extérieur des boutiques. Elle présente également aux agences de voyages le parfum Tiaré Fleur de Tahiti susceptible de booster les ventes de séjours exotiques. Lors de cette émission, on apprend que les odeurs peuvent propulser les achats compulsifs de l'ordre de 30 %.

Pour sa part, l'opticienne Caroline Rigondet utilise un diffuseur d'odeurs dans son magasin d'optique. Grâce à ce procédé, elle constate que les clients restent plus longtemps mais également que l'odeur confère un sentiment de luxe envers les produits.

Lors de la même émission télévisée, le neuroscientifique Idrisse Aberkane[67] décrit la diffusion de l'odeur de café, très prisée par les Coréens, dans les bus de ce pays chaque fois qu'un jingle publicitaire de la marque Dunkin'Donuts est entendu. Dunkin'Donuts, littéralement « beignet pour faire trempette dans le café », est une marque américaine de chaîne de restaurants spécialisée dans la vente de beignets et de café ayant une bonne implantation en Corée du Sud.

L'odeur plaisante ne peut en aucun cas compenser un mauvais produit ou service. Des études managériales[68] confirment cependant son aptitude à modifier les attitudes ou les comportements.

L'utilisation de diffuseur de parfums dans les rayons des grandes surfaces, par les produits capillaires Herbal Essences non seulement augmente leur notoriété, mais fait progresser leurs ventes en volume de près de 30 %, ce qui confirmerait les résultats avancés au cours de l'émission télévisée précédemment mentionnée.

À l'utilisation d'odeurs plaisantes, source de différenciations fréquemment utilisées par les produits d'hygiène et beauté, s'ajoute la confection de véritables signatures olfactives. On les rencontre chez les constructeurs automobiles, auprès des chaînes de prêt-à-porter, dans le secteur des hôtels…

> *Dès 2003, Cadillac parfume les sièges de ses voitures d'une senteur intitulée « Nuance leather ». Rolls Royce diffuse aujourd'hui une odeur d'« Old Rolls » dans ses nouveaux véhicules. Victoria's Secret se sert d'une odeur de pot-pourri dans chacune de ses boutiques pour accroître la reconnaissance de la marque à chaque visite. Les hôtels de l'enseigne Novotel se dotent d'une signature olfactive appelée « Cosy Lounge ». D'après une étude réalisée par BVA pour leur prestataire Air Berger, une amélioration de l'image de l'enseigne et du niveau de satisfaction et de recommandation de ses clients est enregistrée lorsque les halls d'entrée en sont parfumés.*

À côté de Scentair et d'Air Berger, de nombreuses sociétés se positionnent sur le marché de l'olfactif telles Air Aroma (Australie), Firmenich (Suisse) ou Givaudan (France). Leur promesse est la suivante : « Mettre le client de bonne humeur grâce à une senteur d'ambiance agréable qui a pour conséquence de le faire rester plus longtemps en magasin, de lui faire toucher plus de produits et de le rendre plus sujet à des achats impulsifs. » Elles s'efforcent de créer des identités olfactives pour les marques en fonction de « briefs » marketing.

Deux écueils sont à considérer avec attention. Le premier concerne l'épineux – et non encore résolu – problème de dépôt d'une marque olfactive et de sa protection juridique. Une solution paraît nécessaire pour contribuer à la croissance du marketing des odeurs. Le second est relatif au risque d'une trop grande multiplication des odeurs par magasin et d'une trop forte intensité. Indisposition voire irritation et même inquiétude des consommateurs peuvent en résulter, à l'opposé total de ce qui est poursuivi par une démarche olfactive. Un pilotage mesuré et précautionneux peut en prémunir les enseignes et les aider à optimiser les effets recherchés.

CHAPITRE 15
LE NEURO-CONSOMMATEUR ET LE SENS DU TOUCHER

Le toucher est un sens vital qui permet le contact avec l'environnement. Il aide les neuro-consommateurs à s'orienter dans l'espace, à identifier des objets, à détecter des obstacles. Grâce à lui, ils perçoivent la chaleur, le froid, la pression ou la douleur. Il fonctionne comme un système d'alarme naturelle. Il est probablement considéré comme le sens le plus indispensable à la survie de l'être humain. Les métaphores linguistiques sur le toucher sont légion. Elles attestent de son importance pour l'homme. Nous entendons parler d'histoires ou de personnes « touchantes », de « rester en contact », de « toucher un mot » ou encore « de prendre en main un problème ». En revanche, les recherches portant sur son impact sur le comportement de l'acheteur sont encore peu nombreuses. Elles se multiplient et montrent des différences fortes dans le besoin de toucher des individus. Elles soulignent la grande interaction de ce sens avec les autres et précisent son importance dans les relations interpersonnelles et dans les lieux de vente. Face à l'impossibilité de toucher, caractéristique actuelle de la vente par e-commerce, les autres sens et de nouvelles technologies haptiques (définies comme donnant des sensations par le toucher) sont des palliatifs intéressants à considérer.

> *Les recherches se multiplient. Elles soulignent la grande interaction de ce sens avec les autres et précisent son importance dans les relations interpersonnelles et dans les lieux de vente.*

Fonctionnement et types de toucher

Dès l'Antiquité, Aristote[69] (384-322 av. J.-C.) souligne l'importance du toucher. Selon la hiérarchie qu'il propose, il figure au sommet des cinq sens. Les quatre autres contribuent à accroître l'acuité de la perception tactile. Parce qu'il permet aux êtres vivants de percevoir les frottements, pressions et autres déformations exercés sur l'enveloppe corporelle, il se révèle vital dans bien des situations. Il participe aux comportements défensifs ou offensifs liés à la survie des espèces.

Le sens du toucher, également connu sous le nom de système somato-sensoriel, comprend trois divisions principales. Les deux premières, dénommées « proprioception » et « kinesthésie », concernent la manière dont nous percevons notre corps et nos membres dans l'espace ou lorsqu'ils sont en mouvement. Les muscles, articulations et tendons fournissent des informations dites « prioceptives » et « kinesthésiques » relatives aux postures, mouvements ou soupèsements effectués. La troisième division – plus pertinente d'un point de vue marketing – concerne le système cutané. Il englobe les perceptions du toucher et de la douleur provenant de récepteurs haptiques situés principalement dans les couches supérieures de notre épiderme.

La densité des récepteurs sensoriels tactiles varie beaucoup selon les régions du corps. Assez disséminés dans des zones peu sensibles comme le dos, ils sont très nombreux et rapprochés dans celles très délicates, comme la langue, les lèvres ou l'extrémité des doigts. Appelés « mécanorécepteurs », ils renferment une ou plusieurs cellules neurosensorielles. Lorsque les cellules subissent une déformation à la suite d'un contact, des signaux nerveux sont transmis par des neurones jusqu'à une zone particulière du cortex cérébral, le cortex somato-sensoriel primaire, où s'effectue leur « interprétation ».

Différents types de toucher coexistent. Une première différence concerne le caractère actif ou passif du toucher. Le toucher actif, encore qualifié de « toucher ou perception haptique », se produit lorsque l'individu est dans une démarche volontaire d'exploration de son environnement à la recherche d'informations tactiles. À l'inverse, le toucher passif intervient lorsque l'individu ressent une sensation tactile sans l'avoir recherchée et fréquemment avec une immobilité de la partie du corps concernée par elle[70].

Une deuxième différence est relative au but recherché. Le toucher est qualifié d'« instrumental » lorsque le but poursuivi est fonctionnel : on touche un objet pour obtenir des informations sur ses propriétés. Elles peuvent être relatives à la texture, à la dureté, à la température ou au poids. Il est dit « autotélique » lorsque le but est hédonique. Il est alors motivé par la curiosité et la recherche de sensations tactiles et stimulé par l'expérience sensorielle.

L'importance du toucher dans les décisions d'achat et l'effet d'appropriation

La constatation de l'importance du sens du toucher est très ancienne. En revanche, les études relatives à son impact sur le comportement du consommateur sont récentes. Elles demeurent encore parcimonieuses. D'après les chercheurs Hendrik Schifferstein et Pieter Desmet[71], professeurs en ingénierie et design industriel à l'université de technologie de Delft en Hollande, le toucher apparaît, après la vue, comme le deuxième sens le plus important lors de l'évaluation immédiate d'un produit. À partir d'expériences où les individus sont privés d'un de leurs sens, les chercheurs trouvent, lors de la manipulation d'objets, que les personnes privées de la vision et du toucher souffrent davantage que celles privées de l'ouïe et de l'odorat. L'absence d'information visuelle puis tactile ralentit fortement l'expérience.

Mieux que tout autre sens, le toucher s'avère essentiel pour juger la dureté, la texture, la température ou le poids d'un objet. Il s'agit de propriétés qualifiées de « matérielles » par les chercheurs Robert L. Klatzky de l'université Carnegie Mellon et Susan L. Lederman de l'université de Kingston Ontario, au Canada. Des recherches académiques mettent en évidence l'importance du toucher dans l'évaluation de nombreux produits au travers de leurs caractéristiques matérielles. C'est notamment le cas de l'étude du professeur Holbrook[72] de Columbia conduite sur des sweaters ou de celle des professeurs Deborah Brown McCabe du Merrill Colledge d'Atherton et de Stephen M. Nowlis[73] de la Washington University. Les chercheurs trouvent que les produits pour lesquels le diagnostic du toucher peut révéler des différences (comme les serviettes de toilettes ou les tapis) ont une probabilité d'achat supérieure dans les environnements commerciaux permettant de les saisir contrairement à ceux ne le permettant pas. La différence ne s'observe plus pour les catégories de produits qui ne présentent pas de variance dans leurs propriétés matérielles (par exemple, les DVD, les piles, les ampoules…). Les différences de préférence entre les deux types d'environnements commerciaux peuvent se voir réduites si l'on pratique une explication verbale des propriétés matérielles du produit. Il est possible de compenser l'absence de toucher, propre à la vente à distance par exemple, par une description écrite des produits offerts.

> *Il est possible de compenser l'absence de toucher, propre à la vente à distance par exemple, par une description écrite des produits offerts.*

Les raisons évoquées pour expliquer le rôle du toucher dans l'évaluation des produits, bien qu'encore peu étudiées, sont liées au fait qu'il affecte les processus cognitifs (en donnant des informations) ou émotionnels (en suscitant des sensations plaisantes ou déplaisantes) du neuro-consommateur lorsqu'il établit un contact avec l'objet[74].

Les entreprises ont de plus en plus recours au sens du toucher pour valoriser leurs produits ou leurs points de vente.

> *Martin Lindstrom[75] décrit l'exemple de la chaîne de supermarché britannique Asda qui sait tirer profit d'informations tactiles transmises à ses clients. En donnant la possibilité de toucher les rouleaux de papier toilette de différentes marques offertes dans ses linéaires, elle enregistre une hausse significative des ventes de sa propre marque, conduisant à une augmentation de 50 % de sa présence en linéaire.*
>
> *L'exemple des magasins Apple, Orange ou SFR est aussi emblématique. Tous les produits y sont manipulables, en libre accès, malgré leur valeur unitaire élevée. Ce type de produits est demeuré longtemps montré dans des présentoirs sécurisés, hors de portée des consommateurs.*

L'objectif pour ces entreprises est de capitaliser sur l'influence que peut avoir le toucher sur ce que les Anglo-Saxons appellent l'« *endowment effect* » ou « effet d'appropriation ». Le simple fait de toucher un produit, de le manipuler accroît le sentiment d'appartenance. Or, si l'on se réfère aux principes de l'économie comportementale, Richard Thaler[76] montre que l'effet d'appropriation renvoie à l'hypothèse selon laquelle les gens accordent plus de valeur aux choses simplement parce qu'ils les possèdent. Le prix qu'ils demandent pour vendre un produit devenu leur propriété se révèle plus élevé que celui auquel ils seraient prêts à l'acheter. L'observation est confirmée par la recherche du Prix Nobel d'économie 2002 Daniel Kahneman, psychologue et économiste américano-israélien, et ses collègues Jack Knetsch de l'université de Berkeley et Richard Thaler[77], économiste à la Cornell University (1990). Ils montrent que les propriétaires d'une tasse demandent significativement plus d'argent pour la vendre (environ 7 $) que lorsqu'ils sont potentiellement prêts à l'acquérir (environ 3 $). Le lien entre toucher, sentiment d'appartenance et disposition à payer trouve une validation dans la recherche des professeurs Joann Peck et Suzanne Shu[78]. Elles observent que le fait de toucher un objet (en comparaison avec l'impossibilité de le toucher) résulte dans un sentiment d'appartenance plus fort et une disposition à payer plus grande. Selon une étude IFM/MCA de 2003[79], 87 % des produits pris en main en magasin seraient achetés.

Des différences individuelles dans le besoin de toucher

Si le toucher peut impacter la décision d'achat, son importance n'est pas la même pour tous les consommateurs. Plusieurs recherches mesurent des différences individuelles dans le besoin de toucher et d'acquérir des informations tactiles sur un produit avant de prendre une décision d'achat.

Ces recherches se fondent sur deux échelles spécifiques au domaine de la consommation qui datent de 2003. Elles permettent de mesurer les préférences pour l'information haptique. La plus complète est celle du « *Need for Touch* » (NfT), ou « besoin de toucher », développée par les professeurs Joann Peck de la Wisconsin University et Terry Childers[80] de l'Iowa State University.

Les 12 critères de l'échelle du « Need for Touch »

1. En me promenant dans un magasin, je ne peux pas m'empêcher de toucher tous les types de produits.
2. Toucher les produits peut être divertissant.
3. J'ai davantage confiance en un produit que j'ai pu toucher avant l'achat.
4. Je préfère acheter un produit après avoir pu l'examiner physiquement.
5. Quand je suis dans un magasin, c'est important pour moi de pouvoir prendre en main tous les types de produits.
6. Si je ne peux pas toucher un produit en magasin, je serais réticent à l'achat.
7. J'aime toucher les produits même si je n'ai pas l'intention de les acheter.
8. Je suis plus confiant en faisant un achat si j'ai pu toucher le produit.
9. Dans un magasin, j'aime toucher de nombreux produits.
10. Le seul moyen de savoir si un produit vaut la peine d'être acheté est de le toucher.
11. Il y a de nombreux produits que j'achèterais seulement si j'ai pu les prendre en main avant l'achat.
12. Dans les magasins, je me retrouve souvent en train de toucher tous types de produits.

Source : traduction proposée par Margaux Limoges « Dans quelle mesure le e-commerce souffre-t-il du déficit d'expérience tactile et comment ce manque peut-il être compensé ? », Mémoire de fin d'études, HEC Paris, 2014.

L'échelle comprend douze critères permettant de fournir une mesure individuelle du besoin de toucher. Chaque personne interviewée doit noter son degré d'accord ou de désaccord avec chacun des items de l'échelle selon un score allant de -3 (en total désaccord) à +3 (tout à fait d'accord). La moitié des critères cherche à mesurer le besoin instrumental du toucher tandis que l'autre moitié se concentre sur le besoin autotélique.

Le besoin instrumental provient du désir d'obtenir des informations sur les propriétés matérielles d'un produit dans le but d'un achat potentiel. Le besoin autotélique est une fin en soi, non nécessairement liée à une intention d'achat et motivée par la recherche de sensations tactiles.

Les individus enregistrant un score élevé à l'échelle du « *Need for Touch* » sont plus enclins au toucher autotélique ou hédonique des objets et en retirent un plaisir plus grand. Ils sont également moins confiants dans leur jugement face à un produit lorsqu'ils sont dans l'impossibilité de le toucher que lorsqu'ils peuvent le toucher. Cette différence ne s'observe en revanche pas pour les individus avec un faible score sur l'échelle du « *Need for Touch* »[81].

> *Les femmes semblent avoir davantage besoin de toucher les produits que leurs compagnons masculins pour accroître leur confiance et leur intention d'achat.*

Les chercheuses Suzanne Shu et Joann Peck[82] montrent aussi que l'effet d'appropriation est plus important chez les personnes disposant d'un score de toucher autotélique élevé lorsqu'elles ont la possibilité de toucher le produit. Cette différence ne s'observe en revanche pas chez les individus ayant un besoin de toucher instrumental important.

D'autres chercheurs, Alka Varma Citrin, Donald Stern, Eric R. Spangenberg et Michael J. Clark[83], observent de leur côté une différence dans le besoin de toucher entre les femmes et les hommes. Les femmes semblent avoir davantage besoin de toucher les produits que leurs compagnons masculins pour accroître leur confiance et leur intention d'achat.

L'expertise d'un individu face à un produit engendre des différences dans le besoin de le toucher avant l'achat. Une recherche conduite par Atefeh Yazdanparast et Nancy Spears[84] montre que l'expert a, plus que le non-expert, besoin d'informations tactiles pour accroître sa confiance dans l'objet et renforcer son intention d'achat.

Des différences selon les produits dans le besoin de toucher

L'information tactile est essentielle à l'évaluation des propriétés d'un objet que sont sa robustesse, sa dureté, sa température ou son poids. Elle fournit une information unique sur ses propriétés qui ne peut être obtenue par inspection visuelle. L'information tactile est importante dans l'évaluation d'offres dont les propriétés de matière correspondent à des caractéristiques prégnantes et présentent une forte variance.

Dans une étude de 2004 qui filme les mouvements de main des participants, Joann Peck et Terry Childers établissent une forte correspondance entre ce que les gens déclarent au travers de l'échelle du *« Need for Touch »* et ce qu'ils font. Les catégories de produits qui varient dans leurs caractéristiques matérielles comme les sweaters ou les raquettes de tennis sont touchées plus longuement que celles avec une variance moindre telles que les machines à calculer ou les téléphones portables et celles sans diagnostic matériel, comme les céréales ou les dentifrices.

Cette différence entre produits conduit les chercheurs Alka Varma Citrin, Donald Stern, Eric R. Spangenberg et Michael J. Clark à conclure que les « produits haptiques » sont moins susceptibles d'être vendus dans un environnement *online*. Cela explique que les consommateurs, lorsqu'ils évaluent des « produits haptiques », sont davantage frustrés et moins confiants dans un univers où le toucher n'est pas possible.

L'effet du toucher semble particulièrement positif pour des produits de haute qualité. L'information tactile a, en revanche, généralement, un effet négatif sur l'évaluation de produits de basse qualité.

Afin de compenser une incapacité de toucher, une description écrite ne semble être un substitut suffisant que pour les caractéristiques fonctionnelles du produit – comme le poids – mais insuffisant pour les caractéristiques plus hédoniques – comme la douceur. Pour les consommateurs au besoin de toucher faible, certains chercheurs préconisent de fournir une information visuelle en compensation de l'absence d'exploration haptique.

Interaction du toucher avec les autres sens

Aradhna Krishna, spécialiste du marketing sensoriel, travaille sur l'interaction du toucher avec les autres sens. Sur la base d'expérimentations, elle montre l'influence des propriétés haptiques sur les perceptions des objets, fondées sur d'autres sens.

Le goût d'une boisson peut être affecté par les propriétés haptiques de son contenant. Un vin est jugé de meilleure qualité s'il est bu dans un verre et non dans un gobelet en plastique. La rigidité d'une tasse contenant de l'eau affecte l'évaluation que les consommateurs ont de cette boisson. Tous les consommateurs ne sont pas influencés de la même manière par des indices haptiques sans importance par rapport au goût. Ceux qui ont un besoin de toucher autotélique fort sont moins influencés par ces indices que ceux avec un besoin autotélique faible[85]. Ils valorisent le processus d'exploration haptique et savent apprécier les indices tactiles lorsqu'ils sont pertinents pour leur jugement. En revanche, ils savent les ignorer en cas de non-pertinence, mieux que les consommateurs au besoin autotélique faible.

Aradhna Krishna[86] s'intéresse aussi à l'interaction entre toucher et odeurs. Elle atteste que certaines propriétés haptiques peuvent être liées à des types d'odeurs. Elle montre qu'un papier rugueux est évalué plus positivement lorsqu'il s'accompagne d'une odeur masculine. En revanche, un papier lisse bénéficie d'une meilleure évaluation quand il est attaché à une fragrance féminine. La congruence entre le toucher et l'odeur en fonction du sexe peut améliorer les perceptions des neuro-consommateurs dans la qualité d'un produit. Selon Aradhna Krishna, incorporer de la rudesse ou de la douceur dans un objet ou son packaging a un impact positif ou négatif sur les perceptions des consommateurs en fonction de la congruence de la texture et du sexe intéressé par le bien.

Le toucher dans les relations interpersonnelles

Le toucher interpersonnel est étudié dans de nombreuses disciplines : la psychologie cognitive et sociale, les neurosciences ou l'anthropologie culturelle. Comme le rappellent Alberto Gallace et Charles Spence[87], les femmes et les plus jeunes sont plus sensibles au toucher.

Dans un contexte de consommation, le toucher interpersonnel employé-client influence positivement les réponses de ce dernier. Selon Benoît Heilbrunn[88], professeur à l'ESCP-Europe, auteur de nombreux ouvrages, le toucher crée au cerveau de l'intimité et de la proximité avec la personne qui prend cette initiative. Ainsi, les chercheurs April Crusco de l'université du Mississippi et Christopher Wetzel[89] du Rhodes College observent qu'une serveuse touchant physiquement un client voit son pourboire augmenter, même si son service n'est pas jugé meilleur. La recherche du professeur Jacob Hornik[90] montre que les consommateurs sont davantage enclins à tester un nouveau produit dans un supermarché lorsqu'ils sont touchés par le vendeur ou le présentateur. Lors du contact, le cerveau libère de l'ocytocine, hormone conduisant à un sentiment de bien-être et de calme[91].

Une serveuse touchant physiquement un client voit son pourboire augmenter, même si son service n'est pas jugé meilleur.

Par contre, des consommateurs, touchés involontairement par un autre consommateur lorsqu'ils examinent des produits, génèrent davantage d'évaluations négatives sur la marque et le produit. Ils montrent une moins grande disposition à payer et passent moins de temps dans le magasin[92]. L'étranger, responsable du toucher accidentel, n'a pas la légitimité d'un vendeur. Il est perçu comme une violation de l'espace personnel.

Dans certaines cultures comme en Inde ou dans quelques pays asiatiques, le toucher peut être considéré comme inconvenant, voire impur, par conséquent à éviter.

Les implications des recherches sur le toucher présentent un intérêt en termes de gestion de l'espace de vente et de formation des vendeurs.

Le marketing tactile

Parallèlement à ces recherches, l'utilisation du sens du toucher se développe dans le marketing des produits et des entreprises.

La dimension tactile de nombreux objets est revue pour procurer davantage de plaisir et de sensations aux consommateurs. Les textiles qualifiés de *« soft touch »* se multiplient, que ce soit pour les vêtements, les articles de maison ou l'intérieur des voitures. La douceur des contenants est aussi améliorée, à l'exemple des gourdes-compotes ou de nombreux yaourts. Une forme singulière ou une texture très particulière au toucher peuvent devenir des éléments distinctifs d'une marque.

> *Ainsi en est-il de la bouteille d'Orangina à la forme et à la rugosité bien reconnaissables. Dans une étude sur les téléphones portables conduite par Martin Lindstrom, 35 % des consommateurs déclarent que la manière dont ils ressentent leur portable est plus importante que son apparence ou son « look ».*
>
> *La facilité avec laquelle les produits peuvent être touchés est encouragée. Les piles de pulls, très scénarisées chez Abercrombie & Fitch, ont pour vocation de susciter le toucher et d'accroître l'envie d'acheter. Les mêmes objectifs sont poursuivis chez les vendeurs de produits techniques, auparavant disposés dans des vitrines fermées. Téléphones portables, tablettes, ordinateurs, appareils photo mais aussi aspirateurs, robots de cuisine… sont à disposition des consommateurs pour qu'ils puissent tester leurs qualités matérielles et apprécier leur prise en main.*

Une des qualités matérielles que les études neuromarketing sur le toucher permettent d'optimiser est le poids. Quand il voit un produit, le cerveau calcule automatiquement le « juste poids » qu'il devrait posséder pour être perçu comme étant de qualité. S'il ne répond pas à ce critère, le produit a de fortes chances d'être reposé sur le linéaire et de ne pas être acheté.

> *À la suite d'études sur le sujet, un important fabricant de téléphones portables décide d'augmenter artificiellement le poids de ses appareils pour être plus conforme avec les attentes du cerveau de ses consommateurs.*
>
> *La qualité haptique du produit est parfois revendiquée dans son nom. L'iPod Touch souligne, par son appellation, la nouvelle interaction tactile qu'il génère avec son utilisateur alors même que sa fonctionnalité et sa promesse premières renvoient au sens de l'ouïe. Il s'agit d'un élément de différenciation qui rend l'interaction entre l'homme et la machine plus personnelle et engageante, comme le souligne Aradhna Krishna.*

Le recours à des matières nobles, responsables de sensations tactiles agréables, est observé dans de nombreuses enseignes ou points de vente afin d'augmenter le bien-être du consommateur durant sa visite. La flânerie et le temps passé en magasin augmentent, favorisant les conditions pour des achats additionnels.

> *La chaîne de beauté Sephora utilise des tapis rouges moelleux qui participent au positionnement de volupté que l'enseigne souhaite offrir à ses clients. La marque de lingerie féminine Princesse tam.tam réorganise la texture de ses cabines d'essayage pour fournir à ses clientes un lieu sensoriel agréable. Rideaux de velours, parois capitonnées, poufs en velours, tapis épais cherchent à augmenter la sensation de « cocooning » propice au laisser-aller, y compris vis-à-vis du porte-monnaie.*

La sollicitation du toucher est d'autant plus importante que la clientèle visée est féminine. Les femmes possèdent dix fois plus de capteurs tactiles directement liés à leur cerveau que les hommes. Lors de contacts tactiles, elles sécrètent également davantage d'ocytocine et de prolactine, hormones liées à l'affection et à l'attachement, qui conduisent à un sentiment de bien-être.

Très souvent associé à l'utilisation d'autres sens, le marketing tactile continue de se développer dans le monde réel en attendant de disposer de nouvelles techniques pour avoir accès à Internet.

Pallier l'impossibilité de toucher

L'impossibilité de toucher réduit la confiance du consommateur surtout lorsqu'il manifeste un besoin élevé dans ce domaine. La confiance est moindre lorsque le produit présente des qualités matérielles importantes pour son évaluation. Quelles solutions apporter pour pallier cette difficulté existant notamment dans l'e-commerce ?

Les images ou photographies de produits

L'ajout d'images ou de photographies du produit augmente la confiance des consommateurs au besoin de toucher faible. Chez eux, l'image est la principale source d'information et non le toucher. Cette solution étudiée par Joann Peck et Terry Childers en 2003 s'avère par contre inopérante pour les consommateurs au besoin de toucher élevé. La présence ou l'absence de photographies du produit ne changent pas leur évaluation.

La présence d'images du produit, bien qu'insuffisante pour compenser l'impossibilité de toucher de tous les consommateurs, peut toutefois les encourager à s'imaginer interagir avec le produit et à se projeter dans une utilisation future de celui-ci. Ce constat fait référence à de récents travaux inspirés des théories en psychologie sur la *« grounded cognition*[93] *»*. Du fait de nos expériences motrices passées, le simple fait de voir un produit en situation d'utilisation peut inconsciemment amener à s'imaginer le manipuler et augmenter l'intention d'achat. En sont responsables les neurones miroirs mis en évidence par l'équipe du professeur Rizzolatti. En étudiant l'influence de la publicité imprimée, Aradhna Krishna et son collègue Ryan Elder[94] montrent que cette simulation motrice, suggérée par la photographie, rend l'évaluation du produit plus favorable et l'intention d'achat plus grande.

> Du fait de nos expériences motrices passées, le simple fait de voir un produit en situation d'utilisation peut inconsciemment amener à s'imaginer le manipuler et augmenter l'intention d'achat.

Dans une publicité pour un yaourt, lorsqu'une cuillère est plongée dans le pot et orientée du côté de la main dominante du consommateur, les intentions d'achat sont plus fortes que lorsqu'il n'y a pas de cuillère ou que celle-ci est placée du côté de la main non dominante du consommateur.

Présenter les objets haptiques en situation d'utilisation naturelle peut pallier l'absence de réelle manipulation et accroître le sentiment d'appropriation du produit.

Les descriptifs et commentaires écrits

Le consultant Roger Dooley[95] suggère que les commentaires postés sur les sites internet renforcent l'effet d'appropriation et influent fortement sur la décision d'achat. La lecture des commentaires laissés par d'autres utilisateurs peut conduire le consommateur à se projeter dans l'utilisation du produit, à s'imaginer interagir avec lui et à augmenter sa confiance et son intention d'achat.

La technologie haptique

L'Échangeur by LaSer, centre réputé d'innovation technologique et marketing appliquée à la relation client, décrit la technologie « haptique » comme une petite rétroaction signalée par une vibration de l'appareil porteur dont l'objet est de faire *sentir* qu'une action a été accomplie avec succès. Utilisée dans la grande majorité des téléphones intelligents et des tablettes électroniques, elle permet d'*engendrer des vibrations* dans les manettes de nombreuses consoles de jeu (Wii, PlayStation, Xbox…) pour faire ressentir la dureté d'un coup durant un jeu de combat par exemple. Les prochains développements de la technologie haptique pourraient concerner la simulation d'un effet de texture et de relief et apporter des informations pouvant contribuer à enrichir l'interaction avec les écrans tactiles. À terme, cette technologie pourrait permettre de percevoir sur l'écran d'une tablette le toucher d'un textile, d'un fruit ou d'un objet d'art. Elle apporterait à l'e-commerce ce dont il est privé aujourd'hui : l'information tactile et sa perception.

> *Pour les experts de L'Échangeur, l'utilisation de cette nouvelle technologie va se démocratiser dans le jeu vidéo. À l'image de la Kinect ou de la Wii, un gant permettra de piloter le contenu à l'écran et de ressentir ce que les avatars toucheront dans leurs univers virtuels. Des sociétés comme Senseg en Finlande travaillent sur cette technologie. L'haptique va révolutionner les modes d'interaction avec les écrans à l'image de ce que le tactile a apporté il y a quelques années avec l'iPhone.*

L'art, les images numériques et le sens du toucher

Les avancées entre le monde numérique et la sensation du toucher se constatent dès à présent dans le monde artistique. Lors de la 4e édition de la Journée de la Femme digitale, tenue en mars 2016 aux Folies-Bergère, l'artiste plasticienne, scénographe et designer graphique Claire Bardainne illustre les réalisations fascinantes qu'elle et son associé Adrien Mondot, informaticien et jongleur à l'origine, développent autour des images numériques et des corps en mouvement de danseurs. Des extraits de leurs spectacles sont visionnables sur YouTube ou Vimeo, comme celui intitulé « Pixel »[96]. La sensation tactile y est éminemment présente et étonnamment réelle, montrant qu'images numériques et toucher peuvent faire partie du même univers.

CHAPITRE 16
LE NEURO-CONSOMMATEUR ET LE SENS DU GOÛT

Les récepteurs gustatifs de la langue

Le sens du goût est longtemps resté méconnu. Sa connaissance doit beaucoup à l'apparition du microscope et à l'analyse scientifique de l'anatomie de la langue. Cette dernière est recouverte de nombreux organes sensoriels, appelés « papilles », qui disposent de récepteurs gustatifs. Qualifiés « de bourgeons du goût », ils sont décrits dans les années 1960 par les anatomistes américain et japonais Raymond Murray et Masako Takeda, spécialistes de microscopie électronique.

Munis de nombreuses cellules se régénérant tous les dix à quatorze jours, les récepteurs gustatifs permettent de discerner les quatre saveurs fondamentales : le sucré, l'acide, le salé et l'amer. Ce système est défini par un physiologiste allemand du nom d'Adolf Fick en 1864. L'ensemble des perceptions gustatives y est décrit comme une combinaison additive des quatre saveurs primaires, liées à quatre types de récepteurs sensoriels localisés en quatre zones sur la langue.

L'Américain Carl Pfaffmann, pionnier de l'électrophysiologie des nerfs gustatifs, est le premier à remettre en cause cette vision. En 1980, la biologiste française Annick Faurion démontre, grâce à des expériences d'électrophysiologie, que chaque molécule sapide possède une saveur particulière, reconnue spécifiquement par le cerveau. Il est plus juste de dire qu'il existe un continuum gustatif autour de ces quatre saveurs ou catégories élémentaires[97].

À la même époque, des scientifiques japonais mettent au jour une cinquième saveur fondamentale. Elle est appelée *«umami»*, d'un nom japonais signifiant «goûteux ou savoureux». Ce goût puissant, proche de celui du bouillon de viande, est activé quand la langue entre en contact avec deux acides aminés, l'aspartate et le glutamate. Ils sont présents dans les aliments riches en protéines comme la viande, le soja et les champignons.

Contrairement à ce qui fut longtemps professé, les récepteurs gustatifs sont localisés sur toute la surface de la langue (à l'exception de son centre) et non dans des zones réservées à chaque saveur. Lorsque les récepteurs entrent en contact avec des molécules alimentaires par le biais de la salive, ils identifient à quelles catégories de saveurs elles appartiennent et transmettent cette information aux fibres nerveuses. Les signaux émis sont véhiculés par trois nerfs crâniens jusqu'au système nerveux central. Des régions du cerveau y décodent l'information chimique et la traduisent en sensation gustative. L'ensemble se réalise en quelques fractions de seconde.

> *Pour que se forme la sensation complète du goût dans le cerveau, les autres sens doivent également être mobilisés.*

La langue joue un rôle essentiel par les classifications des aliments qu'elle opère entre les différentes saveurs. Elle aide le cerveau à évaluer si un aliment est dangereux ou nourrissant. La saveur sucrée signale la présence de glucides à l'apport énergétique important. Le goût salé permet de repérer des minéraux indispensables au métabolisme humain. L'*umami* est détecté par des éléments protéiniques très nutritifs. Les substances acides et amères, pour bon nombre d'entre elles toxiques, sont détectables par un plus grand nombre de récepteurs.

À elle seule, la langue est toutefois incapable de faire la différence entre un jus de fruits et un soda ou entre une pomme et une poire. Pour que se forme la sensation complète du goût dans le cerveau, les autres sens doivent également être mobilisés. Plus qu'une affaire de langue, le goût est à appréhender comme un amalgame des cinq sens.

Le goût et l'olfaction

Grâce au nez, la distinction entre du vin et du café ou entre un petit-beurre et un cookie est possible. Un gros rhume peut convaincre de l'importance de cet organe dans la détection de la saveur des produits. Dans cet état maladif, les aliments semblent avoir peu ou prou le même goût, une saveur insipide.

Aussi étonnant que cela puisse sembler, l'olfaction est un sens essentiel pour percevoir les saveurs. Son impact sur la perception du goût dérive moins de l'action de humer les odeurs en provenance des aliments que de l'inhalation par voie interne des substances volatiles parvenues dans la bouche *via* le larynx. L'olfaction rétronasale, en arrière du nez, est responsable à elle seule de près de 80 % du goût. En comparaison, les molécules sapides libérées dans la salive et captées par les récepteurs gustatifs de la langue en sont responsables d'environ 10 %.

La combinaison des sensations olfactives et gustatives par le cerveau donne la flaveur d'un aliment. De nombreuses expérimentations enregistrent une diminution ou une absence de saveur lorsque le sens de l'odorat est obstrué pendant l'acte d'ingestion.

La nature combinée de la saveur des mets entre odeur et goût explique que nous aimons le goût des produits dont nous aimons l'odeur et réciproquement, dans la majorité des cas. Certains contre-exemples existent parfois. C'est le cas pour les fameux fromages français dont l'odeur est souvent incommodante mais la saveur très largement appréciée, même en dehors de la France.

> *L'odeur comme vecteur de sensation gustative est utilisée à des fins marketing et commerciales par bon nombre d'entreprises à l'image de Starbucks. L'amplification de l'odeur plaisante de café a pour but d'accroître la satisfaction gustative des consommateurs et par là même leur consommation. Elle devient un signe distinctif de l'image de la marque dans leur cerveau. Chez les cavistes, l'appréciation des grands vins se fait en premier lieu par le nez. Les œnologues du milieu du XXᵉ siècle sont à l'origine de la découverte du rôle de l'olfaction rétronasale dans le goût.*

Les industriels de l'agroalimentaire sont sans cesse à la recherche de nouvelles flaveurs, combinaisons subtiles entre le goût et l'odeur émise par le produit. Des arômes artificiels, ajoutés à des produits peu savoureux, permettent d'en générer. Ainsi, le surimi véhicule le goût du crabe ou celui d'un poisson selon les arômes et colorants adjoints. Une autre tendance de l'industrie agroalimentaire est d'employer des « amplificateurs de goût ». Ils ont la particularité de rehausser une saveur originale.

Le goût et la vue

Goûter un aliment n'est pas seulement une question de langue et de nez. La vue tient une place importante. L'aspect visuel des produits est un atout essentiel pour identifier et différencier des boissons ou aliments que l'unique recours aux qualités gustatives de la langue ne permet pas.

L'esthétique des produits contribue à une meilleure appréciation de leur saveur.

> *Les maraîchers qui privilégient belles couleurs et belles formes sur leurs étals le savent bien. Dans les grandes surfaces, la scénarisation des rayons fruits et légumes en est une autre illustration. L'éclairage, bien dirigé sur les produits, les met en valeur. Des systèmes de brumisateur de vapeur rehaussent leur brillance. De « jolies palettes » de couleurs sont créées en jouant sur les coloris des différentes variétés de fruits et légumes, orchestrés par paquets.*

Les techniques de *merchandising* ou de valorisation de l'assortiment par la vue contribuent grandement à la performance commerciale des rayons alimentaires.

La couleur des aliments a un impact important sur les sensations gustatives. Les chercheurs Cynthia DuBose, Armand Cardello et Owen Maller[98] du laboratoire de sciences de l'alimentation de l'armée américaine mettent en lumière ce phénomène. Lors d'expérimentations où les participants sont privés de la vision de la couleur de boissons aux jus de fruit, ils ne peuvent identifier avec précision que 20 % des goûts proposés. Le score est de 100 % quand ils peuvent voir la couleur de la boisson testée. Lors d'une nouvelle expérimentation, un jus de cerise est manipulé afin d'être de couleur orange. 40 % des personnes identifient son goût à celui de ce fruit. La perception du goût apparaît étroitement liée à la couleur intégrée dans la mémoire. Ce résultat peut expliquer l'échec du Crystal Pepsi dont la transparence rompt avec le brun traditionnellement attaché au cola. Autre résultat intéressant de la précédente étude sur les boissons : l'intensité de la couleur accroît l'intensité de la saveur – peut-être une explication de l'importante utilisation de colorants chimiques par l'industrie agroalimentaire.

Le goût et le toucher

Une perception importante du goût est relative à la consistance des aliments. Elle est appréhendée par le toucher en bouche.

L'entreprise Kellogg's considère que le croquant de ses céréales constitue un élément déterminant de leur succès. Elle le met en scène dans ses publicités en accentuant le bruit réalisé lors de leur dégustation.

Le fabricant de maïs Géant Vert offre deux types de produits en jouant sur la texture des grains. Il propose les Ultra Tendres et les Ultra Croquants, dont les promesses tactiles, très étroitement liées aux perceptions gustatives, sont clairement énoncées pour les consommateurs.

En plus de la texture, le toucher permet de véhiculer des informations importantes concernant la température. De nombreux mets sont préférés, selon les différentes cultures ou les individualités, avec une température spécifique.

Le gaspacho espagnol, à l'inverse de la majorité des soupes, se doit d'être consommé froid. Certaines personnes tiédissent leurs cafés en ajoutant du lait froid. D'autres ne l'envisagent pas autrement que bu très chaud ou, au contraire, consommé glacé, comme en Grèce. Une incohérence avec la température attendue impacte négativement la sensation de goût.

Comme déjà évoqué, les qualités haptiques du contenant peuvent affecter les perceptions gustatives du contenu. La chercheuse Aradhna Krishna et sa collègue Maureen Morrin[99] attestent que le goût d'une eau est perçu comme meilleur lorsque son contenant est plus agréable au toucher.

Les professeurs Carl McDaniel et Revenor Baker[100] de l'université du Texas montrent qu'un sac de chips difficile à ouvrir conduit les gens à les percevoir comme meilleures.

Au-delà de leur impact visuel dans les linéaires, les packagings jouent un rôle important, dans la perception gustative des produits, comme nous le développerons dans notre partie consacrée à ce sujet, .

Le goût et l'audition

L'influence de l'audition sur le goût, bien que moins évidente que celle de l'odeur ou de la vue, existe pour certains produits. Des marques l'utilisent comme argumentaire publicitaire à l'image des barres de céréales Crunch de Nestlé, des Rice

Krispies de Kellogg's, du soda Schweppes… Bien des aliments ont une signature auditive que les neuro-consommateurs leur associent naturellement : le croquant d'une pomme, d'une carotte, d'un biscuit sec… Le son émanant de la mastication impacte la perception de fraîcheur et de saveur du produit.

> *Bien des aliments ont une signature auditive que les neuro-consommateurs leur associent naturellement : le croquant d'une pomme, d'une carotte, d'un biscuit sec...*

Une recherche conduite par les professeurs Massimiliano Zampini et Charles Spence[101] de l'université d'Oxford apporte une preuve empirique. Utilisant des chips comme objets d'étude, les auteurs équipent les participants d'écouteurs. Pour certains, le bruit émis en les croquant est atténué alors qu'il est amplifié pour d'autres. Une notation sur la perception de la fraîcheur et sur celle du croustillant est demandée. Les scores de qualité obtenus par celles accompagnées d'un bruit amplifié sont significativement supérieurs. Ce résultat ne manque pas d'être exploité par les fabricants. La grande taille volontairement donnée aux chips implique de devoir les croquer. Leur saveur perçue en est impactée tout comme l'envie d'en consommer, suscitée dans l'entourage.

Le goût et l'hormone du bonheur

La sérotonine, « l'hormone du bonheur », accroît la capacité du cerveau à percevoir avec plus d'intensité le goût des aliments, qu'ils soient amers ou sucrés[102].

> *Les efforts réalisés dans les restaurants pour augmenter le bien-être des consommateurs, du voiturier, à l'accueil des serveurs en passant par l'ambiance générale, se justifient pleinement. Ils contribuent à favoriser l'émergence d'une bonne humeur chez les clients et permettent un éveil de leur sens gustatif.*

Le marketing gustatif

La recherche scientifique montre que le goût repose largement sur les quatre autres sens pour générer des perceptions complètes. Au-delà des informations sur les cinq saveurs primaires, sa sensation est la résultante du traitement par le cerveau de renseignements additionnels transmis par les autres sens : l'olfaction (ou les odeurs de la nourriture), le toucher (ou la température, la texture, la douleur véhiculée par certaines épices…), la vision (ou l'apparence de la nourriture, son esthétique, ses couleurs…), l'audition (ou les notions de croquant, craquant, croustillant…).

La théorie du goût comme amalgame des cinq sens n'est pas seulement étayée par la recherche. Elle est adoptée par de nombreuses entreprises dans le marketing des produits alimentaires. L'emphase donnée aux autres sens pour rendre plus agréable la perception de la saveur se multiplie.

> *Les restaurants haut de gamme valorisent la présentation des mets presque autant que leur goût. Les couleurs, textures, arômes et même le bruit occasionné par une assiette sont considérés comme très importants. L'esthétique de la présentation des plats, les formes et matières des couverts ou des pains apéritif sont étudiées avec attention car elles contribuent à la perception globale du contenu des assiettes. Les étoiles décernées par le célèbre* Guide Michelin *aux grands restaurants accordent à la qualité de leur ambiance une importance presque aussi forte qu'à celle des repas proposés.*
>
> *De la même manière, les produits alimentaires vendus en magasin utilisent les autres sens pour accroître les chances d'être préférés au-delà des saveurs. L'aspect visuel des produits, leur texture, les effluves émis ou leur packaging sont travaillés avec soin. D'autant plus qu'il est rare de pouvoir goûter un produit avant de l'acheter. Le recours à des dégustations ou échantillons est un moyen d'y remédier assez répandu pour améliorer leur commercialisation. Un tiers des personnes ayant goûté un produit l'achètent directement après l'avoir testé et la moitié des acheteurs du produit échantillonné disent qu'ils l'achèteront à nouveau.*

> La théorie du goût comme amalgame des cinq sens n'est pas seulement étayée par la recherche. Elle est adoptée par de nombreuses entreprises dans le marketing des produits alimentaires.

Stimuler les cinq sens peut également se faire par le biais de messages publicitaires. L'effet est d'accroître les perceptions gustatives des consommateurs. Dans une série d'expérimentations sur les chewing-gums, les chips et le popcorn, les chercheurs Ryan Elder et Aradhna Krishna[103] montrent qu'une publicité faisant appel à plusieurs sens améliore significativement les notes de qualité gustative des produits concernés.

Les saveurs comme source de plaisir sont aussi utilisées pour accroître les promesses de produits non alimentaires et augmenter leur différenciation.

Lush, une marque britannique de cosmétiques à base d'huiles essentielles issues de fruits et de légumes biologiques, associe certains de ses articles à des noms de produits alimentaires.

On trouve dans les rayons des marques telles que Cereal Killer, Chocolalèvres, Miel Effronté… ou des formes rappelant celles de gâteaux ou de pâtisseries.

Sephora vend une ligne de produits cosmétiques comestibles appelée Dessert Beauty qu'elle décline avec des noms jouant sur le goût comme ce Powdered Sugar Deliciously Kissable Body Shimmer.

Citons également les tubas parfumés de l'enseigne de sport Décathlon ou les dentifrices aux arômes de malabar ou de bubble-gum de chez Colgate.

Le marketing gustatif ne peut omettre l'importance de la marque sur la perception du goût. Dès 1964, une expérimentation[104] montre l'impact du nom de marque sur les préférences gustatives.

Dans un test à l'aveugle pratiqué sur des buveurs de bière expérimentés, aucune discrimination n'est correctement réalisée entre les différentes boissons. Lorsque le nom des marques est ajouté, les buveurs notent le goût de leur bière préférée comme supérieur.

Cette étude renvoie à celle plus récente, déjà mentionnée, réalisée sur des colas par Read Montague[105] et ses collègues. Si le test du Pepsi est préféré en aveugle, c'est celui du Coca-Cola qui le devient lorsque les marques sont ajoutées. Grâce à la technique de l'IRM, les chercheurs interprètent ce résultat surprenant. En aveugle, c'est le putamen, zone du cerveau primitif et siège des plaisirs immédiats, instinctifs, qui est stimulé et qui réagit de manière plus vive à l'ingurgitation de Pepsi. Lorsque les produits sont « marqués », c'est la zone du cortex préfrontal et l'hippocampe, c'est-à-dire les zones de la conscience et de la mémoire, qui s'activent. Tous les souvenirs emmagasinés sur la marque Coca-Cola lors de ses nombreuses campagnes de communication prennent le dessus sur la sensation pure du goût pour finalement modifier les perceptions gustatives en sa faveur. Le concept de puissance de marque s'illustre très clairement à travers cette recherche.

Le marketing gustatif contribue à la création de nouveaux métiers comme celui de « mixologue ». Il mélange les saveurs dans des cocktails et permet de relancer certaines boissons tombées en désuétude.

Les cinq sens : congruence, saturation et marketing sensoriel

L'exploitation des sens à des fins marketing se développe fortement. Elle mise sur la force et la singularité des liens émotionnels suscités par leur sollicitation. Pour être efficace, elle privilégie la congruence des sens et évite leur saturation.

La congruence des sens

Travailler les sens de manière congruente tant en termes de cible visée que d'objectifs recherchés est essentiel. La congruence entre divers sens sollicités accroît l'évaluation des produits, des magasins et les intentions de visite. À l'inverse, des incohérences dans les stimuli utilisés peuvent générer des dissonances cognitives ou perceptuelles, sources d'inconfort mental et potentiellement de mauvaises dispositions vis-à-vis des produits ou des magasins.

La saturation des sens

Un autre écueil à éviter est la saturation des sens. Ainsi, une relation en forme de U inversé a été trouvée entre l'intensité d'une odeur plaisante et sa préférence et une fonction linéaire en cas d'odeur désagréable. Trouver le niveau optimal de l'intensité d'une odeur est déterminant pour éviter un rejet potentiel. Ce risque peut se rencontrer pour chaque sens qu'il soit pris individuellement (intensité lumineuse, température ambiante, niveau sonore, intensité du goût) ou collectivement (trop de sollicitations conduisant à l'effet inverse de celui recherché). La difficulté de s'en prémunir réside dans le fait que les niveaux de saturation varient suivant les neuro-consommateurs. Plus le segment de clientèle visée est homogène, moins ardue est la tâche.

Le marketing sensoriel

Bien que les attributs visuels des biens et lieux de consommation soient privilégiés par les entreprises, une exploitation de l'intégralité de la palette des sens est recommandée par de nombreux experts du marketing comme Martin Lindstrom ou Aradhna Krishna. À une époque où le consommateur est confronté à 5 000 images de marques par jour, continuer de privilégier le sens de la vue ne suffit plus pour assurer leur succès. Afin d'améliorer leur attractivité, les marques doivent redonner de l'intimité au cerveau du consommateur en explorant d'autres sens qui leur sont propices. Cette exploitation multi-sensorielle peut aider à établir des connections émotionnelles fortes et durables avec les consommateurs.

Les progrès technologiques rendent cette intégration sensorielle davantage faisable et abordable notamment pour les sens de l'ouïe, de l'odorat et du toucher.

Les sens influencent les émotions et les prises de décision des neuro-consommateurs. Chacun et tous collectivement peuvent jouer un rôle important dans la formation des perceptions, attitudes et consommations d'un produit, d'un service ou d'une expérience. Le marketing sensoriel dont l'objectif est l'exploitation à des fins commerciales des sens constitue un avantage concurrentiel fort dans l'environnement actuel des marques.

CE QU'IL FAUT RETENIR

Les sens constituent les portes d'entrée du neuro-consommateur. Quelles que soient les informations reçues du monde extérieur, celles-ci transitent par l'un ou plusieurs d'entre eux. Ils sont à l'origine de la sensation, c'est-à-dire la réception et la transmission de ces informations au cerveau. Ils permettent leur perception, c'est-à-dire la prise de conscience et l'interprétation de ces données sensorielles par le cerveau.

La vue, par laquelle transitent 80 % des informations quotidiennes, est à l'origine de notre vision du monde. Il s'agit de l'interprétation faite par les aires visuelles du cerveau des signaux électrochimiques véhiculés par les nerfs optiques. Elle est sujette aux expériences acquises antérieurement et stockées dans la mémoire. Elle varie avec le contexte dans lequel elle s'inscrit. Elle est fortement limitée par l'attention visuelle, elle-même définie par les besoins et objectifs du cerveau. Elle peut souffrir de phénomènes d'illusion. La vue est le sens qui reçoit le plus de stimulations commerciales. Cela s'explique par sa fréquente domination sur les autres sens, le cerveau donnant souvent priorité à la perception visuelle qu'il a d'un stimulus. Ces nombreuses sollicitations tendent à nuire à leur efficacité. Elles se font au détriment des autres sens qui connaissent une exploitation moindre à l'exception relative de l'ouïe.

L'ouïe est le sens qui permet de recueillir et de traiter les milliers de sons de l'environnement. Son utilisation facile et peu onéreuse en fait le deuxième sens le plus utilisé par le marketing. Les recherches montrent que la musique augmente la mémorisation des messages publicitaires. Elle améliore l'attitude envers la publicité et la marque ainsi que l'intention d'achat en cas d'agrément élevé. La musique d'ambiance dans les lieux de consommation ou de service est préférée au silence par les clients et les employés de magasin. Elle aide à contextualiser le lieu d'achat et à susciter des états émotionnels propices à l'espace. Elle influe sur la perception du positionnement prix d'un magasin et sur le choix des produits achetés. Elle participe à la « gestion des foules » (*crowd management* en anglais) en impactant le temps passé dans les lieux commerciaux.

Avec l'ouïe, l'odorat est l'organe des sens spatialement le plus proche du cerveau. Sens chimique, qualifié comme le plus émotionnel d'entre eux, il est utilisé de manière croissante par les marques pour créer des rapports cognitifs et affectifs forts avec les neuro-consommateurs. Son lien direct avec le système limbique du cerveau lui confère des attaches puissantes avec la mémoire et les émotions. D'après des expérimentations scientifiques, la présence d'une odeur agréable améliore l'évaluation du stimulus qui en bénéficie, qu'il s'agisse d'une marque ou d'un magasin. Elle accroît les intentions de visite et d'achat ainsi que le temps passé en magasin. La mémorisation du nom de marque et des messages publicitaires en est meilleure. L'exploitation des capacités de l'odorat pour favoriser l'attention, la mémorisation, l'émotivité, le confort d'ambiance… donne naissance au marketing olfactif et à de nombreuses signatures olfactives de marques.

Après la vue, le toucher apparaît, comme le deuxième sens le plus important pour un consommateur lors de l'évaluation immédiate d'un produit. Les personnes privées de la vision et du toucher souffrent davantage que celles dépossédées de l'ouïe et de l'odorat. Le toucher contribue à générer un sentiment d'appartenance du produit manipulé et à accroître sa valeur perçue et la prédisposition à l'acheter. Si le toucher peut influencer la décision d'achat, son importance varie suivant les individus et les produits. Son interaction avec les autres sens est grande ainsi que son rôle dans les relations interpersonnelles et sur les lieux de ventes. Son exploitation commerciale est le fait du marketing tactile, au développement récent.

Jusqu'à l'apparition du microscope et à l'analyse scientifique de l'anatomie de la langue, le sens du goût est longtemps resté méconnu. Plus qu'une simple affaire de langue, le goût est à appréhender comme un amalgame des cinq sens. Au-delà des informations gustatives sur les cinq saveurs primaires, sa sensation est la résultante du traitement par le cerveau de renseignements additionnels transmis par les autres sens : les odeurs de la nourriture par l'olfaction, la température, la texture, la douleur véhiculée par certaines épices… grâce au toucher, l'apparence de la nourriture, son esthétique, ses couleurs… par la vue, le croquant, le craquant, le croustillant… par les sons émis. Stimuler les cinq sens, au travers notamment des messages publicitaires, permet d'accroître les perceptions gustatives des consommateurs pour un produit donné. C'est cette subtile alchimie des sens sur laquelle travaille le marketing gustatif. Il ne saurait cependant oublier l'influence de la force de la marque. Une marque éminemment puissante et présente dans l'esprit des consommateurs grâce à des efforts de communication incessants et fructueux peut, à l'image de Coca-Cola, modifier à son profit la perception du goût, malgré des scores inférieurs à la concurrence en tests aveugles.

La simulation des cinq sens est au cœur du marketing sensoriel. Il a vocation d'aller au-delà du seul sens de la vue, traditionnellement surexploité par les entreprises. La sélection de plusieurs sens à travailler est à faire en cohérence et au service de l'ADN de la marque. Cette exploitation multi-sensorielle augmente la probabilité de création de connexions émotionnelles fortes et durables avec le neuro-consommateur. Elle doit être vigilante à assurer la congruence des sens choisis et à minimiser les risques de saturation, tant au niveau individuel que collectif.

NOTES

1. David Eagleman, *Incognito, op. cit.*

2. A.K. Pradeep, *op. cit.*

3. Bernard Roullet, « Comment gérer les couleurs et les lumières ? », *in* Rieunier Sophie et *al.*, *Marketing sensoriel du point de vente,* Dunod, 2013 (4ᵉ édition).

4. David Eagleman, *Incognito, op. cit.*

5. *Idem.*

6. *Idem.*

7. *Idem.*

8. William James, *The Principles of Psychology,* vol. 1, chap.11, Henry Holt & Company, 1890.

9. « The invisible gorilla », *Le Cerveau et ses automatismes,* Arte Partie 1, *op. cit.* Aussi Christopher Chabris et Daniel Simons, *The Invisible Gorilla. And Other Ways Our Intuitions Deceive Us,* Editions NewYork Crown 2010.

10. Michel Wedel and Rik Pieters, *Visual Marketing: From Attention to Action,* Taylor & Francis Group, 2008.

11. Bernad Roullet et Olivier Droulers, *op. cit.*

12. Areni Charles et David Kim (1994), « The Influence of In-Store Lighting on Consumers' examination of Merchandise in A Wine Store », *International Journal of Research in Marketing,* n° 11, 1994.

13. Robert Cialdini, *op. cit.*

14. Jo Andrea Hoegg et Joseph W. Alba, « Taste Perception: More than Meets The Tongue », *The Journal of Consumer Research,* n° 33, 2007.

15. Patrick Renvoisé et Christophe Morin, *op. cit.*

16. Daniel M. Jackson, *Sonic Branding,* Palgrave Macmillan, 2003.

17. Vladimir Djurovic, « Branding auditif : la création d'une identité sonore », 2009 ; www.marketing-professionnel.fr

18. Richard Yalch, « Memory in a Jingle Jungle: Music as a Mnemonic Device in Communication advertising slogans », *Journal of Applied Psychology,* vol. 76, n° 20, 1991, p. 268-275.

19. Gerald J. Gorn, « The Effects of Music in Advertising on Choice Behavior: A Classical Conditioning Approach », *Journal of Marketing,* n° 46, 1982, p. 94-101.

20. C.Whan Park et S.M.Young, « Consumer Response to Television Commercials : The Impact of Involvement and Background Music on Brand Attitude Formation », *Journal of Marketing Research,* n° 23, 1986, p. 11-24.

21. Deborah J. MacInnis et C.Whan Park, « The Differential Role of Characteristics of Music on High and Low Involvement Consumers' processing of Ads », *Journal of Consumer Research,* n° 18, 1991, p. 161-173.

22. Rieunier *et al.,* 2013, *op. cit.*

23. Richard Yalch et Eric R. Spangenberg, « Using Store Music for Retail Zoning: A Field Experiment », *Advanced in Consumer Research,* vol. 20, 1993 *in* L. McAlister et M.L. Rothschild (dir.), Association for Consumer Research, p. 632-636.

24. L. Dubé et S. Morin, « Background Music Pleasure and Store Evaluation: Intensity Effects and Psychological Mechanisms », *Journal of Business Research,* n° 54, 2001, p. 107-113.

25. Valerie L. Vaccaro, Veysel Yucetepe, Sucheta Ahlawat et Myung-Soo Lee, « The Relationship of Liked Music with Music Emotion Dimensions, Shopping Experience and Return Patronage Intentions in Retail And Service Settings », *Journal of Academy of Business and Economics,* vol. 11, n°4, 2011, p. 94-106.

26. Adrian North, David Hargreaves et Jennifer McKendrick, "The Influence of In-Store Music on Wine Selections", *Journal of Applied Psychology*, Vol 84(2), Apr 1999, 271-276.

27. Charles S. Areni et David Kim, « The Influence of Background Music on Shopping Behavior: Classical Versus Top-Forty Music in a Wine Store », in *Advances in Consumer Research,* vol. 20, 1993, p. 336-340.

28. Thomas C. Roballey, Colleen McGreevy, Richard R. Rongo, Michelle L. Schwantes, Peter J. Steger, Marie A. Wininger and Elizabeth B. Gardner, « The Effect of Music on Eating Behaviour », *Bulletin of the Psychonomic Society,* n° 23, 1985, p. 221-222. Ronald E. Milliman, « The Influence of Background Music on the Behaviour of Restaurant Patrons », *Journal of Consumer Research,* n° 13, 1986, p. 286-289.

29. Patricia Cain Smith and Ross Curnow, « "Arousal Hypothesis" and the Effects of Music on Purchasing Behavior », *Journal of Applied Psychology,* n° 50, 1966, p. 255-256.

30. Film d'Emmanuelle Ménage, *Consommateurs pris au piège, op cit.*

31. Gabriel Dabi-Schwebel, « 13 exemples de marketing sensoriel réussis et ratés », 2013, www.1min30.com.

32. Eric R. Spangenberg, Bianca Grohmann et David E. Sprott, « It's Beginning to Smell (and Sound) a lot Like Christmas: the Interactive Effects of Ambient Scent and Music in a Retail Setting », *Journal of Business Research,* 58, 2005, p. 1583-1589.

33. *Feel it,* le blog qui développe vos sens.

34. Emmanuel Bigand (dir.), *Le Cerveau mélomane,* Belin, 2013.

35. Richard Axel, « The molecular Logic of Smell », *Scientific American,* octobre 1995, p. 154-159.

36. Mark M. Smith, « Sensing the Past: Seeing, Hearing, Smelling, Tasting And Touching », University of California Press, 2007.

37. Caroline Bushdid, Marcelo O. Magnasco, Leslie B. Vosshall, Andreas Keller, « Humans Can Discriminate More than 1 Trillion Olfactory Stimuli », *Science,* vol. 343, n° 6177, 21 mars 2014, p. 1370-137.

38. http://www.ikonet.com/fr/ledictionnairevisuel/static/qc/odorat

39. Patrick Georges, Michel Badoc et Anne-Sophie Bayle-Tourtoulou *op cit.*

40. Rachel S. Herz, « The Emotional, Cognitive and Biological Basics of Olfaction: Implications and Considerations for Scent Marketing », *in* Aradhna Krishna (dir.), *Sensory Marketing,* Routledge, 2010.

41. Virginie Maille, « L'influence des stimuli olfactifs sur le comportement du consommateur: un état des recherches », *Recherche et Applications en Marketing,* vol. 16, n° 2, 2001, p. 51-76.

42. Rachel S. Herz et Trygg Engen, « Odor Memory: Review and Analysis », *Psychonomic Bulletin and Review,* septembre 1996, p. 300-313.

43. Papadopoulou Maria, « Cultural Differences in Scent Preferences and Perceptions: An Overview of Scent Marketing and an Exploratory Research on Cultural Differences between French and Chinese Consumers Regarding Scent Preferences and Perceptions in Fashion Retail Environments », mémoire de fin d'étude, HEC-Paris, 2014.

44. Larry Cahill, Ralf Babinsky, Hans J. Markowitsch et James L. McGaugh, (1995), « The Amigdala and Emotional Memory », *Nature,* vol. 377, n° 6547, 1995, p. 295-296. Rachel S. Herz, James C. Eliassen, Sophia L. Beland et Timothy Souza., « Neuroimaging Evidence for the Emotional Potency Of Odor-Evoked Memory », *Neuropsychologia,* n° 42, 2003, p. 371-378.

45. Rachel S. Herz et Trygg Engen, *op. cit.*

46. Aradhna Krishna, « An Integrative Review of Sensory Marketing: Engaging the Senses to Affect

Perception, Judgment and Behavior », *Journal of Consumer Psychology,* n° 22, 2012, p. 332-351.

47. Beryl Lieff et Joseph Alper, « Aroma Driven: On the Trail of One Most Emotional Sense », *Health,* 20, 1988, p. 62-67.

48. Rachel. S. Herz, « A Comparison of Autobiographical Memories Triggered by Olfactory, Visual and Auditory Stimuli », *Chemical Senses,* n° 29, 2004, p. 217-224.

49. Martin Lindstrom, « Broad Sensory Marketing », *Journal of Product and Brand Management,* vol. 14, n° 2, 2005, p. 84-87.

50. D.A. Laird, « How the Consumers Estimate Quality by Subconscious Sensory Impressions: With Special Reference to the Role of Smell », *Journal of Applied Psychology,* vol. 16, n° 3, 1932, p. 241-246.

51. Eric R. Spangenberg, Ayn E. Crowley et Pamela W. Henderson, « Improving the Store Environment: Do Olfactory Cues Affect Evaluations and Behaviors? », *Journal of Marketing,* vol. 60, n° 2, 1996, p. 67-80.

52. Nicolas Guéguen et Christine Petr, « Odors and Consumer Behavior in a Restaurant », *International Journal of Hospitality Management,* vol. 25, 2006, p. 335-339.

53. Bruno Daucé, « La diffusion de senteurs d'ambiance dans un lieu commercial : intérêts et tests des effets sur le comportement », 2000, thèse de doctorat en sciences de gestion, université de Rennes 1.

54. Maureen Morrin et S. Ratti Ratneshwar, « The Impact of Ambient Scent on Evaluation, Attention and Memory for Familiar and Unfamiliar Brands », *Journal of Business Research,* vol. 49, n° 2, 2000, p. 157-165.

55. Maureen Morrin et Jean Charles Chebat, « Person-Place Congruency: The Interactive Effects of Shopper Style and Atmospherics on Consumer Expenditures », *Journal of Service Research,* vol. 8, n° 2, 2005, p. 181-191.

56. Eric R. Spangenberg, David E. Sprott, Bianca Grohmann et Daniel L. Tracy, « Gender-Congruent Ambient Scent Influences on Approach and Avoidance Behaviors in a Retail Store », *Journal of Business Research,* vol. 59, 2006, p. 1281-1287.

57. Jean-Charles Cheba, Maureen Morrin et Daniel-Robert Chebat, « Does Age Attenuate the Impact of Pleasant Ambient Scent? », *Environment and Behavior,* vol. 42, n° 2, 2009, p. 258-267.

58. Aradhna Krishna, May Lwin et Maureen Morrin, « Product Scent and Memory », *Journal of Consumer Research,* vol. 37, juin 2010, 57-67.

59. Aradhna Krishna, « Customer Sense : How the 5 Senses Influence Buying Behavior », Palgrave Macmillan, 2013.

60. Rachel S. Herz et Julia von Clef, « The Influence of Verbal Labeling on the Perception of Odors: Evidence for Olfactory Illusions? », *Perception,* vol. 30, n° 3, 2001, p. 381-391.

61. *Idem.*

62. Rachel S. Herz « The Emotional, Cognitive and Biological Basics of Olfaction: Implications and Considerations for Scent Marketing », *in* Aradhna Krishna (dir.), *Sensory Marketing : Research on the Sensuality of Consumers, op. cit.*

63. Michael Lindstrom, *Brand Sense, Sensory Secrets behind the Stuff we Buy, op. cit.*

64. Virginie Maille « L'influence des stimuli olfactifs sur le comportement du consommateur : un état des recherches », *Recherche et applications en marketing,* vol. 16, n° 2, 2001, p. 51-76.

65. Film *Consommateurs pris au piège* d'Emmanuelle Ménage *op cit.*

66. « La Quotidienne » de France 5 du 2 mars 2016.

67. Idriss Aberkane, *Libérez votre cerveau !,* Robert Laffont, 2016.

68. Sophie Rieunier *et al., Marketing sensoriel du point de vente,* Dunod, 2013.

69. Aristote, *De l'âme,* Garnier-Flammarion, 1999.

70. David Katz, *The World of Touch,* Lawrence Erlbaum Associates Inc., 1989.

71. Hendrik N.J. Schifferstein et Pieter M.A. Desmet, « The Effects of Sensory Impairments on Product Experience and Personal Well-Being », *Ergonomics,* vol. 50, n° 12, 2007, p. 2026-2048.

72. Morris B. Holbrook, « On the Importance of Using Real Products in Research on Merchandising Strategy », *Journal of Retailing,* vol. 59, n° 1, 1983, p. 4-20.

73. Deborah Brown McCabe et Stephen M. Nowlis, « The Effect of Examining Actual Products or Product Descriptions on Consumer Preference », *Journal of Consumer Psychology,* vol. 13, n° 4, 2003, p. 431-439.

74. Alberto Gallace et Charles Spence, *In Touch With the Future : The Sense of Touch from Cognitive Neuroscience to Virtual Reality,* Oxford University Press, 2014.

75. Martin Lindstrom, *Brand Sense, Sensory Secrets behind the Stuff We Buy, op. cit.*

76. Richard H. Thaler, « Toward a Positive Theory of Consumer Choice », *Journal of Economic Behavior and Organization,* vol. 5, n° 1, 1980, p. 39-60.

77. Daniel Kahneman, Jack L. Knetsch et Richard H. Thaler, « Anomalies : The Endowment Effect, Loss Aversion, and Status Quo Bias », *The Journal of Economic Perspectives,* vol. 5, n° 1, hiver 1991, p. 193-206.

78. Joann Peck et Suzanne B. Shu, « The Effect of Mere Touch on Perceived Ownership », *Journal of Consumer Research,* vol. 36, n° 3, 2009, p. 434-447.

79. Rieunier, S. et al., *Marketing sensoriel du point de vente,* Dunod, 2013 (4ᵉ édition).

80. Joann Peck et Terry L. Childers, « Individual Differences in Haptic Information Processing : the "Need for Touch" Scale », *Journal of Consumer Research,* vol. 13, n° 4, 2003, p. 430-442.

81. Joann Peck et Terry L. Childers, « To Have and To Hold : The Influence of Haptic Information on Product Judgments », *Journal of Marketing,* vol. 67, n° 2, 2003, p. 35-48.

82. Joann Peck et Suzanne B. Shu, « To Hold Me Is To Love Me : The Role of Touch in the Endowment Effect », *Advances in Consumer Research,* n° 34, 2007, p. 513-514.

83. Alka Varma Citrin, Donald E. Stern, Eric R. Spangenberg et M.J. Clark, « Consumer Need for Tactile Input an Internet Retailing Challenge », *Journal of Business Research,* vol. 56, n° 11, 2003, p. 915-922.

84. Atefeh Yazdanparast et Nancy Spears, « Can Consumers Forgo the Need to Touch Products ? An Investigation of Nonhaptic Situational Factors in an Online Context », *Psychology and Marketing,* vol. 30, n° 1, 2013, p. 46-61.

85. Aradhna Krishna et Maureen Morrin, « Does Touch Affect Taste ? The Perceptual Transfer of Product Container Haptic Cues », *Journal of Consumer Research,* vol. 34, avril 2008.

86. Aradhna Krishna, *Customer Sense : How The 5 Senses Influence Buying Behavior,* Palgrave Macmillan, 2013.

87. Alberto Gallace et Charles Spence, « The Science of Interpersonal Touch : An Overview », *Neuroscience and Biobehavioral Reviews,* vol. 34, n° 2, 2010, p. 246-259.

88. Benoît Heilbrunn, *La Consommation et ses sociologies,* Armand Colin, 2015 (3ᵉ édition).

89. April H. Crusco et Christopher G. Wetzel, « The Midas touch : The Effects of Interpersonal Touch on Restaurant Tipping », *Personality and Social Psychology Bulletin,* vol. 10, n° 4, 1984, p. 512-517.

90. Jacob Hornik, « Tactile Stimulation and Consumer Response », *The Journal of Consumer Research,* 19, décembre 1992, p. 449-458.

91. Bertil Hulten, Niklas Broweus et Marcus Van Dijk, *Sensory Marketing,* Palgrave Macmillan, 2009.

92. Brett A.S. Martin, « A Stranger's Touch : Effects of Accidental Interpersonal Touch on Consumer Evaluations and Shopping Time », *Journal of Consumer Research,* vol. 39, n°3, 2012, p. 174-184.

93. Margaux Limoges, *op. cit.*

94. Ryan A. Elder et Aradhna Krishna, « The "Visual Depiction Effect" in Advertising : Facilitating Embodied Mental Simulation through Product Orientation », *Journal of Consumer Research,* vol. 38, avril 2012, p. 998-1003.

95. Roger Dooley, *op. cit.*

96. https://vimeo.com/114767889

97. http://www.larecherche.fr/idees/back-to-basic/gout-01-01-2002-88850

98. Cynthia N. Du Bose, Armand V. Cardello et Owen Maller, « Effects of Colorants and Flavorants on Identification, Perceived flavor Intensity and Hedonic Quality of Fruit-Flavored Beverages and Cake », *Journal of Food Science,* vol. 45, n° 5, 1980, p. 1393-1399.

99. Aradhna Krishna et Maureen Morrin, « Does Touch Affect Taste ? The Perceptual Transfer of Product Container Haptic Cues », *Journal of Consumer Research,* vol. 34, avril 2008, p. 807-818.

100. Carl McDaniel et R.C. Baker, « Convenience Food Packaging and the Perception of Product Quality : What Does Hard-to-open Mean to Consumers ? », *Journal of Marketing,* vol. 41, n° 4, 1977, p. 57-58.

101. Massimiliano Zampini et Charles Spence, « The Role of Auditory Cues in Modulating the Perceived

Crispness and Staleness of Potato Chips », *Journal of Sensory Studies,* vol. 19, n° 5, 2004, p. 347-363.

102. Marion Hombach, « Les secrets du bon goût », in *Géo Savoir* hors-série, « Le fantastique pouvoir de nos 5 sens », n° 7, 2014, p. 96-99.

103. Ryan S. Elder et Aradhna Krishna, « The Effects of Advertising Copy on Sensory Thoughts and Perceived Taste », *Journal of Consumer Research,* 36, n° 5, 2010, p. 748-758.

104. Ralph I. Allison et Kenneth P. Uhl, « Influence of Beer Brand Identification on Taste Perception », *Journal of Marketing Research,* vol. 1, n° 3, 1964, p. 36-39.

105. Samuel M. McClure, Jian Li, Damon Tomlin, Kim S. Cypert, Latané M. Montague et P. Read Montague, « Neural Correlates of Behavioral Preference for Culturally Familiar Drinks », *Neuron,* vol. 44, octobre 2014, p. 379-387.

partie IV
LE CERVEAU DU NEURO-CONSOMMATEUR INFLUENCÉ PAR L'INNOVATION

Élaborées avec la volonté de s'adapter au comportement inconscient du cerveau des neuro-consommateurs, les politiques d'innovation, de présentation des produits et services, de tarification et de vente améliorent leur efficacité. Quand ils sont thématisés, théâtralisés, dotés d'une expérience sensorielle, les espaces de distribution et de services augmentent le temps de présence ainsi que l'intérêt des clients. Des effets positifs en résultent à travers un accroissement significatif du chiffre d'affaires et une amélioration de la perception de la marque des enseignes.

INTRODUCTION

Après avoir porté un intérêt au comportement inconscient du cerveau du neuro-consommateur, à la manière dont il est conditionné par différents facteurs internes, dominé par ses émotions, ses désirs, ses sens, il convient de réfléchir sur les conséquences de ses perceptions lorsqu'il est confronté à l'environnement de la consommation et des achats. En premier lieu, nous nous intéressons à ses réactions face aux politiques d'innovation, de design, de packaging des produits et services proposées par les enseignes pour tenter de le séduire. Nous porterons un intérêt particulier aux effets inconscients que peuvent provoquer les formes, les couleurs, l'écriture…

Nous aborderons les obstacles qu'il ressent pour nous faire une idée objective de la juste tarification d'un bien ou d'un service et également aux difficultés de sa perception de la relation qualité/prix.

Dans un second temps, nous analyserons les réactions du cerveau lorsque le neuro-consommateur fréquente un espace de vente ou de services. Il semble intéressant de comprendre ses sensations quand il est confronté à la thématisation et à la théâtralisation choisie et organisée des lieux dans le but de lui faire dépenser davantage d'argent.

Il incombe de connaître l'effet que peut avoir le développement d'un marketing expérientiel et sensoriel sur ses décisions d'achat. Notamment lorsque l'appel subliminal à ses sens est bien adapté au positionnement choisi par la marque, coordonné avec la stratégie globale de la communication, de l'e-communication, de la politique relationnelle de l'enseigne, lorsque existe une congruence harmonisée entre les sens sollicités.

Nous achèverons cette partie en portant une attention aux modes d'influence irrationnels que peuvent avoir les commerciaux sur l'attitude du cerveau des clients. Nous nous intéresserons à l'existence de méthodes issues de la réflexion neuroscientifique susceptibles d'améliorer leurs capacités de persuasion.

CHAPITRE 17
L'INFLUENCE DE L'INNOVATION, DU DESIGN, DU PACKAGING

D'importants moyens en marketing sont engagés par les entreprises pour réussir leur politique de lancement et de développement de produits et services auprès des consommateurs. Les efforts concernent différents domaines et en particulier l'innovation, le design, le packaging. De nombreux produits lancés sur les marchés mondiaux connaissent un échec seulement quelques mois après leur sortie, et ce en dépit des importants budgets de communication dépensés pour assurer leur promotion. Des experts, parmi lesquels deux Françaises, Emmanuelle Le Nagard-Assayag, professeur à l'Essec, et Delphine Manceau[1], professeur à l'ESCP-Europe, évaluent le taux d'échecs des produits nouveaux entre 70 et 90 %, deux à trois ans après leur lancement, selon les catégories de produits et les pays. Pour elles, les échecs des offres dans le « high-tech » et la « grande consommation » sont plus importants que dans le secteur des biens industriels et des services. Elles reprennent une boutade entendue dans la société 3M qui montre les difficultés rencontrées lors des lancements de produits : « Il faut embrasser beaucoup de crapauds pour rencontrer un prince charmant. »

Face à ce constat, après avoir épuisé les traditionnelles méthodes du marketing, de nombreuses entreprises font désormais appel aux recherches permettant de mieux comprendre le comportement irrationnel des neuro-consommateurs confrontés aux offres actuelles ou futures de produits et services qui leur sont destinées.

Elles s'adressent fréquemment aux cabinets et aux professionnels proposant des études et des expertises en neuromarketing. Les techniques utilisées émanent des neurosciences telles que l'IRM, l'EEG ou d'autres outils plus simples et moins onéreux. En collaboration avec leurs partenaires, les sociétés clientes s'intéressent plus particulièrement aux effets que produisent dans le cerveau des neuro-consommateurs : l'innovation, le design, le packaging.

Le cerveau du neuro-consommateur face à l'innovation

En dépit de l'important taux d'échec des nouveaux produits, le cerveau attache un intérêt particulier à l'innovation. Depuis des millions d'années, celle-ci permet à la race humaine non seulement de survivre, mais aussi d'évoluer plus rapidement que les autres espèces vivantes. Le psychologue américain Robert Evan Ornstein[2] montre que le « cerveau primitif » est prioritairement concerné par notre survie. De là, la forte attention que porte celui du neuro-consommateur aux innovations indispensables pour l'assurer.

> *Le cerveau attache un intérêt particulier à l'innovation. Celle-ci permet à la race humaine non seulement de survivre, mais aussi d'évoluer plus rapidement que les autres espèces vivantes.*

Malheureusement pour les entreprises, une part trop restreinte d'inventions recueille l'intérêt d'un nombre suffisant de clients, pour permettre de justifier leur développement et de se transformer en véritables innovations. Rappelons que l'invention est l'appellation qu'il convient de donner à une offre estimée innovante par l'entreprise. Elle devient une innovation seulement quand elle est jugée nouvelle et intéressante par les clients.

Chan Kim et Renée Mauborgne[3], quant à eux, proposent aux sociétés une approche permettant de rencontrer un « océan bleu » pour créer de véritables « innovations-valeur ». La méthode présentée est conçue pour les aider à offrir des produits et services originaux en s'intéressant davantage à rechercher d'« être différent » plutôt que de tenter d'« être meilleur ». Leur méthode est compatible avec l'intérêt ressenti par le cerveau pour la nouveauté, mais pas pour n'importe laquelle.

Les techniques neuroscientifiques permettent désormais de voir si les inventions sont en harmonie avec les impressions et attentes du cerveau des neuro-consommateurs.

Les notions de beau et de laid, directement ressenties par le cerveau, entraînent un sentiment de plaisir ou de dégoût envers les innovations. Comme le décrivent les deux chercheurs français Bernard Roullet et Olivier Droulers[4], les zones du cerveau impliquées dans l'évaluation des innovations des produits et en particulier de leur design ou de leur packaging sont celles de l'insula ou cortex insulaire, celle du cortex orbitofrontal médian et du cortex pariétal. L'insula n'est pas spontanément visible, contrairement aux autres lobes cérébraux car elle est recouverte par les lobes frontal, pariétal et temporal.

Pour ces deux auteurs, l'insula joue un rôle essentiel en intégrant les informations sensorielles corporelles dans les processus émotionnels. Elle est impliquée lors d'une expérience de dégoût chez une personne et même lors de la reconnaissance chez autrui d'une expression faciale de dégoût. À partir des techniques issues des neurosciences, on détecte une activation de l'insula lors de la présentation d'une innovation que le neuro-consommateur n'apprécie pas. Elle s'active également quand il est soumis à des stimuli jugés peu attrayants, mais aussi quand il est confronté à des offres injustes. Celles, par exemple, qui proposent une tarification estimée trop importante face à la qualité perçue du bien ou du service présenté.

Pour leur part, Hideaki Kawabata, professeur japonais en art et design de l'université Nariyasu Gakuen de Kyoto, et son confrère d'origine turque Semir Zeki[5], professeur de neuroesthétique à l'UCL (University College of London), montrent, à partir d'expériences scientifiques, que le jugement esthétique est corrélé à l'activation des zones cérébrales précédemment mentionnées, à savoir le cortex orbitofrontal et le cortex pariétal. Plus le stimulus est estimé « beau », plus le premier cortex s'active. S'il est perçu comme « laid », le cortex moteur s'active et le cortex orbitofrontal se désactive.

L'utilisation des techniques neuroscientifiques aide à détecter les innovations qui plaisent ou déplaisent au cerveau. Emmanuelle Le Nagard-Assayag et Delphine Manceau[6], se référant au cabinet d'étude Novaction, avancent que 81 % des projets enregistrent des résultats insuffisants lors des tests préalables au lancement. On comprend l'intérêt pour les cabinets de neuromarketing de proposer un ensemble de méthodes et outils neuroscientifiques permettant de compléter les recherches traditionnelles en marketing. À partir d'une observation directe du comportement du cerveau des neuro-consommateurs, ils apportent un éclairage nouveau concernant la perception du concept même de l'innovation.

Afin d'y parvenir, ces techniques tentent d'abord d'expliquer pourquoi le cerveau du neuro-consommateur n'adhère pas à certains concepts d'innovation ayant préalablement rencontré des échecs. Chaque échec est étudié à l'aide de méthodes neuroscientifiques.

Les deux Françaises cherchent également à déterminer, pour un nouveau concept destiné à un futur lancement, un ensemble d'éléments pouvant être appréciés ou refusés par le cerveau.

Des domaines tels que l'idée du concept, le positionnement proposé, la formulation ou la fonctionnalité du produit ou du service, le nom choisi, la marque utilisée destinée à soutenir l'offre, le bénéfice perçu par le client, l'acceptabilité du prix, etc. sont soumis à des investigations neuroscientifiques. Elles permettent d'enregistrer à l'aide de l'IRM ou de l'EEG puis de rechercher les caractéristiques qui procurent au cerveau un important niveau d'attention, de plaisir ou d'engagement émotionnel, de mémorisation, de sentiment de nouveauté, d'intention d'achat ; à l'inverse de répulsion ou d'indifférence…

Le passage du concept à la conception et à la fabrication donne aussi lieu à des vérifications neuroscientifiques : d'intérêt, d'attractivité, d'indifférence, de répulsion…

> *L'ensemble des données sensorielles est soumis à des investigations concernant les réactions inconscientes du cerveau envers les composants du produit. Elles concernent des domaines aussi différents que la texture des crèmes ou des huiles de beauté, le bruit des pastilles ou des chips en bouche, le goût des tubas utilisés pour la plongée sous-marine, l'odeur des anoraks ou des combinaisons de plongée entreposés plusieurs semaines dans un local humide…*

Les formes et le design font également l'objet de préoccupations neuroscientifiques. Pour les experts en neuromarketing tels que le docteur A.K. Pradeep[7], utilisées seules ou en complément des traditionnelles études réalisées par le marketing, les recherches à partir des neurosciences permettent d'apporter une amélioration significative pour assurer le succès des innovations conduisant au lancement de nouveaux produits et services.

Les professeurs américains Floyd E. Bloom, Larry Squire, Darwin Berg et quatre autres chercheurs écrivent : « Au début du XXIe siècle, le télescope de l'espace Hubble nous procure des informations sur des régions de l'univers encore inconnues sur nos cartes ainsi que la promesse que nous pouvons apprendre quelque chose sur l'origine du cosmos. Ce même état d'esprit d'aventure est aussi dirigé vers la plus complexe structure qui existe dans l'univers : le cerveau humain[8]. » Pour A.K. Pradeep, le neuromarketing est au marketing ce que le télescope Hubble est à l'astronomie. Il nous apporte « un saut quantique en avant, vers une plus grande connaissance et un plus grand aperçu, atteints avec précision scientifique et certitude[9] ».

Le cerveau du neuro-consommateur confronté au design

Le design est un domaine dont la réussite intéresse en premier lieu les entreprises. Pour certaines, il fait partie intégrante des innovations.

La « neuro-esthétique » du design, un nouvel axe de recherche pour l'analyse neuroscientifique

Bernard Roullet et Olivier Droulers[10] font remarquer que l'esthétique, qui fait partie du design, a longtemps été considérée par les chercheurs et les historiens de l'art comme une activité éminemment cognitive, c'est-à-dire non affective. Pour la comprendre et l'évaluer, elle nécessite un apprentissage, une culture préalable et des outils d'évaluation « objective ». L'efficacité d'un design demeure encore évaluée par les études marketing traditionnelles sur une base consciente et rationnelle. Elles sont réalisées à partir d'interviews, d'échelles d'attitude et d'un ensemble d'outils conventionnels tels les panels ou les *« focus groups »*. Avec l'émergence des neurosciences, on découvre la part de l'émotion et de l'affect. Les études classiques se révèlent d'un intérêt limité dans ce domaine. Elles le sont encore davantage lorsque l'on demande au consommateur de choisir aujourd'hui le design d'un bien qui sera mis sur le marché quelques années plus tard. C'est par exemple le cas pour l'automobile : « Une meilleure compréhension des processus de jugement esthétique passe aussi par une prise en compte des phénomènes cérébraux sous-jacents[11]. »

Semir Zeki[12] mentionne l'émergence de la « bio-esthétique » et de la « neuro-esthétique ». Notons que la première conférence mondiale de neuro-esthétique a eu lieu à Londres dès 2002.

Pour Bernard Roullet et Olivier Droulers, « le thème du design est aujourd'hui un élément clé de la différenciation et de la compétitivité des fabricants comme des distributeurs […] L'approche neuroscientifique trouve ici un terrain privilégié car de nombreux sujets d'étude en design, comme l'évaluation esthétique (le beau et le laid), l'appréciation de formes innovantes, la focalisation de l'attention sur tel ou tel objet, ou la symbolique des formes sont peu accessibles au questionnement direct. En effet, il s'agit de processus difficilement accessibles à la conscience, ou difficilement verbalisables[13] ».

Les chercheurs italiens en neurosciences Cinzia Di Dio, Emiliano Macaluso et Giacomo Rizzolati prétendent même « qu'il existe des paramètres intrinsèques à des œuvres d'art (en particulier le célèbre nombre d'or) capables de susciter un schéma d'activation neurale spécifique, sous-tendant la sensation de beauté chez l'observateur[14] ».

Pierre Boulez, Jean-Pierre Changeux et Philippe Manoury[15] pensent, quant à eux, que la disposition cérébrale permet de reconnaître une véritable harmonie existante entre une partie et le tout d'une œuvre d'art.

Les recherches concernant l'attrait du cerveau des neuro-consommateurs pour le design utilisent désormais les techniques neuroscientifiques. Elles vont des plus simples – par exemple le couplage de l'oculométrie avec des mesures électrodermales ou d'observation du diamètre pupillaire, permettant de capter l'apparition d'émotions ou l'attention – aux plus complexes – telles que l'IRM et l'EEG.

Dans le film *Consommateur pris au piège*[16], la journaliste Emmanuelle Ménage présente une expérience réalisée par Steve William, directeur du cabinet britannique NeuroSense. Elle concerne la recherche de préférences pour le design d'un sac à main par des consommateurs dont les réactions du cerveau sont étudiées à l'aide de l'IRM.

Une autre société NeuroFocus (Nielsen) étudie les réactions des neuro-consommateurs confrontés au design d'un produit en observant les ondes émises par le cerveau à partir de son outil « Mynd ». Il s'agit d'un électroencéphalographe sophistiqué relié à un ordinateur par la technologie Bluetooth. Les mesures des différents designs, pratiquées par NeuroFocus, décrites par son fondateur, A.K. Pradeep[17], répondent à des protocoles précis. Elle cherche à comprendre le TCE *(Total Consumer Expérience)* d'un client en suivant les réactions de son cerveau à différents stades de sa relation avec le design du produit. Le TCE analyse successivement plusieurs moments de ces relations tels que l'examen visuel de la forme, la saisie en main du produit et l'anticipation de son usage, l'extraction du produit de son emballage, la perception multi-sensorielle du premier moment de contact avec le produit, les réponses de la perception multi-sensorielle neurologique de la manière dont le produit est consommé… À travers ces phases, les experts tentent d'isoler des éléments précis, les plus signifiants pour le cerveau. Ces éléments constituent la NIS *(Neurological Iconic Signature)* – ou SIN (signature iconique neurologique) du design. Elle représente ce qui pour le cerveau évoque ce qui est le plus puissant, le plus marquant ou encodé dans sa représentation.

Plusieurs tests complémentaires relatifs à l'ensemble des composantes sensorielles du prototype telles que sa forme, sa facilité d'utilisation, sa tarification, la valeur de la marque destinée à le soutenir sont également réalisés à partir de l'analyse des réactions du cerveau.

Les études neuroscientifiques concernant le design se pratiquent dans la plupart des secteurs d'activités et des pays. Leurs utilisations demeurent plus fréquentes dans les pays anglo-saxons et dans l'industrie des biens de grande consommation. Elles commencent à s'intéresser aux biens industriels. Un très grand nombre de produits sont concernés allant des plus banals aux plus complexes : les bouteilles de parfums, de boissons, les bonbonnes de gaz, les téléphones mobiles, les tablettes numériques, les cartes de restaurant, les voitures…

> *Certains téléphones mobiles se voient ajouter du plomb afin de rendre leur design plus compatible avec l'idée de qualité liée au poids perçue par le cerveau. La société Bang & Olufsen ajoute du poids à ses télécommandes pour conforter le consommateur dans son évaluation de la qualité du produit*[18].

Le cerveau établit une étroite relation entre le goût d'un produit alimentaire et sa couleur.

> *Afin de donner confiance au neuro-consommateur, l'industrie alimentaire n'hésite pas à utiliser des colorants artificiels pour rendre ses produits plus adaptés à la perception du cerveau. Le sirop de menthe normalement incolore est fréquemment présenté en vert.*

> *Comme le mentionne Clélia Six*[19], *la société Apple attache une grande importance au design de ses produits et services. Leur esthétique est très reconnaissable : le design du Mac est spécifique, les écouteurs sont en blanc, la couleur des iPod est acidulée.*

> *Daniel Keravec*[20] *fait remarquer que le design de l'App Store est exceptionnel pour sa praticité d'utilisation. Fourni pour tous les appareils Apple, il comporte un seul point d'entrée destiné à l'ensemble des iPhone.*

L'industrie automobile attache beaucoup d'intérêt à réussir le design externe et interne de ses voitures.

> *Au début des années 2000, la société Daimler-Chrysler en association avec les chercheurs en neurosciences de l'université allemande d'Ulm sont des précurseurs dans l'utilisation de l'IRM pour la recherche de designs attractifs. Actuellement, plusieurs fabricants font appel aux techniques du neuromarketing*

Certains téléphones mobiles se voient ajouter du plomb afin de rendre leur design plus compatible avec l'idée de qualité liée au poids perçue par le cerveau.

et du marketing sensoriel afin de rechercher une esthétique externe ou interne neuro-compatible pour leurs futures voitures. Toyota fait part de son association avec le Ricken Brain Science Institute au Japon.

Dans un article de la journaliste Natacha Cygler[21], Béatrice Daillant-Vasselin, responsable des aspects des matériaux, des décors intérieurs et extérieurs chez PSA, évoque les expériences de ce constructeur dans la recherche de designs sensoriels. Dans cette société, une douzaine de professionnels travaillent en permanence à composer la carte d'identité sensorielle la plus favorable au cerveau pour le véhicule qui sortira de la chaîne de montage. Elle déclare : « Nous travaillons principalement sur le toucher, le visuel et l'ouïe… les grains des textures comme le cuir, l'impression de robustesse et de sécurité d'une planche de bord, les sons polyphoniques-clignotants, le bouclage des ceintures… sont intégrés très en amont du projet de développement du véhicule. »

Un autre domaine particulièrement favorable aux études neurosensorielles concerne l'emballage ou le packaging des produits.

Le neuro-consommateur sous l'influence du packaging

Le packaging revêt un intérêt spécifique pour le neuro-consommateur. Il transmet les éléments que le fabricant désire lui faire ressentir, du design ou du produit qui se présente à l'intérieur de l'emballage. Son importance est d'autant plus significative lorsque l'on sait, en écoutant les experts[22], que de 70 à 75 % des achats de biens de grande consommation se réalisent dans les points de vente et que 80 % des produits pris en main sont achetés. En revanche, si l'impression tactile du produit, par exemple le poids, ne correspond pas à ce qu'attend le cerveau, il est rapidement reposé sur le rayon.

Dans un environnement où de multiples offres se concurrencent sur les linéaires des étalages, le packaging est conçu pour correspondre autant que possible aux attentes instinctives du cerveau des clients.

Dans les grandes surfaces d'enseignes telles que Leclerc, Carrefour, Auchan… plus de 100 000 références peuvent se retrouver en compétition. Les échecs de lancement de produits dus à un packaging inapproprié aux perceptions du cerveau des neuro-consommateurs demeurent fréquents.

> *Afin de vouloir plaire à tout prix, le packaging peut se révéler trompeur. Dans certaines cultures comme au Japon, les clients préfèrent un packaging transparent qui permet de voir le produit à l'intérieur de son emballage. Dans ce cas, la qualité intrinsèque du design ou de la présentation du produit est particulièrement importante.*

À partir d'études réalisées sous IRM, trois chercheurs à l'université allemande de Zeppelin-Friedrichshafen, Marco Stoll, Sebastian Baecke, Peter Kenning[23], observent des variations d'activation du cerveau confronté à différents types de packaging. Un packaging évalué comme attractif active des zones laissant voir une plus grande allocation visuelle mais également susceptibles de déclencher le circuit de récompense, prédisposant à des comportements d'approche. En revanche, la présentation d'un packaging estimé peu attractif provoque une activation de l'insula, déjà mentionnée, et d'autres zones prédisposant à un rejet ou à un délaissement.

Plusieurs techniques sont utilisées pour tenter d'analyser l'intérêt présenté par un packaging pour les neuro-consommateurs.

> *Éric Singler, directeur général chez BVA, a reconstitué à Paris mais aussi aux États-Unis et en Asie, des supérettes de magasins permettant de réaliser des tests sur les packages. Les échantillons testés figurent sur des linéaires au milieu de produits concurrents, comme dans la réalité d'une grande surface.*

L'attitude des neuro-consommateurs est observée à partir d'une technique d'oculométrie parfois associée à un outil permettant de capter l'émotion tel que l'EMG (électromyographie).

L'EMG, en anglais « *biofeedback* » (ou « *biofeedback EEG* »), est utilisée dans des applications médicales dès les années 1970 par les pères de la sophrologie, l'Américain Edmund Jacobson (1888-1976) et le Colombien d'origine basque espagnole Alfonso Caycedo[24]. Elle enregistre, à partir de capteurs cutanés posés sur certains muscles, les courants électriques produits par le cerveau qui accompagne l'activité musculaire. Elle permet d'établir un électrogramme conduisant à l'élaboration d'un électrodiagnostic. Une expérimentation, réalisée par Olivier Droulers, de ce procédé destiné à capter les émotions du cerveau d'un neuro-consommateur a été diffusée à la télévision[25].

Pour évaluer l'intérêt d'un packaging, la plupart des sociétés de conseil en neuromarketing préfèrent utiliser des techniques plus sophistiquées telles que l'IRM ou l'EEG. NeuroFocus semble donner la préférence à l'emploi de son EEG « Mynd ». Assez esthétique pour ce type d'appareils, placé sur la tête, il possède l'avantage de permettre aux neuro-consommateurs étudiés de pouvoir se déplacer dans un linéaire.

Les propriétés du packaging qui attirent les perceptions du cerveau

L'attrait du packaging pour le cerveau est analysé à l'aide des techniques neuroscientifiques. Elles s'intéressent à plusieurs propriétés de sa présentation.

L'imagerie et l'iconographie

Portées par l'emballage, elles constituent deux éléments importants pour déclencher l'attractivité du cerveau. Elles le sont d'autant plus qu'elles provoquent une « évocation émotionnelle » sur les présentoirs des linéaires.

> *La représentation de l'origine des produits (des olives ou des oliviers pour une huile d'olive, des oranges ou des orangers pour un jus d'orange, des vaches pour du lait, des fleurs pour un produit de beauté) est susceptible de créer dans le cerveau une sensation émotive émanant de l'aspect naturel des images. Pour d'autres produits, par exemple ceux destinés à de jeunes enfants, le cerveau est attiré par la reconnaissance des faces car il est naturellement programmé pour les identifier.*

Les couleurs

Certaines couleurs comme le rouge ou le noir attirent l'attention du cerveau en réveillant les marqueurs somatiques liés au danger ou à la mort. D'autres, en particulier lorsqu'elles revêtent une signification culturelle, provoquent des émotions inconscientes spécifiques à certains pays ou populations : le rouge et le jaune en Chine, l'orange en Ukraine ou en Hollande, le vert pour certaines populations de culture liée au monde islamique…

Le bleu figure parmi les couleurs les plus appréciées dans le monde. Il est particulièrement aimé au Japon. Spécifiquement le bleu de Prusse, importé de Hollande dans ce pays au cours des années 1820. Il permet de nombreuses nuances sur les estampes et donne un aspect onirique à la représentation de la nature qui semble baigner au clair de lune. Il est rendu célèbre par Katsushika Hokusai (1760-1849) dans ses représentations du mont Fuji, de la grande vague…

L'écriture

Elle donne un sens au produit. Le texte doit demeurer en harmonie avec les images. Des termes comme « savoureux », « nouveau », « d'origine », « naturel », « traditionnel », « frais », « produit chez l'artisan », « à la ferme », etc. contribuent à créer de l'émotion. Ils sont choisis avec une grande attention pour conférer de la valeur au packaging. L'organisation de l'écriture et des images est disposée pour faciliter la rapidité de traitement de l'information par le cerveau. Par exemple, en plaçant de préférence les images à gauche et le texte à droite. La forme de l'écriture revêt également une certaine importance. Le cerveau semble davantage attiré lorsque le texte est légèrement décalé par rapport au centre. Il paraît également que les lignes courbes sont mieux visualisées que les rectilignes.

La taille et la forme du packaging

Ce domaine est appelé *« facing »* par les professionnels. Certaines formes de bouteilles sont « optimisées », cela veut dire que l'on augmente leur taille pour donner au cerveau du neuro-consommateur l'impression que leur contenance en liquide est supérieure à celle des bouteilles concurrentes plus petites présentées sur le même linéaire. Un poids jugé agréable par le cerveau, la facilité de prendre le produit en main et de le manipuler avec aisance présentent des signes d'attractivité émanant du packaging.

La marque qui figure sur le packaging

Elle joue un rôle important pour conférer aux produits des qualités reliées à son essence. L'ensemble des éléments représentés sur l'emballage doit se révéler cohérents avec l'ADN de la marque.

La plupart des éléments reproduits sur le packaging sont soumis à l'observation des différentes techniques neuroscientifiques. Elles permettent d'observer leur compatibilité avec les impressions du cerveau.

Des sociétés utilisant l'EEG, telles que NeuroFocus, réalisent selon les cas, comme pour l'évaluation d'un design, des tests permettant de constater si l'effet procuré par le packaging au cerveau attire l'attention, crée un engagement émotionnel, est mémorisé, provoque un intérêt pour l'achat, évoque une sensation de nouveauté…

La réactivité du cerveau face aux différents modes de présentation du packaging

Les experts neuroscientifiques[26], à partir de leurs expériences réalisées sur de nombreux packagings, recensent plusieurs comportements liés aux réactions du cerveau des neuro-consommateurs face à la conception de sa présentation. Parmi elles :

- la réduction de la quantité de texte et du nombre de visuels facilite la compréhension du packaging par le cerveau. Trop de texte détourne l'attention. Le nombre d'images reproduites sur l'emballage doit de préférence être inférieur à trois ;

- l'image est plus importante que le texte pour attirer l'attention du cerveau ;

- le cerveau mémorise davantage les images d'un packaging lorsqu'il les a préalablement visionnées lors de spots publicitaires, de communications sur Internet, les mobiles ou sur les réseaux sociaux, sur des affiches, des vidéos internes ou externes aux magasins, à partir du *merchandising* ou des présentoirs ;

- le packaging améliore d'autant plus son efficacité qu'il permet une interaction sensorielle avec le produit : vue, son, goût, odeur, toucher. Certains packagings sont transparents afin de permettre de voir les produits à l'intérieur. D'autres sont conçus pour permettre une expérience tactile avec le produit, sentir le parfum qui lui correspond…

- la disposition et le nombre de packagings sur les rayons des points de vente influencent l'attractivité du cerveau. Une place sur les étagères élevées, à la hauteur des yeux, la favorise ;

- trop de références de packaging, pour une même catégorie de produits, affaiblissent les ventes.

Des expériences menées par Sheena S. Iyengar et Mark R. Lepper[27] à l'université de Columbia montrent qu'une petite sélection de produits dans une supérette alimentaire obtient une meilleure performance qu'une offre plus importante. Roger Dooley[28], président de la société Dooley Direct LLC, indique qu'en supprimant deux marques de beurre de cacahuètes, Walmart fait bondir les ventes de cette catégorie de produits dans ses points de vente. De son côté, Procter & Gamble voit croître la commercialisation des crèmes et lotions de soin pour la peau en diminuant le nombre de packages sur les rayons.

- la création d'un packaging attractif est indispensable pour la réussite de nombreux produits sur les linéaires dans un contexte où de multiples offres se concurrencent. De là, un souci permanent pour le marketing d'harmoniser sa conception artistique avec les perceptions émotives et sensorielles du cerveau des neuro-consommateurs.

Outre le packaging, la présentation est importante pour le cerveau. Un restaurant peut faire la meilleure cuisine, si les assiettes sont sales, les clients ne reviennent pas.

> *Un restaurant peut faire la meilleure cuisine, si les assiettes sont sales, les clients ne reviennent pas.*

CHAPITRE 18
L'INFLUENCE DU PRIX DES PRODUITS ET SERVICES

La tarification d'un produit ou d'un service revêt une grande importance pour le neuro-consommateur. Un tarif inadapté à la perception du cerveau des clients peut tuer les ventes. Lorsqu'il est estimé trop coûteux, le produit ou le service se voit préférer une offre moins chère proposée par la concurrence. De cette perception émane le succès du *low-cost* dans de nombreux secteurs d'activité. Le consommateur se refuse à payer plus cher un produit dont la qualité intrinsèque ne lui semble pas justifier la différence de tarif. À l'inverse, s'il est perçu comme trop bon marché, le produit ou le service n'est pas davantage acheté. Le cerveau du neuro-consommateur pense alors qu'il ne possède pas une qualité ou un standing suffisant correspondant à ses attentes. C'est en particulier le cas pour les produits « haut de gamme » ou de luxe.

> *En Europe, la société Bic a connu quelques déboires en proposant un parfum bon marché, pourtant jugé de bonne qualité par les experts et les clients interviewés lors de tests aveugles (sans marque ni prix). Les ventes n'ont pas été au rendez-vous et le parfum a dû être retiré du commerce.*

Confrontées à la grande difficulté qu'a le cerveau à se faire une idée rationnelle entre la qualité et le prix, les recherches permettant de trouver une tarification qui lui convient se révèlent importantes dans le processus de décision d'achat.

Dans de nombreux cas, l'idée même de qualité perçue n'est qu'un simple reflet du prix annoncé. Sa perception peut aussi être sujette à d'importantes variations selon différents facteurs qui lui sont associés. Un des plus importants est la marque. L'ouvrage réalisé par deux consultants dirigeants du cabinet international de conseil Simon-Kucher, Enrico Trevisan et Florent Jacquet[29], donne un éclairage intéressant sur l'influence des perceptions du cerveau pour élaborer une politique de tarification. Le cabinet Simon-Kucher & Partners Stategy and Marketing Consultants est fondé en 1985 par le professeur allemand écrivain et homme d'affaires Hermann Simon. Il fait désormais partie des plus importants cabinets de conseil internationaux. Il s'intéresse en particulier à la psychologie des prix.

Pour tenter de comprendre le comportement du consommateur confronté à la tarification, le marketing s'intéresse depuis longtemps à la perception psychologique du prix par le client.

À partir d'un regard direct sur la perception du cerveau, les neurosciences apportent une vision ainsi que des explications complémentaires permettant de mieux le comprendre.

Le prix psychologique perçu par le client

Les études traditionnelles en marketing cherchent à cerner le prix psychologique qu'un consommateur est disposé à dépenser pour acheter un produit ou un service déterminé. La plus classique consiste simplement à présenter le produit ou la description du service à un échantillon représentatif de consommateurs et de leur poser trois questions :

- « Au-dessus de quel prix, le produit ou le service présenté vous semble-t-il trop cher ? »
- « En dessous de quel prix vous paraît-il de médiocre qualité ? »
- « À quel prix accepteriez-vous de l'acheter ? »

À partir de ce questionnaire, les experts en études marketing déterminent le tarif psychologique optimal, celui qui reçoit le plus grand nombre d'adhésions. Pour être valide, ce type d'études s'entoure de certaines précautions. Si le produit est vendu en magasins, l'enquête se réalise dans le point de vente où il est commercialisé. Les professionnels du marketing constatent que la présence dans un type particulier de point de vente influe sur la perception du prix. Le même vêtement démarqué présenté dans la vitrine d'un magasin bon marché se voit attribuer un prix psychologique nettement moins élevé que s'il est exposé dans celle d'un magasin de luxe.

D'autres facteurs liés à la distribution, tels que la place sur un linéaire, la proximité d'autres produits, l'environnement immédiat, etc. ont également une influence sur la perception du prix psychologique.

Parmi les éléments qui conditionnent l'idée d'une « juste » tarification perçue par les consommateurs, la marque joue un rôle fondamental. Des enseignes connues et appréciées par un large public, telles qu'Apple, Nespresso, Starbucks, Abercrombie et bien entendu les marques de luxe en tirent profit. Il leur est possible de proposer à des tarifs plus élevés des produits ou services dont la qualité n'est pas objectivement supérieure à celle des offres concurrentes disposant d'une moins bonne notoriété ou image.

En dehors de la marque et du lieu de vente, la perception de la relation du prix et de la qualité est influencée par d'autres facteurs : le design du bien, le type de communication qui lui est associé, les commentaires recueillis sur les réseaux sociaux…

La perception subjective par le client d'une bonne harmonie entre le prix et la qualité perçue d'un produit ou d'un service demeure empreinte d'une forte subjectivité. Elle constitue une préoccupation importante pour les équipes marketing dans les entreprises. Certaines d'entre elles n'hésitent plus à faire appel aux recherches émanant des neurosciences pour compléter et améliorer leur compréhension dans ce domaine.

La notion de tarification vue à travers l'optique neuroscientifique

Aux États-Unis les tenants de l'économie comportementale et les neuro-économistes entreprennent des recherches liées à la perception du prix par le cerveau du neuro-consommateur. De nombreux travaux sont réalisés dans les universités de Stanford, de Pennsylvanie, de Carnegie Mellon… Des publications, émanant de chercheurs tels que Georges Loewenstein, Brian Knutson, Uri Simonsohn,

Dan Ariely, Lisa Trei, Benedict Carey…, grâce à l'utilisation des neurosciences, font avancer les connaissances dans ce domaine.

> *La perception subjective par le client d'une bonne harmonie entre le prix et la qualité perçue d'un produit ou d'un service demeure empreinte d'une forte subjectivité.*

Les recherches menées par George Loewenstein, Brian Knutson et leurs collègues[30] professeurs aux universités de Carnegie Mellon pour le premier, de Stanford pour le second, montrent que l'action d'acheter et de payer un bien ou un service active la zone du cerveau reliée au sentiment de souffrance. L'ensemble des moyens utilisés pour éviter ce sentiment, fort lorsque le neuro-consommateur doit sortir de l'argent, atténue la sensation. C'est en particulier le cas lors de l'utilisation de cartes de crédit, quand le client se voit proposer un délai de paiement ou encore une possibilité de crédit. Le neuro-consommateur est d'autant plus disposé à accepter un prix lorsque le vendeur parvient à diminuer l'ensemble des éléments qui lui créent de la peine.

L'impression de douleur liée au paiement, ressentie par le cerveau, est compensée par le plaisir immédiat apporté à travers la possession du produit. D'où l'importance de savoir expliquer la qualité et les avantages d'une offre à un client qui ressent son tarif comme étant trop élevé.

Pour les adeptes de l'économie comportementale, un tarif adéquat perçu par le neuro-consommateur correspond à un prix qui optimise favorablement l'antagonisme entre la peine apportée par le paiement et le plaisir de posséder ou de consommer le produit ou le service proposé. Pour le cerveau, cela consiste à résoudre un conflit interne entre les régions impliquées dans les processus d'approche et d'évitement. Une évaluation positive augmente l'activité du noyau accumbens qui joue un rôle dans le circuit de récompense. Lorsque le tarif est estimé excessif, il entraîne un accroissement de l'activité de l'insula impliquée dans l'expérience du dégoût. Pour Bernard Roullet et Olivier Droulers, « un prix excessif est en quelque sorte un prix aversif[31] ». Pour Brian Knutson et ses collègues[32], une simple observation de l'activité cérébrale à l'IRM permet de connaître la décision du neuro-consommateur relative au prix. Il devient inutile de le lui demander.

Concernant de nombreuses offres, le cerveau rencontre des difficultés à déterminer ce qui est pour lui le juste prix et élaborer un tarif de référence. Le professeur israélo-américain à l'université de Duke, Dan Ariely,[33] mentionne de nombreuses expériences dans différents domaines d'activité attestant de ce phénomène. Décrivant des recherches réalisées par Uri Simonsohn et George Loewenstein, il montre qu'un acheteur immobilier garde pendant plusieurs années l'ancien prix de sa maison comme référence, même si les tarifs pratiqués sur le marché évoluent d'une manière significative.

> *Pour les produits ou services qui ne sont pas associés à une référence de prix dans le cerveau, la référence du premier tarif constitue un indicateur. Le tarif élevé d'un produit en tête de gondole fait paraître les autres produits semblables moins coûteux.*
>
> *Sur une carte de restaurant, il peut sembler utile de placer les plats des mets les plus coûteux comme le homard, le foie gras, le filet de bœuf… en tête de liste. Ceux qui viennent par la suite procurent au cerveau l'impression d'être intrinsèquement moins chers.*

Les bons vendeurs dans les agences immobilières ont instinctivement conscience de cet ancrage de la perception du premier prix dans le cerveau des clients. Afin de faire paraître moins élevée la tarification de l'appartement qu'ils pensent commercialiser, ils commencent par faire visiter des appartements aussi chers, mais dont ils savent qu'ils correspondent moins aux goûts des visiteurs. Ils réservent la visite des biens qu'ils souhaitent vendre pour la fin. La plupart des acheteurs fondent leur idée de « juste » prix à partir des premières visites. Ils se retrouvent dans un état d'esprit plus favorable pour mieux accepter celui des derniers appartements. Ils leur semblent naturellement moins chers que les logements précédents visités, estimés de moins bonne qualité.

> *Roger Dooley[34] mentionne un exemple intéressant de pratique d'ancrage dans le cerveau du neuro-consommateur d'un tarif de référence élevé, utilisé par la société Apple, pour la sortie de ses premiers iPhone. Le prix est largement abaissé par la suite pour donner aux futurs clients l'impression de réaliser une bonne affaire. Lors de son lancement aux États-Unis, le prix de l'iPhone se situe entre 499 et 599 $ visant les « early adopters ». Seulement quelques mois après il descend à 200 $, ce qui stimule considérablement les ventes auprès de clients contents de faire un bon achat. Pour la sortie de l'Apple 3G, le tarif est fixé à 199 $. Il permet de vendre un million de téléphones en seulement trois jours.*

Le cerveau du neuro-consommateur manquant d'idées claires sur la relation qualité/prix, la tarification change sa perception de l'expérience avec le produit.

Les études[35] sur le vin réalisées par Lisa Trei et ses équipes, déjà mentionnées dans notre partie consacrée au goût, attestent de cette attitude.

Le journaliste américain Benedict Carey[36] décrit cette perception pour les médicaments placebo. Se référant également à des études scientifiques menées aux États-Unis, il montre que 85 % des patients à qui on administre un produit placebo prétendent ressentir une meilleure réduction de leur douleur lorsqu'ils payent la pilule 2,50 $ alors que seulement 61 % des sujets affirment ressentir une diminution de leur douleur quand ils payent seulement 10 cents le même produit.

> *Les enseignes qui vendent des produits de luxe ont compris depuis longtemps qu'un prix élevé est nécessaire pour conférer à leurs offres une image de qualité exceptionnelle mais aussi pour les rendre singulières.*

Les enseignes qui vendent des produits ou des services haut de gamme ou de luxe ont compris depuis longtemps qu'un prix élevé est nécessaire pour conférer à leurs offres une image de qualité exceptionnelle mais aussi pour les rendre singulières.

Les effets émanant des stratégies mentales inconscientes confrontés aux prix

Enrico Trevisan et Florent Jacquet[37] étudient les stratégies mentales ressenties face à la tarification. Ils s'intéressent à différents « effets » qui entrent en jeu et exercent une influence inconsciente sur les choix des consommateurs. Certains d'entre eux ont déjà été décrits au cours de ce chapitre. Leur publication – inspirée par les travaux de plusieurs psychologues et experts de l'économie comportementale tels que Daniel Kahneman, Amos Tversky, Richard Thaler – apporte des réponses permettant de mieux comprendre et de concevoir des stratégies pertinentes face aux prix. Parmi les principaux effets ressentis par le cerveau, ils résument :

- l'effet d'ancrage, *« anchoring effect »*. Expérimenté par le cabinet Simon-Kucher, il montre que le cerveau est inconsciemment influencé par les prix du passé de notre environnement ;

- l'effet de leurre, *« decoy effect »*. Présenté dès 1980 par Richard Thaler et ses confrères dans plusieurs articles, il atteste que la structure de préférence entre deux choix est modifiée si un troisième choix est proposé ;

- l'effet de possession, *« endowment effect »*. Le cerveau tend à attribuer une valeur plus importante à un bien qu'il possède ;

- l'effet de choix, *« hyperchoice effect »*. Une confrontation du cerveau à trop de choix peut conduire à différer l'achat d'un bien ;

- l'effet de coût irrécupérable, *« sunk cost effect »*. Les dépenses engagées sous la forme de coûts irrécouvrables influents sur le choix de réaliser de nouvelles dépenses ;

- l'effet de découplage, *« payment decoupling »*. Le fait de découpler le moment et le lieu de paiement de l'achat (carte bancaire, règlement en plusieurs fois, crédit…) diminue pour le cerveau la perception de cherté ;

- l'effet de maîtrise de soi, *« self control effect »*. Le cerveau manque de discipline pour les achats. Il se laisse facilement influencer par des éléments subjectifs. Même en en ayant pleinement conscience ;

- l'effet de catégories de dépenses, *« mental accounting »*. Pour les professeurs Tversky et Kahneman, le cerveau alloue les dépenses à des catégories relativement étanches ;

- l'effet d'asymétrie perte/gain, *« loss aversion »*. Perdre un bien représente une valeur mentale plus importante que de l'acquérir ;

- l'effet de petits montants, *« denomination effect »*. Le client tend à dépenser plus facilement lorsque les montants sont petits. Répartir un coût en plusieurs montants, comme le tarif d'un abonnement annuel par mois ou par jour, diminue la perception de cherté ;

> *Le cerveau tend à attribuer une valeur plus importante à un bien qu'il possède.*

- l'effet de formulation, *« framing effect »*. La manière de présenter le coût par un vendeur influence la perception du prix ;

- l'effet d'oubli, *« payment depreciation »*. Une tendance du cerveau est d'oublier facilement les dépenses passées ;

- l'effet d'immédiateté, *« immediate discounting »*. Un bénéfice immédiat est préféré à une possession différée du produit. De là l'importance d'avoir un stock important de produits dans certains secteurs d'activité, par exemple pour les biens mobiliers ;

- l'effet d'autoconfirmation, *« confirmation biais »*. Le cerveau a tendance à sélectionner et à interpréter les informations sur les tarifs qui confirment ses attentes. Il est souvent complété par l'effet de justification *ex post*, *« post purchase rationalization »*. Il consiste à justifier *a posteriori* le coût des produits achetés ;

- l'effet d'imitation, *« bandwagon effect »*. Il consiste à vouloir acquérir les mêmes biens que de nombreuses autres personnes achètent. La référence au prix dans cette situation se voit minimalisée.

Cette liste des effets sur les prises de décision du cerveau en matière de prix n'est pas exhaustive. Le lecteur intéressé trouvera des éléments complémentaires dans la lecture de l'ouvrage précédemment mentionné.

Le neuro-consommateur confronté aux politiques de tarification

En dehors des méthodes précédemment décrites, le neuro-consommateur est souvent confronté à un ensemble de pratiques destinées à diminuer sa peine et à augmenter son plaisir immédiat face au prix d'un produit ou d'un service. Les différentes pratiques sont décrites par plusieurs experts en neuromarketing[38].

Les pratiques destinées à diminuer la peine du cerveau face aux prix

Psychologues, neuroscientifiques, experts en marketing, etc. se rejoignent pour attester de pratiques qui favorisent les achats en diminuant la peine ressentie par le cerveau des neuro-consommateurs confrontés à la tarification des produits et services. Ces pratiques permettent de trouver des solutions commerciales qui répondent en partie aux effets ressentis dans les stratégies mentales inconscientes du cerveau face aux prix. Parmi elles sont fréquemment mentionnées :

- proposer des offres groupées pour des produits et services contribue à diminuer la souffrance de l'acheteur qui se renouvelle chaque fois qu'il doit payer un produit séparément. Le regroupement se réalise habituellement sous la forme de packs.

> *Par exemple les packs groupant une version papier et Internet pour la vente d'une revue. Les « packs luxe » proposant plusieurs accessoires pour commercialiser une automobile. Les packs intégrant différents services liés à une carte bancaire ou à un contrat d'assurance… Le regroupement diminue davantage la peine lorsqu'il est assorti d'une promotion ou d'un bonus.*

- donner une forme plus grande ou volumineuse au conditionnement. Elle laisse penser au cerveau du client que la contenance est plus importante que celle des offres concurrentes moins volumineuses ;
- établir un tarif par mois plutôt que par heure. AOL aurait augmenté significativement ses ventes en utilisant cette pratique ;

- expliquer au consommateur pourquoi le produit est « premium » lorsque sa tarification est perçue comme trop élevée ;
- établir le prix quelques cents en dessous d'un prix fixe. Vendre un produit 299 € plutôt que 300 € le positionne souvent dans la catégorie des tarifs à 200 € dans la perception du cerveau des neuro-consommateurs ;
- laisser sur le même linéaire des produits dont le packaging, le design ou simplement la taille les font paraître moins intéressants pour un prix identique à côté d'offres semblables de meilleure qualité. Cette seule présence, en créant pour le client une possibilité de comparer les rapports de la qualité perçue au prix proposé, met en valeur l'offre jugée meilleure et tend à faire croître les ventes.

Deux types spécifiques de comportements : celui des « radins » ou des « dépensiers »

Soucieux d'approfondir les connaissances relatives à l'influence du prix sur le cerveau, Scott Rick, professeur assistant de marketing à la Michigan Ross School of Business, Cynthia Cryder, professeur assistant de marketing à la Washington University, et George Loewenstein s'intéressent aux comportements de deux catégories spécifiques de neuro-consommateurs : les « radins » d'une part et les « dépensiers » d'autre part. Leur étude de référence[39], dont les conclusions apparaissent logiques, repose sur une enquête portant sur 13 000 individus comportant 24 % de « radins », 15 % de « dépensiers », le reste de l'échantillon correspondant à des personnes éprouvant un sentiment de douleur considérée par les chercheurs comme équilibrée face à la tarification. Les « radins » sont définis comme des consommateurs éprouvant un niveau de peine excessif par rapport à l'échantillon considéré comme normal, lorsqu'il s'agit de payer. Au contraire, les « dépensiers » éprouvent une peine très faible dans une situation comparable. Les neuro-consommateurs « radins » ont tendance à diminuer leur peine et à augmenter leurs achats lorsqu'ils sont confrontés à certaines pratiques liées à la tarification. Ils se montrent attirés par le discount et les rabais. Ils sont sensibles à la formulation d'un prix paraissant moins élevé. Plutôt que d'annoncer un tarif à 120 $ par an, ils souffrent moins de s'entendre proposer 10 $ par mois ou 33 cents par jour. Ils sont intéressés par les packs annoncés avec un prix global tout compris. Au restaurant, ils préfèrent le menu à la carte. Ils ressentent que l'assemblage de produits et services est moins coûteux que la vente au détail. Ils éprouvent le besoin de croire que le bien acheté est utilitaire ou durable.

Les « dépensiers » causent moins de problèmes aux vendeurs. Ces derniers peuvent également augmenter leurs performances auprès de ce public en sachant répondre aux sensibilités de leur cerveau. Faire appel à leurs tendances hédonistes, à leur intérêt de ressentir une expérience nouvelle, plaisante et intéressante les attire plus que d'entendre mentionner l'utilité du produit ou du service présenté. Proposer une option de crédit peut les conduire à acheter un bien dont le prix est plus élevé, mais qui est susceptible de leur apporter une jouissance immédiate.

CHAPITRE 19
L'INFLUENCE DU MARKETING EXPÉRIENTIEL ET SENSORIEL

Utilisées pour améliorer la politique de développement et de tarification des produits et services, les neurosciences sont sollicitées pour supporter l'image et accroître le chiffre d'affaires des espaces de vente et de services. Elles le sont également pour amplifier les performances des commerciaux.

Confrontés à l'intense concurrence d'Internet et du smartphone, les lieux de distribution sont obligés de transformer leur concept pour survivre. Seuls ou en étroite collaboration avec la politique digitale des enseignes, dans le cadre de stratégies multicanal ou transcanal, ils tentent

> *Confrontés à l'intense concurrence d'Internet et du smartphone, les lieux de distribution sont obligés de transformer leur concept pour survivre. ils tentent d'apporter aux clients les qualités qui font défaut au Web.*

d'apporter aux clients les qualités qui font défaut au Web. Parmi elles, la chaleur du contact humain et la sollicitation directe de certains sens comme l'odorat, le goût et le toucher, difficiles à communiquer à partir d'Internet et des mobiles. Pour y parvenir, ils ne se contentent plus de se limiter à vendre. Ils s'efforcent de proposer des espaces où le neuro-consommateur a plaisir à venir et flâner car ses sens correctement sollicités se sentent bien. Ils cherchent à créer pour leurs clients une expérience de consommation à travers une thématisation et une théâtralisation des espaces de vente et des lieux de consommation. Ils proposent aux visiteurs un ensemble de prestations complémentaires sans rapport direct avec les produits qu'ils ont sur leurs linéaires : garde d'enfants, café, restauration, services de décontraction ou de soins, rencontres culturelles ou sportives… Afin de favoriser le bien-être de leur cerveau, ils s'efforcent de rendre agréable la perception de leurs sens. Une nouvelle approche, le marketing sensoriel, commence à timidement émerger dans les années 1950, voit des expérimentations intéressantes au cours des années 1980, connaît un développement accéléré à partir du début de ce nouveau millénaire. Elle tend à se généraliser de nos jours. Le « marketing sensoriel » vient compléter ce que les experts nomment le « marketing expérientiel ». Le but est simple : faire que le consommateur se sente bien et reste le plus longtemps possible dans le lieu de vente. Trois enseignantes, Marie-Christine Lichtlé (université de Bourgogne), Sylvie Llosa (IAE Aix-Marseille) et Véronique Plichon-Guillou (université de Tours)[40], montrent que le caractère agréable des couleurs, odeurs et de l'aménagement des points de vente influe sur la satisfaction des consommateurs. Plus le consommateur reste longtemps dans un point de vente ou de service, plus il achète de produits ou consomme davantage.

> *Il en achète d'autant plus que leur présentation est bien adaptée aux modes de perception du cerveau humain, c'est par exemple le cas chez : Ikea, Boulanger, Abercrombie & Fitch, Nature et Découvertes… L'ergonomie sensorielle touche de nombreux secteurs d'activités au-delà de la grande distribution. Des domaines aussi différents que la restauration, l'hôtellerie, les concessions automobiles, les boutiques d'ameublement, les agences de voyages, bancaires, etc. sont concernés.*

Un nombre accru de responsables d'espaces de vente et de services s'adresse à des experts internes ou externes pour conférer à ces lieux une « atmosphère expérientielle ». L'utilisation du marketing sensoriel apporte sa contribution à la théâtralisation des points de vente. Elle accentue la perception d'émotions destinées à renforcer le plaisir du cerveau des neuro-consommateurs lors des visites.

Du marketing expérientiel au marketing sensoriel

Patrick Hetzel, professeur à l'université Paris II-Panthéon-Assas et homme politique, énonce que « le marketing expérientiel intègre cinq actions : surprendre, proposer de l'extraordinaire, créer du lien, utiliser la marque au service de l'expérientiel et stimuler les cinq sens[41] ».

Isabelle Frochot et Wided Batat[42], pour leur part, mentionnent plusieurs exemples d'application parmi lesquels : Accor, Ikea, Caisses d'Épargne, Club Med, H&M, Relais et Châteaux, Le Louvre, « Nouvelle Star »…

Dans les lieux de vente et de services, le marketing expérientiel se manifeste principalement par la thématisation et la théâtralisation des espaces ainsi que par le développement du marketing sensoriel. Les deux premiers domaines sont assez anciens même s'ils continuent à faire l'objet de réalisations qui sont d'actualité. Le dernier est beaucoup plus récent.

Le marketing expérientiel fait largement appel aux perceptions et réactions inconscientes du cerveau des consommateurs.

> Dans les lieux de vente et de services, le marketing expérientiel se manifeste principalement par la thématisation et la théâtralisation des espaces ainsi que par le développement du marketing sensoriel.

Son intérêt pour les enseignes de distribution et de services est favorisé par l'émergence de divers facteurs. Parmi les principaux :

- la vive concurrence de la distribution et des ventes sur Internet et les mobiles. Elle oblige les boutiques à revoir leur *business model* mettant davantage en valeur leurs atouts relationnels et sensoriels ;

- le développement en Europe des grandes marques internationales qui n'hésitent pas à mettre en pratique les plus récentes techniques du marketing expérientiel, en particulier celles émanant du marketing sensoriel ;

- l'apparition de nouvelles technologies, gérées par des experts externes en centrales. Elles permettent d'adapter dans chaque endroit des magasins et à chaque instant les couleurs, sons, odeurs… aux attentes des cerveaux des neuro-consommateurs qui fréquentent les rayons. La pratique du *« zoning »* rend possible la création d'un marketing sensoriel différent propre à chaque emplacement. Celle de la nébulisation et des diffuseurs d'odeurs permet de donner une senteur spécifique à chaque espace. Des sociétés spécialisées proposent de créer la vision, le son, l'odeur… qui correspondent au positionnement recherché par les enseignes pour satisfaire les sens de leur clientèle ;

- l'évolution du comportement des consommateurs. Sensibilisés par les réseaux sociaux, ils s'intéressent aux marques qui s'efforcent de regrouper une communauté. Le cerveau se révèle sensible à des expériences d'achats originales réalisées dans une ambiance et une atmosphère agréable et mobilisatrice.

> *C'est le cas d'Abercrombie & Fitch qui s'intéresse à la communauté des jeunes. Les boutiques qui ergonomisent leur design connaissent le plus souvent une augmentation significative de leur chiffre d'affaires.*

Afin de répondre à ces impératifs, trois domaines sont plus spécifiquement cultivés par les entreprises de distribution et de services pour procurer du plaisir au cerveau des neuro-consommateurs : la thématisation, la théâtralisation, la recherche d'une expérience sensorielle des espaces. Ils sont destinés à créer du plaisir au cerveau et à le mettre en bonne disposition d'achats.

La thématisation des espaces de vente et de services

La thématisation des lieux de vente et des services cherche à attirer des communautés de neuro-consommateurs ayant des intérêts ou des passions semblables : l'écologie, l'amour de la nature ou des produits biologiques, la frugalité, la culture, un sport… Elle n'est pas récente.

> *De longue date, certains restaurants se spécialisent dans le but de plaire à une clientèle définie à partir d'une cuisine spécifique : indienne, thaï, japonaise, marocaine, auvergnate, bretonne… Il en va de même pour des hôtels qui cherchent à se différencier en se dotant d'un profil original, par exemple les chaînes Relais & Château, Châteauforme… Certains bars se singularisent : les bars à eau, les bars à chats…*

Le but est de plaire à une communauté de cerveaux ayant les mêmes goûts et de se doter d'une originalité distinctive de la concurrence.

Afin de satisfaire ce désir communautaire, les points de vente se spécialisent en se consacrant à un thème, par exemple les boutiques bio.

> *Ils tentent de répondre à la passion des motards comme Flash 76, un des concessionnaires leader de la marque Yamaha, un magasin de motos implanté dans la région rouennaise.*
>
> *Il s'adressent aux citoyens intéressés par la nature – c'est le cas de Nature et Découvertes –, à la culture – comme la Fnac ou encore la librairie Dialogue créée à Brest en 1976 dont le concept sert de modèle à plusieurs libraires indépendants[43]…*

L'INFLUENCE DU MARKETING EXPÉRIENTIEL ET SENSORIEL

Les grandes surfaces changent la disposition de leurs produits. Elles adoptent les principes du *« category management »*. Il consiste à rassembler au même endroit des produits peu semblables mais correspondant aux attentes regroupées du cerveau des clients dans leur expérience d'achats. Regroupement des produits consacrés à un même sport, aux soins pour bébés…

L'hypermarché Auchan Val d'Europe, adopte le concept « d'hypermarché du mieux vivre », il réorganise ses rayons pour tenir compte de la perception globale du cerveau de ses clients: bien se nourrir, mieux s'occuper de sa maison, s'intéresser à ses loisirs… Pour sa part, le Carrefour Planet de Lyon propose huit zones thématiques à ses visiteurs: marché, bio, beauté, surgelés, mode, bébé, maison, loisir-multimédia.

Bernard Cova, professeur à Euromed-Marseille, et Véronique Cova[44], professeur à l'université d'Aix-Marseille montrent, à partir de leurs recherches, que le consommateur est très sensible aux déviations qui peuvent intervenir entre la thématisation choisie et sa réalisation effective dans l'espace de vente ou de services.

L'offre thématisée ainsi que son agencement doivent procurer au cerveau une impression d'authenticité et de sincérité. La moindre incohérence entre le positionnement du thème et son exécution dans les espaces risque d'être perçue comme une supercherie et se voir rejetée.

Le cerveau du neuro-consommateur ressentirait mal la présence de sacs ou de caddies en plastique dans des magasins Bio. Il ne comprendrait pas que les vendeurs des boutiques de la marque 64 au Pays basque, qui prône l'esprit basque, ou ceux des magasins 66 en Catalogne, qui défendent le particularisme catalan, ne connaissent pas la région ou soient indifférents à ses problèmes sociaux et politiques.

La cohérence doit aussi se ressentir à travers la théâtralisation des espaces.

> *La moindre incohérence entre le positionnement du thème et son exécution dans les espaces risque d'être perçue comme une supercherie et se voir rejetée.*

La théâtralisation des espaces de vente et de services

Comme nous l'avons précédemment évoqué, le cerveau est culturellement câblé pour être attiré par l'art. Depuis de nombreux siècles, en remontant jusqu'à l'Antiquité, le théâtre constitue une importante composante de l'art. Il intéresse encore davantage le cerveau lorsqu'il répond à son besoin d'interactivité. La référence au théâtre italien comme la commedia dell'arte – où les acteurs adaptent le scénario à l'environnement –, au théâtre de rue du Moyen Âge – qui implique la participation des spectateurs –, au théâtre de boulevard – comme celui incarné par Marcel Carné dans son célèbre film *Les Enfants du Paradis* –, plus récemment au théâtre participatif constitue des formes de spectacle susceptibles d'inspirer la théâtralisation des espaces de vente et de services.

Un précurseur de la théâtralisation des magasins est Aristide Boucicaut. Il crée le Bon Marché en 1852.

Le Bon Marché en 1852

Source : La Parisienne de photographie et collection particulière.

Le concept de théâtralisation inventé par Boucicault est largement décrit par Émile Zola (1840-1902) dans *Au Bonheur des dames*, le onzième volume de la saga des Rougon-Macquart[45]. La volonté du Bon Marché, voulue par son créateur, est d'apporter le bonheur à la femme moderne en lui procurant sous un même toit la plupart des produits qui lui donnent du plaisir. Le personnage romanesque de Mouret, inventé par Zola, à l'image d'Aristide Boucicaut, théâtralise ses espaces de vente. Aucun endroit ne doit rester vide, le fondateur exige partout : du bruit, de la foule, de la vie car « la vie, disait-il, attire la vie, enfante et pullule ». L'animation est présente dans l'ensemble du magasin : salons de lecture et de correspondance pour permettre aux hommes d'attendre les femmes qui font leurs emplettes, disposition des espaces pour permettre aux enfants de jouer, un buffet où les clients peuvent se procurer gratuitement boissons et biscuits, une galerie monumentale décorée avec un luxe « trop riche », des expositions éphémères de tableaux, une organisation du désordre pour attirer les achats spontanés, la dissémination des articles pour laisser croire à une découverte, l'emploi de couleurs vives : du rouge, du vert, du jaune...

Certaines idées proposées par Aristide Boucicaut demeurent d'actualité de nos jours dans la grande distribution[46].

La théâtralisation des espaces concerne de nombreuses enseignes de services. Parmi elles, les clubs de vacances et de loisirs, les hôtels qui proposent l'orchestration d'un ensemble de services et d'animations à leurs clients et aux enfants, pendant les périodes de congés.

> *Un hôtelier du département de l'Aveyron en France, Michel Crouzet, relance un camping et un hôtel familial dans le petit village de Saint-Geniez-d'Olt en Aveyron en les théâtralisant. Pour le camping, il s'inspire très tôt de l'exemple du Club Med. Il crée un restaurant surplombant une grande piscine « le Marmotel », propose des jeux, une boîte de nuit pour les jeunes, fait organiser des spectacles... En quelques années, il voit sa clientèle s'élargir à la Hollande, la Belgique, la Grande-Bretagne... son chiffre d'affaires connaît rapidement une forte croissance.*
>
> *En parallèle, il hérite au centre du village d'un petit hôtel familial en déclin. Il prend l'option de s'adresser à une nouvelle clientèle, celle des seniors et des retraités désireux de connaître la France. Avec des collègues hôteliers d'autres régions, il crée HCF (Hôtel Circuits France). L'idée : proposer à cette clientèle, par l'intermédiaire des autocaristes et organisateurs de voyages, de découvrir une région avec ses sites touristiques et la particularité de son terroir. Il organise une thématisation et une théâtralisation des séjours autour de la découverte du terroir. Elles se traduisent par des visites de lieux typiques régionaux avec un conférencier local, la découverte de la vie dans un Buron sur l'Aubrac, des cours de cuisine locale pour apprendre à faire l'aligot, les cèpes farcis, la fricassée de girolles, le « farçou rouergat »... Les soirées sont animées par la présence de conteurs locaux, de danses folkloriques... La théâtralisation permet d'améliorer considérablement le coefficient de remplissage de l'hôtel pendant la basse saison et de connaitre la réussite.*

Avec l'hôtel et le camping, son entreprise devient le second employeur de la région. Le concept HCF est en voie de développement à travers la France et songe même à s'exporter en Europe.

L'expérience de Michel Crouzet montre que la théâtralisation d'un espace n'est pas réservée aux grandes enseignes. Un dirigeant astucieux de PME peut s'approprier le concept et faire prospérer sa société de services en le mettant en place avec des moyens limités.

La théâtralisation des espaces concerne largement les magasins de distribution et de commercialisation de produits et services.

Les grandes enseignes internationales telles que Disney, McDonald's, Toys'R'Us, Nike Stores et bien d'autres la pratiquent avec succès depuis plusieurs années. En Europe, les centres commerciaux comme le CentreO d'Oberhausen en Rhénanie (Allemagne), le Centre Bluewater au sud de Londres, Bercy Village à Paris, Vasco de Gama à Lisbonne, etc. associent un ensemble de services complémentaires et d'animations aux multiples boutiques qui les constituent. Certains intègrent des parcs d'attractions. Des parcs aventure et animaliers pour le centre Bluewater. Des aquariums géants, salles d'exposition et de concerts pour le Centre O[47].

La Fnac en France développe et anime le thème : « La culture pour tous ». Elle emploie pour gérer ses rayons des passionnés de culture auxquels elle procure une formation complémentaire. Elle accorde une place importante dans ses magasins aux espaces non marchands où elle organise des forums, expositions, rencontres avec des artistes, lieux de détente… Le client n'entre pas seulement pour acheter. Il vient flâner, accéder gratuitement et librement à la lecture ou à l'écoute des derniers « tubes » musicaux… Le concept se situe à la frontière du commerce et de la culture. La fermeture d'une boutique Fnac dans une localité est souvent vécue par la population comme un drame culturel.

Décathlon propose un ensemble d'animations cohérentes avec son image d'enseigne passionnée par le sport. Il crée des « parcs à forme » en dehors des magasins avec une terrasse proposant une restauration rapide. Les clients peuvent s'initier au fitness, à la danse africaine, apprendre les figures du roller, recevoir des cours de conduite de vélo en ville… L'enseigne organise des rencontres liées à des événements en extérieur comme « La Belle Rando ». Ses vendeurs sont formés et encouragés pour donner en priorité de bons conseils aux clients et à commercialiser uniquement les produits qui leurs conviennent.

L'INFLUENCE DU MARKETING EXPÉRIENTIEL ET SENSORIEL

Les expériences de théâtralisation des espaces de vente et de services sont de plus en plus fréquentes. Le cerveau des neuro-consommateurs semble y trouver une satisfaction si on se réfère au succès rencontré par la plupart d'entre elles. Des designers d'espace, individuels ou regroupés dans des entreprises spécialisées – Dragon Rouge, Carré Noir, Prinz Design… – apportent leur concours aux enseignes grâce à leur talent créatif et à leur expérience. La collaboration de ces experts contribue à des réalisations d'espaces de vente ou de services autant originaux qu'attractifs. On leur doit une contribution à la création d'intéressants concepts de boutiques que l'on retrouve dans divers secteurs d'activité: Viadys (pharmacie), Histoire d'Or (bijouterie), Joué Club (jeux et jouets pour enfants), Marty (magasin d'ameublement)…

Le marketing sensoriel qui fait partie du marketing expérientiel contribue largement à la théâtralisation des espaces.

Le marketing sensoriel des espaces de vente et de services

Le marketing sensoriel des espaces de vente et de services s'efforce de procurer une expérience positive, le plus souvent inconsciente, au cerveau des visiteurs. Elle s'adresse directement à un ou à plusieurs de ses sens.

> *Le marketing sensoriel des espaces de vente et de services s'efforce de procurer une expérience positive, le plus souvent inconsciente, au cerveau des visiteurs.*

Son concept est développé dans l'ouvrage d'Agnès Giboreau et Laurence Body *Le Marketing sensoriel*[48]. Ses applications sont largement décrites dans l'ouvrage collectif dirigé par Sophie Rieunier, maître de conférences à l'IAE de Paris (université de Paris I-Panthéon-Sorbonne), *Marketing sensoriel du point de vente*[49]. Nous nous sommes servis de certaines sélections d'espaces décrites dans ce dernier livre pour les visiter et dans la mesure du possible nous entretenir avec leurs dirigeants. Dans son documentaire, la journaliste Emmanuelle Ménage[50] traite le cas de plusieurs enseignes telles que: Ikea, Boulanger, Abercrombie & Fitch…

Chacun des cinq sens peut être individuellement ou collectivement sollicité.

Le marketing sensoriel des espaces et la vue

La vue constitue un de nos sens les plus sollicités : 80 % des informations qui parviennent au cerveau sont visuelles. Les lieux de vente et de services organisent leur design pour donner au visiteur une impression agréable à son regard. Les stratégies de marketing sensoriel liées à la vision concernent principalement la création de parcours d'achats et leur agencement, le choix des couleurs, des matériaux, des éclairages, le positionnement des produits sur les linéaires…

L'organisation et l'agencement des espaces

Ils constituent souvent un des premiers choix permettant de les théâtraliser visuellement. L'expérience la plus significative provient probablement du parcours Ikea.

> *Les pharmacies Viadys, par exemple celle de Valence, proposent un ordonnancement logique de l'espace pour que le client s'y retrouve et évite de faire une queue inutile. Elles séparent de manière distincte un lieu destiné aux prescriptions, un endroit réservé aux soins du jour, un espace sous forme d'armoire à pharmacie pour les OTC (médicaments délivrés sans ordonnance)*[51].

Certaines enseignes créent une savante organisation du désordre. Elle permet au cerveau de chercher et penser découvrir la perle rare comme dans la caverne d'Ali Baba.

> *Un exemple attirant de cet agencement se remarque dans la boutique de l'enseigne Droguerie de la Marine située à Saint-Malo, en Bretagne, ou encore dans la traditionnelle boutique ruthénoise Lingerie Coste à Rodez, en Midi-Pyrénées*[52]…

Dans certaines grandes surfaces, les formes des étals sont conçues pour réguler le trafic des consommateurs. Elles tendent à l'accélérer lorsqu'elles sont angulaires, à le ralentir quand elles sont rondes.

Le choix des couleurs

Il est particulièrement important dans l'élaboration de la politique visuelle des boutiques de distribution et de services. De nombreuses études, souvent réalisées par des chercheurs dans les universités américaines, lui sont consacrées[53]. Les couleurs influent à plusieurs niveaux sur le cerveau du neuro-consommateur concerné par l'emplacement d'un point de vente ou de services, son attraction, la perception des produits ou des prestations offertes. Des couleurs vives et chaudes comme le rouge, le jaune, l'or… possèdent un fort pouvoir de visualisation et d'attraction.

Les garages de l'enseigne Midas, en or et jaune, sont réputés pour avoir une forte visibilité dans l'espace[54].

À l'intérieur d'un lieu de vente ou de service, selon les experts, les couleurs vives comme le rouge des présentoirs favorisent les achats d'impulsion. Dans les casinos, elles occasionneraient une plus forte prise de risque par les joueurs. Elles sont aussi choisies pour accélérer le trafic.

Quelques couleurs comme le blanc, le noir, certains gris, l'or sont censées conférer un aspect chic et haut de gamme aux magasins. Les couleurs froides sont davantage associées à une idée de bon marché. Elles sont utilisées par certains « hard-discounters ». Les modes peuvent changer. La couleur orange est devenue une couleur tendance pour certaines marques de luxe. Les instituts de tendance confectionnent des cahiers prédisant les couleurs qui seront à la mode pour les années qui viennent. Les plus connus internationalement sont américains comme le Pantone Color Institute, le Color Marketing Group… Leurs préconisations sont étudiées et souvent suivies par les enseignes de distribution et de services avant d'élaborer une stratégie visuelle pour leurs boutiques.

Des choix chromatiques originaux sont parfois retenus avec succès pour casser les codes couleur habituellement pratiqués dans une profession.

Les pharmacies Viadys font appel au rose et au bleu plutôt qu'au traditionnel vert et blanc de ce métier afin de rendre les espaces moins anxiogènes. L'enseigne de bijoux Histoire d'Or délaisse les couleurs réputées chic comme le noir, le blanc, le gris… pour adopter une présentation des gondoles en rouge laqué[55].

Les couleurs peuvent permettre de distinguer la spécificité des rayons de vente. C'est le cas dans les boutiques de l'enseigne Tape à l'Œil[56]. Différentes teintes chromatiques identifient les lieux de vente en fonction du sexe et de l'âge des consommateurs.

L'utilisation des couleurs est d'autant plus importante qu'elle peut changer la perception des autres sens du neuro-consommateur. Le blanc fait apparaître l'espace plus grand alors que le noir tend à le rétrécir. Le commercial vêtu en noir semble plus compétent, l'employée de pharmacie paraît meilleure conseillère quand elle porte une blouse blanche, le personnel d'une boutique de bricolage est perçu comme plus professionnel s'il est habillé avec une salopette bleue… Un son trop bruyant se voit atténuer dans un environnement de couleurs sombres. Le bleu turquoise et le blanc donnent une impression de froid à un rayon alors que le rouge ou le jaune créent au contraire un sentiment de chaleur. La couleur verte augmente la sensation de fraîcheur des produits sur les étals qui leur sont destinés dans les supermarchés…

L'emploi des matériaux et des éclairages

Ils procurent également des impressions cognitives au cerveau des visiteurs.

> *Les chaînes de boutiques DeliTraiteur[57] (traiteur) ou Comptoir Richard (vente de café, thé, tisane, chocolat…), en France, utilisent des matériaux traditionnels en bois pour conférer à leurs boutiques une atmosphère « cosy ».*
>
> *Au contraire, le magasin Cyberdog (vente de vêtement et accessoires centrés sur une idée de mode du futur), à Londres, est conçu à partir de matériaux modernes et innovants avec un agencement ressemblant à un vaisseau de l'espace[58].*
>
> *Les magasins de la chaîne Joué Club (jouets pour enfants) adoptent un mobilier moderne accommodé au goût des petits. Les murs sont coloriés de couleurs festives et de dessins adaptés à la perception du cerveau correspondant au profil des visiteurs recherchés par l'enseigne.*

L'éclairage fait partie des éléments visuels utilisés pour donner au neuro-consommateur des impressions de bien-être dans les lieux de vente et de services. Il est conçu pour favoriser les achats. Plusieurs études, la plupart réalisées par des chercheurs aux USA[59], font l'objet d'articles dans des revues scientifiques. Ils traitent des effets de l'éclairage des espaces sur la consommation. Leurs recherches montrent que le consommateur examine un nombre plus important de produits en boutique quand l'éclairage est fort. Dans une ambiance sombre comme chez Abercrombie & Fitch, les produits sont fortement éclairés.

Le cerveau de certaines populations, comme celle des seniors, possède une acuité et une sensibilité visuelle qui diminuent avec l'âge. Les espaces de vente qui cherchent leur clientèle sont avisés lorsqu'ils augmentent l'éclairage des objets à commercialiser.

> *L'enseigne de lunettes de vue Grand Optical procède à un important éclairage de ses produits disposés dans un environnement blanc-brillant[60]…*

Certains éclairages, comme le néon, procurent une impression de bon marché au cerveau des neuro-consommateurs. Ils sont utilisés dans les magasins de « hard discount » qui souhaitent accentuer la sensation de bas prix auprès de leur clientèle.

Le positionnement des objets sur les linéaires

Il s'organise pour attirer l'attention visuelle du cerveau. Comme le montre le film d'Emmanuelle Ménage[61], leur disposition est savamment orchestrée pour attirer le regard et donner une impression propice à leur achat. Leur place dans le magasin, leur hauteur et leur positionnement sur les gondoles, le nombre optimal de produits appartenant à une même catégorie ou marque sur un linéaire font l'objet d'études précises conduites par des experts.

Le marketing sensoriel des espaces et l'ouïe

L'utilisation de la musique pour attirer les clients vers une marque ou une offre commerciale n'est pas récente. Depuis le Moyen Âge et même l'Antiquité, les marchands ambulants chantent leur offre pour être plus agréables aux consommateurs. Au XVIIIe siècle, le philosophe Jean-Jacques Rousseau évoque l'étonnant pouvoir émotionnel de la musique[62]. Il mentionne un air qui a la particularité de faire fondre en larme les Suisses par son évocation nostalgique commune de leur pays, de leur mode de vie, de leur enfance…

À partir des années 1920, l'évolution des techniques de la radio permet une plus large diffusion des tonalités dans les lieux de vente, de services, d'accueil… Les cafés y voient un intérêt pour attirer et plaire à leur clientèle. Ils sont parmi les premiers à se sonoriser.

> *En Europe, la chaîne Monoprix est un précurseur dans la sonorisation de ses magasins avec de la musique d'ambiance dès la deuxième partie des années 1920.*

Aux États-Unis, la société Musak, créée au début des années 1920, fonde sa célébrité en élaborant une « musique fonctionnelle » ou « *background music* » proposée aux boutiques, bureaux, ateliers… Elle est conçue en premier lieu pour accroître la productivité des travailleurs. Elle est, par la suite, introduite dans les espaces de vente pour plaire aux clients et stimuler leurs achats. La musique, appelée la

« *musak* », connaît un important succès outre-Atlantique. Elle est parfois considérée comme trop présente. Elle fait l'objet de plusieurs critiques de la part de consommateurs américains irrités par son côté envahissant. Il lui est reproché par ses détracteurs non seulement une omniprésence quasi « totalitaire » dans l'ambiance sonore du pays, mais aussi de manipuler de façon subliminale des consommateurs à partir de ses multiples diffusions répétitives. Cette forme d'opposition est surnommée aux USA le *« Pipedown Protest »*.

De nombreuses recherches concernant l'effet des sons sur la perception du cerveau des neuro-consommateurs sont réalisées dans plusieurs pays, notamment aux États-Unis et en Europe[63]. Elles montrent toutes une importante fonction cognitive des musiques d'ambiance des espaces de vente et de services sur le cerveau des neuro-consommateurs. Les sons permettent de connoter l'univers, le positionnement de leur marque, de modifier la perception du temps passé dans un magasin, d'orienter les clients vers certains rayons ou catégories de produits. L'ambiance sonore est largement préférée au silence. C'est le cas pour les clients qui, trouvant du plaisir à écouter la musique, restent plus longtemps et par conséquent augmentent leur panier d'achats. C'est aussi celui du personnel. Il réclame le plus souvent un fond sonore et musical sauf pour certaines chansons et sonorisations répétitives qui l'irritent, comme celles des fêtes de Noël.

L'ambiance musicale choisie présente une influence directe sur la perception du cerveau dans des domaines aussi variés que l'écoute des commerciaux, la quantité de produits achetés ou consommés, la perception de la qualité haut de gamme ou bas de gamme de la boutique, celle de la tarification…

Les techniques actuelles de diffusion des tonalités (chaînes hi-fi CD/MP3, juke-box simples ou ADSL, clés USB, transmission du son par satellite…) permettent l'adaptation des compositions musicales aux enseignes de distribution ou de services mais aussi d'intégrer des messages personnalisés. Le son peut être diffusé en même temps dans tous les points de vente de la marque, s'adapter aux types de visiteurs (ados, jeunes, seniors, hommes, femmes…), varier selon les jours de la semaine ou les horaires, intégrer des messages à destination des clients ou du personnel.

> *L'ambiance musicale choisie présente une influence directe sur la perception du cerveau dans des domaines aussi variés que l'écoute des commerciaux, la quantité de produits achetés ou consommés, la perception de la qualité…*

Un ensemble d'entreprises proposent d'adapter la sonorisation des espaces aux impératifs stratégiques musicaux définis par les enseignes. Cela va de la création d'une musique conçue pour aider à faire mémoriser une marque à des sons destinés à plaire aux clients, les rendre plus réceptifs aux arguments de vente, accroître les achats… Mood Média est une des plus connues. D'autres – Médiavéa, Sixième Son, BETC-Euro-RSCG, AtooMédia… – apportent également un concours de qualité aux sociétés de distribution et de services qui choisissent de se doter d'une ambiance musicale performante.

Le marketing sensoriel des espaces et l'odorat

L'odorat contribue à la théâtralisation des lieux de vente et de services. Le pouvoir mystérieux des parfums sur les émotions est connu depuis la haute Antiquité. Depuis l'Égypte des pharaons, ils sont largement utilisés dans les cérémonies religieuses et par la médecine. Dans l'Inde des maharajahs, certaines senteurs naturelles ont un prix supérieur aux diamants. Le lecteur intéressé par l'histoire des parfums et le pouvoir des odeurs peut consulter une assez importante littérature qui leur est consacrée[64]. Il faut attendre les travaux de Pasteur pour démystifier leur pouvoir. Plus tard apparaît l'« aromachologie » créée en 1982 par l'Olfactory Research Fund qui la définit comme « la science qui se consacre à l'analyse des effets de l'inhalation de senteurs sur l'état émotionnel ». Pour sa part, « l'aromathérapie » redécouvre le pouvoir thérapeutique des odeurs avec l'utilisation des huiles essentielles.

Le côté mystérieux des senteurs persiste dans le vocabulaire. Pour quelqu'un de méchant, on entend souvent dire « qu'il sent mauvais ». Un acte bienveillant peut avoir une « odeur de sainteté » ou, au contraire, « sentir le soufre » s'il est malveillant.

Le marketing sensoriel des espaces de vente et de services s'adresse au pouvoir évocateur des odeurs avec la finalité de contribuer à améliorer leur chiffre d'affaires. Bien qu'en nombre limité, plusieurs recherches sont consacrées à ce sujet[65].

La grande distribution et les sociétés de services s'intéressent plus particulièrement à plusieurs aspects du pouvoir évocateur des odeurs. Celui de créer, comme la musique, une ambiance relaxante ou stimulante en jouant sur les émotions du neuro-consommateur. La diffusion de certaines odeurs dans les boutiques comme la lavande, l'orange, le bois de santal, la rose, le fenouil possède une faculté de relaxation. Au contraire celle de jasmin, camomille, citron, musc, menthe… stimule le client.

Les arômes de nourriture émis par la broche du boucher ou l'émanation de l'odeur du croissant chaud ont le pouvoir de déclencher une sécrétion gastrique induite par une sensation de faim ressentie par le cerveau du neuro-consommateur, à certaines heures de la journée. Bien gérées, elles contribuent à l'augmentation des achats alimentaires.

Le pouvoir d'évocation affectif de souvenirs est savamment décrit par l'écrivain et scénariste allemand Patrick Süskind dans son célèbre roman *Le Parfum*[66]. Il contribue à améliorer la mémorisation des marques et lieux des enseignes de distribution et de services.

Les senteurs ont aussi la qualité de diminuer la sensation éprouvée par le neuro-consommateur du temps passé dans un magasin. Plus il passe de temps, plus il achète ou consomme de produits.

La première utilisation des senteurs dans les lieux de vente et de services consiste à éliminer les mauvaises odeurs. Leur sensation désagréable au cerveau éloigne le neuro-consommateur. On rencontre fréquemment le cas dans les cabines d'essayage (odeur de transpiration), les casinos et les chambres d'hôtel (odeur de tabac froid), certains lieux publics… La RATP entreprend d'importants efforts pour les éviter dans le métro. Dans les casinos, des fragrances annihilantes sont propagées pour les supprimer. Dans les boutiques de luxe, de lingerie, dans les restaurants, il est parfois demandé au personnel d'utiliser un déodorant.

Les odeurs permettent d'attirer le neuro-consommateur vers un rayon, mais également de conférer une meilleure évaluation des produits sur les linéaires et d'augmenter son chiffre d'affaires.

Le film réalisé par la journaliste Emmanuelle Ménage[67] *montre plusieurs expériences réalisées dans les magasins de l'enseigne Boulanger en France. Une odeur de linge propre attire et favorise la vente des machines à laver.*

Les trois exemples qui suivent sont cités par Bruno Daucé[68]. *Hollywood Chewing-Gum remarque une augmentation de la fréquentation de ses distributeurs automatiques de produits lorsque ceux-ci diffusent une odeur de menthe dès qu'une personne se rapproche. Nestlé Waters Marketing Distribution, en collaboration avec la société Audiadis qui propose l'outil Sensodis, mène une intéressante opération de propagation de senteurs thématiques et calendaires en France dans différentes enseignes d'hypermarchés : Leclerc, Carrefour, Auchan. Coordonnée avec des émissions sonores, les odeurs contribuent à inciter le visiteur à déguster les différentes eaux aromatisées de Nestlé Waters : Vitalitos, Fraise Délire, Perrier Framboise, Vittel Pêche d'Enfer… Pour Bruno Daucé,*

« cette expérience permet d'associer Nestlé Waters à un concept avant-gardiste d'animation dynamique sur le lieu de vente ». La troisième expérience concerne la création de DAB (distributeurs automatiques de banque) parfumés avec des senteurs marines par la Banque populaire (BPCE) dans deux agences du Lot en France. L'olfaction émanant des distributeurs de billets permet d'augmenter le trafic auprès des deux agences concernées.

> La création de DAB (distributeurs automatiques de banque) parfumés avec des senteurs marines permet d'augmenter le trafic auprès des agences concernées.

Le parfum est utilisé pour améliorer la mémorisation de marques d'entreprises de distribution et de services.

Le groupe Accor s'intéresse à l'emploi des odeurs. Avec la société Air Berger, sa marque Novotel développe une signature olfactive « Cosy Lounge ». L'odeur est présente dans tous les halls d'hôtel de cette enseigne. L'expérience semble concluante. D'autres chaînes hôtelières optent pour la création d'une odeur de marque personnalisée. Différentes enseignes telles que Mercure (groupe Accor), Le Méridien (groupe Starwood), les hôtels Park Hyatt... s'engagent dans cette voie. Ils font souvent appel à l'expérience de partenaires spécialisés comme la société Air Berger ou à des parfumeurs tels qu'Eddie Roschi et Fabrice Penot (fondateurs de la société de parfum Le Labo) pour Le Méridien, Blaise Mautin pour les hôtels Hyatt.

Plusieurs entreprises tentent d'apporter de précieux conseils aux enseignes de distribution et de services qui souhaitent s'engager dans le marketing olfactif de leurs espaces ou de leur marque. Elles ne cessent de se créer ou de se développer au cours de cette dernière décennie : Atmosphère Diffusion (filiale de Mood Média), Air Berger, Aroma Company, Midis, Quinte & Sens, Audiadis, Olfactair...

La diffusion d'odeurs est délicate à gérer. Elle les propage à l'intérieur de la surface et peut apparaître inappropriée à un rayon. Elle est à même d'irriter des personnes sensibles si elle se révèle trop puissante. C'est le cas pour certains visiteurs seniors chez Abercrombie & Fitch. Elle nécessite parfois d'être personnalisée au risque de déplaire. Pour faire face à ce dernier inconvénient l'hôtel Crayon à Paris propose à ses clients, dans ses chambres, le choix entre plusieurs senteurs d'ambiance. Afin d'éviter de fortes irritations, L'IFRA (International Fragrance Association), qui se fonde sur les travaux de recherches de laboratoires comme celui du RIFM (Research Institute Fragrance Materials), fait des recommandations pour l'utilisation des matières premières aromatiques. L'appel à des experts individuels, internes à l'enseigne ou dans des sociétés spécialisées, peut se montrer utile.

Comme pour les autres sens, la notion de congruence est fondamentale dans la mise en œuvre du marketing olfactif dans les espaces de vente et de services. Elle doit s'élaborer en fonction du positionnement choisi par l'enseigne ou de la thématique des produits à vendre. Il lui est nécessaire de s'adapter à des éléments tels que le sexe des visiteurs d'un rayon mais également les saisons ou les heures de la journée. Il lui faut se coordonner avec les autres sens s'ils sont sollicités. C'est en particulier le cas avec la vue des décors, le son de l'ambiance musicale, le goût des produits alimentaires.

Le marketing sensoriel des espaces et le goût

Bien que ce sens soit peu étudié pour ses applications dans les espaces de vente et de services, son importance est loin d'être négligeable pour les relations humaines. Talleyrand (1754-1838), célèbre ministre des Affaires étrangères sous le Premier Empire puis la Restauration, disait déjà à propos de ce sens : « Il n'y a pas de bonne diplomatie s'il n'y a pas de bonne cuisine. » Le goût présente, pour les lieux de distribution et de services, un avantage compétitif réel comparé aux capacités très limitées de son utilisation sur Internet et sur les réseaux sociaux. La possibilité de goûter un produit dans une boutique peut se révéler fort utile pour démontrer sa qualité. C'est le cas pour certaines boissons comme le vin, le whisky, la bière, le café…

De nombreux produits alimentaires voient leurs ventes augmenter lorsqu'il est possible de tester leur saveur. Ce sens se sollicite de préférence à certaines heures où le client commence à ressentir la faim. Pendant cette période, l'efficacité de l'offre pour une dégustation gratuite se révèle particulièrement pertinente pour la promotion de denrées alimentaires. En présence d'un morceau de foie gras, jambon de Parme, fromage proposé, le cerveau engendre automatiquement des sécrétions gastriques qui augmentent la faim. Le neuro-consommateur éduqué ne pouvant manger tout ce qui figure sur le plateau du présentateur compense l'envie de son cerveau en achetant quelques produits.

L'achat est d'autant plus provoqué que le cerveau possède une tendance instinctive naturelle à vouloir rendre la pareille à quelqu'un qui lui offre quelque chose.

La perception du goût augmente son efficacité lorsqu'elle est congruente avec d'autres sens. En particulier la vue, le toucher et l'odorat. Ce sens est parfois utilisé pour contredire la vue.

Le marketing sensoriel des espaces et le toucher

Il a une importance particulière dans les lieux de vente et de services. Sophie Rieunier[69] en se référant à une étude IFM/MCA de 2003 rappelle qu'un produit pris en main dans un magasin est acheté dans 87 % des cas. Ce phénomène est lié à l'effet de possession ou *« endowment effect »* décrit précédemment. Comme le goût, le sens du toucher manque aux capacités de sollicitations sur le Web. Il constitue un avantage indéniable pour les espaces de vente physiques qui savent le mettre en valeur. L'impression tactile produit un effet hédoniste au cerveau humain, il est parfois appelé dans l'univers anglo-américain « the Need for Touch ». Le cerveau féminin a ce sens particulièrement développé. Cela explique, en partie, une plus forte sensibilité des femmes au désir de toucher les produits dans les magasins avant de se décider pour leurs achats.

L'utilisation du toucher et de ses impacts sur le neuro-consommateur dans les espaces de vente et de services fait l'objet d'un nombre limité de recherches scientifiques[70].

La première tendance pour les magasins ou dans les lieux de services est de supprimer les effets négatifs pouvant contrarier ce sens. C'est par exemple le cas lorsque la température est trop élevée, les biens difficilement accessibles, les bras surchargés de paquets en période de fêtes, le poids trop élevé, le contact peu agréable… L'effet négatif est aussi ressenti lorsque le client éprouve une frustration à ne pas pouvoir avoir de contact avec les produits comme pour les textiles.

Les ergonomes conçoivent d'ingénieuses propositions pour atténuer les nombreux inconvénients relatifs au toucher pouvant incommoder la perception du cerveau des neuro-consommateurs dans les lieux de vente ou de services.

Après avoir conseillé d'éliminer les stimulations négatives, leurs recommandations s'orientent vers la construction d'un univers tactile positif. Le toucher est utilisé comme source d'informations. Il permet de ressentir la douceur d'un pull-over, la facilité de prise en main d'un produit, de percevoir si son poids correspond à l'idée de qualité que se fait le cerveau… Il contribue à renforcer et à crédibiliser l'image de l'enseigne.

Dans un restaurant, un positionnement haut de gamme se ressent à travers la qualité des nappes, serviettes, couverts, celle du mobilier. L'image de douceur recherchée par certaines enseignes du groupe Accor se concrétise à travers une agréable sensation tactile des draps dans les chambres à coucher. La manipulation des produits sert à créer une sensation hédoniste au visiteur chez Nature et Découvertes.

Comme les autres sens, le toucher est d'autant plus efficace qu'il demeure congruent avec d'autres sens comme le goût, l'odorat et la vue.

La congruence des sens dans les espaces de vente et de services

L'organisation d'une politique sensorielle des lieux de vente et de services se révèle d'autant plus efficace qu'elle est congruente. Guidée par le positionnement de la marque, elle est harmonisée au niveau des sens mais également avec l'ensemble de la politique de communication et relationnelle choisie par l'enseigne. Elle constitue un outil indispensable pour thématiser et théâtraliser les espaces.

Des marques aussi différentes que, par exemple, Nature et Découvertes, Sephora, Abercrombie & Fitch, Nespresso, Apple, Viadys, Ikéa, le groupe Accor y attachent une grande importance.

En Belgique, l'enseigne Colryut, leader du hard discount, organise la coordination d'un ensemble de perceptions sensorielles pour donner au cerveau du neuro-consommateur une impression de « bon marché ». La lumière diffusée par des néons est diaphane, les sols sont réalisés en matériaux bruts, les produits sont exposés dans des emballages de transport en carton, une grande chambre froide remplace les meubles réfrigérés pour présenter les laitages, fromages, œufs, charcuterie… L'ambiance sonore et olfactive est adaptée pour demeurer cohérente avec le positionnement.

> L'organisation d'une politique sensorielle des lieux de vente et de services se révèle d'autant plus efficace qu'elle est est harmonisée au niveau des sens mais également avec l'ensemble de la politique de communication.

En France et en Europe, le groupe Accor expérimente depuis plusieurs années la conception de chambres « techno-sensorielles ». Une expérimentation est initiée avec les hôtels de la marque Sofitel pour s'étendre, par la suite, à d'autres enseignes comme celle de la chaîne Ibis… Le groupe cherche à donner au client une expérience sensorielle, connotant à la fois l'idée de luxe et de douillet, fondée sur la congruence des sens. Plusieurs d'entre eux sont conjointement sollicités. La vue à travers le choix des couleurs, les formes du mobilier, la facilité de s'approprier l'espace à partir d'un écran tactile, les matériaux de la salle de bain, la lumière... L'odorat en proposant au visiteur une sélection entre plusieurs parfums d'ambiance pour odoriser leur chambre. L'ouïe avec la possibilité d'écouter différentes radios ou ses propres CD. Le toucher et la sensation de bien-être en travaillant l'ambiance thermique, en créant un concept de lit original très confortable, en améliorant la douceur des draps et des serviettes, en équipant la salle de bain d'une « douche tropicale »...

CHAPITRE 20
LE VENDEUR FACE AU NEURO-CONSOMMATEUR

Les directions commerciales s'intéressent depuis longtemps à former les commerciaux à la psychologie des clients. Elles leur apprennent à détecter, à analyser et à comprendre les attitudes et réactions inconscientes des consommateurs. Les vendeurs expérimentés connaissent leur importance pour réussir une vente. Ils savent aussi qu'ils doivent produire dès le premier contact une bonne impression pour sécuriser l'interlocuteur et s'efforcer d'obtenir sa sympathie. Ils ont appris qu'un ensemble de signes n'ayant souvent rien à voir avec le bien à vendre contribuent inconsciemment à produire une bonne impression et à favoriser un futur achat. Les ouvrages liés à la psychologie de la vente sont très nombreux. Nous en avons sélectionné quelques-uns[71]. Ils apportent un éclairage permettant au vendeur d'adapter son aspect et son attitude pour donner un sentiment de confiance au consommateur. Ils présentent un ensemble de signes détectables permettant de voir si les arguments présentés sont perçus de manière positive et satisfaisante. Ils apprennent à conduire un argumentaire commercial adapté à la psychologie des interlocuteurs et à conduire la vente d'une manière efficace. De multiples conseils pour améliorer l'efficacité commerciale sont proposés à la fois pour vendre des produits de grande consommation, mais également des biens industriels lors d'appels d'offres ou de ventes B2B. Les neuroscientifiques et le neuromarketing s'intéressent à cette problématique. En Europe, Patrick Georges propose aux entreprises des conseils et programmes de formation destinés à améliorer les performances des commerciaux. Aux États-Unis, Patrick Renvoisé et Christophe Morin[72] présentent la méthode FRAP (Frustrations, Revendications, Apport, Pulsion) pour accroître les capacités des vendeurs. Les deux méthodes sont conçues à partir de connaissances émanant des neurosciences.

Les programmes de formation des commerciaux

En Europe, après avoir réalisé un bilan ergonomique des méthodes de travail de vendeurs, Patrick Georges et ses équipes présentent un ensemble de méthodes et techniques permettant de décoder le fonctionnement du cerveau des clients tout comme celui des commerciaux en situation de vente. Après la réalisation d'un diagnostic ergonomique, ils proposent des outils « neuro-compatibles » destinés à convaincre les consommateurs. Des applications intéressantes sont réalisées par des experts en ergonomie des achats. Elles concernent aussi bien les ventes dans les centres de distribution qu'auprès des grands comptes. Un ensemble de réalisations intéressantes sont effectuées par ses équipes dans des secteurs aussi variés que la pharmacie, les télécommunications, le digital, la téléphonie…

Ils offrent plusieurs programmes de conseil et de formation conçus à partir d'études neuroscientifiques[73].

« Sales Point »

Ce procédé permet d'augmenter le chiffre d'affaires des points de vente grâce à une optimisation cognitive de leur conception et du comportement des vendeurs. Il améliore l'attitude des commerciaux dans leur présentation au niveau de l'aspect, du discours, de la gestuelle… Il s'intéresse à la perception des signes de stress, d'intérêt, de désir, de mécontentement chez le client. Il perfectionne le management des vendeurs (instructions, processus de vente, motivations…) à partir de méthodes neuroscientifiques.

« Story » et « Top Ten Sale »

La méthode « *story* » s'efforce d'optimiser la présentation commerciale à partir des émotions et de l'intrigue. Elle travaille sur les personnages, les décors, le stress, la joie, les peurs.

Le programme « *Top Ten Sales* » s'intéresse à accroître les performances des commerciaux à partir de conseils permettant d'observer le client, d'agir sur sa décision d'achat, mais aussi de savoir se présenter à lui d'une manière agréable et sympathique. Il réalise préalablement un bilan ergonomique de leurs capacités à différents niveaux : la résistance au stress, la mémorisation des argumentaires et des produits, l'influence, le travail en milieu difficile, l'intelligence sociale… Il aborde des thèmes tels que :

- que se passe-t-il dans le cerveau du client lors de la vente ?
- que se passe-t-il dans le cerveau du vendeur quand il vend ?
- comment impacter la mémoire du client et du commercial pour que ce dernier retienne l'argumentation de la vente ?
- comment s'habiller ?
- quels exercices mentaux le commercial doit-il faire pour se préparer ?
- comment influencer la décision du client ?

Pour parvenir à augmenter le chiffre d'affaires de 8 à 20 % selon les cas, l'équipe de professionnels fait appel aux techniques cognitives. Celles-ci s'intéressent en particulier à l'influence, le contact physique avec l'interlocuteur, le placement de la voix et la manière de parler, l'utilisation du langage corporel, l'adaptation du discours au profil des clients…

La méthode FRAP (Frustrations, Revendications, Apport, Pulsion)

Patrick Renvoisé et Christophe Morin, aux USA, font partie des précurseurs à utiliser les informations émanant des neurosciences, en particulier les études sur le fonctionnement du « cerveau reptilien » des consommateurs, pour améliorer les ventes. Ils inventent la méthode FRAP largement développée dans leur ouvrage[74].

F – Frustrations

Elles sont en relation avec la tendance égocentrique du cerveau humain. Toute bonne vente commence par un diagnostic des frustrations ressenties par le client non seulement pour le produit ou le service proposé, mais également dans le cadre de leur utilisation. Il est comparable à un diagnostic médical permettant de bien comprendre la maladie et son contexte avant d'administrer un remède. Ces frustrations se situent fréquemment au niveau de l'inconscient des interlocuteurs.

Afin d'illustrer leur propos, les auteurs mentionnent, parmi plusieurs exemples, le cas de Domino Pizza, une société de livraison de pizzas à domicile. Après une recherche appropriée, l'entreprise découvre que la principale frustration des clients n'est pas liée au goût de la pizza, ni à savoir si elle sera livrée chaude ou froide, mais davantage dans le fait de ne pas connaître quand elle sera livrée. Grâce à ce diagnostic, la société peut répondre avec succès à cette frustration par une offre et un slogan approprié : « Livré en 30 minutes ou remboursé ».

L'origine des frustrations est variée. Elles peuvent être de nature financière, stratégique ou personnelle. Des éléments liés aux peurs, désirs, attentes, insatisfactions permettent de les découvrir. La méthode propose aux commerciaux un principe de dialogue efficace permettant de les diagnostiquer. Le diagnostic permet également d'évaluer leur prise de conscience ainsi que leur intensité et le degré d'urgence pour les atténuer ou les supprimer.

R – Revendications

Elles font appel à l'attirance du cerveau pour les contrastes et la nouveauté. Elles visent à capter l'attention du cerveau primitif en mettant en lumière l'originalité de l'offre. Il est conseillé de les présenter comme de véritables innovations. Elles doivent faire ressentir au neuro-consommateur la proposition comme unique, rare, exclusive. Elles conduisent les vendeurs à montrer des avantages permettant de répondre le plus possible aux frustrations décelées lors du précédent diagnostic. Les revendications se réfèrent à la proposition de divers avantages pour l'interlocuteur : technologiques, de proximité avec les clients, de personnalisation des services, d'authenticité des produits, de la qualité exceptionnelle de l'après-vente, etc. que la concurrence n'est pas capable d'offrir. Pour les commerciaux, il s'agit de mettre en valeur la singularité et la nouveauté de la proposition.

A – Apport

La valeur représente la différence perçue par le cerveau du consommateur entre l'avantage de la solution proposée et son coût.

Il émane de l'intérêt du cerveau pour la tangibilité. La valeur de l'apport ne doit pas se limiter à être présentée. Elle doit être prouvée et démontrée de la manière la plus concrète et factuelle possible. La valeur représente la différence perçue par le cerveau du consommateur entre l'avantage de la solution proposée et son coût. S'il ne perçoit pas un rapport positif, il n'adhère pas à l'offre. L'apport peut se situer sur plusieurs plans : financier, stratégique, personnel… Il est plus efficace lorsqu'il repose sur des preuves tangibles, qui peuvent être présentées de différentes manières : témoignage ou testimonial de clients crédibles montrés à partir d'interviews, de visites dans leur entreprise ou de la réalisation de vidéos, présentations de cas concrets de réussites permises grâce à l'utilisation de l'offre, démonstrations de l'efficacité à partir de prototypes, données chiffrées de performances reposant sur des statistiques irréfutables… Lors de la commercialisation d'universités internes d'entreprises, clés en main, proposant des formations managériales aux dirigeants, Jean-François Guillon, directeur général de HEC Exed-CRC, propose fréquemment aux prospects intéressés de rencontrer des clients satisfaits ayant commandé et vécu ce type de prestations en collaboration avec HEC-Paris.

P – Pulsion

Elle est relative à l'émotivité du cerveau. L'acte d'achat comme nous l'avons vu au cours des chapitres précédents repose sur une grande part d'irrationalité du cerveau. Chez le neuro-consommateur, ce sont les émotions qui déclenchent les décisions. La réussite d'une vente, au-delà des éléments rationnels d'une démonstration tangible de l'apport, provient en grande partie de la capacité du commercial à déclencher une pulsion. Dans cette dernière phase, la méthode FRAP lui enseigne à savoir utiliser les capteurs sensoriels du cerveau du client et à impliquer son égocentrisme. Il est sensibilisé à l'utilisation des capteurs d'attention qui permettent de maintenir le cerveau primitif d'un neuro-consommateur attentif en alerte et de favoriser la mémorisation des éléments fondamentaux de l'argumentaire de vente.

Lors d'une présentation de vente, il apprend à utiliser la courbe d'attention et de rétention des informations élaborée par Patrick Renvoisé et Christophe Morin.

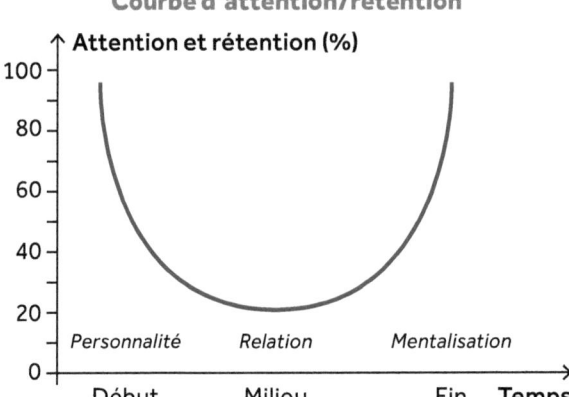

Source : d'après Patrick Renvoisé et Christophe Morin, op. cit.

Cette courbe est élaborée à partir du constat que le cerveau retient davantage le début et la fin des histoires ainsi que les innovations. Pour demeurer cohérent avec cette courbe, il reçoit le conseil d'apporter les éléments de conviction les plus importants dès l'introduction de la présentation et de les rappeler lors de la conclusion. Il est formé à utiliser des modes de présentation originaux pour faire ressortir les suggestions les plus significatives de son argumentation. Ils lui permettent de montrer que l'offre proposée répond aux principales frustrations ressenties par les interlocuteurs. L'emploi de répétitions à bon escient, la pratique de l'humour, l'utilisation d'anecdotes sous la forme d'histoires brèves constituent de bons éléments favorisant l'attention et la mémorisation.

Le commercial apprend à utiliser les impacts subliminaux émanant de leur voix et de leur gestuelle. Les auteurs rappellent que l'impact des messages pour le cerveau vient des mots dans une proportion de 5 %, de la voix à raison de 38 % et du langage corporel pour 55 %.

Pour un entretien de vente, certaines méthodes sont proposées pour capter l'attention et susciter l'intérêt. Les professionnels préconisent de susciter des minidrames. Le publicitaire David Ogilvy se permet d'avancer dans ses conférences : « Si vous vendez des extincteurs, commencez par allumer le feu devant vos prospects[75]. » Ils proposent également l'emploi de jeux de mots, de questions permettant d'impliquer le client, d'histoires courtes mettant en valeur l'utilisation de l'offre… La présentation d'objets, principalement ceux qui rappellent l'enfance, symbolisant la solution apportée, aide à la mémorisation par le cerveau.

Impliquer l'égocentrisme du cerveau constitue un moyen de réussir une vente. Le client s'intéresse davantage aux solutions permettant de réduire ou de supprimer ses frustrations qu'aux caractéristiques de l'offre. Le commercial met son interlocuteur au centre du débat. Pour cela, il l'intègre comme acteur de sa démonstration et le fait participer à la discussion. Comme l'avance la publicitaire américaine Lisa Kirk, « une bavarde est celle qui vous parle des autres, un ennuyeux est celui qui vous parle de lui-même ; un interlocuteur brillant est celui qui parle de vous-même[76] ». Plusieurs méthodes sont proposées pour impliquer le cerveau de l'interlocuteur. Elles préconisent :

- d'utiliser le « vous » au lieu du « nous » et encore moins du « je » ;
- de poser des questions destinées à l'entraîner dans la conversation, de reformuler ses objections ;
- de s'enquérir de son avis avant de développer un autre argument ;
- de solliciter un *feed-back* positif ainsi que son opinion pour les prochaines étapes de l'argumentation.

> Le client s'intéresse davantage aux solutions permettant de réduire ou de supprimer ses frustrations qu'aux caractéristiques de l'offre.

CE QU'IL FAUT RETENIR

Le cerveau attache un intérêt particulier à l'innovation. Depuis des millénaires, elle permet à la race humaine de survivre.

Les notions de beau ou de laid sont perçues par l'aire du cerveau appelée l'« insula ». Elles entraînent un sentiment de plaisir ou de dégoût directement ressenti envers les innovations. Les techniques émanant des neurosciences permettent de donner des informations sur la perception positive ou négative du cerveau face aux innovations en observant les réactions de son insula.

Les techniques neuroscientifiques contribuent à améliorer le taux de réussite dans le lancement de nouveaux produits et services.

La « neuro-esthétique » du design constitue un nouvel axe de recherche pour l'analyse neuroscientifique. Les techniques émanant des neurosciences permettent d'évaluer les effets procurés par le design. Leurs applications rencontrent un intérêt accru dans un nombre croissant de sociétés multinationales. La création de designs performants, agréables au cerveau, constitue un élément important qui contribue fortement à la réussite d'un produit sur le marché.

Plusieurs chercheurs en neurosciences perçoivent, en utilisant l'IRM, des variations importantes d'activités du cerveau quand différents types de packagings lui sont présentés.

Certains éléments spécifiques du packaging attirent directement l'attention et l'intérêt du cerveau : l'imagerie et l'iconographie, les couleurs, l'écriture, la taille et la forme, la marque... Lorsque ces éléments sont conçus de manière neuro-compatible, ils augmentent leur attrait pour le cerveau.

La perception de la tarification des produits et services par le cerveau a des conséquences importantes sur le montant des achats. Un tarif inadapté à l'impression qu'il se fait du rapport qualité/prix peut tuer une vente.

Le prix psychologique perçu par le cerveau du neuro-consommateur constitue une base fondamentale pour la politique de tarification. L'analyse neuroscientifique apporte une contribution importante pour la compréhension de cette perception.

Les travaux menés par les chercheurs de l'économie comportementale, en utilisant les neurosciences, contribuent à une importante amélioration des connaissances sur les effets du *« pricing »*, durant ces dernières décennies.

Plusieurs recherches neuroscientifiques attestent que le fait de payer engendre pour le cerveau une impression de douleur. Les moyens utilisés pour atténuer ou éviter ce sentiment sont nombreux : délai de paiement, proposition d'un crédit ou d'un paiement différé par rapport à l'achat, carte de crédit pour éviter l'impression de sortir de l'argent, bonheur de posséder le produit rapidement, argumentation du vendeur centré sur le plaisir de possession en expliquant que le bien est « premium », proposition d'offres groupées ou de packs, de menus complets dans un restaurant, formes plus volumineuses données à un emballage ou à une bouteille, facturation par mois plutôt que par heure, tarif établi quelques cents au-dessous d'un prix fixe...

Le cerveau rencontre d'importantes difficultés à se faire une idée du juste prix d'un produit ou d'un service. Une bonne connaissance de la manière dont il procède pour concevoir ses références tarifaires facilite la persuasion et les ventes.

Le niveau de tarification influe sur la perception que se fait le cerveau de la qualité d'un produit ou d'un service.

Plusieurs effets émanant des stratégies mentales du cerveau confronté aux politiques de prix sont mis en lumière par les professionnels de ce domaine. Ils insistent particulièrement sur ceux : d'ancrage *(« anchoring effect »)*, de leurre *(« decoy effect »)*, de possession *(« endowment effect »)*, de coût irrécupérable *(« sunk cost effect »)*, de choix *(« hyperchoice effect »)*, de découplage *(« payment decoupling »)*, de maîtrise de soi *(« self control effect »)*, d'asymétrie perte/gain *(« loss aversion »)*, de petits montants *(« denomination effect »)*, de formulation *(« framing effect »)*, d'oubli *(« payment depreciation »)*, d'immédiateté *(« immediate discounting »)*, d'autoconfirmation *(« confirmation biais »)*, de justification ex post *(« post purshase rationalisation »)*, d'imitation *(« bandwagon effect »)*...

La tarification doit s'adapter à la spécificité des cerveaux appartenant à des catégories spécifiques de personnes comme celles des dépensiers ou des économes.

Le marketing expérientiel et sensoriel des lieux de vente et de services influence les perceptions du cerveau des neuro-consommateurs.

La thématisation et la théâtralisation des espaces sont conçues par les experts dans le but de les rendre agréables au cerveau. Ils permettent d'allonger la visite des clients et d'augmenter le montant des achats.

Le marketing sensoriel des boutiques et des magasins s'intéresse à l'effet subliminal (hors de la conscience) produit sur le cerveau quand l'un de ses cinq principaux sens est directement sollicité.

De nombreux exemples de réussite se constatent dans les points de vente de professions diverses lorsqu'ils conçoivent, avec des experts spécialisés dans un sens, des espaces destinés à rendre agréables la vision, l'ouïe, l'odorat, le goût et le toucher. Les personnels comme les clients déclarent se sentir mieux dans un environnement où leurs sens sont habilement sollicités. Les personnels de contact améliorent leur efficacité et leurs capacités commerciales. Les clients se sentant bien, restent plus longtemps, achètent davantage, se fidélisent, prescrivent une enseigne, une marque, un lieu qu'ils ressentent comme agréable.

La politique sensorielle des points de vente et des espaces de services améliore son efficacité quand elle est conçue de manière cohérente avec le positionnement choisi par l'enseigne et les attributs de la marque, harmonisée avec les autres moyens de la communication et de l'e-communication, assure une bonne congruence entre les sens impactés.

Les méthodes et techniques neuroscientifiques sont de plus en plus utilisées pour améliorer les performances des commerciaux. On les retrouve dans la formation, la motivation, l'organisation du travail et les approches commerciales, la présentation des vendeurs… Des programmes spécifiquement conçus pour utiliser le savoir issu des neurosciences sont proposés par plusieurs experts individuels ou regroupés dans une société spécialisée, principalement en Europe et aux USA. Ils répondent à des noms évocateurs tels que : « *Top Ten Sales* », « *Sales Point* », « *Story* », FRAP (Frustration, Revendication, Apport, Pulsion). Ils rencontrent un intérêt accru, à travers le monde, auprès d'un nombre croissant d'entreprises appartenant à divers secteurs d'activités.

NOTES

1. Emmanuelle Le Nagard-Assayag et Delphine Manceau, *Marketing des nouveaux produits. De la création au lancement,* Dunod, 2005.

2. Robert Evan Ornstein, *Evolution of Consciousness: The Origins of the Way We Think*, Simon & Schuster, 1992. Voir aussi : Robert Evan Orstein et Richard Thompson, *L'Incroyable Aventure du cerveau,* InterÉditions, 1991.

3. Chan Kim et Renée Mauborgne, *op. cit.*

4. Bernard Roullet et Olivier Droulers, *Neuromarketing. Le marketing revisité…*, op. cit.

5. Notamment Hideaki Kawabata et Semir Zeki, « Neural Correlates of Beauty », *Journal of Neuropsychology,* vol. 91, n° 4, 2004, p. 1699-1705. Voir aussi : Semir Zeki, *Inner Vision: an Exploration of Art and the Brain,* Oxford University Press, 1999 et Semir Zeki, *Splendors and Misery of the Brain: Love, Creativity and the Quest of Human Happiness,* Wiley Blackwell, 2008.

6. Emmanuelle Le Nagard-Assayag et Delphine Manceau, *Marketing des nouveaux produits, op, cit.*

7. A.K. Pradeep, *op. cit.*

8. Floyd E. Bloom, Larry Squire, Darwin Berg et al., *Fundamental Neuroscience*, Academic Press Edition, 2012 (4ᵉ édition).

9. A.K. Pradeep, *op. cit.*

10. Bernard Roullet et Olivier Droulers, *op. cit.*

11. Bernard Roullet et Olivier Droulers, « Neuro-esthétique automobile : les neurosciences et le design », *Management et Sciences sociales,* n°6, 2009.

12. Semir Zeki, *op cit.*

13. Bernard Roullet et Olivier Droulers, *op cit.*

14. Cinzia Di Dio, Emiliano Macaluso et Giacomo Rizzolatti, « The Golden Beauty: Brain Response to Classical and Renaissance Sculptures », PLoS ON n° 2,, 2007, p. 1201-1209.

15. Pierre Boulez, Jean-Pierre Changeux et Philippe Manoury, *Les Neurones enchantés*, Odile Jacob, 2014.

16. Emmanuelle Ménage, *op. cit.*

17. A.K. Pradeep, *op. cit.*

18. Martin Lindstrom, *op. cit.*

19. Clélia Six, *op. cit.*

20. Daniel Keravec, *op. cit.*

21. Natacha Cygler, « Tous les sens », *Le Nouvel Économiste. Leadership & Management,* n° 1584, octobre 2011.

22. A.K. Pradeep, *op. cit.* Martin Lindström, *Buy Ology…, op. cit.* Roger Dooley *op. cit.* Patrick Georges, Michel Badoc et Anne-Sophie Bayle-Tourtoulou, *op. cit.*

23. Marco Stoll, Sebastian Baecke, Peter Kenning «What They See Is What They Get: An FMRI Study on Neuronal Correlates of Attractive Packaging », *Journal of Consumer Behavior,* vol. 7, n° 4-5, juin 2008.

24. Paule Vern, *Force vitale – La Sophrologie caycédienne,* La Méridienne Desclée de Brouwer, 2000. Edmund Jacobson, *Savoir se relaxer pour combattre le stress*, Éditions de l'Homme, 1980.

25. Élise Lucet « Cash Investigation » du 25 mai 2012 sur France 2.

26. Paule Vern, *op. cit.*

27. Sheena S. Iyengar et Mark R. Lepper, « When Choice Is Demotivating : Can One Desire Too Much of A Good Thing ? », *Journal of Personality and Social Psychology,* décembre 2000, p. 995-1006.

28. Roger Dooley, *op. cit.*

29. Enrico Trevisan et Florent Jacquet, *Psychologie des prix – Le Pricing comportemental,* De Boeck, 2015.

30. Brian Knutson, Scott Rick, G. Elliott Wimmer, Drazen Prelec et George Loewenstein « Neural Predictors of Purchases », *Neuron,* vol. 53, n°1, 2007, p. 147-156. Dan Ariely, *Predictably Irrational : the Hidden Forces That Shape our Decisions*, Harper Perennial, 2010 ; traduction en français : *C'est (vraiment ?) moi qui décide*, Flammarion, 2008.

31. Bernard Roullet et Olivier Droulers, *op. cit.*

32. Brian Knutson *et al., op. cit.*

33. Dan Ariely, *op. cit.*

34. Roger Dooley, *op. cit.*

35. Lisa Trei, « Price Changes Way People Experience Wine, Study Finds », *Stanford New Service,* 16 janvier 2008.

36. Benedict Carey, « More Expensive Placebos Bring More Relief », *New York Times,* 5 mars 2008.

37. Enrico Trevisan et Florent Jacquet, *op. cit.*

38. Bernard Roullet et Olivier Droulers, *op. cit.* Roger Dooley, *op. cit.*

39. Scott Rick, Cynthia Cryder et George Loewenstein, « Tightwads and Spendthrifts », *Journal of Consumer Research*, vol. 34, n° 6, p. 767-782.

40. Marie-Christine Lichtlé, Sylvie Llosa et Véronique Plichon, « La contribution des différents éléments d'une grande surface alimentaire à la satisfaction du client », *Recherche et applications en marketing,* vol. 17, n° 4, 2002, p. 23-34.

41. Patrick Hetzel, *Planète Conso – Marketing expérientiel et nouveaux univers de consommation,* Éditions d'Organisation, 2002.

42. Wided Batat et Isabelle Frochot, *Le Marketing expérientiel. Comment concevoir et stimuler l'expérience client,* Dunod, 2014.

43. Voir les espaces culturels de la librairie Dialogue à Brest sur Images Google librairie dialogue photos.

44. Bernard Cova et Véronique Cova, *Alternative Marketing*, Dunod, 2001.

45. *Gil Blas* (1883), Le Livre de Poche, 1997.

46. Marie-Louise Hélies-Hassid « Au Bonheur des dames ou la leçon de commerce de M. Zola », *Décisions Marketing,* n° 20, 2000.

47. Une visualisation des photos relatives aux exemples mentionnés est facilement accessible sur divers moteurs de recherche tels que Google…

48. Agnès Giboreau et Laurence Body, *Le Marketing sensoriel. De la stratégie à la mise en œuvre,* Vuibert, 2007.

49. Sophie Rieunier *et al., Marketing sensoriel du point de vente, op. cit.*

50. Emmanuelle Ménage, *op. cit.*

51. Une visualisation des photos relatives aux exemples mentionnés est facilement accessible sur les moteurs de recherche tels que Google…

52. *Idem.*

53. Joseph A. Bellizzi *et al.*, « The Effects of Colors in Store Design », *Journal of Retailing,* vol. 59, n° 1, 1983, p. 21-44. Rie Mimura, « Color and POP: The Effective Use of Colors for Point of Purchase Display », *Journal of Undergraduate Research,* vol. VI, 2003.

54. Une visualisation des photos de ces exemples est facilement accessible sur les moteurs de recherche tels que Google…

55. *Idem.*

56. *Idem.*

57. *Idem.*

58. *Idem.*

59. Charles S. Areni et David Kim, *op. cit.* Teresa A. Summers et Paulette R. Herbert, « Shedding Some Light on Store Atmospherics: Influence of Illumination on Consumer Behavior », *Journal of Business Research,* vol. 54, n° 2, 2001, p. 145-150.

60. Une visualisation des photos de ces exemples est disponible sur les moteurs de recherche tels que Google…

61. Emmanuelle Ménage, *op. cit.*

62. Jean-Jacques Rousseau, *Dictionnaire de la musique* (édité en 1768 par La Veuve Duchesne), FB Éditions, 2015.

63. Sophie Rieunier, « L'influence de la musique d'ambiance sur le comportement des consommateurs dans les points de vente », thèse de doctorat en Sciences de gestion, université Paris IX Dauphine, 2000 ; Sophie Rieunier (dir.), *op. cit.* ; Alain Goudey, « Une approche non verbale de l'identité musicale de la marque : influence du timbre et du tempo sur l'image de marque évoquée », thèse de doctorat de l'université de Paris IV Dauphine, 2007 (cette thèse a fait l'objet d'un article : « Stratégies de communication sonore de la marque : bilan et perspectives de l'utilisation de l'identité musicale de marque », *Décisions Marketing,* n° 52, octobre-décembre 2008).

64. Notamment les ouvrages d'une experte de ce domaine, Annick Le Guérer, *Le Pouvoir des odeurs*, 2002 et *Le Parfum : des origines à nos jours,* 2005, tous deux édités chez Odile Jacob.

65. Citons notamment : Eric R. Spangenberg *et al.* « It's Beginning To Smell (And Sound) A Lot like Christmas: The Interactive Effects of Ambient Scent And Music in a Retail Setting », *Journal of Business Research,* vol. 58, n° 11, 2005, p. 1583-1589 ; Bruno Daucé, « La diffusion des senteurs d'ambiance dans un lieu commercial : intérêts et tests des effets sur le comportement », 2000, thèse de doctorat en Sciences de gestion de l'université de Rennes 1 et Bruno Daucé, « Comment gérer les senteurs d'ambiance » *in* Sophie Rieunier (dir.), *op. cit.*

66. Patrick Süskind, *Le Parfum,* Fayard, 1989.

67. Emmanuelle Ménage, *op. cit.*

68. Sophie Rieunier *et al., Le Marketing sensoriel du point de vente, op. cit.*

69. *Idem.*

70. Damien Erceau et Nicolas Gueguen, « Tactile Contact and Evaluation of the Toucher », *The Journal of Social Psychology,* vol. 147, n° 4, 2007, p. 441-444. Bianca Grohmann, Eric R. Spangenberg, David E. Sprott, « The Influence of Tactile Input on the Evaluation of Retails Product Offerings », *Journal of Retailing,* vol. 83, n° 2, 2007, p. 238-245. Heidi J. Hornik, « Tactile Simulation and Consumer Response », *Journal of Consumer Research,* vol. 19, n° 3, 1995, p. 449-458. Boon Lay Ong (dir.), *Beyond Environmental Comfort*, Routledge, 2013.

71. Gerhard Gschwandtner, *The Psychology of Sales Success*, Selling Power, 2007. Dennis M. Postema, *Psychology of Sales. From Average to Rainmakers. Using the Power of Psychology to Increase Sales*, Kindle Amazon Media EU Sarl, 2013. Andreas Edmüller, *L'Art d'argumenter, convaincre sans manipuler*, Ixelles, 2012. Brian Tracy, *The Psychology of Selling. Increase Your Sales Faster and Easier than You Ever Thought Possible*, Thomas Nelson Publisher 2006.

72. Patrick Renvoisé et Christophe Morin *op. cit.*

73. Patrick Georges, Michel Badoc et Anne-Sophie Bayle-Tourtoulou *op. cit.*

74. Patrick Renvoisé et Christophe Morin *op. cit.*

75. David Ogilvy, *Confessions of an Advertising Man*, Southbank Publishing, 2011.

76. Lisa Kirk, citée par Patrick Renvoisé et Christophe Morin *op. cit.*

partie V
LE CERVEAU DU NEURO-CONSOMMATEUR INFLUENCÉ PAR LA COMMUNICATION

Depuis la haute Antiquité, sous l'influence des sophistes et des rhétoriciens, jusqu'aux temps modernes, avec les sémiologues et le marketing, la communication utilise, pour devenir plus convaincante, de nombreuses techniques dites « subliminales ». Elles sont destinées à s'adresser directement à l'inconscient du cerveau de leur auditoire. La récente apparition des « nudges » et l'utilisation des neurosciences proposent des artifices sensoriels encore plus pertinents pour convaincre les « neuro-consommateurs ». Les enseignes s'efforcent également de créer de véritables « marques sensorielles » destinées à séduire la clientèle dans la durée.

INTRODUCTION

Dans son approche de séduction du neuro-consommateur, la communication utilise de nombreuses techniques subliminales (hors de la perception de la conscience) visant à s'adresser directement à son inconscient. Certaines sont connues depuis la haute Antiquité, notamment en Grèce et dans le monde romain. Elles ont pour but d'aider à présenter un discours convainquant en utilisant un ensemble de procédés et postures destinés à rendre crédible l'élocution et à séduire l'auditoire. Parmi elles, la rhétorique inventée par Aristote, enseignée pendant des siècles dans les écoles de l'Occident, est désormais utilisée dans la communication publicitaire.

Des approches plus modernes comme la sémiologie et les avancées de la recherche en marketing s'efforcent d'apporter une meilleure connaissance du comportement inconscient des consommateurs face à la communication. Grâce à l'utilisation des techniques neuroscientifiques, en particulier l'IRM et l'EEG, d'importants progrès apparaissent dans la compréhension de la perception de l'influence subliminale des messages publicitaires par le cerveau et dans leur capacité de l'influencer.

Les experts de la communication comme les citoyens prennent chaque jour conscience de l'efficacité des messages subliminaux. Bien qu'interdits dans de nombreux pays, ils apparaissent sous des formes indirectes non répréhensibles, mais très efficaces. Parmi les plus récentes approches, l'utilisation des *« nudges »*, (décisions automatiques prises par défaut par le cerveau hors de tout raisonnement), mais aussi des multiples artifices découverts par les chercheurs utilisant les neurosciences. Les applications s'intensifient dans le but de rendre plus attractive pour le cerveau humain la présentation des textes, des images, des vidéos, des sites internet et sur les mobiles…

Les marques jouent un rôle fondamental pour influencer le cerveau des neuro-consommateurs dans ses processus inconscients de décisions d'achat. Au-delà de la recherche marketing, l'analyse neuroscientifique apporte un nouvel éclairage sur leurs modes d'influence. Elle met en lumière l'importance de s'adresser aux cinq sens et pas seulement à la vue pour favoriser leur mémorisation et leur attractivité. Le neuromarketing s'intéresse à la création de marques sensorielles dans le but d'augmenter la séduction des enseignes traditionnelles.

CHAPITRE 21
LE LANGAGE PUBLICITAIRE

La communication, sous toutes ses formes, cherche en permanence à séduire le neuro-consommateur. Cela est aussi vrai pour le discours de l'homme politique souhaitant faire adhérer le citoyen à ses idées que pour le marketing désirant obtenir la reconnaissance des avantages des produits, services ou marques qu'il défend.

Pour y parvenir, depuis plusieurs millénaires, elle s'efforce de trouver des approches ou méthodes susceptibles d'augmenter son efficacité persuasive. Dès la haute Antiquité, les philosophes grecs comprennent que l'art de la conviction ne se limite pas à faire appel à l'aspect rationnel de l'intelligence des interlocuteurs. Les présocratiques puis les rhétoriciens pensent déjà que pour convaincre son auditoire le discours rationnel ne suffit pas, il faut également savoir le charmer et le séduire. Pour cela, ils inventent une méthode nouvelle « la rhétorique ». Elle est longtemps enseignée dans les écoles occidentales et particulièrement prisée dans l'éducation professée par les jésuites. Remise au goût du jour par des auteurs de notre siècle, elle sert à nouveau de réflexion pour améliorer l'efficacité de la communication.

Au-delà de cette science ancienne, un ensemble de chercheurs créent des approches permettant de mieux comprendre le comportement conscient et inconscient du neuro-consommateur soumis à l'influence des différents modes de communication. Les méthodes proposées s'intéressent aux écrits, images, discours, vidéos… en passant par l'ensemble des formes de création utilisées pour les mass medias, l'événementiel, l'Internet, les mobiles…

Les professionnels s'adressent à des concepts issus de la sémiologie, aux innovations en matière de création publicitaire, et de plus en plus aux neurosciences. Tout cela dans le but de mieux appréhender ce qui dans une communication plaît ou déplaît au cerveau du neuro-consommateur.

Les philosophes et la communication

> *La rhétorique trouve un nouvel intérêt auprès des experts de la publicité en perpétuelle recherche de moyens permettant de mieux cerner les réactions du neuro-consommateur confronté aux messages de la communication.*

Dès le ve siècle avant Jésus-Christ se développe en Grèce un groupe de penseurs, professeurs d'éloquence, prétendant enseigner l'art de la persuasion destinée à rendre les discours convaincants, voire irréfutables. Ils sont connus sous le nom de sophistes[1]. Critiquée par Socrate et ses disciples, leur approche de l'art du discours est méprisée pendant plusieurs décades avant d'être réhabilitée par les philosophes modernes dès le XIXe siècle. Les opposants, en particulier Aristote, proposent une nouvelle méthode, la rhétorique. Elle est enseignée dans toutes les universités européennes puis largement abandonnée. Elle trouve un nouvel intérêt auprès des experts de la publicité en perpétuelle recherche de moyens permettant de mieux cerner les réactions du neuro-consommateur confronté aux messages de la communication.

Les sophistes, de véritables précurseurs

Parmi les plus célèbres, on retiendra les noms de Gorgias (485-380 av. J.-C.), Protagoras (490-420 av. J.-C.), Prodicos de Cèos (470-399 av. J.-C.)… Leurs leçons, payantes, voire assez coûteuses, sont destinées à rendre plus efficaces les discours généralement présentés par des gens aptes à réfléchir, à prendre des décisions, à gouverner, généralement des aristocrates. Les sophistes enseignent l'art du langage, de la dialectique, mais aussi les mécanismes psychologiques faisant appel aux émotions de l'auditoire. Certains prétendent être capables de prononcer deux discours irréfutables défendant une thèse dans le premier et son contraire dans le second. On possède peu d'œuvres émanant directement des sophistes. Leur enseignement est essentiellement connu à travers les ouvrages de leurs détracteurs tels que Platon reprenant les discours de Socrate notamment dans *Gorgias* et *Phèdre*[2], Aristote, disciple de Platon, dans les *Réfutations sophistiques*[3].

Les critiques envers les sophistes émanant principalement de Socrate et de ses disciples, tels que Platon, Xénophon puis Aristote, sont nombreuses. Outre le fait de commercialiser leur savoir, il leur est reproché de ne pas s'embarrasser de considérations éthiques, morales, liées à la justice ou à la vérité pour obtenir le succès de leurs arguments face à un auditoire. Socrate et Platon parviennent même à modifier la connotation du mot « sophisme » pour en faire un terme péjoratif synonyme de « manipulation ». Une attribution qui lui reste encore de nos jours.

En prétendant que « l'homme est la mesure de toute chose […] que rien n'est vrai, tout est relatif […] que les lois de la cité ne sont pas guidées par ce qui est bien en soi, mais par ce que les hommes sont convenus d'adopter[4] », Protagoras et les sophistes sont parfois considérés comme les pères du positivisme moderne. Ils sont aussi mentionnés comme les précurseurs de la « postmodernité » par des auteurs tels que Jean Houssaye[5], expert et professeur en sciences de l'éducation.

Dans un monde où l'appel à l'individualisme, à travers une recherche de personnalisation des messages de la communication destinés aux clients, est recherché, les leçons émanant des sophistes sont probablement à redécouvrir. Elles apportent un éclairage sur les approches et arguments souvent irrationnels susceptibles de séduire le neuro-consommateur.

La rhétorique et sa modernité

Le mot « rhétorique » vient du grec *rhêtirikê technê* puis du latin *rhetorica* qui peut se traduire par « technique, art oratoire ». Pour les sophistes, il s'agit essentiellement d'un art destiné à convaincre. Pour Socrate puis Platon, qui inventent la « dialectique », il doit être au service de l'émergence de la vérité. Dans le monde de la Grèce antique, cette méthode est largement mise en valeur à travers les discours de l'homme d'État athénien Demosthène (384-322 av. J.-C.). Dans l'Antiquité romaine, la rhétorique est pratiquée par de célèbres conférenciers tels que Cicéron et Quintilien. Elle devient une science du « bien dire » ou « *bene dicendi sciencia* ». Jean-Jacques Robrieux, maître de conférences à l'université de Paris Descartes, la définit comme « l'art de s'exprimer et de persuader[6] ». Pour le philosophe belge de l'université de Bruxelles Michel Meyer, « la rhétorique lisse et arrondit les problèmes qui s'estompent du même coup sous l'effet du discours éloquent[7] ». Elle repose sur un ensemble de techniques permettant de bien structurer les discours en vue de persuader et convaincre les auditeurs. La rhétorique et ses méthodes sont décrites, expliquées et commentées dans de très nombreux ouvrages[8].

Elle est codifiée par Aristote[9] (384-322 av. J.-C.). Pour celui-ci et ses disciples, le discours doit reposer sur trois notions centrales : « le *logos*, le *pathos* et l'*ethos* ». Le *logos* s'appuie sur des éléments rationnels qui permettent par la logique de convaincre l'auditoire. Le *pathos* s'efforce de créer une relation émotionnelle avec l'auditoire afin de le charmer ou de le séduire. Pour Michel Meyer, le *pathos* comporte trois éléments passionnels : « La question-choc, le plaisir et le déplaisir qu'elle occasionne et la modalité sous forme de jugement qu'elle engendre, par exemple l'amour et la haine[10]. » L'*ethos* repose sur la dimension propre à l'orateur, son autorité, ses compétences pour aborder un sujet, mais aussi sa moralité, ses mœurs exemplaires… Il correspond à l'image qu'il donne de lui-même à l'auditoire comme une garantie pour rendre son discours crédible.

La rhétorique romaine se fonde sur les bases grecques tout en préférant opter pour une approche plus pratique du discours plutôt que de privilégier des spéculations théoriques et spéculatives. Elle est largement mise en valeur par l'orateur Cicéron (106-43 av. J.-C.) et par le pédagogue Quintilien (30-100 av. J.-C.). *Rhétorique à Hérennius*[11], fréquemment attribuée à Cicéron, explique en détail et de manière formelle le système rhétorique. Il réalise une synthèse des propos d'Aristote avec une conception plus pratique, mieux adaptée aux attentes de l'éloquence romaine.

Pour sa part, Quintilien présente la rhétorique comme une science fondamentale[12]. Il propose cinq phases de l'entraînement au discours rhétorique. Elles sont enseignées dans les écoles de l'Occident au cours des siècles qui suivent. Les phases sont :

- l'*Inventio* (ou Invention). Elle consiste à trouver des arguments vraisemblables, voire irréfutables, à apporter des preuves permettant de rendre l'exposé convaincant ;

- le *Disposito* (ou Disposition). Il s'attache à la structure du texte, à son agencement. Il organise le contexte de l'Invention, rend le discours intelligible afin de faire adopter à l'auditoire le point de vue de l'orateur. Il permet de ne rien omettre, d'éviter de trop se répéter ou d'organiser les répétitions ;

- l'*Elocutio* (ou Élocution) est propre à la rédaction du discours. Il s'attache à fournir à l'invention les mots et les phrases appropriés et percutants. Il permet d'adapter le style à la perception de l'auditoire concerné ;

- l'*Actio* (ou Action) est la phase de prononciation du discours. Elle permet à l'orateur d'exprimer une gestuelle physique en harmonie avec les mots qu'il prononce. Cicéron parle « d'élocution du corps ». À ce stade sont enseignées la manière de travailler la voix, les attitudes gestuelles pertinentes et codées, l'adaptation du ton, du débit, du souffle… Pour Quintilien, le rythme est essentiel, il le rapproche de la musique. Il parle « d'eurythmie » ;

- la *Memoria* (ou Mémoire) apprend l'art et les méthodes permettant à l'auditoire de mémoriser les arguments essentiels du discours. Pour cela est utilisée la structure même de l'exposé à laquelle on joint des procédés mnémotechniques ou créateurs d'émotions.

Après avoir été longtemps considérée et enseignée comme une science fondamentale, puis négligée, la rhétorique retrouve un nouvel attrait auprès des philosophes et penseurs modernes. Pour Francis Bacon (1561-1626), cité par Michel Meyer[13], elle est « l'art d'appliquer la raison à l'imagination pour mieux mouvoir la volonté ». Au XIXe siècle, l'Anglais John Stuart Mill[14] (1806-1873) étudie les sophistes et propose un classement de leurs différents courants de pensée et l'Allemand Arthur Schopenhauer[15] (1788-1860) défend l'usage du sophisme pour son efficacité dialectique.

Roland Barthes l'utilise dans ses recherches sur la sémiologie[16]. Le philosophe Chaïm Perelman (1912-1984), professeur à l'Université libre de Bruxelles fonde la Nouvelle École de rhétorique contemporaine. Dans ses ouvrages écrits en collaboration avec Lucie Olbrechts-Tyteca[17], il renoue avec la rhétorique grecque et propose une « nouvelle rhétorique » qui constitue une théorie de l'argumentation.

La rhétorique publicitaire ou l'art de la persuasion pour le neuro-consommateur

Dans ses préconisations sur la rhétorique, Cicéron note : « Il faut prouver la vérité de ce que l'on affirme (c'est l'art du *logos*), se concilier la bienveillance des auditeurs (en utilisant l'*ethos*), éveiller en eux toutes les émotions utiles à la cause (en faisant appel au *pathos*)[18]. » Ces arguments sont à la base de nombreux discours publicitaires souvent proposés volontairement ou non par des créatifs. Certains ne cachent pas leur profond intérêt pour les rhétoriciens modernes ou anciens et étudient leurs apports respectifs à l'art de la rhétorique. Thierry Herman et Gilles Lugrin[19], professeurs en rhétorique et linguistique, à l'université de Neuchâtel pour le premier et de Lausanne pour le second, en Suisse, montrent les utilisations des trois approches de la rhétorique – *logos*, *ethos* et *pathos* – dans les campagnes et les messages publicitaires.

Le *logos* correspond au choix de messages logiques, rationnels, argumentés. Ceux-ci reposent largement sur du testimonial. Ils présentent des arguments irréfutables sur la qualité spécifique d'un produit ou service, sur une innovation que ceux de la concurrence ne possèdent pas. Pour la société Revlon, « c'est le rouge à lèvres qui ne migre pas ». Ce mode de communication propose des tests, des illustrations, des démonstrations pertinentes. On rencontre ce type de publicité pour de très nombreux produits : les lessives, les crèmes de beauté, les médicaments en vente libre…

L'*ethos* est là pour donner confiance ou séduire les interlocuteurs.

> *C'est la garantie conférée par la présence de l'inventeur : Dyson pour les aspirateurs sans sac, Jean-Louis David pour les produits liés à la coiffure, Alain Afflelou pour les lunettes… La confiance peut aussi provenir de la présence d'un expert : un professeur de médecine pour un médicament, un grand chef de cuisine pour un produit alimentaire, un sportif réputé pour des articles de sport… Parfois il peut s'agir de personnes plus modestes comme la grand-mère sympathique pour une confiture ou encore le berger pour un fromage… Pour la séduction, on utilise plus souvent un top model ou un acteur de cinéma. Claudia Schiffer pour les produits de beauté L'Oréal, Eva Herzigova pour les soutiens-gorge Wonderbra, Brad Pitt, Alain Delon pour les parfums Chanel et Dior, Georges Clooney pour le café Nespresso…*

L'*ethos* repose également sur le soutien d'une marque connue, garantissant une qualité, une image de luxe, admirée ou aimée par un large public.

Le *pathos* concerne les messages fondés sur les émotions. Les communications peuvent reposer sur des créations hédonistes visant la recherche du bien-être interne ou du plaisir comme le luxe ou le sexe. Elles peuvent concerner le désir de faire plaisir à son partenaire, ses enfants, sa famille, son entourage, la société… Afin de susciter des émotions fortes et pénétrer la mémoire, elles emploient parfois des messages violents. Cela est souvent le cas des publicités utilisées pour la prévention routière qui n'hésite pas à utiliser des vidéos montrant des traumatismes sévères et même des cadavres. La faculté de procurer de fortes émotions est utilisée par certaines associations soucieuses de faire adhérer à leur cause.

> *En France, l'ADMR (Association pour le Droit de Mourir dans la Dignité) n'hésite pas à faire voir trois candidats des présidentielles 2012, les plus anti-euthanasie : Nicolas Sarkozy, Marine Le Pen et François Bayrou sur leur lit de mort avec le message « M. le candidat, doit-on vous mettre dans une telle position pour faire évoluer le vote sur l'euthanasie ? » La publicité de Benetton indissociable du photographe Oliviero Toscani est connue pour associer des*

LE LANGAGE PUBLICITAIRE

messages forts, transgressifs, dans ses communications, n'hésitant pas à créer du scandale dans certains pays.

Dans un article, Jacques Durand décrit la rhétorique comme l'art de « la parole feinte[20] ». Les publicitaires peuvent être considérés comme des rhéteurs polyvalents qui utilisent consciemment ou non les méthodes et techniques de la rhétorique dans la création artistique.

L'*Inventio* est recherché à partir des études marketing, de motivations, comportementales, sociologiques, sur la communication concurrente… Le *Disposito* concerne l'accroche, la *base line*, le slogan, la logique du texte ou du film… L'*Elocutio* s'intéresse à la recherche d'une création originale et attractive à partir du choix des visuels, des textes… L'*Actio* concerne le déroulement de la campagne dans son ensemble avec l'harmonisation des différents médias et supports utilisés. La *Memoria* fait appel aux éléments tels que la recherche d'émotions ou toutes sortes d'artifices permettant à l'auditoire de mémoriser la communication.

> Les publicitaires peuvent être considérés comme des rhéteurs polyvalents qui utilisent consciemment ou non les méthodes et techniques de la rhétorique dans la création artistique.

Après l'analyse de plusieurs milliers de publicités, Jacques Durand retrouve toutes les figures classiques de la rhétorique proposées par les grands auteurs de cette science telles que l'adjonction, la suppression, la substitution, l'échange… Dans son article, il les illustre à partir de multiples exemples concrets. Les récentes études émanant des neurosciences confirment l'attrait que présentent certaines figures rhétoriques dans des applications publicitaires.

La sémiologie et le décodage des signes de la communication

Développée par les linguistes au XIXe siècle, la sémiologie est à nouveau remise à l'ordre du jour. Elle connaît des applications dans des domaines qui dépassent la linguistique, la médecine et la sociologie… Elle s'intéresse aux effets produits par les signes de la création publicitaire dans les perceptions, souvent inconscientes, ressenties par le cerveau des neuro-consommateurs.

La sémiologie ou l'empire des signes

Le linguiste suisse Ferdinand de Saussure (1857-1913), dans son *Cours de linguistique générale*[21], définit la sémiologie comme « la science qui étudie la vie des signes au sein de la vie sociale ». Le terme « sémiologie » est créé pour la médecine par Émile Littré (1801-1881), lexicologue et philosophe français. L'appellation « sémiotique », davantage utilisée en dehors de France, est précédemment proposée dans ses discours par Charles Sanders Peirce (1839-1914), sémiologue et philosophe américain.

Si la sémiologie apparaît comme une discipline récente, l'étude des signes, particulièrement en médecine, est déjà présente en Grèce chez Hippocrate (460-356 av. J.-C.). La sémiologie médicale étudie, dès l'Antiquité, la manière de relever et de présenter les signes afin d'élaborer un diagnostic de la maladie du patient.

Pour Roland Barthes (1915-1980)[22], la sémiologie s'intéresse à tout objet en tant que signifiant en puissance. Elle permet d'interpréter des phénomènes de société, des systèmes de signes et la valeur symbolique de certains faits sociaux. Pour ce critique littéraire et sémiologue français, le rôle de l'expert en sémiologie est d'élever le *mythos,* discours muet et confus au niveau de l'explication logique du *logos.* Les communications de masse comme le vêtement ou la publicité sont ignorantes d'elles-mêmes. Elles appellent à être déchiffrées.

Pour Eric Buyssens (1910-2000), linguiste belge, la sémiologie est « la science qui étudie les procédés auxquels nous recourons en vue de communiquer nos états de conscience et ceux par lesquels nous interprétons la communication qui nous est faite[23] ».

Sémiologie et interprétation de la communication publicitaire

La sémiologie destinée à la communication étudie la signification consciente et inconsciente perçue de signes. Ils peuvent être conventionnels, aussi appelés « messages dénotés » tels que le code de la route, les signaux ferroviaires, maritimes ou aériens, le morse, les sonneries militaires, les insignes, la notation musicale… Les éléments de ces messages ont une signification constante pour un public averti, non subjective ni susceptible d'une interprétation personnelle. Ils comportent un sens qui ne varie pas quels que soient les récepteurs.

Les signes peuvent aussi émaner de « messages dénotés » dont le sens dépend largement de chaque récepteur et du contexte de leur réception.

Dans un article, Olivier Burgelin[24], maître-assistant à L'École des hautes études en sciences sociales en France, s'intéresse à l'étude des signes et plus précisément du système des signes dans la communication publicitaire. Il recherche toutes les significations conscientes et inconscientes que peut contenir un message. Il étudie les associations de messages. Elles sont susceptibles de varier d'un lecteur à l'autre en fonction de la culture, la classe sociale, la nationalité, de ses caractéristiques psychologiques… Il peut se décomposer en signifiant, ce que l'on perçoit de ce qui est inclus dans le message, sous forme de texte ou d'image, et le signifié, ce que signifie le message. Tout ce qui est incorporé au message publicitaire est susceptible de recevoir une signification. La totalité des éléments est prise en considération : mots, texte, image, annonce verbale, mise en page, couleurs, configuration… La sémiologie propose des grilles d'analyse des messages[25]. Elle permet de comprendre les mécanismes de persuasion, mais aussi d'éviter que la communication soit détruite par un élément parasite.

Elle éclaire les modes de perception souvent irrationnels du consommateur confronté aux créations publicitaires.

En amont de la communication, elle permet de mieux saisir les attitudes de consommateurs ciblés à partir de signes émis lorsqu'ils sont confrontés à des expositions d'images de produits ou de services.

Comme le fait remarquer Clélia Six, « la façon de se tenir, de parler, de bouger, traduit souvent un besoin dont on n'a pas forcément conscience. Le sémiologue en relation avec les entreprises est présent pour traduire ces besoins et aider à proposer et présenter les meilleures offres[26] ».

Les spécialistes de la sémiotique réalisent des analyses sur la perception de la signification du positionnement et de la marque d'une entreprise ou de ses concurrents.

La sémiologie est largement utilisée en publicité par le sémiologue français Georges Peninou (1926-2001). Il l'applique, dès 1972, à l'analyse de la création publicitaire réalisée par l'agence Publicis, puis développe les principes, méthodes et outils de sa théorie. Il écrit : « Ce qui fait la spécificité de la préoccupation sémiologique dans le processus d'analyse de la création publicitaire, c'est qu'elle s'attache à vérifier que le créateur a correctement rempli son obligation d'exprimer la fonction signifiant-signifié […] L'examen sémiologique d'une annonce publicitaire est examen de ce qui s'y manifeste explicitement : des mots et des images et dans ces images :

> *Les spécialistes de la sémiotique réalisent des analyses sur la perception de la signification du positionnement et de la marque d'une entreprise ou de ses concurrents.*

des objets, des formes, des situations, des détails, en un mot des émissions de signes, mais aussi des omissions signifiantes de signes. C'est parmi ces signes que la discrimination entre traits pertinents et non pertinents devra être faite[27]. »

La sémiologie est principalement un outil d'analyse de la création. Elle repose sur un important savoir-faire pratiqué par des experts qui en possèdent les concepts, méthodes et outils assez complexes à acquérir. Il est impossible d'initier le lecteur, en quelques lignes à cette science permettant de décoder les signes de la communication. En dehors des lectures mentionnées dans cette partie, l'ouvrage du linguiste français Georges Mounin (1910-1993) *Introduction à la sémiologie*[28] peut constituer une première initiation pour un lecteur intéressé à approfondir cette science. Concernant la communication, il peut aussi se référer à *Sémiotique, marketing et communication : sous les signes, la stratégie* de Christian Pinson et Jean-Marie Floch[29].

La recherche en communication et les perceptions inconscientes

Dès la fin de la Seconde Guerre mondiale, la réclame se transforme en communication publicitaire. Un ensemble d'experts de ce domaine entreprennent d'abord aux États-Unis puis en Europe des réflexions et des recherches destinées à améliorer son efficacité en adaptant les messages aux attentes profondes des consommateurs. À travers un livre exhaustif, *Publicitor – Publicité on line et off line,* Jacques Lendrevie, professeur émérite à HEC-Paris, et Arnaud de Baynast, directeur associé à Publicis, décrivent largement les avancées dans ce domaine[30].

La priorité est d'abord donnée à l'utilisation des études marketing fondées sur des enquêtes, interviews, etc. et à leurs applications pour obtenir une meilleure connaissance des attitudes du consommateur confronté à la publicité.

Certains professionnels commencent très vite à s'apercevoir que les recherches reposant sur la croyance que le client a des réponses et des comportements rationnels manquent de réalisme dans le domaine de la communication. Aux USA, David Ogilvy[31] est l'un des premiers à signaler les limites des études marketing. Dans le même pays, Rosser Reeves[32] (1910-1984), qui fait le succès de l'agence Ted Bates, pense que le cerveau du consommateur moyen ne peut mémoriser qu'un seul argument en publicité. Il élabore la théorie de l'USP *(Unique Selling Proposition)*. Elle se fonde sur trois principes :

- chaque campagne doit faire une seule proposition au consommateur ;

- cette proposition doit être spécifique, aucun concurrent ne pouvant faire la même ;

- elle doit avoir suffisamment de force pour pouvoir influencer le comportement de millions de clients…

Sur le continent européen, Henri Joannis[33] s'intéresse au processus d'évaluation d'une création publicitaire en faisant appel à des éléments rationnels et irrationnels. Philippe Villémus[34] étudie comment juger la création publicitaire. Jean-Noël Kapferer[35] réfléchit aux chemins de la persuasion. Jean-Marie Dru[36] propose une méthode permettant de briser les conventions en créant des communications « disruptives » pour le cerveau des consommateurs. Jacques Seguéla[37] insiste sur l'importance du quotient émotionnel en publicité…

Toutes ces réflexions ajoutées à d'autres concepts tentent de mieux comprendre les comportements intimes des consommateurs confrontés aux multiples sollicitations proposées par la publicité. Afin d'éviter l'échec, toujours très coûteux d'une campagne de communication, un ensemble de tests est réalisé pour savoir si les messages qu'ils présentent rencontrent bien les attentes du cerveau des clients auxquels ils sont destinés. Il s'agit de « prétests » puis de « posttests » publicitaires.

Le « prétesting » et le « posttesting »

Le « prétesting »

Il se pratique en amont du lancement de la campagne de communication. Il permet d'étudier les comportements des consommateurs soumis aux propositions créatives des agences et de vérifier que leur réalisation reflète l'intention communicante. Ils concernent différents éléments véhiculant les messages : spots télévisés, annonces de presse, images dans les revues ou sur les affiches, accroches et présentations sur Internet et les mobiles… Les experts étudient plus particulièrement la pertinence d'éléments tels que la perception :

- du scénario (traces laissées dans la mémoire des clientèles cibles, compréhension, intérêt ou agrément, présence d'éléments perturbants pour la compréhension ou l'agrément…) ;

- du message (compréhension, pertinence du bénéfice-client proposé, différenciation pour la marque par rapport à la concurrence, légitimité de la marque en relation avec l'offre proposée…) ;

- des schémas de communication (identification des codes de la marque, connivence entre le consommateur et la marque…).

Ils s'intéressent à évaluer l'efficacité du message (apport pour la marque ou le produit, appropriation par les consommateurs recherchés, intention d'achat…).

Le « prétesting » se réalise à partir d'études qualitatives et quantitatives parfois précédées par des analyses sémiologiques.

Les tests qualitatifs interviennent très en amont de la campagne. Ils permettent de valider la direction créative ou de choisir entre plusieurs propositions. Ils reposent largement sur des techniques de réunions de groupes ou *« focus groups »* souvent précédées par des questionnaires individuels remplis par les individus y participant. Ils peuvent être complétés par des entretiens personnels destinés à préparer les questions ou à approfondir les informations émanant des réunions.

Les tests quantitatifs vérifient que la réalisation reflète bien l'intention communicante. Ils portent habituellement sur une centaine de personnes. Ils se réalisent au plus près des endroits où est habituellement diffusée la publicité : dans la rue, dans des lieux de distribution, chez soi à partir d'un DVD… Ils alternent des questions ouvertes et fermées. Ces dernières sont fréquemment normées et comparées à des barèmes de scores établis par les agences de communication pour différents secteurs et pays.

Le « posttesting »

Il a lieu après la réalisation de la communication. Tout en n'ayant aucune influence sur le succès ou l'échec de la campagne, il est riche en enseignements pour la réalisation des futures publicités. Son intérêt est de comprendre la manière dont les consommateurs ciblés perçoivent et ressentent les messages. Les principaux éléments étudiés sont relatifs à la mémorisation spontanée (on demande à la personne interrogée de quelles publicités il se rappelle) ou assistée (on présente plusieurs publicités et on demande si l'interviewé s'en souvient), à l'impact de l'annonce, au lien ou à l'attribution à la marque, à l'agrément, à l'incitation à l'achat… Les méthodes habituellement employées sont les interviews espacées dans le temps, le *« tracking »*, qui multiplie les enquêtes sur plusieurs mois, établit des comparaisons entre les marques d'un même secteur concurrentiel ou d'une catégorie identique de produits ou services, le mélange des critères de perception et d'efficacité. Le *« posttesting »* tente également d'établir une relation entre la campagne de communication et la réalité des ventes à partir de « marchés tests ».

Depuis plusieurs années, les publicitaires s'efforcent avec leurs annonceurs de comprendre ce qui se passe dans le cerveau des consommateurs lorsqu'ils sont confrontés aux messages de la communication, de l'e-communication, de la m-communication. L'utilisation des études marketing sur le comportement du consommateur, des analyses proposées par la psychologie et la sociologie, des concepts modernisés de la rhétorique et de la sémiologie, des multiples recherches sur l'efficacité de la communication permettent de grandes avancées. Les solutions sont difficiles à trouver en raison de la complexité des réactions du cerveau dans ce domaine. Cela fait déjà déclarer à John Wanamaker (1838-1922) fondateur des grands magasins Wanamaker's aux États-Unis, il y a plus d'un siècle : « Je sais que la moitié de l'argent que je dépense en publicité est gaspillée, mais je ne sais pas quelle moitié[38]. » Cette déclaration est reprise encore de nos jours par plusieurs publicitaires qui parfois n'hésitent pas à se l'attribuer. Il faut reconnaître que malgré les grands progrès réalisés par le marketing et la communication en matière de connaissances sur le comportement du consommateur, la remarque de Wanamaker reste en partie exacte.

La communication, comme les études classiques en marketing, demeure limitée par les méthodes et techniques traditionnellement utilisées dans cette discipline. Bernard Roullet et Olivier Droulers font remarquer que, dès les années 1980, des chercheurs commencent à s'insurger contre les publicités rationnelles ou informatives fréquemment réalisées pour les shampoings, la lessive et d'autres produits d'entretien. Ils rappellent l'importance de l'affect

> John Wanamaker : « Je sais que la moitié de l'argent que je dépense en publicité est gaspillée, mais je ne sais pas quelle moitié. »

et des émotions particulièrement dans la communication. Pour ces auteurs, « nous sommes constamment immergés dans un bain émotionnel ; l'état "non émotionnel" n'existe pas ». Les techniques reposant sur des questionnaires « ne permettent d'explorer que la partie implicite, une part des éléments mémorisés par l'individu, n'est pas accessible par le questionnaire ». Il n'est par conséquent pas surprenant de constater que la plupart des sociétés d'étude en neuromarketing se positionnent sur ce sujet. L'approche neuroscientifique « permet d'aborder de façon "objective" le rôle des émotions à la fois dans l'appréciation des publicités, mais aussi de leur mémorisation[39] ».

Les neurosciences pour comprendre le consommateur confronté à la publicité

L'étude des effets de la communication publicitaire sur le cerveau du neuro-consommateur constitue un des principaux sujets de préoccupation des sociétés de conseil en neuromarketing. La demande est particulièrement forte de la part des grands annonceurs internationaux qui dépensent des budgets considérables dans leur communication avec des résultats parfois décevants. Ils recherchent et réclament à leurs agences d'améliorer les méthodes qui permettent d'optimiser l'efficacité de la publicité auprès des consommateurs. La plus importante entreprise mondiale en études marketing, la société Nielsen, semble percevoir cette demande en rachetant en 2010 le leader spécialisé dans l'utilisation des neurosciences pour évaluer la communication, l'entreprise NeuroFocus. En Europe, un leader international en études de marché, l'entreprise Ipsos, en partenariat avec la société Neurohm, propose l'utilisation des neurosciences dans le cadre de leur programme IRT *(Implementation Reaction Time)*… Dans un proche avenir, les recherches à l'aide des neurosciences sont appelées à compléter, dans les agences conseil en communication, les sociétés d'études de marché et chez les annonceurs, le dispositif des méthodes actuellement utilisées pour tenter de comprendre les effets de la publicité sur le comportement des neuro-consommateurs.

Les premières expériences émanant de chercheurs utilisant l'EEG ou l'EMG remontent aux années 1970-1990[40] pour l'évaluation des campagnes. La multiplication des techniques mises en œuvre pour analyser la pertinence des messages est plus récente. La plupart des outils neuroscientifiques précédemment décrits dans cet ouvrage sont désormais utilisés seuls ou en couple. Ils permettent d'améliorer les connaissances des effets de la communication sur le cerveau des neuro-consommateurs cibles.

Le professeur A.K. Pradeep, pour la société NeuroFocus, avance, dans ses multiples conférences réalisées à travers le monde, que grâce à l'analyse neuroscientifique, il devient possible de prévoir scientifiquement si une campagne de communication a des chances de réussir ou d'échouer et d'en expliquer les causes. À l'aide de l'EEG parfois couplé avec d'autres techniques neuroscientifiques, il analyse un ensemble d'éléments essentiels pour assurer la réussite d'une campagne[41], parmi lesquels :

- l'attention, l'émotion, la mémorisation perçues directement par le cerveau au cours de chaque seconde du déroulement du message publicitaire. Une préoccupation spécifique est portée aux cinq premières secondes, afin de constater s'il procure de l'attention et de l'intérêt, et aux dernières secondes, afin de voir s'il porte correctement la proposition de valeur ou l'attribution à la marque ;

- les éléments fortement enregistrés dans le subconscient et ceux qui le sont peu ou pas ;

- le degré d'efficacité sur le cerveau lié à la répétition des messages ;

- l'effet de la compression des messages (durée moins longue d'un même spot) sur les différents critères d'efficacité d'une communication (attention, intérêt, impression de nouveauté, mémorisation, intention d'achat…) ;

- la stimulation sensorielle du cerveau. La publicité suscite-t-elle une stimulation des sens tels que le goût, le toucher, l'odorat… ?

- l'activation des « neurones-miroir », impliquant, par exemple, un désir d'achat ou de consommation du produit ;

- les éléments du message qui entraînent le plus fort engagement du cerveau suscitant la plus grande intention d'achat ;

- la perception de la cohérence entre l'audio (musique, voix…) et les images (personnages, visualisation du scénario de l'histoire…) présentés dans la communication. Le cortex du cerveau lié à l'audition et celui lié à la vision sont en interaction permanente. La perception d'un dysfonctionnement entre les deux est très vite perçue comme un élément discordant négatif ;

- la légitimité et la crédibilité du scénario et des acteurs.

Pour A.K. Pradeep, « le cerveau a des préférences spécifiques. Il y a des choses qu'il aime et d'autres qu'il n'aime pas. Nous avons identifié ces facteurs pour les marques, les produits, le packaging, la distribution. Et nous les avons trouvés pour la publicité. Comme nous l'expliquons aux praticiens de la publicité, les tests neurologiques procurent des connaissances et intuitions qui peuvent aider à développer des messages plus efficaces. Selon notre point de vue, la science peut servir à la fois l'art et le commerce dans ce domaine. Comme consommateurs, nous pouvons tous bénéficier d'une meilleure publicité, si nous définissons "meilleur" comme plus pertinent, fiable, intéressant, informatif, distrayant, mémorisable, et, par conséquent, motivant[42] ».

De nombreux éléments relatifs à la communication sont pressentis par les réflexions émanant des études en rhétorique, en sémiologie, et à travers les nombreuses recherches traditionnelles sur l'efficacité de la communication. L'utilisation des neurosciences apporte un regard direct sur les réactions du cerveau du neuro-consommateur. Elle permet de vérifier, d'éclairer et parfois de compléter les hypothèses et intuitions formulées par les précédentes approches. Les expérimentations neuroscientifiques sont plus particulièrement employées pour approfondir les effets de la communication publicitaire dans certains domaines. Elles concernent notamment le rôle joué par les « neurones miroirs », les émotions et la mémoire, le contexte créatif…

Les « neurones miroirs » et la communication

Les « neurones miroirs » tiennent une place importante dans la réalisation des messages. Dans ses recherches utilisant les outils neuroscientifiques, Sophie Lacoste-Badie[43], maître de conférences à l'université de Rennes 1, montre que les publicités où le produit est manipulé par le personnage principal sont mieux mémorisées en termes de reconnaissance et de souvenir. Elle constate également que l'attitude des consommateurs observés est plus favorable à l'égard de ce type de communication.

> Les publicités où le produit est manipulé par le personnage principal sont mieux mémorisées en termes de reconnaissance et de souvenir.

Un intérêt est aussi porté à l'efficacité publicitaire liée à l'imitation des choix réalisés par une personne connue d'un vaste public lorsqu'elle est intégrée dans la communication. Benjamin Neumann[44], responsable de la communication à l'AFD (Agence française de développement), indique que certains acteurs ou sportifs de haut niveau profitent largement de la valeur de cet effet « neurones miroir » auprès des consommateurs. Des acteurs tels que Nicole Kidman, Brad Pitt, le golfeur Tiger Woods obtiendraient des contrats dont le montant approcherait les 5 millions de dollars. D'après le même auteur, le footballeur Zinédine Zidane toucherait entre 1 et 1,5 million d'euros par an pour représenter une marque telle que Danone, Adidas, Orange, Ford, Generali… Plusieurs recherches, dont celles de Vasily Klucharev et ses collègues de l'université de Bâle en Suisse[45] utilisant l'IRM, montrent que la légitimité de la personne célèbre est importante dans l'évaluation et la mémorisation du produit défendu par cette célébrité. La relation entre un produit et un joueur de tennis comme Federer, qui l'utilise dans une publicité, est davantage mémorisée lorsqu'il existe une cohérence entre le produit et l'image du joueur. Il en est de même pour les vedettes de cinéma, les top models…

Le rôle des émotions et de la mémoire

Les recherches publicitaires à partir des neurosciences confirment l'importance des émotions dans l'efficacité de la communication publicitaire. Dès les années 1970, Albert Mehrabian et James Russel[46], professeurs à l'université de Californie à Los Angeles, s'intéressent au rôle des stimuli de l'environnement sur les émotions de l'individu acheteur. À la fin des années 1990, les neurologistes Larry Cahill et James McGauch[47], à la même université de Californie, travaillent sur les mécanismes neuronaux, en étudiant à, l'aide du TEP (tomographie par émission de positons), l'activation de l'amygdale cérébrale droite, essentielle pour mémoriser les événements émotionnels. Dans une expérimentation, ils montrent que les individus étudiés se souviennent et consolident davantage dans leur mémoire les extraits de films émotionnels que ceux de films neutres. Pour leur part, Tim Ambler professeur à la LBS (London Business School) au Royaume-Uni, et Tom Burne, professeur et neurobiologiste au Centre de recherche pour la santé mentale à l'université du Queensland en Australie[48], mènent une recherche où ils exposent des sujets à des publicités à dominante informative ou émotionnelle. Les messages sont incorporés dans un programme documentaire. Ils observent que les publicités émotionnelles sont mieux mémorisées que les publicités informatives. Olivier Droulers et Bernard Roullet[49], lors d'une conférence présentée à Toronto au Canada, expliquent que des publicités insérées dans des programmes violents obtiennent une meilleure mémorisation que lorsqu'elles sont incorporées dans des programmes neutres. Toutes ces études attestent du rôle important joué par les émotions dans la mémorisation des messages publicitaires.

> *Les publicités insérées dans des programmes violents obtiennent une meilleure mémorisation que lorsqu'elles sont incorporées dans des programmes neutres.*

Le contexte créatif et son influence

Le contexte où est présentée la création publicitaire tient une place importante pour assurer sa crédibilité. Il concerne plus spécifiquement l'image du média ou du support dans lequel elle est intégrée. Cette observation est déjà révélée par les rhétoriciens. Elle est observée dans les recherches réalisées à partir des neurosciences. En Europe, le professeur en neurologie Michael Deppe[50] et ses collègues de l'université de Münster en Allemagne appellent ce phénomène « biais de présentation » ou *« framing effect »*. Après avoir étudié les messages publicitaires intégrés dans quatre magazines connus dans ce pays et demandé si les mêmes idées sont vraies ou fausses, ils constatent une différence de crédibilité qui augmente selon l'image de fiabilité du magazine auprès du public germanique. Les expériences montrent l'influence inconsciente que peut avoir un média ou un support sur la fiabilité d'un message. La crédibilité des propos émane de la prise en compte d'éléments périphériques pouvant influencer de manière significative la perception d'un message rationnel contenu dans la communication. Analysé pour la presse, ce phénomène se constate également pour les chaînes de radio ou de télévision, mais aussi les médias sociaux utilisés. La création publicitaire ne peut qu'en tirer une réflexion sur l'importance de la cohérence qui doit s'établir entre le choix des médias, des supports et le type de message proposé. Les experts en communication et en marketing ressentent déjà cette nécessité. Elle se confirme en observant les réactions directes du cerveau du neuro-consommateur à l'aide de techniques neuroscientifiques.

CHAPITRE 22
LES INFLUENCES SUBLIMINALES SUR LE CERVEAU DE LA COMMUNICATION ET DES « *NUDGES* »

En utilisant la communication subliminale, il devient possible de s'adresser directement à l'inconscient du cerveau. Privé des barrières conscientes mises en place par le néocortex, le neuro-consommateur subit des influences non désirées émanant de la communication publicitaire. L'appel à des éléments tels que le divertissement, l'art, l'érotisme montre depuis longtemps l'effet subliminal obtenu sur le cerveau. Plus récemment l'utilisation de *« nudges »* est présentée comme un moyen non coercitif de conduire les personnes à prendre involontairement des décisions non choisies. L'appel aux neurosciences éclaire sur les artifices de la communication écrite, orale ou vidéo pouvant orienter les choix inconscients des neuro-consommateurs.

D'importantes précautions sont nécessaires pour s'assurer que l'utilisation de ces procédés n'outrepasse pas les bonnes règles de déontologie et d'éthique. Au-delà des contraintes juridiques, elles sont indispensables pour pouvoir encadrer convenablement leurs applications.

> L'utilisation de « nudges » est présentée comme un moyen non coercitif de conduire les personnes à prendre involontairement des décisions non choisies.

La communication subliminale pour s'adresser à l'inconscient du cerveau

L'étymologie du mot « subliminal » vient du latin *sub* (sous) et de *limen* (seuil*)*. Le subliminal concerne des communications qui se situent sous le seuil de perception de la conscience du cerveau. Au cinéma, à la télévision ou dans d'autres médias, l'image subliminale est celle que le neuro-consommateur n'a pas le temps de percevoir visuellement, mais qu'il retient car elle imprègne son cerveau. Le subliminal qualifie un stimulus, image ou audio, volontairement élaboré pour être directement enregistré par le cerveau sans passer par le contrôle de l'intelligence. Il présente le risque d'influencer le destinataire à son insu.

La communication subliminale et son efficacité

Un important débat sur l'efficacité de la communication subliminale est lancé en 1957 par James McDonald Vicary (1915- 1977), responsable de marketing dans l'État du New Jersey aux États-Unis. James Vicary affirme que grâce à l'insertion de spots subliminaux dans un film projeté au cinéma, tels que : « Buvez du Coca-Cola » et « Mangez du pop-corn », les ventes de ces produits augmentent respectivement de 18 % pour Coca-Cola et de plus de 50 % pour le pop-corn. L'histoire fait grand bruit outre-Atlantique. Elle occasionne de nombreuses publications et débats. Une enquête de la CIA est diligentée. Elle entraîne dès 1958 l'interdiction des messages subliminaux dans les publicités télévisées aux États-Unis, en Australie et en Grande-Bretagne. Cette interdiction est suivie dans la plupart des pays du monde. Soumis à des experts scientifiques, l'auteur avoue quelques années plus tard avoir inventé les données.

Depuis cette affaire, le débat sur la communication subliminale est la source de nombreuses controverses.

Des chercheurs hollandais tels que Johan C. Karremans[51], professeur à l'université de Nijmegen, et ses confrères conduisent des expériences qui attestent que la présentation subliminale des messages a des impacts seulement dans des conditions très limitées.

Drew Western[52], professeur au Département de psychologie et de psychiatrie de l'université Emory d'Atlanta, montre dans son ouvrage que la présentation subliminale des stimuli influence la pensée et les émotions.

Ils sont aussi susceptibles d'attirer l'attention comme le décrivent Stanislas Dehaene, psychologue, professeur au Collège de France, et Olivier Naccache[53], docteur à l'hôpital de La Pitié-Salpêtrière.

Malgré les interdictions, le débat subsiste sur la permanence d'images subliminales dans certains films cinématographiques pour renforcer l'angoisse ou l'attention. Elles seraient également présentes dans quelques séries télévisées ou à la radio. En France le CSA (Conseil supérieur de l'audiovisuel), constatant à plusieurs reprises ce phénomène en 2002 et 2003, diligente des enquêtes et fait des recommandations.

Les conseillers en communication des hommes politiques sont souvent accusés d'utiliser ce procédé. Aux États-Unis, durant la campagne de septembre 2000 de Georges W. Bush, ils auraient fait diffuser un spot télévisé dans lequel le mot *« rats »* (salauds) est incrusté juste après une photo de son adversaire politique Al Gore[54]. En 2008, les internautes repèrent une photographie du candidat républicain John Mc Cain et de son épouse Cindy dans un générique de la chaîne Fox 5 News. L'histoire entraîne une polémique sur le Web[55]. En France, le journaliste Jean Montaldo, cité par Vladimir Volkoff[56], avance qu'en 1988, peu avant la campagne présidentielle, serait apparue discrètement une photo de François Mitterrand dans le générique du journal d'Antenne 2 (ex-France 2).

L'influence des messages émanant de la communication subliminale fait l'objet de nombreuses publications. Parmi les plus célèbres, on retient l'ouvrage de l'économiste, sociologue et écrivain Vance Packard (1914-1996) *The Hidden Persuaders*[57]. Dans ce livre, l'auteur dénonce l'influence croissante aux États-Unis des techniques élaborées par les instituts de recherche, agences de communication et les annonceurs pour sonder le subconscient des consommateurs. Les informations obtenues sont employées pour les inciter à acheter à leur insu, mais aussi les gagner à une cause politique. Dans son enquête approfondie, l'auteur dévoile les méthodes. Il apporte des exemples qui attestent de la surprenante efficacité de cette manipulation insidieuse dont les techniques sont mises à la disposition des grandes firmes commerciales comme des partis politiques ou des organisations idéologiques. Lorsque l'esprit du consommateur ou du citoyen se retrouve conditionné, son libre-arbitre est remis en question. À l'origine destiné à une analyse de la société américaine, l'ouvrage de Vance Packard contribue beaucoup à la compréhension critique des comportements des consommateurs dans la société de consommation, tout comme des citoyens dans une démocratie moderne.

En dehors des messages dissimulés, la communication subliminale s'adresse directement à l'inconscient du cerveau du consommateur par d'autres moyens. Tout en demeurant légaux, ils n'en sont pas moins efficaces. Précédemment, nous avons mentionné l'effet subliminal que peut produire chez le neuro-consommateur ou la neuro-consommatrice le simple sourire naturel d'une vendeuse ou d'un commercial. L'analyse neuroscientifique confirme leur influence sur le cerveau. Parmi eux sont fréquemment mentionnés : le divertissement, l'art et l'érotisme.

Le divertissement publicitaire

Le divertissement vient du latin *divertere* qui signifie « se détourner de », « se séparer de… ». Il concerne les activités qui permettent aux hommes de se détourner de leurs préoccupations essentielles. Il prend des formes différentes selon les lieux, les époques et les civilisations. Parmi les plus anciens divertissements, on rencontre le jeu, la musique, la danse, la peinture… Parmi les plus récents : la photographie, le cinéma, l'accès aux jeux à partir d'Internet sur tablettes et mobiles…

Son importance pour l'homme est mise en lumière par le philosophe Blaise Pascal (1623-1662) dans les *Pensées*. Pour Pascal, le divertissement est indispensable à l'homme pour qu'il puisse ne pas être soumis en permanence aux pensées dramatiques et déprimantes de sa condition de vie éphémère et mortelle. Il écrit : « Qu'on laisse un roi tout seul sans aucune satisfaction des sens, sans aucun loisir dans l'esprit, sans compagnie et sans divertissement, penser à lui tout à loisir, et l'on verra qu'un roi sans divertissement est un homme plein de misères[58]. » En 1947, l'écrivain Jean Giono (1895-1970) reprend les idées de Pascal dans son roman *Un roi sans divertissement*[59].

Les neurologues s'accordent à penser que le divertissement, comme le sommeil, tient une place importante pour permettre au cerveau de se reposer tout en reclassant les informations utiles à la réalisation de préoccupations importantes.

Les publicitaires comprennent son intérêt dans la réalisation des campagnes. Certains pensent qu'ils peuvent accroître l'impact des messages en les associant à un moment ludique ou à un contenu divertissant. Ils parlent de « publidivertissement » (contraction de publicité et divertissement), en anglais *« advertainment »* (contraction d'*advertising* et d'*entertainment*), parfois « entertising » *(entertainment* et *advertising)*.

Un des tenants de l'utilisation du divertissement en publicité est Jean-Marie Dru, président de l'agence TBWA Worldwide. Il est l'auteur de plusieurs ouvrages non conformistes sur la communication[60]. Il pense que pour intéresser les consommateurs aux messages publicitaires, il faut en priorité les distraire. Pour y parvenir, le discours doit se centrer sur des aspects spectaculaires, même mineurs. Il écrit : « La seule manière de les intéresser est d'imaginer une publicité qui les enchante, qui les amuse[61]. »

Le « publidivertissement » connaît un intérêt accru dans de nombreuses formes de communication, principalement au cinéma, à la télévision et sur Internet. L'utilisation de l'humour, qui déclenche le plaisir à travers le rire, attire l'intérêt du cerveau. La recherche d'histoires et d'intrigues dans les campagnes reliées à la promotion de marques, de produits ou de services s'efforce de rendre la publicité plus attrayante que les annonces purement démonstratives ou rationnelles. Le « publidivertissement » s'attache à proposer une création plaisante, capable de divertir tout en informant.

Son emploi est fréquent dans la communication sur Internet. Il permet de générer du trafic, de recruter une audience et de la fidéliser. On le rencontre sur les médias sociaux à partir de la création de films viraux humoristiques, une condition essentielle pour que les messages soient largement retransmis, *« rewarded »* à la communauté.

À notre connaissance, peu de recherches neuroscientifiques sont réalisées sur l'intérêt présenté par une communication divertissante par rapport à une publicité informative. Cette thématique pourrait présenter un sujet pour de futures études neuroscientifiques.

L'art sous ses différentes formes est souvent considéré comme un important divertissement. C'est aussi le cas de l'érotisme. Ces deux thèmes font l'objet de nombreux débats auprès des experts de la communication. Les recherches neuroscientifiques s'intéressent au rôle subliminal qu'ils peuvent jouer.

Le rôle de l'art dans la communication subliminale

Depuis longtemps les philosophes pensent, contrairement à Platon dans *Ion*[62] et *Hippias majeur*[63], que l'art n'est pas une simple représentation de la nature. C'est déjà le cas pour son disciple Aristote (384-322 av. J.-C.), autre penseur grec. Il écrit : « L'art permet d'avoir accès à ce que cache la nature[64]. »

Pour de nombreux philosophes et penseurs, notamment germaniques, l'art permet de parler directement à l'âme, d'atteindre l'absolu. Ainsi, Emmanuel Kant (1724-1804) affirme : « L'art permet d'atteindre l'absolu en soi », qu'il nomme le "noumène"[65]. » Pour sa part, Georges W.F. Hegel[66] (1770-1831) avance qu'il peut révéler l'absolu. C'est en particulier le cas des arts anciens comme l'art grec ou flamand. Il s'adresse au « sublime spiritualisé ». Il manifeste l'esprit. Pour ce penseur, il existe dans l'art grec une union réelle entre le sensible et le spirituel. En 1935, Martin Heidegger[67] pense que seul l'art est à même de nous manifester la vérité de l'être. Sigmund Freud substitue, quant à lui, à la notion d'âme celle d'inconscient. Pour le peintre Vassily Kandinski (1866-1944), « l'art et en particulier l'art abstrait est un langage de l'âme, et il est le seul à pouvoir l'être[68] ».

Nous l'avons déjà vu dans notre partie consacrée au design. Les neuroscientifiques du XXIe siècle montrent un intérêt accru pour les recherches sur les relations entre l'art et les perceptions du cerveau. Le professeur Sémir Zeki[69] étudie les corrélations entre la notion de « beau » et l'activation des zones du cerveau.

Le neuroscientifique Jean-Pierre Changeux mène des études en commun avec le musicien Pierre Boulez[70] (1925-2015). Tous les deux pensent que le cerveau a la possibilité de reconnaître une harmonie existante entre une partie et le tout d'une œuvre d'art.

Les professeurs en neurosciences Cinzia Di Dio, Emiliano Macaluso et Giacomo Rizzolatti[71] avancent, en se référant à des recherches utilisant l'imagerie cérébrale, qu'il existe des proportions harmonieuses dans les œuvres d'art susceptibles de produire une activation neuronale créant une sensation de beauté dans le cerveau de l'observateur. Leurs recherches s'intéressent en particulier à l'harmonie des proportions qui suivent la règle du « nombre d'or ».

« Nombre d'or » et « proportions de Vitruve »

Le nombre d'or est une proportion définie initialement en géométrie puis en algèbre. Sa proportion à 1 est de 1,6180339887.

$$\frac{1 + \sqrt{5}}{2} = nombre\ d'or$$

Son histoire commence dès l'Antiquité. L'harmonie de la grande pyramide égyptienne de Gizeh, du Parthénon d'Athènes, par exemple, viendrait d'un calcul architectural respectant cette proportion. Sa première mention est faite par le mathématicien grec Euclide (qui aurait vécu vers 300 avant Jésus-Christ) dans ses écrits sur l'architecture[72].

À la Renaissance, un moine franciscain italien, Luca Bartolomes Pacioli (1445-1510) le met à l'honneur[73]. Il le surnomme « la divine proportion » en l'associant à un idéal communiqué par Dieu. Cette notion mystique attribuée au « nombre d'or » se développe au cours des siècles tout en faisant l'objet de nombreuses polémiques. Il est érigé par certains artistes en théorie esthétique parlant directement à l'inconscient. On le rencontre dans de nombreux arts tels que l'architecture, la sculpture, mais également la poésie, la peinture, la musique…

Dans *Le Nombre d'or – Rites et rythmes pythagoriciens dans le développement de la civilisation occidentale*, fréquemment considéré comme à l'origine du mythe moderne du nombre d'or, le prince et artiste roumain Matila Costiesco Ghyka (1881-1965) écrit: «L'archéologie offre la preuve de l'universalité du canon de beauté qu'est le nombre d'or[74].» De nombreuses œuvres d'art du passé, en architecture, sculpture, peinture telle que le théâtre d'Épidaure, le Temple de Salomon, la façade du Parthénon, la chapelle Sixtine, l'éphèbe de Polyclète, *La Naissance de Vénus* de Sandro Botticelli seraient conçues en respectant «la Divine proportion émanant du nombre d'or».

Léonard de Vinci, l'*Homme de Vitruve* (1600)

Léonard de Vinci, dans son célèbre *Homme de Vitruve* – d'ailleurs utilisé comme logo par la société d'intérim Manpower –, comme plus tard Albrecht Dürer et d'autres artistes, se réfère davantage aux règles esthétiques qui suivent les proportions éditées par Vitruve (env. 90 av. J.-C.-20 av. J.-C.), un architecte vivant à Rome, dans son traité *De Architectura*[75].

De nombreux artistes du xxe siècle, inspirés par les travaux de Matila Ghyka, prétendent s'inspirer du «nombre d'or». Sa proportion se retrouverait dans la poésie du Français Paul Valéry (1871-1945), la musique du Grec Xenakis (1922-2001), la peinture de l'Espagnol Salvador Dali (1904-1989), l'architecture de Le Corbusier (1887-1965)…

Afin de savoir si le cerveau juge l'harmonie liée à la proportion du nombre d'or comme plus esthétique, les neuroscientifiques italiens Cinzia Di Dio, Emiliano Macaluso et Giacomo Rizzolatti[76] conduisent une expérimentation. Ils observent à l'aide de l'imagerie cérébrale les réactions du cerveau de sujets auxquels ils soumettent trois représentations de la célèbre sculpture *Le Doryphore*, réalisée par l'artiste grec Polyclète[77].

Dans deux représentations, les proportions sont légèrement modifiées par rapport au nombre d'or qui est à la base de la création artistique du chef-d'œuvre du sculpteur. Les chercheurs constatent que l'insula, une zone du cerveau traduisant un rejet ou un dégoût, s'active auprès de la grande majorité des personnes étudiées lorsque les proportions de la sculpture sont altérées. Ils concluent à l'existence d'une beauté objective perçue par le cerveau. Ils avancent que l'harmonie du nombre d'or suscite un schéma d'activation neurale spécifique sous-tendant la notion de beauté dans le cerveau de l'observateur.

Des études neuroscientifiques tendent à montrer la perception directe par le cerveau de la notion d'«harmonie» et de «beau». Elles confirment les pensées de nombreux philosophes concernant le rôle subliminal de l'œuvre d'art.

Les experts de la communication prennent conscience de ce phénomène depuis plusieurs années. Ils font souvent appel à des artistes connus, peintres, metteurs en scène, compositeurs de musique… Ils leur demandent de participer à la création de logos visuels ou audio pour des marques, à l'amélioration de la musique des spots radio, à l'illustration des affiches, à la mise en scène de films publicitaires… Si de nouvelles études neuroscientifiques confirment l'existence d'une corrélation entre l'art et l'inconscient, les publicitaires seront encore plus conduits à demander à la création artistique d'améliorer la qualité de certaines campagnes. Tout cela dans le but de les mettre en harmonie avec les attentes profondes, hors de la conscience, du cerveau des neuro-consommateurs.

Le rôle subliminal de l'érotisme dans la perception de la communication

> La nourriture et le sexe constituent pour le cerveau humain deux importantes priorités. Elles répondent à deux besoins fondamentaux : assurer la survie de l'individu pour la première, celle de l'espèce humaine pour la seconde.

La nourriture et le sexe constituent pour le cerveau humain deux importantes priorités. Elles remontent à la nuit des temps. Elles répondent à deux besoins fondamentaux : assurer la survie de l'individu pour la première, celle de l'espèce humaine pour la seconde.

De son côté, le fondateur de la psychanalyse, Sigmund Freud[78], établit dès 1905 une étroite relation entre de nombreux comportements humains et de fortes tendances sexuelles inconscientes. Pour lui, la vie est construite autour de la tension et du plaisir. La tension est due à la « libido », énergie sexuelle ; tout plaisir provient de sa décharge. Les tendances de tous types de perversions existent comme des forces inconscientes.

Les publicitaires, de façon empirique, comprennent très tôt l'importance que peut revêtir l'utilisation de l'érotisme dans la communication. Les publicités de personnes ou d'objets évoquant directement, mais aussi de manière symbolique ou subliminale la sexualité ou la passion amoureuse apparaissent dès le XIXe siècle.

Affiche de la marque Robette de 1896

Collection particulière.
Cette publicité de 1896 pour l'absinthe de la marque Robette montre une femme nue dans un vêtement transparent proposant un verre rempli de cette boisson. La tenue aguichante exprime une forte connotation sexuelle alors qu'il n'existe aucun lien apparent entre la femme, le produit et la marque.

Dès le XVIIe siècle, on utilise, en Europe, des sculptures en bois et des dessins de jolies femmes dénudées dans les établissements de boisson pour attirer la clientèle. Au XIXe siècle, les murs des grandes villes telles que New York, Londres, Paris présentent des affiches publicitaires à caractère érotique. Elles montrent des femmes aguichantes offrant des produits et services variés : boissons, médicaments, livres, spectacles. Les artistes de l'époque tels que Jules Chéret, Henri de Toulouse-Lautrec, Alfons Mucha… sont fortement sollicités.

En 1910, les ventes du savon de beauté pour le visage féminin Woodbury Facial Soap déclinent. La publicité met en scène des couples romantiques associés à une promesse d'amour et d'intimité pour les femmes qui l'utilisent. Les ventes se mettent rapidement à repartir[79].

L'aspect érotique de l'homme est également sollicité. À moitié dénudé pour promouvoir le cirque Barnum. Plus tard, il est habillé tout en exprimant sa virilité ou sa sensualité. C'est le célèbre cow-boy de Marlboro, les acteurs tels que George Clooney pour le café Nespresso, Brad Pitt pour le parfum Chanel N° 5…

Certaines marques font régulièrement appel à l'utilisation de l'érotisme dans leur communication. Calvin Klein fait partie de ces enseignes. Une de ses premières publicités controversées montre l'actrice Brooke Shields, âgée de 15 ans, portant des jeans et déclarant : « Vous voulez savoir ce qu'il y a entre moi et mes Calvin ? Rien[80]. » L'enseigne Sisley (groupe Benetton), en 2000 et les années suivantes, utilise les codes du porno chic et du « trash » dans ses campagnes publicitaires. Diesel exhibe la provocation pour montrer que porter un jean permet de s'assumer sexuellement. Pour sa part, son concurrent American Apparel dénude ses mannequins pour vanter le mérite de ses vêtements.

L'utilisation de l'érotisme en publicité est particulièrement répandue. Un cinquième de la publicité mondiale aurait un lien avec lui ou la sexualité. De très nombreux films viraux retransmis dans les communautés d'internautes ont un rapport direct avec le sexe. L'érotisme est employé pour une très large catégorie de produits et services qui n'ont pourtant aucun rapport direct avec lui.

Aux États-Unis, il y a quelques années, il a même été utilisé pour vendre des cercueils. Une jeune fille très dénudée est allongée sur le cercueil en promotion avec le slogan : « You furnish the body and we furnish the rest » (« Vous fournissez le corps et nous fournissons le repos »). Les « bonnes causes » se servent également du sexe pour faire connaître leurs combats. En France, Gérard Andureau, président de l'association DNF (droit des non-fumeurs), assume la réalisation d'une publicité remarquée montrant que le tabac, comme la fellation, constitue un symbole de soumission. En Espagne, dans la région de Catalogne, les jeunes socialistes, dans le but d'éradiquer l'abstention des votants, font orchestrer une campagne avec un spot intitulé « Voter est un plaisir », montrant une femme en plein orgasme au moment de glisser son bulletin dans l'urne. Les deux campagnes ont fait l'objet de protestations. Leurs résultats n'ont pas été communiqués[81].

L'utilisation du sexe dans la communication fait-elle vendre ?

Les neuroscientifiques se rejoignent à penser que l'érotisme a un effet subliminal sur le cerveau, les publicitaires constatent empiriquement son pouvoir d'attraction. Une interrogation de plus en plus fréquente demeure, celle de savoir si son utilisation dans la communication fait vendre. Les avis sont partagés.

Les formes utilisées par l'érotisme n'ont pas le même effet si l'on s'adresse au cerveau féminin ou masculin. Alors que la nudité féminine montrée ou suggérée semble attirer et plaire au cerveau masculin, celle de l'homme entièrement dénudé ne paraît pas avoir le même attrait pour le cerveau féminin. Un nombre important de femmes semble trouver davantage convaincant un homme distingué, habillé avec goût.

Une étude menée aux États-Unis en 2005 par Media Analyser Software[82], portant sur 200 hommes et 200 femmes, réalisée à l'aide de l'oculométrie, montre une différence du parcours visuel et de la concentration des deux sexes sur les mêmes affiches et annonces de presse. Les hommes regardent en priorité la poitrine ou le visage du mannequin puis le produit ou l'accroche. Les femmes regardent le mannequin dans sa globalité puis le produit et l'accroche. Pour la perception sensuelle, 48 % des hommes trouvent les publicités sexy et intéressantes contre seulement 8 % des femmes.

Une bonne connaissance des distinctions entre le cerveau masculin et féminin est indispensable pour adapter les formes d'érotisme publicitaire aux perceptions inconscientes de chaque sexe.

L'utilisation de communications érotiques semble avoir un effet positif lorsqu'elles correspondent aux produits ou services proposés, principalement s'il existe une relation entre ces derniers et un désir de séduction féminine ou masculine lors de leur usage. Cela peut concerner les publicités destinées à vendre des sous-vêtements, vêtements, jeans, parfums, cosmétiques, alcools, cigarettes, clubs de vacances pour célibataires…

Lorsqu'il n'existe aucun lien entre le message érotique et l'offre, l'effet apparaît moins évident. Le message peut même présenter le danger de cannibaliser le produit ou la marque.

Deux professeurs de l'University College de Londres, Elie Parker et Adrian Furnham[83], montrent que trop de sexe dans la publicité perturbe la concentration et altère le processus de mémorisation de la marque. Ils font aussi remarquer que ces deux phénomènes s'amplifient lorsque de tels spots sont diffusés pendant une émission à connotation sexuelle.

En 2009, d'autres chercheurs[84] au Canada et aux USA avancent que l'érotisme n'est pas efficace pour vendre un produit.

Le spécialiste en neurosciences Martin Lindstrom remet lui aussi en cause l'efficacité du sexe dans les communications présentées de nos jours. En comparant notre époque aux années 1980, il explique que le sexe a perdu beaucoup de son influence en se banalisant. Il écrit : « Il suffit simplement de taper ce mot dans un moteur de recherche pour accéder à des images bien plus choquantes que les campagnes suggestives que nous pouvons voir au quotidien[85]. » Pour Martin Lindstrom, l'efficacité du sexe est discutable car son omniprésence le rend bien moins impactant que dans le passé.

Les « *nudges* » : une méthode douce pour influencer les décisions

En observant et en étudiant la manière dont fonctionne le cerveau humain, certains experts de la communication pensent que l'utilisation de méthodes douces, adaptées à ses perceptions inconscientes, permet d'orienter les décisions et les choix des citoyens. Parmi ces méthodes, les *« nudges »*. Leurs premières utilisations permettent de proposer des solutions pour résoudre des problèmes liés à la santé publique, l'épargne, l'écologie… Leur notoriété est renforcée à partir de leurs applications en politique et dans le domaine de grandes causes sociales. Elles font également l'objet d'applications en marketing.

Les nudges *pour améliorer inconsciemment et sans contrainte le comportement des citoyens*

Selon Émilie Frenkiel[86], maître de conférences à l'université de Paris-Est Créteil, « *to nudge* » peut être traduit en français par « pousser quelqu'un du coude », « amener quelqu'un à faire quelque chose ».

La méthode des *nudges* est conçue pour guider les gens à prendre de bonnes décisions volontairement, pour leur bien, en termes de santé et d'éducation. Leur but est d'obtenir une meilleure efficacité auprès des citoyens tout en limitant les contraintes, obligations et interdictions des gouvernements auxquels elles viennent se substituer.

Le concept et la méthode des *nudges* sont élaborés par deux professeurs américains à l'université de Chicago, Richard H. Thaler, professeur d'économie, et Cass R. Sunstein, professeur en droit. Richard Thaler participe en 2010 à la création de l'« *Insight Team* » du Royaume-Uni » ou « *Nudge Unit* » à la demande du gouvernement de David Cameron. Cass Sunstein est pris comme conseiller informel du président Obama dans sa campagne présidentielle. Il est ensuite appelé à d'importantes charges administratives auprès de l'appareil fédéral de régulation des États-Unis. Il est nommé administrateur de l'OIRA (Office of Information and Regulation Affairs).

> *La méthode des nudges vise à d'obtenir une meilleure efficacité auprès des citoyens tout en limitant les contraintes, obligations et interdictions des gouvernements auxquels elles viennent se substituer.*

Les deux professeurs développent leur théorie dans un livre devenu un best-seller mondial, *Nudge. Improving decisions about health, wealth and happiness*[87]. Ils appellent leur nouvelle doctrine « le paternalisme libertarien ».

Selon Émilie Frenkiel, leur approche s'inspire des travaux de David Kahneman et d'Amos Tversky, déjà mentionnés. David Kahneman[88] réalise des recherches sur l'irrationalité humaine dans le champ de l'économie. Il reçoit le prix Nobel d'économie en 2002. Amos Tversky est psychologue renommé. Les deux professeurs travaillent ensemble pendant de nombreuses années pour dresser une typologie des erreurs cognitives que les humains commettent de manière systématique. Ils élaborent les principes de la « *behavioral economics* » (l'économie comportementale). Leurs réflexions dans ce domaine sont précédées de plusieurs théories et modèles émanant de précurseurs tels que : Herbert Simon, Maurice Allais, Reinhart Selten, Paul Slovic, Robert Zajonc, Robert Cialdini… Ils demeurent toutefois, généralement, considérés comme les pères fondateurs de l'« économie comportementale ».

Dans un premier temps, Richard Thaler et Cass Sunstein identifient certains éléments qui tendent inconsciemment à induire les personnes en erreur tels que l'importance du point de départ pour commencer une interrogation, la tendance à surévaluer un risque peu probable, parce qu'il est présent dans l'esprit, l'excès d'optimisme et de confiance en soi, la peur de perdre, la propension à privilégier le *statu quo*… Lorsqu'ils sont interrogés, de 70 à 90 % des Européens déclarent qu'ils sont meilleurs conducteurs et meilleurs citoyens que la moyenne. Les *nudges* sont mis en place pour compenser ces tendances. Les politiques publiques peuvent exploiter ces inerties en proposant des solutions par défaut qui poussent inconsciemment les citoyens à prendre des décisions plus avantageuses.

L'ouverture automatique d'un plan d'épargne permet, par exemple, une augmentation très significative du taux d'épargne salariale.

Une autre idée consiste à conduire les gens à éviter volontairement les gaspillages, à devancer les erreurs, à simplifier les options complexes…

> *Pour réduire la consommation d'électricité des ménages de 40 % en heure pleine, la méthode des nudges propose de créer un « Ambiant Orb » (régulateur d'ambiance) dans chaque foyer. Il s'agit d'une petite boule qui vire au rouge lorsque la consommation d'énergie est trop importante. Elle devient verte quand elle est modérée. Cette initiative appliquée par la South Californian Edison Company s'est révélée concluante. Personne n'oblige les consommateurs à baisser leur consommation d'énergie. Face à un procédé qui possède un effet culpabilisateur, une grande majorité le fait automatiquement.*
>
> *À Londres, le marquage au sol indique à chaque passage piéton « look right » afin que les touristes étrangers, qui ont l'habitude de la conduite à droite dans leur pays, ne se fassent pas renverser.*
>
> *Un exemple souvent évoqué par Richard Thaler, rapporté par Émilie Frenkiel, est celui de la mouche gravée dans les urinoirs de l'aéroport d'Amsterdam pour encourager les hommes à mieux viser. Grâce à cette simple initiative, leur propreté connaît une nette amélioration.*

L'utilisation des *nudges* et le livre de Richard Thaler et Cass Sunstein connaissent un réel succès aux États-Unis et en Grande-Bretagne pour améliorer l'efficacité des discours politiques en s'inspirant de leurs idées.

Leur approche liée à l'économie comportementale fait de nombreux émules, principalement aux États-Unis. Certains professeurs – tels que Georges Loewenstein,

Dan Ariely… – acquièrent une grande notoriété dans ce domaine de la pensée « anticartésienne » à travers de nombreuses publications. Les tenants de l'économie comportementale font désormais évoluer leurs approches en s'inspirant des recherches réalisées par les neuroscientifiques et la neuro-économie.

Le nudge *marketing et les décisions d'achat inconscientes*

Le domaine du marketing et de la communication profite de l'utilisation des *nudges* pour mieux guider les décisions d'achat des consommateurs. Eric Singler[89] (BVA), pionnier de l'approche *nudge* en France, fondateur du *think tank* Nudge France, s'intéresse à ce sujet. Il mène des recherches dans ses magasins expérimentaux dont il est le concepteur, qui reconstituent la vie d'une supérette. Elles permettent d'étudier à partir d'outils spécifiques, certains relevant d'approches neuroscientifiques, les réactions des consommateurs confrontés à divers stimuli du marketing et de la communication. Après avoir réalisé une importante synthèse des composantes et intérêts de la *« behavioral economics »*, il propose plusieurs méthodes dont celle de la BVA *Nudge Unit*. Elle se fonde en grande partie sur les enseignements émanant de l'économie comportementale qui étudie le comportement du consommateur dans la vraie vie et plus de manière théorique. Elle insiste sur les aspects largement irrationnels et inconscients qui président à ses décisions d'achat. Elle s'intéresse à des applications dans le domaine public, mais également à améliorer le marketing des enseignes de manière compatible avec l'intérêt réel des clients.

Au-delà des *nudges,* l'approfondissement des connaissances sur le fonctionnement du cerveau, à partir des outils neuroscientifiques, permet d'apporter des idées complémentaires sur les manières de l'influencer.

Les modes d'influences inconscientes du cerveau éclairées par les neurosciences

Plusieurs chercheurs en neurosciences s'intéressent aux éléments qui influencent inconsciemment le cerveau dans la communication. L'étude des différents artifices et de leur influence fait l'objet de recherches diffusées dans les revues scientifiques. Certains experts en font largement mention dans leurs publications. C'est le cas de Roger Dooley, A.K. Pradeep, Patrick Georges[90]… Ces types d'influences, découverts à partir d'expérimentations liées aux modes de fonctionnement inconscient du cerveau humain, sont mis en application par certains créatifs pour améliorer l'efficacité des publicités. Ils peuvent constituer de véritables *nudges* pour la communication, bien que cette dénomination soit très rarement utilisée par les neuroscientifiques. Leur application se rencontre dans l'écriture des messages, la conception et la place des images par rapport au texte, la réalisation des vidéos. Certains procédés venant de l'observation sont employés depuis longtemps avec pragmatisme dans la publicité. L'analyse neuroscientifique présente l'avantage de confirmer leur intérêt pour le cerveau des neuro-consommateurs et parfois de les compléter.

Les artifices pour la communication écrite

Une étude réalisée par l'agence Millward Brown en 2009[91] à partir de l'IRM montre que l'écriture dans les journaux et les revues possède un impact émotionnel plus fort que les messages digitaux. Elle obtient également une meilleure mémorisation. Créée en 1972 en Grande-Bretagne par Gordon Brown et Maurice Millward, l'agence figure parmi les grandes sociétés d'études de marché mondiales. Elle est reconnue comme une autorité dans le domaine des marques. Malgré le développement de la communication vidéo et la spectaculaire progression de l'e-communication et de la m-communication, l'écrit demeure un moyen efficace pour s'adresser au neuro-consommateur. Il l'est davantage lorsqu'il utilise des règles cognitives élaborées à partir d'études neuroscientifiques sur la manière dont le cerveau perçoit les informations.

Dans plusieurs articles et dans son ouvrage écrit en collaboration avec Michel Badoc et Anne Sophie Bayle-Tourtoulou[92], Patrick Georges donne quelques conseils pour rendre plus « neuro-compatibles » les messages écrits. Parmi eux :

- transformer les titres en question. Le cerveau est programmé pour trouver des solutions lorsqu'il est confronté à une interrogation. Ce processus aide à leur mémorisation ;

- écrire en colonnes. Des colonnes de six à huit mots sont davantage captées par les globes oculaires ;

- faire des phrases courtes, utiliser des mots et des caractères simples à lire. Cela facilite la vitesse de lecture du cerveau ;

- chasser l'asymétrie. Pour le cerveau ancestral, ce qui est asymétrique est malade. Par conséquent il est recommandé de l'éviter ;

- utiliser le contraste pour ce qui est important, plus grand, en gras, plus lumineux. Pour être convenablement perçu, il ne doit pas dépasser 10 % du texte ;

- optimiser le placement des informations importantes. Ce qui est en haut à gauche ou au milieu de la page se voit mieux ;
- ne pas hésiter à répéter les idées que l'on veut voir mémoriser…

D'autres chercheurs utilisant des outils neuroscientifiques proposent des méthodes permettant de rendre la communication écrite plus efficace car davantage compatible avec le cerveau.

Hyunjin Song, d'origine coréenne, professeur assistante à l'Arizona State University, et Norbert Schwarz[93], d'origine allemande, professeur à l'université du Michigan, montrent, à partir de leurs expériences, que la façon dont le cerveau perçoit l'information est largement affectée par la simplicité des caractères utilisés, des mots, de la phrase. La simplicité constitue une règle importante permettant d'améliorer l'efficacité de la communication. Une exception apparaît lorsque le désir du publicitaire est de promouvoir un produit coûteux ou sophistiqué. Cela peut être le cas pour les produits technologiques, les cartes de restaurants haut de gamme… Dans cette situation, l'emploi d'une écriture plus difficile à lire et de termes savants sont à même de renforcer l'image de technologie avancée ou de savoir-faire émanant de chefs expérimentés.

L'utilisation de caractères difficiles est parfois conseillée pour permettre au cerveau de mieux retenir certaines indications, par exemple un numéro de téléphone ou un site internet. La présentation l'oblige à réaliser un effort de réflexion pour lire les caractères. Il renforce leur mémorisation.

> *L'utilisation de caractères difficiles est parfois conseillée pour permettre au cerveau de mieux retenir certaines indications, par exemple un numéro de téléphone ou un site internet.*

Trois chercheurs américains enseignant le marketing, Cargar Irmak, professeur associé à l'université de Miami, Beth Vallen, professeur assistant à l'université de Villanova, Stéphanie Rosen Robinson[94], professeur assistant à la North Carolina State University, montrent, à la suite de travaux relatifs à la diététique, l'importance d'utiliser une formulation appropriée dans la communication liée à ces produits.

Pour un assortiment de pâtes, l'utilisation du mot « salade » fait apparaître le plat comme plus léger. L'expression « chewing-gum aux fruits » suggère un produit plus naturel et moins sucré. Les créatifs de la publicité s'intéressent à transformer les expressions afin de les rendre plus alléchantes pour le cerveau.

L'expression « gel douche » est plus agréable que celle de « savon liquide ». Dans un avion, la proposition : « Voulez-vous nos coquilles Saint-Jacques à la sauce

> *Soubise ou le filet mignon préparé par le chef »* est plus gustative que l'expression trop souvent entendue dans certaines compagnies aériennes : « Voulez-vous du poisson ou de la viande ? »

Brian Wansink[95], professeur de marketing à l'université de Cornell, présente différentes astuces, en particulier celles pratiquées dans les restaurants, qui poussent le consommateur à davantage manger. Il montre que la manière de décrire les menus sur la carte peut augmenter de 27 % le chiffre d'affaires. Il relate diverses formulations qui favorisent le choix d'un plat. Nous avons adapté ses idées pour les appliquer dans un environnement européen de la restauration.

> *La description peut se révéler plus efficace si elle évoque un contexte : régional (par exemple, « le filet de bœuf de l'Aubrac », « le saumon d'Écosse ») ; sensoriel (« côte de bœuf cuite au feu de bois », « filet de truite fumé à la pêcherie par les pêcheurs-artisans ») ; nostalgique (« fromage de brebis produit par les paysans du Larzac ou des Carpates »), soutenu par une marque (« baba au rhum agricole martiniquais Saint-James »), frais (« plat du jour préparé par le chef »)… Certains mots tels que « artisanal », « naturel », « traditionnel », « fait maison », « spécialité du chef » ou, pour un bien industriel, « innovation », « à la pointe du progrès » bénéficient d'une évocation représentative pour le cerveau.*

Roger Dooley[96] évoque également l'importance significative que revêtent certains mots tels que : *« free »* (gratuit) ou *« new »* (nouveau)…

> *Selon cet auteur, la société Amazon a augmenté ses ventes dans plusieurs pays en proposant des frais d'expédition gratuits pour l'achat d'un deuxième ouvrage.*

Le choix entre une présentation de résultats en nombre ou en pourcentage est aussi perçu différemment par le cerveau. Jason Zweig[97], neuro-économiste, donne des exemples intéressants obtenus à l'aide d'études neuroscientifiques. Il explique que le fait de parler de « 1 personne sur 10 » plutôt que « 10 % », expression qui implique des personnes réelles, est plus évocateur pour le cerveau. Il apparaît plus efficace de mentionner que 9 consommateurs sur 10 jugent un service excellent plutôt que d'annoncer que 90 % l'estiment comme tel. Pour exprimer un message positif, il est préférable de faire appel à des nombres réels plutôt qu'à des pourcentages. À l'inverse, pour présenter des chiffres négatifs, il vaut mieux employer des pourcentages.

Les artifices de la communication écrite renforcent son efficacité. Une bonne connaissance de leurs modes de fonctionnement permet aux publicitaires d'améliorer leurs messages et aux neuro-consommateurs d'éviter de se faire surprendre par certains artifices susceptibles d'orienter leurs décisions à leur insu.

Les artifices pour les images

En Occident, durant des siècles, les images succèdent à la transmission orale pour commenter les histoires, en particulier l'histoire religieuse. Elles permettent d'expliquer aux populations, largement illettrées de ces époques, les écritures de l'Ancien et du Touveau Testament, mais aussi la vie des saints et des martyrs. Elles illustrent abondamment les vitraux et les murs des églises. Ils sont encore admirés aujourd'hui, même si la plupart des visiteurs ignorent largement leur vocation originelle. Leur intérêt imprègne profondément le cerveau des femmes, des hommes et des enfants pendant de nombreuses décades. Il n'est pas surprenant que sa zone reptilienne ou limbique conserve l'idée de leur importance à travers la transmission génétique intergénérationnelle.

L'image augmente l'aspect sensoriel des produits auprès du cerveau. Harmonisée avec l'écriture, elle renforce l'évocation émotionnelle grâce à l'illustration à partir de formes et de couleurs. Elle présente la possibilité d'exposer l'aspect luxueux ou naturel d'un produit, de l'inclure dans un beau paysage… Elle attire davantage l'attention du cerveau que l'écriture. Si tel est le désir de l'annonceur, il est préférable de la placer à gauche ou au centre de l'annonce et le texte à droite ou au-dessus.

Morten L. Kringelbach[98], professeur à la faculté de médecine de l'Aarhus université du Danemark, écrit que le cerveau est câblé pour reconnaître la figure humaine. Il est plus particulièrement attiré par celle des bébés. Son attention est aussi intéressée par la face d'un adulte ou la forme d'un produit qui ressemble ou rappelle la figure d'un bébé. Le succès d'automobiles comme la Coccinelle de Volkswagen ou l'Austin Mini est parfois attribué à cette ressemblance. Le psychologue et photographe Australien James Breeze[99] étudie, à l'aide de l'oculométrie, la manière dont les consommateurs regardent les publicités utilisant les bébés. Ils regardent directement la figure d'un bébé lorsqu'il est photographié de face. En revanche, s'il est présenté de biais, son regard orienté vers un produit, le spectateur tend à diriger ses yeux dans la même direction.

En dehors des bébés, la figure d'une jolie fille souriante est connue pour attirer l'attention des hommes. Surtout si elle est photographiée avec une pupille dilatée.

L'effet n'est pas le même si la communication s'adresse à un public féminin. Moins sensible à ce regard, il montre une certaine indifférence.

Le docteur A.K. Pradeep[100] fait part de suggestions permettant de renforcer l'attention produite au cerveau par une image. Il rappelle que celui-ci aime ce qui apparaît comme nouveau, le surprend, lui pose des interrogations… Il préconise l'utilisation d'images originales, qui «flashent» au milieu de l'annonce, disruptives, par exemple un oiseau avec une tête de chien… Se référant au célèbre tableau de Mona Lisa, *La Joconde* réalisé par Léonard de Vinci, il pense que le sourire énigmatique attire l'attention du cerveau du consommateur. Il s'efforce de comprendre ce qu'il cache. Un «top model» féminin ou masculin utilisant cette forme d'expression obtient un meilleur impact qu'en montrant son sourire naturel.

Roger Dooley[101] rappelle que le fait de montrer des photos de personnages dans une annonce renforce l'empathie de l'observateur. Elles peuvent concerner les bénéficiaires d'une organisation caritative, les conseillers ou les commerciaux d'une société de services, les étudiants d'un centre de formation, les clients d'une entreprise industrielle…

Les artifices pour les vidéos

Les vidéos sont utilisées dans quatre grands types de médias publicitaires : le cinéma, la télévision, l'Internet sur ordinateur ou tablettes numériques, les mobiles. Elles suscitent la meilleure sollicitation des «neurones miroirs» et, par conséquent, une plus forte intégration du spectateur à la présentation. Certaines règles cognitives permettent d'améliorer leur efficacité.

Une des plus importantes consiste à assurer une bonne harmonie entre le langage verbal, l'attitude corporelle et la musique utilisée. Les cortex visuel et audio sont en constante interaction dans le cerveau. Une dissonance entre les informations qu'ils reçoivent peut entraîner des réactions de rejet.

Frank Luntz[102], consultant politique aux États-Unis, expose l'importance pour convaincre son auditoire de savoir choisir les bons mots, préparer les auditeurs à recevoir le message, sélectionner l'ordre des séquences d'intervention. Il s'agit par exemple de crédibiliser la personne qui parle du produit ou de la marque avant de lui laisser communiquer un message…

Le cerveau est câblé pour retenir les histoires. Depuis la nuit des temps, avant l'existence de l'écriture, la race humaine les utilise pour transmettre les connaissances. Le scientifique américain Wray Herbert[103] montre, en utilisant l'IRM, que les neurones du cerveau s'activent quand des personnes lisent ou écoutent une histoire. Elles sont d'autant plus efficaces pour promouvoir un produit ou une marque que ceux-ci jouent un rôle actif dans le scénario raconté. Certaines communications réalisent des sagas reposant sur une thématique commune illustrant des récits cohérents.

Enfin, le cerveau retient davantage les stimuli émotionnels que ceux fondés sur des éléments rationnels. C'est ce que s'efforcent de démontrer deux éminents publicitaires américains, Hamish Pringle et Peter Field[104].

Il les retient d'autant plus lorsqu'ils sont à la fois émotionnels et surprenants. C'est le cas, en France, pour la publicité du Crédit Mutuel qui montre un animal familier, le chien, qui parle et donne même des conseils à son maître pour le choix d'une bonne banque.

> Le cerveau est câblé pour retenir les histoires. Depuis la nuit des temps, avant l'existence de l'écriture, la race humaine les utilise pour transmettre les connaissances.

L'effet subliminal sur le cerveau joue un rôle très important dans la communication. Les philosophes, en particulier les sophistes et les rhétoriciens, utilisent depuis la haute Antiquité des artifices pour rendre les discours plus convaincants. De nos jours, l'emploi des *nudges* et l'appel aux techniques neuroscientifiques sont censés rendre plus efficaces l'ensemble des modes de communication écrites, visuelles et orales.

Il semble toutefois indispensable de ne pas oublier que le néocortex rend le cerveau du neuro-consommateur intelligent quand on lui laisse du temps pour réfléchir. Un emploi abusif d'artifices subliminaux peut rapidement l'alerter négativement. Ils risquent de produire des réactions de rejet envers les communications qui enfreignent les règles élémentaires de l'éthique ou encore les simples principes du bon goût.

CHAPITRE 23
L'INFLUENCE SUBLIMINALE DES MARQUES

L'intérêt des entreprises envers la perception des marques par le cerveau des neuro-consommateurs est d'une grande actualité. Bien qu'intangibles et fondées sur l'émotion, ces dernières disposent pourtant d'une valeur financière exceptionnelle. Leur valorisation, calculée par des cabinets spécialisés tels qu'Interbrand, Milward Brown, etc. publiée chaque année par les revues financières américaines comme *Business Week, le Financial Times,* atteint parfois des montants exceptionnels. La cotation des grandes marques mondiales telles que Google ou Apple dépasse, certaines années, les 100 milliards de dollars.

> *Microsoft, Coca-Cola, IBM approchent cette valeur. Celle de grandes marques de l'économie collaborative telles qu'Uber, Airbnb commence à atteindre des sommets. Plus modestes, les marques de luxe européennes telles que Louis Vuitton, L'Oréal, Chanel, Hermès dépassent ou frôlent les 20 milliards de dollars. L'importance de ces sommes permet de comprendre le souci émanant des directions générales pour toutes les informations permettant de valoriser les marques de leurs enseignes.*

Comme l'indique justement Jean-Noël Kapferer, un spécialiste mondial de ce domaine, « la marque est un nom qui a du pouvoir[105] » : pouvoir d'influencer positivement le cerveau du client pour la choisir, celui des collaborateurs pour la promouvoir avec fierté et parfois passion ; pouvoir de lui créer une place privilégiée dans l'environnement où elle choisit de se développer.

Elle tient ce pouvoir de l'effet émotionnel qu'elle procure à un nombre significatif de consommateurs. Dans de nombreuses conférences, Jeff Bezos, fondateur d'Amazon, avance que ce n'est pas ce que dit la marque au consommateur qui est important, mais davantage ce que celui-ci dit de la marque : « La marque, c'est ce les gens disent de vous lorsque vous avez le dos tourné. »

Un nombre important de professionnels s'efforce de proposer des méthodes et approches destinées à obtenir le succès des marques pour les sociétés qu'ils conseillent en les adaptant aux attentes émotives du cerveau des neuro-consommateurs.

Parmi les nombreux chercheurs ou consultants, Georges Lewi pense que l'établissement d'une comparaison de la vocation et de la saga des marques avec les mythes fondateurs de l'humanité ou des nations contribue à leur réussite. De leur côté, Jean-Noël Kapferer et Jean-François Variot[106] proposent « le prisme d'identité des marques » en assimilant leurs principaux attributs à ceux d'une personne.

L'analyse neuroscientifique connaît un intérêt accru pour aider les enseignes à percevoir les ingrédients d'une marque qui attirent et plaisent souvent inconsciemment au cerveau des neuro-consommateurs. Dans le monde entier, de très nombreux chercheurs utilisant l'imagerie cérébrale, l'électroencéphalographie ou d'autres techniques neuroscientifiques s'intéressent à ce sujet. Trois importantes préoccupations orientent leurs études :

- l'identification des attributs de la marque susceptibles de faire réagir positivement ou négativement le cerveau ;
- la perception par le neuro-consommateur de la légitimité attribuée à l'extension de la marque à de nouvelles offres au-delà de son domaine original ;
- le souci de créer des marques qui s'adressent conjointement à l'ensemble des sens des neuro-consommateurs : de véritables « marques sensorielles ».

Le neuro-consommateur et la mythologie des marques

Le cerveau des neuro-consommateurs semble particulièrement attiré par les marques dont l'histoire lui rappelle les grands mythes intégrés dans son inconscient, retranscrits par les marqueurs somatiques. Cette thèse est défendue par un expert des marques, Georges Lewi[107]. Pour cet auteur, les marques sont d'autant plus prégnantes et mémorisées par les consommateurs que leur saga rappelle les principaux mythes de l'humanité ayant imprégné leur mémoire.

Les mythes et les marques

Georges Lewi avance que l'on peut établir une étroite relation entre la vocation et le combat mené par plusieurs marques importantes qui perdurent et la volonté ou la lutte attribuée aux dieux ou aux héros de la mythologie grecque. Ce rapprochement permet à ces marques de pénétrer en profondeur l'inconscient collectif des consommateurs. Il leur confère un attrait particulièrement puissant qui séduit de manière durable un vaste public sensible aux mythes. L'établissement de cette proximité aide à comprendre leur succès…

> Le cerveau des neuro-consommateurs semble particulièrement attiré par les marques dont l'histoire lui rappelle les grands mythes intégrés dans son inconscient, retranscrits par les marqueurs somatiques.

Le lecteur intéressé par la mythologie grecque peut se référer à l'intéressant ouvrage de Denis Lindon *Les dieux s'amusent. La Mythologie*[108]. Le livre décrit avec exactitude, humour et simplicité la saga des principaux dieux et héros de la Grèce antique.

Georges Lewi reprend la quête de certains dieux grecs dont les objectifs et la saga inspirent d'après lui celle de grandes marques.

Poséidon (Neptune)

Frère de Zeus, époux de la petite fille d'Océan, souverain de la mer, il règne sur les grandes étendues. Il fait don aux Athéniens du premier cheval afin de les aider à anéantir l'espace et la distance.

> *On retrouve cette vocation dans la marque de pantalon couleur indigo, le « pantalon des marins génois » Levis. Il s'agit de la marque la plus universellement répandue depuis plusieurs générations. Comme le dieu de la Mer régnant sur l'espace méditerranéen, elle globalise sa présence industrielle et commerciale dans les grandes régions du monde. Elle rapproche sa production des marchés finaux. « Elle entre dans le temps mythique en abolissant progressivement l'espace physique mondial et celui de la consommation[109]. » Elle offre à l'homme une seconde peau, une sensation de liberté.*

Zeus (Jupiter)

Il s'impose comme le maître de l'Olympe. En tuant son père Cronos, il s'approprie et abolit le temps qui passe et règne sur le temps qu'il fait.

Comme Zeus, la marque Breitling « a su combattre Cronos et apporter à l'homme l'annonce de temps nouveaux, ceux d'une légende à reconquérir[110] ». Breitling fournit la montre des pilotes héroïques de la Royal Air Force. L'entreprise conçoit une montre spéciale pour les cosmonautes américains : la Navitimer. Lors de la mission Mercury, Scott Carpenter porte dans l'espace cette montre à son poignet. Dans la rencontre de l'espace et du temps, « l'homme Breitling » incarne les valeurs fondamentales d'aventure et de liberté que l'on retrouve dans l'aviation capable d'abolir le concept de temps. Seul l'avion permet à l'homme de partir de New York à 8 heures du matin et d'arriver à Paris à la même heure, heure locale.

Aphrodite (Vénus)

Elle abolit la laideur en incarnant la Beauté, l'Amour, le charme irrésistible.

Comme elle, la marque Dior, affiche sa vocation permanente de défendre la beauté. Ses produits sont faits pour la mettre en valeur. « Effacer la laideur, reculer les limites apparentes de l'âge sont les défis et les promesses de ces marques. Dior a construit son mythe en imposant une vision classique de la beauté et en normant les critères[111]. »

Dionysos (Bacchus)

Un dieu double, évoquant l'extase, la liberté retrouvée, mais aussi la brutalité sauvage et les orgies hystériques. Il abolit toutes les chaînes. Il réunit les hommes autour de la vigne. Il leur procure l'ivresse et leur montre le chemin permettant de se libérer des contraintes et des règles imposées par la société.

La marque Jean-Paul Gautier rejoint les attributs de la mythologie dionysiaque avec les comportements et la communication souvent ambivalents de son créateur, « la réussite de ses parfums hésitant en permanence entre actions destructrice et bienfaitrice, entre transparence et business[112] ».

Autres dieux ou héros grecs

Georges Lewi établit d'autres similitudes entre les principaux dieux ou héros grecs et le succès de marques devenues célèbres.

> *Ainsi, Héphaïstos (Vulcain) symbolise l'ingéniosité technique avec la marque Bouygues; Apollon, dieu du Soleil, apporte à l'homme le « logos » civilisateur et la conscience de sa puissance avec Microsoft…*
>
> *Mais aussi Hercule : Arianespace est une marque qui cherche en permanence des réponses à des défis quasi insurmontables. La marque se confronte à l'espace depuis le début de son aventure. Un défi herculéen, mythique, où la puissance soutenue par une vaillance à toute épreuve fait face à des risques majeurs.*
>
> *Semblable à Achille, la marque Michelin incarne l'archétype du dépassement continuel avec une recherche incessante de sécurité. Comme le héros de l'Iliade, son ambassadeur Bibendum a le sens de l'amitié et de la générosité.*
>
> *Ressemblant à Ulysse, IBM est une marque qui, après avoir connu une grande victoire et une position dominante, doit souffrir, errer, parfois succomber au doute et connaître l'échec pour finalement mieux se relever et triompher…*

Autres mythes

Peu de recherches – en dehors de celles réalisées par Georges Lewi dans le cadre du High Co Institute, centre européen d'études, de recherches et d'échanges autour de la marque – sont réalisées sur la perception par le cerveau du neuro-consommateur des possibles relations entre le succès des marques et la mythologie.

Alors que l'auteur centre son approche sur la mythologie grecque, d'autres mythes nationaux ou régionaux peuvent inspirer la conception de sagas pour les marques.

On peut penser aux mythes fondateurs des États-Unis, depuis l'arrivée des premiers colons aux révolutions industrielles en passant par la conquête de l'Ouest, du Texas, des terres aurifères, les guerres indiennes… L'historienne Élise Marienstras[113], professeur émérite de l'université Paris VII-Diderot, apporte un intéressant éclairage sur ce sujet.

> *Ainsi, Marlboro tire parti de l'image du cow-boy profondément enracinée dans l'esprit des Américains.*

Les histoires émanant de contes ou de légendes intégrés dans les mémoires individuelles et collectives peuvent aussi devenir des sources de succès et de pérennité pour l'édification de marques agréables au cerveau et créatrices d'émotions favorisant la mémorisation. L'avenir sera probablement porteur de nouvelles recherches dans ce domaine de réflexion.

L'influence de la perception des mythes sur le positionnement des marques

Le succès des marques est largement dû à la spécificité et à la qualité de leur positionnement. Il crée une forte mémorisation associée à une affection pour le cerveau des neuro-consommateurs concernés. L'inspiration des critères qui conditionnent la création des grands mythes de l'humanité constitue un élément de réflexion intéressant dans l'élaboration d'un positionnement pertinent destiné à promouvoir une marque durable. Le rapprochement se fait en répondant à trois questions fondamentales qui se posent autant au positionnement des marques qu'aux choix décidés par les principaux héros des mythologies.

Pourquoi ? Il ne peut y avoir création de héros mythique qui ne défende une cause importante. Un choix transgressif et courageux pour l'humanité qui lui crée souvent un destin tragique. Prométhée se donne la vocation d'améliorer le bien-être de l'humanité en lui apportant le feu. Il le dérobe aux dieux au risque de subir un destin tragique. Comme les héros, les vraies marques se créent généralement avec une vocation. Elle se traduit par une quête destinée à défendre une cause qui améliore le bien-être des humains.

> *Apple souhaite mettre la communication à la disposition de l'humanité. Facebook veut donner aux hommes le pouvoir de partager et de rendre le monde plus ouvert et plus connecté. L'Oréal désire préserver la jeunesse et la beauté des femmes. Danone veut que ses aliments ne soient pas seulement gustatifs mais contribuent à améliorer la santé des consommateurs. Mauboussin et son président-directeur général, Alain Nemarq, ont pour vocation de mettre le luxe et la haute joaillerie à la portée de toutes les femmes même si elles ne font pas partie de l'establishment et ne sont pas riches. En particulier de celles qui s'émancipent de la tutelle séculaire des hommes et décident de choisir en toute indépendance les bijoux qui leur plaisent…*

Pour qui ? La vocation des héros de la mythologie est le plus souvent d'améliorer le bien-être d'un peuple. Celle des grandes marques a fréquemment un projet semblable avec une vision mondiale ou limitée à un marché correspondant à ses offres.

> *Pour Facebook, Microsoft, Nike… c'est le monde entier. Pour d'autres marques, les publics choisis sont plus limités tout en disposant d'intérêts communs envers leurs attributs. Chanel désire rendre séduisante la femme libre et indépendante. Breiz-Cola souhaite apporter la saveur du Coca-Cola aux Bretons. La Belle-Iloise propose la qualité de poissons en conserve avec des produits travaillés de façon artisanale, selon un savoir-faire authentique, aux consommateurs qui privilégient le goût à d'autres critères de choix…*

Contre qui ? Comme les héros des mythes, les marques, pour séduire, doivent avoir un ou plusieurs ennemis valeureux à combattre. Leur lutte contre des adversaires puissants rend incertain leur destin et contribue à valoriser leurs actions. Sans ennemis, leur combat permanent est peu valorisé. Zeus tire sa gloire de sa lutte contre les Titans puis des Géants. La guerre de Troie se gagnera seulement si Achille arrive à vaincre le valeureux Hector…

> **La marque tire sa force de ce combat permanent avec d'autres enseignes puissantes.**

> *Coca-Cola doit être en permanence plus fort que Pepsi-Cola, Nestlé se bat contre Danone, Nike doit constamment surmonter la concurrence de Reebok et d'Adidas, mais aussi celle de nouveaux entrants comme Converse, New Balance…*

La marque tire sa force de ce combat permanent avec d'autres enseignes puissantes. Comme une équipe de football pour ses supporters, elle doit être en permanence au « top ». Il lui faut régulièrement remporter des victoires et séduire ses admirateurs.

> *Lorsqu'elle perd une bataille, cela lui crée un destin tragique qui la rapproche de la condition humaine. C'est le cas d'IBM battue par Microsoft, mais « Big Blue » devient encore plus forte quand elle parvient à surmonter sa défaite et à régénérer sa marque.*

Créer son Histoire

Comme les mythes, les marques ont besoin de se créer une histoire ou « *storytelling* », une épopée originale qui puisse se raconter dans la communauté et se transmettre à travers les générations. Les histoires produisent un effet spécifique sur le cerveau. Il les utilise depuis l'origine de l'humanité pour transmettre les recettes et les secrets qui permettent à la race humaine de survivre et de progresser.

La saga racontée peut être relative au destin exceptionnel de leur fondateur comme Gabrielle Chasnel (Chanel), Steve Job (Apple), Marc Zuckerberg (Facebook), Bill Gates (Microsoft), Larry Page et Sergueï Brin (Google), Richard Branson (Virgin), Dietrich Mateschitz (Red Bull)…

Elle peut se rapporter à des événements héroïques auxquels la marque est associée. La Seconde Guerre mondiale pour Chevignon, Mac Douglas, Breitling… La conquête de l'espace pour Breitling, Bridgeston, Coca-Cola… Les victoires sportives pour Lacoste, Fred Perry, Nike…

Avoir un secret

La quête d'un Graal, la recherche d'un trésor matériel ou spirituel, l'existence d'un secret à découvrir constituent l'apanage des grands mythes. L'intelligence humaine est câblée pour les découvertes. Certaines marques savent habilement exploiter cette aspiration du cerveau des neuro-consommateurs.

C'est la création d'un secret, celui de la formule de Coca-Cola, de la bulle d'air chez Nike, de la célèbre recette inventée par le colonel Harland Sanders (1890-1980) fondateur de Kentucky Fried Chicken, de la complexité des critères et des règles utilisées pour l'algorithme de référencement de Google…

Répéter inlassablement une idée forte

La répétition d'une idée forte liée à la marque permet d'ancrer en profondeur celle-ci dans le cerveau des neuro-consommateurs. Les orateurs de la Rome antique, qui maîtrisent complètement l'art du discours et de la persuasion, savent utiliser cette technique. Caton l'Ancien (234-149 av. J.-C.), censeur romain, prend l'habitude de terminer tous ses discours devant le Sénat par une phrase demeurée célèbre : *« Carthago delenda est »* (« Carthage est à détruire » ou « Il faut détruire Carthage »). Avec cette incessante répétition, l'idée s'ancre peu à peu dans la tête des Romains, une troisième guerre punique est engagée par Rome contre sa grande rivale en Méditerranée. Elle se termine par la destruction complète de Carthage.

Le psychologue américain Robert Zajonc[114] montre, à partir de nombreuses expérimentations sur les animaux et sur les humains, que la familiarité avec un stimulus provoque une appréciation positive de ce dernier. Le simple contact avec des stimuli devenus familiers grâce à la répétition des expositions suffit à induire une humeur plus positive chez un consommateur.

La répétition de slogans attribués à une marque contribue largement à faire augmenter favorablement sa mémorisation et sa notoriété.

> *C'est le fameux « Nespresso what else ! » pour la célèbre marque de Nestlé, « Just do it » de Nike, « Buvez et éliminez » de Vittel, « think different » d'Apple ou encore « Yes we can », désormais attribué au président Obama.*

Les six facettes du « prisme d'identité des marques »

Comment différencier la marque Perrier des autres marques d'eau gazeuse, Le café italien Lavazza des multiples enseignes vendant cette boisson ? En France, la BNP Paribas de la Société Générale, de LCL, du Crédit Agricole ? Au niveau des entreprises d'assurances européennes, où se situe la singularité d'Axa, d'Allianz, de Generali… ? La notion de positionnement a ses limites : elle permet de différencier les institutions s'adressant à des clientèles différentes, avec des produits ou services différents. Elle permet une différenciation de base. En revanche, elle aide peu les neuro-consommateurs appartenant aux mêmes cibles et désirant le même type de produits ou de services à choisir leur partenaire. Cette situation est caractéristique de la concurrence dans de nombreux secteurs d'activités. Pour pallier les limites du concept de positionnement, Jean-Noël Kapferer[115], professeur au groupe HEC, et Jean-François Variot[116], publicitaire, proposent une méthodologie opérationnelle originale permettant de préciser où se situent les singularités d'une marque. Leur approche tend à comparer les caractéristiques constituant l'identité d'une marque à ses reflets, perçus intimement par le consommateur comme si elle était une personne. Leur concept présenté permet d'établir « le prisme d'identité » de la marque.

Le prisme d'identité de la marque

- Culture
- Reflet
- Mentalisation
- Relation
- Personnalisation
- Physique

Les 6 facettes du prisme d'identité de l'entreprise

Source : d'après Jean-Noël Kapferer et Jean-François Variot.

Pour Jean-Noël Kapferer et Jean-François Variot, l'identité d'une marque se décompose en six facettes qui ressemblent au profil d'une personne : le physique, la personnalité, le culturel, la relation, le reflet et la mentalisation interne. Ces facettes forment le « prisme de l'identité » de tout émetteur, qu'il s'agisse d'une entreprise ou d'une marque. Toute société peut trouver sa différence et sa permanence dans une ou plusieurs de ces six facettes.

La facette physique

C'est celle des caractéristiques de l'enseigne, de ses moyens, de ses produits ou services. C'est le domaine traditionnel de la communication, celui du « plus-produit ». C'est aussi une facette assez banale, tant les prestations sont proches.

> *Pour Perrier, c'est l'eau gazeuse, la bouteille en verre, la couleur verte. Pour le café Lavazza c'est la typologie, le design, la sonorité italienne…*

La facette personnalité ou caractère

Elle correspond à une vision anthropomorphique de l'entreprise, à une personnification de l'émetteur.

> *Si la banque BNP Paribas était une personne, comment la décrirait-on en termes de sexe, d'âge, de style, de statut social, de traits de caractère, de personnalité…*

Certaines sociétés sont « sérieuses », d'autres « souriantes », ou encore « fonceuses ».

> *Perrier a une personnalité sportive, dynamique, jeune, onirique. Celle du café Lavazza, est authentique, traditionnelle, ouverte.*

Cette facette de l'identité est incorporée dans les méthodes de travail de nombreuses agences de communication. L'agence Ted Bates, créatrice de la notion d'USP *(Unique Selling Proposition),* le « plus produit », parle aussi d'« *Unique Selling Personality* ». Jacques Séguéla[117] organise les méthodes de travail de son agence autour des deux notions, celles de physique et de caractère. L'identité d'une entreprise ne peut se résumer à ces deux facettes. Elles ne font que spécifier « l'émetteur construit », celui qui parle. Deux autres concernent le « destinataire construit ».

La facette du reflet

Elle se fonde sur un mécanisme d'identification. Toute société à travers sa communication stipule implicitement à quel type d'individu elle parle. Il ne s'agit pas de la cible (le destinataire objectif), mais d'un destinataire construit, du reflet qu'on lui propose de lui-même (même s'il ne correspond pas au portrait objectif du client).

> *Dire « la banque de ceux qui réussissent », c'est construire un destinataire, proposer aux clients une image d'eux-mêmes. Pour Perrier, c'est une personne positive, actrice de sa vie, raffinée, cultivée. Pour Lavazza, c'est un consommateur intergénérationnel moderne et respectueux de la tradition.*

La facette de la mentalisation

Elle correspond à l'aspect « intérieur » du destinataire construit. Le reflet correspondait au miroir extérieur. La mentalisation renvoie au miroir intérieur.

> *Au fond de soi, quel rapport le client entretient-il avec lui-même à travers la fréquentation de telle banque ou de telle société d'assurance ? Lui propose-t-on de se percevoir intimement comme un malin, un économe, un avant-gardiste, un pionnier, un fin gestionnaire, un père prévenant et attentionné… ?*

> *Consommer du Perrier, c'est appartenir à une élite, à un groupe supérieur. Pour Lavazza, c'est un personnage authentique et connaisseur, quelqu'un qui aime consommer un vrai café italien dans un contexte internationalisé.*

La facette de la relation

Elle correspond à un constat : toute communication propose au destinataire un mode de relations entre lui et l'émetteur, un certain type de rapports. Leur nature constitue une facette essentielle de l'identité.

> *Il peut s'agir d'un rapport de pédagogie, « La banque qui vous apprend… », de partenariat, « La banque où le client est un associé », de prise en charge totale, de domination, de maternage, d'admiration, de connivence…*

Cette facette permet de mettre en perspective la notion de « star-stratégie » développée par Jacques Séguéla : « Considérer l'entreprise comme une star, c'est proposer au destinataire une relation d'admiration, voire d'adulation. Or, ce type de relation ne saurait être général[118]. »

La communication peut proposer d'autres types de relations entre l'entreprise et le destinataire.

> *Pour Perrier, la relation est proche de la distinction sociale, de la réussite personnelle et professionnelle, de l'intérêt culturel et artistique. Pour Lavazza, c'est le retour aux origines d'un vrai café.*

La connivence n'est qu'un type de relation proposé parmi les autres. Chaque enseigne doit définir celle qui correspond le mieux à son ADN et à sa clientèle.

La facette culturelle

Elle nous rappelle l'enracinement de l'entreprise dans le monde de la culture. À travers une entreprise, le client accède à son univers, à des mythes.

> *Avoir un chéquier de la banque Rothschild consiste à s'approprier symboliquement une partie de la saga. Être client chez Barclays, c'est aussi consommer des signes d'Empire britannique, de la City… Pour Perrier, c'est adhérer à une culture bourgeoise, à « l'American Dream », adhérer à la culture liée aux valeurs du sport, à une culture positive, jeune et dynamique. Pour Lavazza, c'est préférer une culture liée à des valeurs authentiques, hédonistes, au respect du savoir-faire, au plaisir de consommer à l'ancienne.*

L'identité se projette sur la facette culturelle : à quel monde accède-t-on à travers l'entreprise ? À celui de Manhattan, de l'Europe, de Londres, de Paris ? À quels mythes accède-t-on ?

Avant d'entreprendre sa communication, toute marque tire profit de mettre à plat son identité sur chacune de ces six facettes. Le prisme d'identité en comparant la marque à une personne permet d'établir une relation plus intime entre elle et les neuro-consommateurs. Il contribue à lui conférer un caractère spécifique. Il lui permet de se doter d'une image plus proche et plus humaine auprès de la clientèle.

Les chercheurs en neurosciences tels que Yoon et ses confrères[119] montrent que les marques et les personnes sont traitées par le cerveau comme des entités différentes. Pour ces auteurs, les marques se rapprochent davantage des représentations mentales liées à des objets que de celles relatives à des êtres vivants.

> Le prisme d'identité en comparant la marque à une personne permet d'établir une relation plus intime entre elle et les neuro-consommateurs. Il contribue à lui conférer un caractère spécifique.

La notion de personnalité de marque apparaît toutefois comme une analogie utile pour engager une réflexion relative à la conception de son identité par le marketing.

La perception des marques étudiée par l'analyse neuroscientifique

L'influence de la marque sur le comportement du neuro-consommateur constitue un sujet de prédilection pour les recherches neuroscientifiques. La puissance d'évocation des marques – qui ne sont, comme le rappelle Martin Lindstrom, « que de l'émotion[120] » –, leur pouvoir de persuasion auprès des clients, le coût marketing engendré pour les créer, leur valeur intrinsèque – voisinant pour les plus fortes la centaine de milliards de dollars – favorisent cet intérêt. Les études neuroscientifiques permettent désormais de mieux comprendre leur influence sur les processus de décision d'achats des neuro-consommateurs. Elles montrent que les aires cérébrales, comme le cortex préfrontal ventromédian impliquées dans la gestion des émotions ou du reflet de « soi-même », du *« self »*, s'activent lorsqu'ils sont sollicités par la présence de certaines marques connues.

Les recherches neuroscientifiques et les marques

En 2006, un groupe de chercheurs allemands, C. Born, S. Schoenberg[121] et leurs collègues, lors d'une publication réalisée par la Radiological Society of North America, montre, en réalisant une étude avec l'IRM, que les marques fortes allument dans le cerveau des zones associées à des émotions positives, aux circuits de récompense, à l'identification à sa personne. À l'inverse, les marques faibles éclairent des aires du cerveau reliées à la mémoire et aux émotions négatives.

> *Comme le montrent Read Montague, Samuel Mc Clure[122] et leurs collègues, dans l'expérience menée avec les marques Pepsi-Cola et Coca-Cola, une marque forte comme Coca-Cola possède le pouvoir de modifier la perception du goût en sa faveur dans le cerveau.*

Martin Lindstrom[123] avance qu'un consommateur satisfait par un produit ou un service s'attache à la marque. Le contraire est aussi vrai lors d'expériences négatives. Une fois ces associations établies dans son cerveau, il est difficile de les faire changer, sauf en cas de fortes déceptions ressenties par les clients au niveau de l'offre, de la distribution, de l'après-vente, de la communication… Pour demeurer forte auprès de sa clientèle, une marque doit avoir un constant souci de qualité. Il lui faut aussi assurer en permanence une bonne cohérence de ses actions avec l'image positive qu'elle souhaite donner d'elle-même.

Au-delà de la satisfaction et du plaisir, certains auteurs menant des recherches neuroscientifiques pensent que les marques fortes peuvent procurer au cerveau des effets proches de ceux produits par l'adhésion à de grandes causes sociales, humanitaires ou religieuses.

L'Américaine Kate Newlin[124], fondatrice du cabinet de conseil Kate Newlin Consulting, avance que les grandes marques vont jusqu'à créer un sentiment d'évangélisme auprès de leurs adhérents. Une condition essentielle pour créer une « marque passion » est relative au fait que les consommateurs ressentent une véritable passion de la part des dirigeants, des collaborateurs, des distributeurs et de l'ensemble du personnel envers la marque. La passion se communique à la clientèle et favorise son adhésion à la marque. Cette préoccupation entraîne certaines enseignes à créer des boutiques originales, exclusives, directement gérées par la marque ou à imposer des franchises[125] intégrant ses attributs.

Au cours de ses recherches réalisées à partir de l'IRM, Martin Lindstrom[126] s'intéresse aux réactions du cerveau de catégories spécifiques de citoyens. En étudiant une population de religieuses, il remarque qu'une partie très spécifique de leur cerveau, une aire plutôt consacrée à la joie, à la sérénité, à l'amour s'allume lorsque l'on mentionne des noms comme : Dieu, Jésus, la Vierge Marie… En poursuivant ses recherches, il s'étonne de constater que la même zone du cerveau s'éclaire chez les « aficionados » de grandes marques comme Apple, Coca-Cola, Google, Microsoft, Nespresso, Starbucks… lorsqu'on les mentionne ou que l'on présente certaines des caractéristiques propres à leur essence.

Une marque forte ne se contente pas de répondre à des besoins ou attentes du neuro-consommateur, mais sait aussi créer de l'émotion à son cerveau. L'émotion peut se transformer en affection frôlant dans certains cas une idée de distinction élevée et parfois atteindre un sens quasi mystique.

> *Certains « mordus » n'hésitent pas à passer de longues heures d'attente, parfois jusqu'à minuit, pour se procurer le dernier ouvrage d'Harry Potter, être les premiers à acheter la plus récente nouveauté d'Apple… Par sa forte imprégnation du cerveau, une marque puissante possède un effet moteur sur la décision d'achat des clients.*

La création d'une marque attractive pour le cerveau du neuro-consommateur est loin d'être aisée. Pour y arriver, elle doit produire le sentiment qu'elle ne se limite pas à faire quelque chose, mais cherche à faire vivre quelque chose. Il lui faut créer suffisamment d'affection pour que le consommateur achète ses produits non seulement parce qu'ils lui plaisent, mais aussi parce qu'il aime cette marque, parce qu'il souhaite appartenir à une communauté d'adhérents amoureux de cette marque. L'ouvrage publié par Laurence Body et Christophe Tallec[127] développe ce sujet.

> *La création d'une marque attractive pour le cerveau du neuro-consommateur est loin d'être aisée. Pour y arriver, elle doit produire le sentiment qu'elle ne se limite pas à faire quelque chose, mais cherche à faire vivre quelque chose.*

Par leur accès direct au cerveau, les sens, lorsqu'ils sont convenablement sollicités, contribuent à créer une expérience familière et affectueuse avec la marque. La réussite d'une politique de marque consiste à créer mais aussi à entretenir ce que Maurice Levy, président-directeur général de Publicis, appelle dans ses conférences « une relation familière avec elle ».

Au milieu de l'univers des marques, celles qui se rapportent aux produits de luxe semblent occuper une place particulière dans le cerveau.

Deux professeurs allemands du département de neurologie de l'université Otto Von Guericke de Magdeburg, Michael Schaefer et Michael Rotte[128], montrent que les marques de luxe ont la particularité d'activer la zone médiane du cortex préfrontal connue pour être impliquée lors du processus de perception de soi. Pour Bernard Roullet et Olivier Droulers, « les marques de luxe semblent refléter une envie d'intégration des marques prestigieuses au moi du consommateur dans une sorte de transfert du statut de la marque prestigieuse au statut projeté du client[129] ».

De l'évaluation neuroscientifique de l'essence de la marque à celle de sa légitimité d'extension

Plusieurs techniques neuroscientifiques sont utilisées par les chercheurs et par les sociétés de conseil en neuromarketing pour comprendre les comportements du cerveau des neuro-consommateurs lorsqu'il est confronté aux marques. Les principales sont l'IRM et l'EEG. Certaines, utilisées par la société NeuroFocus, sont décrites par A.K. Pradeep[130]. Elles sont fréquemment mises en œuvre en complément des traditionnelles études de marketing, déjà assez nombreuses (prétests, posttests, fidélité à la marque…) reposant le plus souvent sur des enquêtes par questionnaires, observations, sondages, *« focus groups »*… Les recherches utilisant les neurosciences s'intéressent principalement à deux domaines :

- la perception des attributs de la marque qui imprègnent en profondeur le cerveau ;
- la compréhension de la légitimité des extensions de marques telle que ressentie par la partie inconsciente de l'intelligence humaine.

Les attributs liés à l'essence de la marque qui imprègnent le cerveau du neuro-consommateur

Les études neuroscientifiques à partir de l'imagerie fonctionnelle ou de l'électro-encéphalographie permettent de tester si les éléments sélectionnés dans le « prisme d'identité » ou d'autres attributs de la marque intéressent le cerveau, créent de l'émotion, imprègnent la mémoire profonde…

Les tests neurométriques s'intéressent aux perceptions positives ou négatives émanant du cerveau envers des éléments tels que :

- les aspects physiques et tangibles de la marque (le nom, le logo, la signature, l'iconographie, le design, la mélodie référente ou «jingle»…) ;
- les valeurs défendues par la marque au niveau social, sociétal, moral, humain, humanitaire, environnemental, etc. ;
- les bénéfices proposés par la marque aux consommateurs : séduction, amélioration de la vie (personnelle, professionnelle, familiale…), plaisir hédoniste ou intellectuel, etc. ;
- la cohérence entre l'ambition de la marque et les actions réalités sur le terrain ;
- l'originalité des fonctions proposées par les produits de la marque dans son secteur d'activités, par rapport aux offres de la concurrence ;
- l'émotion produite par la marque auprès des neuro-consommateurs…

La perception des attributs de la marque et leur influence sur le cerveau du neuro-consommateur constituent pour le marketing d'importantes sources d'informations. Elles contribuent à mieux gérer les politiques de marques.

La perception de la légitimité de l'extension de marque par le cerveau

L'avantage d'une marque connue, appréciée ou aimée est de pouvoir devenir une marque ombrelle pour d'autres produits qui peuvent bénéficier de ses atouts. C'est le cas de nombreuses marques de luxe qui profitent de leur image haut de gamme séductrice et sélective pour étendre leur offre.

> *Hermès étend sa marque de la selle de cheval luxueuse aux foulards, vêtements, parfums… Chanel migre de la confection de chapeaux féminins à la haute couture, au prêt-à-porter, au parfum…*
>
> *La création de marques ombrelles, fréquente dans le domaine du luxe, se retrouve auprès d'enseignes plus démocratiques. Certaines banques européennes, comme la Société Générale, profitent de leur image de société sérieuse pour proposer à leur clientèle des produits d'assurance, des cartes d'achats et de crédit… BNP Paribas, LCL, Crédit Mutuel, La Banque Postale ajoutent à l'assurance de l'immobilier, des produits de sécurité pour la maison, de téléphonie, la vente de voitures par le CIC…*

La possibilité de se diversifier à partir de la marque existante constitue une aubaine pour de nombreuses enseignes.

Elle devient un danger si les produits présentés ne sont pas perçus comme légitimement associés à la marque par les clients. Cette situation entraîne parfois un cuisant échec pour le nouveau produit proposé.

Outre l'échec d'un lancement, la proposition d'offres perçues comme peu légitimes par le cerveau des clients peut également contribuer à dégrader l'image de la marque.

Les entreprises sont particulièrement intéressées à connaître le niveau de légitimité de leur marque perçu par les clients lorsqu'elles désirent procéder à une extension de leurs offres. L'analyse neuroscientifique les aide à mieux comprendre les réactions du cerveau du neuro-consommateur confronté à ce phénomène.

Les chercheurs et les sociétés de conseils en neuromarketing apportent un éclairage. Il est particulièrement recherché quand les entreprises désirent limiter les échecs de lancement de nouveaux produits ou services associés à une marque.

En Chine, plusieurs professeurs du laboratoire de neuro-management de l'université de Zhejiang, située à Hangzhou, Q. Ma, X. Wang, L. Shu et S. Dai[131] entreprennent d'importantes recherches sur ce sujet. Dès 2008, ils étudient à l'aide de l'EEG le degré d'acceptation d'une extension de marque par le cerveau du neuro-consommateur. Les personnes étudiées sont d'abord exposées au nom d'une boisson dotée d'une forte notoriété dans ce pays, telle que Pepsi, Coca-Cola, Wahaha, NongfuSpring… En second lieu, on leur présente une catégorie générique de boissons (soda, thé, lait, jus de fruit…), mais également d'aliments ou de produits d'usage courant (bonbons, gâteaux, pain, biscuits, chaussures, télévision, tee-shirt…). Dans toutes les conditions expérimentales, l'équipe de chercheurs observe l'émergence d'une onde positive qui apparaît environ 300 millisecondes après le stimulus. Elle est appelée « P 300 ». Lorsqu'une extension de la marque est acceptée par le consommateur pour une catégorie de produits, l'onde P 300 révèle une intensité plus importante. Elle est présente de manière diffuse sur l'ensemble des régions pariétales et occipitales du cerveau. À l'inverse, lors d'une perception peu crédible d'extension de la marque par le cerveau – par exemple, une marque de boisson étendue à une catégorie de chaussures –, l'onde P 300 montre une intensité plus faible. Elle est uniquement présente dans la région occipitale droite. Les chercheurs détectent également, dans cette situation, l'apparition d'une onde négative dans la zone frontale du cerveau. Elle est nommée « N 400 ». Selon les auteurs de l'étude, cette onde négative est le signe d'un rejet par le cerveau de la perception de l'extension de la marque au produit pressenti. Les chercheurs pensent que l'amplitude de l'onde P 300 constitue un indicateur neuronal intéressant d'acceptation d'une extension de marque par le cerveau des clients.

Les recherches sur les extensions de marques menées dans les laboratoires des universités comme par d'importantes sociétés de conseils en neuromarketing telles que NeuroFocus, NeuroSense sont appelées à connaître un réel développement dans l'avenir. Elles sont susceptibles de répondre à l'importance des enjeux économiques pour les entreprises en cas de succès ou d'échecs dans ce domaine.

La sensorialité des marques

Le cerveau du neuro-consommateur perçoit l'essence d'une marque à travers l'ensemble de ses sens. Un nom, une odeur, une musique, un goût peuvent remémorer ses « marqueurs somatiques » imprimés au plus profond de son inconscient.

Les marques et les sens

La vue

Le premier sens impliqué dans la perception d'une marque est la vue. Il est sollicité par le nom, le logo, la signature, le design, les couleurs choisis pour exprimer son l'ADN.

> *Le cerveau du neuro-consommateur perçoit l'essence d'une marque à travers l'ensemble de ses sens.*

Le nom régénère certaines connotations intégrées dans les « marqueurs somatiques » du cerveau. Un nom à consonance française évoque une certaine idée de raffinement dans des domaines tels que les vêtements, les parfums, la gastronomie… Une consonance italienne reflète le chic, la créativité… Quand elle a une sonorité anglaise, la qualité, la distinction traditionnelle. Pour une allemande, la technicité, la fiabilité… Américaine, l'efficacité, la compétence, la modernité… Le seul fait de choisir un nom qui rappelle un pays est à même de conférer à une marque les attributs liés à son image. Ce phénomène explique le souci grandissant qu'ont certains États à se doter et à communiquer une image de marque positive qui leur soit propre.

Le logo orne les cartes de visite mais également l'ensemble des documents utilisés dans la communication. Il exprime les valeurs de la marque de la façon la plus fidèle, synthétique et créative possible. La charte graphique présente les couleurs, les formes, les symboles choisis… Elle revêt une signification spécifique qu'elle espère faire percevoir par le cerveau des clients. Selon Christelle Rancev dans sa thèse de DESS :

> *Le logo utilisé par BNP Paribas, comme le fait remarquer Sylvie Dubois[132] du département Communication et Publicité de cette banque, est conçu dans cet état d'esprit : « Il s'agit, à travers ce logotype, de promouvoir un nouvel élan stratégique de la fusion avec Paribas. On s'aperçoit que dans une trajectoire dynamique, les étoiles BNP Paribas se transforment en oiseaux. L'étoile est à la fois le guide et le rappel de l'appartenance de BNP Paribas à l'Union européenne. L'oiseau est prêt à parcourir le monde et à s'y poser, tout comme le conseiller clientèle est prêt à accompagner le client dans ses projets d'avenir. Le vert de l'étoile se transformant en oiseau est la couleur de l'espoir et confère à la courbe d'envol des notions de transparence et d'environnement. BNP Paribas se démarque volontairement pour afficher avec force sa volonté d'innovation, sa capacité à anticiper le changement et son ambition d'ouverture internationale. »*

La signature met en avant le message que l'enseigne souhaite communiquer à l'intelligence de ses clients et prospects en liaison avec son image. Les signatures évoluent dans le temps, comme le fait remarquer Christelle Rancev[133] : « Elles passent d'un discours autocentré à la fin des années 80 pour se rapprocher aujourd'hui des consommateurs et les mettre au cœur de la relation. » La démarche consiste à remplacer le « nous » par le « vous » et enfin le « je » afin d'impliquer le client au maximum. Elle renforce l'attribution d'une idée forte à une marque de produit ou service, de société voire de personne.

> *Certaines obtiennent une vaste notoriété comme « Just do it » pour Nike, « Think different » pour Apple, « Darty, le contrat de confiance » pour Darty, « Nespresso what else » pour la célèbre marque de café, « Yes we can » pour le président Obama…*

Le design et les couleurs permettent à la marque de renforcer sa visibilité et son image pour le cerveau.

> *Le design apporte sa singularité au produit, par exemple pour les couteaux de la marque Laguiole. Un design original, pratique, confortable… lui transfère un sentiment de modernité et de créativité.*

Des couleurs internationales comme le rouge, le noir, le blanc attirent son attention. D'autres sont utilisées pour produire un sentiment positif global ou adapté apprécié par certaines cultures, pays ou régions du monde.

Le son

Il complète habituellement la vue pour favoriser la mémorisation de la marque. La plupart des grandes marques se dotent d'un «logo auditif» destiné à compléter leur empreinte visuelle. Un son reprenant une chanson nostalgique ou sympathique est parfois choisi pour conférer cet attribut à la marque.

> *C'est par exemple le cas en France de la société d'assurances la MAAF, qui lie son image à la chanson « La ouate ».*

L'odorat

Sa réception dans l'aire du cerveau est proche de celle de la mémoire. Il est mis à profit pour favoriser le souvenir. Son utilisation se rencontre pour aider à la reconnaissance de certaines marques de textiles, l'identification de chaînes d'hôtels, de lieux de vente…

Le toucher

Il fait aussi partie d'éléments utilisés pour renforcer l'identification d'une marque. On le retrouve dans l'hôtellerie afin de créer dans le cerveau du client un sentiment de reconnaissance à partir d'une texture identique de la literie, des moquettes, des boiseries… Son utilisation est fréquente dans l'industrie du vêtement… L'impression tactile est travaillée pour permettre une identification à une marque de certains objets de luxe ou d'usage courant…

Le goût

Il est moins utilisé pour permettre au cerveau de mémoriser une marque en dehors de quelques industries comme l'alimentaire.

> *Les jambons espagnols Serano, italiens San Daniele, français de Bayonne entreprennent de vastes efforts pour attribuer à leurs produits une reconnaissance de leur marque ou de leur origine à travers une identité gustative.*

Des recherches sur l'identification d'une marque à partir du goût sont probablement appelées à se développer dans d'autres secteurs de l'industrie alimentaire, comme les fromages, laitages, conserves, la charcuterie…

L'adaptation de la politique sensorielle d'une marque est d'autant plus forte qu'elle présente une cohérence avec le positionnement dans l'ensemble des canaux de distribution et des outils de communication. Le client doit aussi pouvoir ressentir une bonne harmonisation dans la combinaison des ingrédients sensoriels utilisés. Le cerveau perçoit effectivement d'une manière négative les incohérences entre les différents attributs physiques, relationnels et sensoriels proposés par la marque.

La congruence des sens pour la marque

La politique sensorielle de la marque transforme d'autant mieux l'expérience vécue par le client en accoutumance émotionnelle et affective qu'elle crée une harmonie entre les différents sens sollicités, ce que les experts nomment « la congruence des sens ». Il lui faut organiser une cohérence de l'ensemble des logos sensoriels à travers tous les moyens de contact et de communication proposés aux neuro-consommateurs. L'harmonie des sens sollicités doit de surcroît correspondre à son positionnement et à son identité.

Pour donner l'image d'une marque d'entreprise calme, reposante, réfléchie, on utilise de préférence des couleurs pastel (rose, bleu, vert…) associées à une musique douce, lente, avec la diffusion d'odeurs relaxantes (la lavande, la rose, l'orange, le bois de santal…)

Un nombre accru de marques évoque le souci de créer une expérience sensorielle pour leurs clients.

> *La marque de produits cosmétiques de luxe Decléor, une marque de L'Oréal, spécialiste de l'aromathérapie à partir des huiles essentielles, montre une vraie volonté de promouvoir des expériences sensorielles avec les consommateurs de ses produits.*
>
> *Nespresso, souhaite conférer à sa marque une image de rareté, d'exclusivité et de standing. Pour cela, elle opte pour des magasins haut de gamme, des adresses sélectionnées réservées aux membres du club, une édition limitée de sa luxueuse revue, une communication renforçant l'idée de sélectivité…*
>
> *Le célèbre chocolatier de New York, Hershey's, désire permettre aux amateurs de ce produit d'avoir une réelle expérience sensorielle avec le chocolat et sa marque. Il a ouvert un magasin digne du célèbre film de Tim Burton* Charlie et la Chocolaterie. *Le Hershey's Chocolate World, localisé dans plusieurs villes aux*

États-Unis, permet aux visiteurs de vivre une expérience totale avec le chocolat, allant jusqu'à la possibilité de fabriquer sa propre tablette chocolatée.

Abercrombie & Fitch établit, pour sa marque de tee-shirts et les autres produits présentés dans les boutiques, une ambiance spécifique en misant sur une combinaison de stimulants sensoriels : éclairage, musique, signature olfactive, représentation sociale à partir de l'aspect vestimentaire de ses vendeurs…

Les marques de distribution, comme cela est développé dans notre chapitre consacré au marketing sensoriel du point de vente, sont de plus en plus friandes des méthodes émanant du marketing sensoriel et du neuromarketing.

L'intérêt croissant des entreprises, dans un nombre accru de secteurs d'activités, à se doter de marques émotionnelles fait désormais du marketing sensoriel et du neuromarketing deux composantes fondamentales pour leur création et pour leur développement. Il est appelé à se voir attribuer une préoccupation grandissante dans un futur proche.

CE QU'IL FAUT RETENIR

Depuis la haute Antiquité, les philosophes enseignent la nécessité de ne pas se limiter à s'adresser seulement à l'aspect rationnel d'un discours pour convaincre son auditoire. Les sophistes en Grèce sont des précurseurs. En inventant la rhétorique, Aristote propose un art du discours permettant de séduire les interlocuteurs au-delà du simple langage. Sa méthode est perfectionnée par les orateurs romains tels que Quintilien et Cicéron. Elle renforce les aspects physiques et émotionnels permettant à l'orateur de rendre crédibles ses propos. Après de nombreux siècles où elle est enseignée dans les écoles européennes et quelques décennies d'oubli, les philosophes actuels commencent à la remettre au goût du jour. À Bruxelles, David Perelman en collaboration avec Lucie Olbrechts-Tyteca renouent avec la rhétorique grecque et proposent une « Nouvelle Rhétorique » qui constitue une théorie de l'argumentation.

De nos jours, certains publicitaires s'efforcent de tirer profit des théories et méthodes émanant de la rhétorique afin d'améliorer la crédibilité de leur communication. Les professeurs Thierry Herman et Gilles Lugrin montrent les utilisations de la rhétorique *(logos, ethos* et *pathos)* dans les campagnes et les messages publicitaires. Les figures de la rhétorique sont utilisées avec efficacité dans la conception de nombreuses créations émanant de cette discipline.

La sémiologie (ou étude des signes) présente une autre technique permettant de décoder certains éléments subjectifs d'une communication et d'évaluer leur importance dans l'inconscient des consommateurs pour améliorer son efficacité.

De nombreuses avancées sont réalisées par le marketing et les experts en communication afin de mieux appréhender et percevoir l'importance des phénomènes, souvent inconscients et parfois irrationnels, qui conduisent à la réussite ou à l'échec d'une campagne. Un ensemble de tests permet de voir si les messages proposés sont cohérents avec les attentes profondes ressenties par le cerveau des neuro-consommateurs.

L'utilisation des techniques neuroscientifiques, principalement l'IRM, l'EEG, apporte de nouvelles connaissances destinées à améliorer la pertinence des communications à partir d'un regard sur les réactions directes du cerveau des neuro-consommateurs à leur égard. Elles permettent d'évaluer des domaines tels que l'attention, l'émotion, la mémorisation, l'effet « neurones miroirs », l'intérêt produits par les messages au cours de chaque seconde de leur diffusion.

La communication subliminale contourne la barrière du raisonnement en s'adressant directement à l'inconscient du cerveau. Même si en théorie elle est interdite dans de nombreux pays, la réalité se révèle différente. Dans un ouvrage devenu un « best-seller » mondial, *The Hidden Persuader,* Vance Packard présente les nombreuses méthodes utilisées par les annonceurs pour sonder et atteindre le subconscient des consommateurs. Il montre leur efficacité et dénonce le danger de leur utilisation pour les citoyens.

Des méthodes parfaitement légales ont un effet subliminal. Elles sont utilisées avec succès depuis des décennies dans la publicité. Parmi elles, on rencontre : le divertissement publicitaire, l'utilisation de l'art dans la communication, l'appel aux règles de l'harmonie directement perçues par le cerveau comme le « nombre d'or » ou les « proportions de Vitruve », le recours à l'érotisme…

Parmi les techniques subliminales les plus récentes, les *« nudges »* (prises de décision du cerveau automatiques par défaut et inconscientes) constituent une méthode douce permettant d'influencer les décisions des citoyens et des consommateurs. Inventées par Richard Thaler et Cass R. Sunstein au cours de la première décennie des années 2000, elles connaissent un succès grandissant dans des applications en politique et en marketing.

Les recherches neuroscientifiques, à partir d'une connaissance approfondie du comportement du cerveau du neuro-consommateur, proposent un ensemble d'artifices rendant plus efficace la création publicitaire. Ils concernent la communication écrite et celle réalisée à l'aide d'images et de vidéos.

Les marques jouent un rôle fondamental pour influencer le cerveau des neuro-consommateurs dans leurs décisions d'achat.

Georges Lewi établit une relation positive inconsciente d'efficacité émanant de marques s'inspirant des grands mythes de l'humanité, en particulier de la mythologie grecque. Jean-Noël Kapferer et Jean François Variot cherchent à améliorer leur préférence en leur conférant l'identité d'une personne à partir du « prisme d'identité de la marque ».

L'analyse neuroscientifique apporte de nouveaux éléments permettant de percevoir la perception des marques par le cerveau et leur influence inconsciente chez le neuro-consommateur. Elle permet de mieux comprendre des phénomènes relatifs à leur essence ainsi qu'à leur légitimité d'extension.

Le neuro-consommateur perçoit l'essence d'une marque à travers ses cinq sens et pas seulement sa vision. Un nom mais aussi une odeur, une musique, un goût, un toucher peuvent réveiller ses « marqueurs somatiques ». Le neuromarketing fait des recommandations pour mettre en œuvre une stratégie sensorielle de la marque, assurer une cohérence entre les éléments sensoriels utilisés et la stratégie, élaborer une « congruence » des sens entre eux.

NOTES

1. Jean Houssaye *Premiers pédagogues : de l'antiquité à la renaissance,* ESF, 2002. Jean-Paul Dumont et Jean-Louis Poirier, *Les Présocratiques*, Gallimard, coll. « Bibliothèque de la Pléiade », 1988. John Dillon et Tania Gergel, *The Greek Sophists*, Penguin London, 2003.

2. Platon, *Gorgias, Le Banquet* et *Phèdre,* tous trois disponibles chez Garnier-Flammarion. 2014.

3. Aristote, « *Organon* », tome 6, *Les réfutations sophistiques*, Vrin, coll. « Biblio Textes Philosophiques », 1995.

4. Aristote, *idem*.

5. Jean Houssaye. *Premiers Pédagogues : de l'Antiquité à la Renaissance*, ESF, 2002.

6. Jean-Jacques Robrieux, *Rhétorique et argumentation*, Armand Colin, 2010 (3ᵉ édition).

7. Michel Meyer, *Histoire de la rhétorique des Grecs à nos jours*, Le Livre de Poche coll. « Biblio Essais », 1999.

8. Laurence Pernot *La Rhétorique dans l'Antiquité*, Poche 2000. Antelme-Édouard Chaignet, *La Rhétorique et son histoire* (1888), Hachette Livre BNF, 2012.

9. Aristote, *Rhétorique*, Livre de Poche, coll. « Classiques de la Philosophie », 1991

10. Michel Meyer, *La Rhétorique*, PUF, coll. « Que sais-je », 2011.

11. Cicéron, *Rhétorique à Hérennius,* Vassade, 2013.

12. Quintilien, *Institution oratoire*, tome I à XII, Les Belles Lettres, 1975-2000.

13. Michel Meyer, o*p. cit.*

14. John Stuart Mill, *Système de logique déductive et inductive. Exposé des principes de la preuve et des méthodes de recherche scientifique*, (1843), Pierre Mardaga Éditions, 1988.

15. Arthur Schopenhauer, *L'Art d'avoir toujours raison*, Mille et Une Nuits, coll. « La Petite Collection », 2003.

16. Roland Barthes, *L'Aventure Sémiologique*, Le Seuil, 1985, notamment.

17. Chaim Perelman et Lucie Olbrecht-Tyteca, *Rhétorique et philosophie,* PUF, 1952 et *Traité de l'argumentation : La nouvelle rhétorique*, Éditions de l'université de Bruxelles, 2008.

18. Cicéron, *op. cit.*

19. Thierry Herman et Gilles Lugrin, *La Rhétorique publicitaire ou l'art de la persuasion,* Commin-Com Analysis, Lausanne, 2001.

20. Jacques Durand, « Rhétorique et image publicitaire », *Communications,* n° 15, 1970.

21. Ferdinand de Saussure, *Cours de linguistique générale,* Payot, 1995.

22. Roland Barthes, « Rhétorique de l'image », *Communications*, n° 4, 1964 ; « Le message publicitaire »,

Cahiers de la publicité, n° 7, 1963 et *L'Empire des signes,* Seuil, coll. « Points », 2014.

23. Eric Buyssens, *La Communication et l'Articulation linguistique,* Presses universitaires de Bruxelles, 1967.

24. Olivier Burgelin, « Sémiologie et publicité », *Cahiers de la publicité,* n° 15, 1965.

25. Laurent Gervereau, *Comprendre et analyser les messages,* La Découverte, 2000 (3ᵉ édition); Dominique Bournie, *Sémiologie de l'image,* Politech'Lille, 2006.

26. Clélia Six, *op cit..*

27. Georges Peninou, *Intelligence de la publicité – Étude sémiotique,* Robert Laffont, 1972.

28. Georges Mounin, *Introduction à la sémiologie,* Éditions de Minuit, 1970.

29. Christian Pinson et Jean-Marie Floch *Sémiotique, marketing et communication : sous les signes, la stratégie,* PUF, coll. « Formes sémiotiques », 2002 (3ᵉ édition).

30. Jacques Lendrevie et Arnaud de Baynast, *Publicitor – Publicité online & offline,* Dalloz, 2014 (8ᵉ édition).

31. David Ogilvy, *Confession of an Advertising Man,* Southbank Publishing 2011 et *La Publicité selon Ogilvy,* Dunod, 1984.

32. Rosser Reeves, *Reality in Advertising,* Random House Editions USA Inc., 1988.

33. Henri Joannis, *Processus de création publicitaire,* Dunod, 1991 (3ᵉ Edition).

34. Philippe Villémus, *Comment juger la création publicitaire,* Éditions d'Organisation, 1997.

35. Jean-Noël Kapferer, *Les Chemins de la persuasion,* Dunod, 1991.

36. Jean-Marie Dru, *Disruption : briser les conventions et redéssiner le marché,* Village Mondial, 1997.

37. Jacques Séguéla et Christophe Haag, *Génération QE,* Pearson Editions, 2009.

38. Jacques Lendrevie et Julien Levy, *Mercato, op. cit.*

39. Bernard Roullet et Olivier Droulers, *op. cit.*

40. Sydney Weinstein, Ronald Drozdenko et Curt Weinstein, « Brain Wave Analysis in Advertising Research », *Psychology & Marketing,* n° 3-4, 1984.

41. A.K. Pradeep. *op. cit.*

42. *Idem.*

43. Sophie Lacoste-Badie, « La présentation du packaging dans les annonces télévisées : étude des réponses mémorielles et attitudinales des consommateurs », thèse de doctorat, université de Rennes, 2009.

44. Benjamin Neumann, « Leur image, c'est leur capital », *L'Expansion,* 1ᵉʳ janvier 2006.

45. Vasily Klucharev, A. Smidts et G. Fernandez « Brain Mechanism of Persuasion: How "Expert Power" Modulates Memory and Attitudes », *Social Cognitive and Affective Neuroscience,* n° 3, 2008.

46. James Russel et Albert Mehrabian, « Evidence for a Three-Factor Theory of Emotions », *Journal of Research in Personality,* n°11, 1977.

47. Larry Cahill et James McGaugh, « Modulation of Memory Storage », *Current Opinion in Neurobiology,* n° 6, 1996.

48. Tim Ambler et Tom Burne, « The Impact of Affect on Memory of Advertising », *Journal of Advertising Research,* n° 39, 1999.

49. Olivier Droulers et Bernard Roullet « Does Crime Pay for Violent Program – Embedded Ads ? », *Proceeding of the Advance in Consumer Research Conference Toronto,* 2004.

50. Michael Deppe *et al.* : W. Schwindt, J. Krämer, H. Kugel, H. Plassman, P. Kenning et E.B. Ringelstein « Evidence for a Neural Correlate of a Framing Effect: Bias-Specific Activity in the Ventromedial Prefrontal Cortex during Credibility Judgments », *Brain Research Bulletin,* n° 67, 2005.

51. Johan C. Karremans, Wolfgang Stroebe et Jasper Claus, « Beyond Vicary's Fantasies: The Impact of Subliminal Priming and Brand Choice », *Journal of Experimental Social Psychology,* vol. 42, n° 6, novembre 2006.

52. Drew Western, *Psychology: Mind, Brain and Culture,* John Wiley & Son Inc. 1999 ; traduction en français : *Psychologie : Pensée, cerveau et culture,* De Boeck, coll. « Université », 2000.

53. Stanislas Dehaene, Lionel Naccache *et al.,* « Imaging Unconscious Semantic Priming », *Nature,* n° 395, 1998.

54. « Bush Says'"RATS" ad Not Means as Subliminal Message ». CNN, 12 septembre 2000.

55. Fox News Caught Flashing Mc Cain TV Subliminal. Infowars.com 13 mai 2008. Une image subliminale de Mc Cain sur Fox News, *Le Nouvel Observateur,* 12 septembre 2000.

56. Vladimir Volkoff, *Petites Histoires de la désinformation,* Éditions du Rocher, 1999.

57. Vance Packard, *The Hidden Persuaders* (1957), Penguins, 1961 et IG Publishing 2007 ; traduction en français : *La Persuasion clandestine,* Calmann-Lévy, 1994.

58. Blaise Pascal, *op. cit.*

59. Jean Giono, *Un roi sans divertissement* (1947), Gallimard, coll. « Folio », 1972.

60. Jean-Marie Dru, *Disruption Live. Pour en finir avec les conventions*, Village Mondial, coll. « Marketing », 2003 et *La Publicité autrement*, Gallimard, coll. « Débat », 2007.

61. Jean-Marie Dru, *Disruption : briser les conventions et redéfinir le marché, op. cit.*

62. Platon, *Ion,* Garnier-Flammarion, 1989.

63. Platon, *Hippias majeur et mineur,* Garnier-Flammarion, 2005.

64. Aristote, *Poétique,* Le Livre de Poche, coll. « Classiques », 1990

65. Emmanuel Kant, *Critique de la raison pure*, PUF, coll. « Quadrige », 2012.

66. Georges Wilhelm Friedrich Hegel, *Introduction à l'esthétique : le beau,* Flammarion, coll. « Champs Classiques », 2009.

67. Martin Heidegger, *De l'origine de l'œuvre d'art,* Rivage Poche, 2014.

68. Vassily Kandinski (1866-1944), *Du spirituel dans l'art et dans la peinture en particulier,* Folio, coll. « Essais », 1988

69. Semir Zeki, *op. cit.*

70. Pierre Boulez et Jean-Pierre Changeux, *op. cit.*

71. Cinzia Di Dio, Emiliano Macaluso, Giacomo Rizzolatti, *op. cit.*

72. Euclide, *Quinze livres des éléments géométriques d'Euclide* (édition 1632), Hachette BNF, coll. « Sciences », 2012.

73. Luca Bartolomes Pacioli, *La Divine Proportion*, Librairie du Compagnonnage, 1980.

74. Matila Costiesco Ghyka, *Le Nombre d'or : Rites et rythmes pythagoriciens dans le développement de la civilisation occidentale,* Gallimard, 1976.

75. Vitruve, *Les Dix Livres d'architecture de Vitruve* (édition de 1673), Pierre Mardaga Éditeur, 1995.

76. Cinzia Di Dio, Emiliano Macaluso, Giacomo Rizzolatti, *op. cit.*

77. Images à consulter sur le site Le Doryphore de Polyclète sur un moteur de recherche tel que Google..

78. Sigmund Freud, *Trois Essais sur la théorie sexuelle* (1905), Gallimard, 2013.

79. Tom Reichert, Jacqueline Lambiase et Juliann Silvuka, *Sex and Advertising: Perspectives on the Erotic appeal,* Routlege, coll. « Routlege Communication », 2002.

80. Ingrid Sischy, « Calvin to the Core », *Vanity Fair,* avril 2008. Joanne Eglash, « Actress Brooke Shields Celebrates 47th. Birthday : Get her Slimming Secrets », *The Examiner,* 31 mai 2012.

81. Damien Grosset, « Le sexe envahit la pub », *eMarketing*, 1er février 2011.

82. *Adweek,* 17 octobre 2005.

83. Ellie Parker et Adrian Furnham, « Does Sex Sell ? The Effect of Sexual Programme Contents on the Recall of Sexual and Non-Sexual Advertising », *Applied Cognitive Psychology,* vol. 21, n° 9, p. 1217-1228.

84. Anemone Cerridwen et Dean Keith Simonton, « Sex Doesn't Sell – Nor Impress! Content, Box Office, Critics and Awards in Mainstream Cinema », *American Psychology Association. Psychology of Aesthetic Creativity and the Arts,* vol. 4, 2009.

85. Martin Lindstrom. *Brand Washed, op. cit.*

86. Émilie Frenkiel, « Nudge ou le Paternalisme bienveillant », *La Vie des idées,* 22 octobre 2009.

87. Richard H. Thaler et Cass R. Sunstein, *Nudge: Improving Decisions About Health, Wealth and Happiness,* Yale University Press en 2008 ; traduction en français : *Nudge. La méthode douce pour inspirer la bonne décision*, Vuibert, coll. « Pocket », 2010.

88. David Kahneman « *Système 1, Système 2 : Les deux vitesses de la pensée* ». Flammarion, coll. « Essais », 2012.

89. Eric Singler, *Nudge Marketing : Comment changer efficacement les comportements,* Pearson Education, coll. « Village Mondial », 2015.

90. Roger Dooley, *op. cit.* AK. Pradeep, *op. cit.* Patrick Georges « Rédiger des rapports plus intelligibles », *Trends, Be* 23/2/2012.

91. Millward Brown, « Using Neuroscience to Understand the Role of Direct Mail », http://www.millwardbrown.com/.

92. Patrick Georges, « Rédiger des rapports plus intelligibles », *op. cit.* et *Le Neuromarketing…* en coll. avec Michel Badoc et Anne-Sophie Bayle-Tourtoulou, *op. cit.*

93. Hyunjin Song et Norbert Schwarz, « If It's Hard to Read, It's Hard to Do: Processing Fluency Affects Effort Prediction and Motivation », *Psychological Science,* n° 10, octobre 2008.

94. Caglar Irmak, Beth Vallen et Stefanie Rosen Robinson « The impact of product name on "dieters and non-dieters" food evaluations and consumption », *Journal of Consumer Research,* vol. 38, n° 2, août 2011, p. 390-405.

95. Brian Wansink, *Mindless Eating: Why We Eat More That We Think,* Bantam Editions, 2006.

96. Roger Dooley, *op. cit.*

97. Jason Zweig, *Your Money and Your Brain. Become a Smarter, More Successful Investor, the Neuroscience Way,* Souvenir Press LTD, 2010 ; traduction en français : *Gagner en bourse grâce à la neuro-économie,* Éditions Gutenberg, coll. « Sciences », 2008.

98. Morten L. Kringelbach, « A Specific and Rapid Neural Signature for Parental Instinct », *Plos One,* 27 février, 2008.

99. James Breeze, « You Look Where They Look », Usable World Blog de James Breeze, 16 mars 2009.

100. A.K.Pradeep, *op. cit.*

101. Roger Dooley, *op. cit.*

102. Frank Luntz, *Words That Work: It's Not What You Say, It's What People Hear,* Hachette Books, 2007.

103. Wray Herbert, *On Second Thought: Outsmarting Your Mind's Hard-Wired Habits,* Broadway Book 2011,

104. Hamish Pringle et Peter Field, *Brand Immortality: How Brands Can Live Long and Prosper,* Kogan Page Ltd, 2008

105. Jean-Noël Kapferer, *Les Marques, capital de l'entreprise,* Éditions d'Organisation, 2007 (4ᵉ édition).

106. *Idem.*

107. Geoges Lewi, *Les Marques mythologie du quotidien. Comprendre le succès des grandes marques,* Village Mondial, 2009 (2ᵉ édition).

108. Denis Lindon, *Les dieux s'amusent. La Mythologie,* Flammarion, coll. « Jeunesse », 2010.

109. Georges Lewi *op. cit.*

110. *Idem.*

111. *Idem.*

112. *Idem.*

113. Elise Marienstras, *Les Mythes fondateurs de la Nation américaine,* François Maspero, 1976.

114. Robert Zajonc, *The Selected Work of R. B. Zajonc,* Wiley, 2004.

115. Jean Noël Kapferer, *op. cit.*

116. Jean-François Variot, *La Marque postpublicitaire: Internet Acte II*, Village Mondial, 2011.

117. Jacques Séguéla, *Hollywood lave plus blanc,* Flammarion, 1992.

118. *Idem.*

119. C. Yoon, A. Gutchess, F. Feinberg et T.A. Polk « A Functional Magnetic Resonance Imaging Study of Neural Dissociations between Brand and Person Judgments », *Journal of Consumer Research,* n° 33, 2006.

120. Martin Lindstrom, *op. cit.*

121. C. Born, S. Schoenberg, M. Reiser, T. Meindl et E. Poeppel, « MRI Shows Brains Respond Better to Name Brands », *Proceedings of RSNA,* 28 novembre 2006.

122. Read Montague, *op. cit.*

123. Martin Lindstrom, *Brandwashed: Tricks Companies Use to Manipulate Our Minds and Persuade Us To Buy,* Kogan Page, 2012 et *Buy Ology, op. cit.*

124. Kate Newlin, *Passion Brands: Why Some Brands Are Just Gotta Have, Drive All Night for, Tell All Your Friends About,* Prometheus Books, 2009.

125. Martin Lindstrom, *Brandwashed…, op. cit.*

126. Patrick Georges, Michel Badoc, Anne-Sophie Bayle-Tourtoulou, *op. cit.*

127. Laurence Body et Christophe Tallec, *L'Expérience client,* Eyrolles, 2016.

128. Michael Schaefer et Michael Rotte, « Favorite Brands as Cultural Objects Modulate Reward Circuit », *NeuroReport,* vol.18, n° 2, 2007.

129. Bernard Roullet et Olivier Droulers, *op. cit.*

130. AK. Pradeep, *op. cit.*

131. Ma Q., Wang X., Shu L. et Dai S., « P 300 and Categorization in Brand Extension », *Neuroscience Letters,* n° 431, 2008.

132. Sylvie Dubois citée dans la thèse de Christelle Rancev « *Quels sont les enjeux de la marque* », DESS de Banque-Finance, université de Paris X Nanterre, 2002.

133. Christelle Rancev, *op. cit.*

partie VI
LE CERVEAU DU NEURO-CONSOMMATEUR INFLUENCÉ PAR LA RÉVOLUTION DIGITALE

Conditionné par le spectaculaire développement du monde digital, le comportement du « neuro-consommateur » est en voie de profonde mutation. Avec l'interactivité liée à l'avènement du Web 2.0 et 3.0, il se transforme en « neuro-conso-acteur ». Soumis à l'influence des réseaux communautaires et sociaux, sa conscience individuelle devient collective. De nouveaux types de communautés fédérées autour d'un sens comme la musique ou le goût font leur apparition. Pour ne pas devenir obsolète, le marketing des enseignes doit rapidement s'adapter à ces profondes transformations comportementales des cerveaux.

INTRODUCTION

La révolution digitale accompagnée par l'émergence des réseaux sociaux, communautaires, la communication des objets entre eux et avec les humains modifient en profondeur les perceptions du cerveau des nouveaux neuro-consommateurs. Ils ont désormais accès à une multiplicité d'informations de toutes natures, obtenues en temps réel à l'échelon de la planète. Regroupés en réseaux, ils peuvent comparer et s'informer sur une vaste échelle avant d'acheter. Cette profonde mutation a lieu dans un contexte collaboratif d'« uberisation » de l'environnement dans lequel les internautes préfèrent faire appel à la communauté plutôt qu'aux professionnels pour réaliser leurs achats de prestations de services lorsque c'est possible. Face à la multiplication de ces nouvelles possibilités d'achats émanant de la sphère digitale, le cerveau transforme progressivement sa conscience personnelle en conscience collective.

Cette révolution médiatique oblige les enseignes à s'adapter et à répondre sans délai aux exigences d'un neuro-consommateur qui devient, avec un important désir d'interactivité, un « neuro-conso-acteur ». Accompagné par l'émergence du *Big Data*, le marketing et la communication traditionnels sont contraints de se transformer rapidement et de faire appel aux techniques du e-marketing, du m-marketing, de l'e-communication, du *« one to one »* (ou « sur mesure de masse »)… De nouvelles approches – qui ont pour noms « marketing de la permission », « marketing du désir », « *inbound* marketing » – font leur apparition. Des professions récentes, celles de *webmasters, community managers, social network officer* voient le jour. Elles sont employées par les enseignes pour élaborer une stratégie, des politiques, des actions digitales et communautaires adaptées aux nouveaux comportements, perceptions, et attentes du cerveau des « neuro-conso-acteurs ». Et ce, dans un environnement où le cerveau individuel devient progressivement collectif.

CHAPITRE 24
QUAND LA RÉVOLUTION DIGITALE CHANGE LA PERCEPTION DU CERVEAU

La révolution digitale, ou numérique, est en marche.

L'Académie française préfère l'utilisation du nom « numérique » à celui de « digital ». Ce nom est malheureusement très peu utilisé comme celui de « mercatique » qu'elle souhaite également voir adopter à la place de « marketing ». Dans leur *Mercator*, Jacques Lendrevie et Julien Levy le définissent comme « une offre sur un marché dont les produits d'information ou les services associés sont numérisés, c'est-à-dire transformés en données qui peuvent être traitées et transmises par l'intermédiaire d'un réseau informatique ». Parmi ces « produits d'information[1] », on peut mentionner l'exemple de documents écrits, sonores visuels, multimédia, informatiques ou encore des supports d'accès ou d'échanges.

C'est une marche inexorable et rapide engendrée par le spectaculaire développement des techniques émanant de l'informatique, des télécommunications et de l'ensemble des TIC (technologies de l'information et de la communication). Alors qu'aux États-Unis le téléphone met quarante ans pour conquérir 70 millions de consommateurs, le câble vingt-cinq ans, il n'en faut que cinq à Internet pour réaliser cette performance. Le WWW (*World Wide Web;* en français « Toile d'araignée mondiale ») est présenté par l'inventeur britannique Timothy John Berners-Lee le 6 août 1991. Son développement est fulgurant et ses applications ne le sont pas moins. En seulement quelques années, quatre sociétés du monde digital, Google, Apple, Microsoft, Facebook, obtiennent les premières places dans le palmarès des plus grandes capitalisations mondiales.

De nombreux Américains préfèrent retenir l'année 1995 comme référence du passage vers la mutation interactive. Cette date représente l'année où, pour la première fois dans ce pays, il y a davantage de PC vendus que de récepteurs de télévision et où le nombre d'e-mails expédiés dépasse l'envoi des lettres manuscrites.

Dans un premier temps, Internet, aussi appelé « Web 1.0 », est un simple canal de communication unidimensionnelle des entreprises avec les consommateurs. Au fur et à mesure de son développement et de l'intérêt des clients, les marques trouvent utile de susciter le *feedback* des internautes. Son intérêt s'accroît. Il constitue l'outil privilégié du marketing direct puis relationnel.

> *Alors qu'aux États-Unis le téléphone met quarante ans pour conquérir 70 millions de consommateurs, le câble vingt-cinq ans, il n'en faut que cinq à Internet pour réaliser cette performance.*

L'avènement des réseaux sociaux, avec la naissance de Facebook, fondé par l'étudiant américain de Harvard Marc Zuckerberg en 2004, fait évoluer ses applications. Il devient une nouvelle plateforme de collaboration planétaire collective en réseaux utilisant des données facilement accessibles dans le monde de l'« *open source* ». Cette transformation fonctionnelle est connue sous le nom de « Web 2.0 ».

Une nouvelle évolution digitale est en voie d'émergence. Elle inclut une interconnexion à l'échelon mondial non seulement des internautes, mais aussi des objets entre eux et avec les humains. On la mentionne déjà sous l'appellation de « Web 3.0 ».

De ces évolutions spectaculaires surgit une profonde mutation dans les comportements du cerveau des consommateurs. C'est en particulier le cas pour celui des générations Y et Z, qui naissent dans un monde digital.

L'entrée dans l'ère virtuelle change pour le cerveau des neuro-consommateurs la perception de l'environnement et de la relation aux autres. La possibilité de disposer en permanence de multiples outils de communication, résumée par l'acronyme anglais ATAWAD pour « *Any Time, Any Where, Any Device* » (en français, « À tout moment, partout, avec n'importe quel dispositif »), crée, chez eux, une attitude de multiprogrammation et parfois d'addiction. Le comportement de leur cerveau dans ce nouveau contexte s'en trouve modifié. Sa conscience guidée par l'utilisation régulière des nouvelles technologies tend à s'adapter à leurs contraintes et impératifs comme à ceux des réseaux sociaux et communautaires. Le cerveau individualiste des citoyens dans les sociétés occidentales retrouve une nouvelle forme de conscience collective et communautaire.

Quand Internet modifie le comportement des neuro-consommateurs

Avant la Seconde Guerre mondiale, le mathématicien britannique Alan Turing (1912-1954), qui deviendra un héros de cette guerre pour avoir su décrypter les codes utilisés par les ennemis, établit les bases de ce que sera l'informatique moderne. Il théorise la notion d'ordinateur dans son concept de « machine universelle de Turing ». Un outil différent de la machine à calculer par sa capacité à réaliser des opérations en utilisant des algorithmes. En 1950, il jette les bases de l'intelligence artificielle et fait le pari « que d'ici cinquante ans, il n'y aura plus moyen de distinguer les réponses données par un homme ou par un ordinateur sur n'importe quel sujet[2] ». En 1996, lors d'un mémorable concours, « Deep Blue », l'ordinateur conçu par IBM, gagne la partie d'échecs organisée contre le champion du monde de la discipline, à cette époque Garry Kasparov. Il faut attendre 2016 pour que le programme informatique de Google, Alpha Go, parvienne à montrer sa supériorité sur le champion du monde sud-coréen du jeu de Go, Lee Sedol. Il s'agit d'un duel historique et d'une très grande prouesse technologique, vu que ce jeu chinois très ancien, par ses multiples combinaisons possibles, est considéré comme un des plus complexes.

Le terme « *informatik* », néologisme créé à partir d'« *inform*ation » et d'« autom*atik* », a été inventé en 1957 par l'ingénieur allemand Karl Steinbuch (1917-2005).

En 1965, l'ingénieur américain Gordon Earl Moore, cofondateur de l'entreprise Intel, constate que, depuis 1959, date de leur invention, la complexité des semi-conducteurs double tous les ans à tarif constant. Dans un article[3] apparaît la « loi de Moore » qui prévoit le développement exponentiel de leur sophistication à taille constante et prix réduit pour le futur. Cette prévision se confirme de nos jours tout en assurant la fortune de l'entreprise Intel que Gordon Moore contribue à fonder.

En 1969, le département de la Défense aux USA crée l'Arpa, acronyme pour Arpanet, l'ancêtre d'Internet. Le réseau permet bientôt aux centres de recherche des grandes universités mondiales de communiquer entre elles par *« mail »*.

L'inexorable développement du monde de l'internet

Il faut attendre 1991 pour assister à l'émergence du *World Wide Web*. Depuis cette date, l'ensemble des NTIC (nouvelles technologies de l'information et de la communication) reliées par Internet connaît des progrès étonnants à partir de techniques et d'outils qui deviennent chaque année plus nombreux, petits, intelligents, autonomes, rapides… Elles sont conçues pour fonctionner en réseau, avec ou sans l'intervention des humains. Elles améliorent les possibilités des utilisateurs tout en augmentant leur pouvoir.

En 1975, Bill Gates et Paul Allen initient une véritable révolution dans le monde des systèmes d'exploitation et des logiciels en donnant naissance à Microsoft à Albuquerque dans l'État du Nouveau-Mexique, aux USA.

Apple se crée en 1976. La société développe dès 1977 l'ordinateur personnel qui conquiert le monde au début des années 1980. Les innovations se succèdent : l'iPod apparaît en 2001, l'iPhone en 2007, l'iPad en 2010, l'Apple Watch en 2014…

Afin de permettre aux internautes d'optimiser les applications des NTIC et de la Toile, les inventions se multiplient, principalement aux États-Unis, mais aussi dans le monde entier.

> *IBM conçoit le premier smartphone en 1982, son utilisation se généralise à partir de 2000. Amazon ouvre l'e-commerce en 1995 ; la même année se crée eBay. Google propose un moteur de recherche mondial en 1998. 2001 voit l'ouverture de la première grande encyclopédie collaborative sur Internet, Wikipédia, mais aussi du site de rencontre Meetic. En 2004, on assiste à la naissance du premier grand réseau social Facebook ; en 2006 apparaît Twitter…*

Malgré l'éclatement de la bulle internet en 2000, les *start-up* accélèrent leur croissance, particulièrement dans la Silicon Valley (baie de San Francisco) et la Silicon Alley (New York). Les professionnels pensent que le chiffre d'affaires sur Internet va connaître une croissance spectaculaire au cours des prochaines années. Certains avancent avec humour lors de leurs conférences : « Le chiffre d'affaires du commerce électronique va croître de 0 million de dollars en 2005 à 0 milliard en 2020. »

Peu à peu se constitue un véritable empire mondial du Web autour de grands leaders surnommés les « GAFA » pour Google, Apple, Facebook et Amazon. À ces trois champions, on ajoute souvent Microsoft. On parle alors de « GAFAM ».

Si les États-Unis sont à l'origine de ces géants de l'Internet, d'autres pays s'efforcent de combler leur retard au cours des dernières années du XXe siècle. C'est en particulier le cas de la Chine. On assiste à l'émergence de géants de l'Internet qui, ne se contentant plus de l'immensité du marché interne, s'internationalisent.

Parmi eux, Tencent, fondé en 1998 par un informaticien, Ma Huaten et Zhang Zhidong. Tencent doit une grande partie de son succès à la création des puissantes messageries QQ et WeChat. Un autre acteur bien connu est le champion de l'e-commerce Alibaba, créé par Jack Ma (Ma Yun) en 1999, qui fait son entrée à Wall Street en 2014. On peut également mentionner « le Google » de l'empire du Milieu, Baidu, dirigé par Robin Li, qui voit le jour au début de l'an 2000. Baidu est développeur d'une technologie de recherche en mandarin et concepteur de l'équivalent de Wikipédia avec son encyclopédie chinoise en ligne.

La multiplicité de ses utilisations (accès à l'information, au savoir, à l'éducation, la distraction, la communication, au commerce électronique, à de nombreux services, au travail à distance, à la liberté d'expression…) au niveau de la planète, très rapidement, gratuitement ou à des tarifs très faibles est décrite dans de nombreux ouvrages[4].

Ce nouveau type de média ne manque pas de présenter plusieurs inconvénients.

En 2013, Edward Snowden crée un scandale planétaire en dévoilant l'ampleur des programmes d'espionnage sur la Toile concernant les citoyens du monde entier.

Parmi les principaux défauts attribués au Web, on identifie les tromperies, les arnaques, la diffusion de sites ou de messages contraires aux bonnes mœurs ou à l'éthique, les risques d'addiction, les mystifications émergeant d'un monde virtuel, les difficultés d'adresser des messages sensoriels, l'absence de chaleur humaine dans la communication en grande partie diffusée à partir de machines…

Les changements de comportements observés chez les neuro-internautes

Le taux de pénétration d'Internet dépasse 80 % dans la plupart des pays européens comme aux États-Unis. Celui des smartphones est supérieur à 60 % – majoritairement utilisés par les jeunes générations. Leur progression se constate aussi dans la population des seniors :

- le développement de la sphère internet change le comportement des neuro-consommateurs. Elle facilite la vie des internautes dans de nombreux domaines : l'accès à l'information avec les recherches sur Google, Bing ou d'autres moteurs et sur l'encyclopédie participative Wikipédia ;

- les contacts avec des communautés élargies permettant d'augmenter les relations personnelles avec Facebook (ou professionnelles en utilisant LinkedIn, Viadeo…) ;

- la possibilité de se former chez soi, en ligne, à l'aide des MOOCs (formations interactives proposée par des centres de formation et les écoles délivrées à l'aide d'internet sur Skype ou autres applications vidéos et interactives) ;

- le choix de communiquer son avis sur n'importe quel sujet à de nombreuses personnes avec Twitter ;

- le plaisir d'élargir le nombre de ses relations sentimentales à partir des réseaux de rencontre comme Meetic, eDarling, Ashley Madison…

- faire ses achats sans se déplacer sur les multiples sites proposés par la grande distribution ;

- acheter ou revendre ses objets sur eBay, Amazon, Le Bon Coin…

- avoir des tarifs bradés comparés à ceux des professionnels en faisant directement appel, pour l'achat de certains services, à des particuliers regroupés sur de nouveaux sites, etc.

On assiste à une croissance vertigineuse de l'économie collaborative grâce à des plateformes liées à Internet qui permettent de mettre en relation des millions de visiteurs entre eux. De jeunes sociétés, Uber, Airbnb, BlaBlaCar, GuestToGuest, par exemple, connaissent en un temps record un succès mondial.

Grâce aux multiples possibilités offertes par l'espace digital, le neuro- consommateur, avec l'interactivité, se mute en « neuro-conso-acteur ».

> *Grâce aux multiples possibilités offertes par l'espace digital, le neuro-consommateur, avec l'interactivité, se mute en « neuro-conso-acteur ».*

La facilité et l'automatisme des multiples utilisations d'Internet rendent le cerveau des internautes plus sensible à la formulation de réponses rapides et instinctives pouvant laisser place à la manipulation. L'individu entre progressivement dans un monde virtuel où les normes classiques du raisonnement sont remises en cause.

Le smartphone peut lui procurer une aliénation et parfois une véritable addiction. À sa portée, 24 heures sur 24, il devient un inséparable « doudou » pour adolescents et adultes.

Une nouvelle génération comportementale de « neuro-consommateurs multiprogrammés » est en passe d'éclore. Ils peuvent en même temps prendre leur petit déjeuner en famille tout en regardant la télévision et répondre à leurs messages. Une étude réalisée en 2013 par Google, portant sur 1 000 utilisateurs de smartphones, sous le nom de « Notre Planète mobile : France – mieux comprendre les utilisateurs de mobiles », montre que 78 % d'entre eux le consultent en même temps que d'autres médias. Parmi ces 78 %, 52 % en regardant la télévision, 47 % en écoutant de la musique, 36 % en consultant Internet, 32 % en regardant un film, 19 % en faisant un jeu vidéo, 18 % en lisant des revues ou des journaux, 9 % en lisant un livre. Il semble, par contre, que la « multiprogrammation » du cerveau ne corresponde pas à une « multi-attention ».

La rapidité des réponses requises sur les mobiles et les mails sollicite prioritairement la partie reptilienne et limbique du cerveau. On entre progressivement dans un univers où le « zapping » remplace la logique et la réflexion, où les individus privilégient l'information séquentielle reposant sur l'émotion plutôt que celle, linéaire, fondée sur le raisonnement conceptuel.

D'autres pratiques développées par les intervenants sur le réseau internet et sur leur mobile entraînent des changements significatifs de comportements d'achat observés chez les internautes. Différentes tendances impliquent directement le marketing des entreprises.

L'utilisation de plus en plus fréquente du téléphone mobile dans les magasins

Marie-Claude Vergara, se référant à une étude réalisée par GFK, écrit que, déjà, « 24 % des acheteurs en magasins utilisent leur mobile pour comparer les prix, 32 % pour contacter un ami ou la famille pour un conseil, 26 % pour prendre des photos de produits, 17 % pour photographier le descriptif, 15 % pour scanner les codes-barres ou les QR codes, 10 % pour acheter un produit *via* une application, 9 % pour les commander sur un site web[5] ».

L'économie de la gratuité

Les neuro-internautes adhèrent en priorité aux enseignes proposant des promotions ou des offres gratuites. Cette pratique oblige les sociétés, afin de pouvoir se rentabiliser, à savoir dissocier leur approche. La première proposition gratuite est conçue pour attirer, par la suite, de la publicité ou conduire le consommateur vers un second achat payant. LinkedIn est un modèle du genre. Les premiers services sont gratuits en espérant qu'ils conduiront rapidement le client à faire appel à « LinkedIn Premium », facturé. Les MOOCs proposent un enseignement non rémunéré en ligne en souhaitant vendre par la suite un diplôme…

L'« ubérisation » ou l'économie participative des achats

Grâce à de nouveaux sites qui apparaissent chaque jour, les internautes, en faisant directement appel à des particuliers, ont la possibilité d'acheter des services à des tarifs cassés par rapport à ceux pratiqués par les professionnels. Uber, BlaBlaCar, Drivy, Autolib révolutionnent le monde des transports. Airbnb, GestToGuest celui de l'hôtellerie et de la location d'appartements. Les sites directs de prêts entre particuliers et l'apparition du *« crowd funding »* bouleversent l'univers de l'investissement. La croissance de ces sociétés est exponentielle, leur capitalisation boursière atteint des sommets. En dépit des vives contestations émanant des professionnels de ces secteurs d'activités, leur logo est désormais présent sur un nombre accru de mobiles, le cerveau des neuro-consommateurs les intègre progressivement dans ses habitudes d'achat.

Le retour à la pratique des enchères

Elle est initiée par des entreprises spécialisées. La plus connue est sans doute eBay. De très nombreux sites proposent aux internautes de réaliser des enchères directes ou inversées.

Les attentes de propositions d'achats de dernière minute

Le but est de réaliser une bonne affaire en réalisant des achats précoces ou au dernier moment.

L'habitude de choisir à partir de multiples références

Amazon possède plus de 70 millions de références alors que celles d'un hypermarché en Europe varient entre 30 000 et 100 000. iTunes présente plus de 26 millions de titres, Google Play Store 1 million d'applications… Les référencements sur les sites internet deviennent quasi illimités.

La géolocalisation

Les entreprises utilisent de plus en plus cette application grâce aux iBeacons. Elle permet d'attirer des consommateurs dans un lieu de vente, d'exposition, un restaurant lorsqu'il passe à proximité en lui présentant une offre alléchante. Elle peut offrir gratuitement la visite guidée d'un musée, comme c'est déjà le cas pour la Maison Rubens à Anvers.

Le « cross-canal », le « transcanal » ou l'« omni-canal »

Le neuro-consommateur ne se contente plus d'utiliser les différents canaux de vente de manière alternative. Il les pratique en parallèle. Il voit une offre sur un réseau social, se renseigne sur Internet, se déplace dans une boutique pour la choisir parmi une sélection visuelle ou sur le stock à partir d'un iPad, commande par téléphone, reçoit un e-mail de confirmation… Le client passe en permanence d'un canal à l'autre. Afin d'augmenter leurs opportunités de vente, les entreprises doivent être capables de le suivre et de l'accompagner sur ses parcours.

Chaque jour, de nouvelles pratiques et propositions naissent et changent ainsi en profondeur les habitudes comportementales des « neuro-conso-acteurs ». Le marketing des enseignes nécessite une adaptation permanente. Comme le fait remarquer François Cazals, un expert du domaine, enseignant à HEC-Paris : « Le nouveau paradigme des stratégies digitales n'est pas celui de l'affrontement des forts contre les faibles, mais celui des agiles contre les lents. L'essentiel est de préempter rapidement les nouveaux territoires de croissance "Océan Bleu" pour engranger "une prime du premier entrant". Cette approche stratégique est évidemment particulièrement adaptée pour les PME, ETI et entreprises à forte croissance[6]. »

Adapter Internet aux perceptions du cerveau des « neuro-conso-acteurs »

La communication internet ajoutée à la multiplication des autres modes d'informations envahit le cerveau des neuro-consommateurs. L'ancien président de la chaîne de télévision TF1 Patrick Le Lay, lors d'une interview à l'AFP reprise dans un article du journal *Libération*[7], se préoccupe de trouver une place de cerveau disponible pour pouvoir placer une publicité attractive : « Ce que nous vendons à Coca-Cola, c'est une place de cerveau disponible… rien n'est plus difficile que d'obtenir cette disponibilité. »

La multiplication des informations, qui apparaissent régulièrement sur les smartphones, disponibles 24 heures sur 24, s'accompagne d'une perte de sens. L'auditeur finit par privilégier celles qui émanent des sources qui parlent le plus fort, sont répétées, s'adressent à sa sensibilité. Le message n'étant pas vérifié, l'ouverture à la mystification et à la tromperie devient fréquente. Le souci de la rapidité et le besoin de répondre à de multiples sollicitations, pour un cerveau qui ne peut traiter à la fois qu'un cinquième des informations qu'il reçoit, deviennent la cause d'importantes erreurs de jugement. Les parties primitives du cerveau (pour répondre rapidement) ou limbiques (pour faire face aux messages émotifs) sont sollicitées et entrent prioritairement en action. Lorsque le néocortex (la partie « intelligente ») reprend les commandes, l'internaute insuffisamment averti a le temps de se faire abuser lorsqu'il ne se fait pas fait escroquer. Il en résulte un sentiment de frustration inévitable envers la communication sur Internet. Il va à l'encontre de la politique des enseignes dont le principal souci est de fidéliser les clients en utilisant ce média. Les « marketeurs » traditionnels ne peuvent plus continuer à utiliser les pratiques qui ont fait le succès du marketing dans le passé. De la même façon qu'il est impossible d'appliquer le code de la route aux avions, ils doivent se référer à de nouvelles règles. Il leur faut s'adapter rapidement à l'invasion des informations captées par les consommateurs avec une multiplicité de récepteurs et partagées avec les communautés sur les réseaux sociaux. Les nouveaux concepts marketing s'adressant à la permission, au désir et à la viralité, sont à même de mieux rencontrer les comportements des neuro-conso-acteurs qui s'engagent dans le monde digital.

L'e-marketing de la permission

Aux États-Unis, Seth Godin[8], pionnier du « marketing *online* », est un des premiers experts de cette discipline à s'élever contre ce qu'il appelle « le marketing agressif » ou encore le « marketing d'interruption ». Il vise particulièrement les relations des consommateurs avec Internet. Il s'étonne que depuis de nombreuses années on assiste au paradoxe de voir les budgets de communication évoluer de manière exponentielle alors que leur impact sur les consommateurs ne cesse de s'affaiblir. Une des principales raisons émane de la saturation des cerveaux par l'excès d'informations dans tous les domaines, à partir de multiples récepteurs dont la télévision, les téléphones mobiles, les tablettes… Un certain « bon sens » doit ramener les annonceurs à la raison. Il leur faut cesser les gaspillages coûteux de messages incontrôlés arrosant le cerveau des consommateurs sans discernement comme de véritables tapis de bombes. Afin de surseoir à ce gâchis, Seth Godin propose « le marketing de la permission ». Il consiste à communiquer exclusivement avec les personnes qui donnent préalablement leur permission pour recevoir les messages émanant d'une enseigne. L'ensemble des premières communications, en particulier sur Internet, ne doit pas chercher à vendre quelque chose à un futur client, mais à obtenir sa permission pour continuer à lui adresser des messages. Pour y parvenir, l'auteur élabore une méthode reposant sur l'utilisation d'un « appât » désirable, qui intéresse le prospect et le dispose favorablement à ouvrir les mails qui lui sont destinés. L'« appât » consiste en une récompense conçue pour intéresser les prospects ou les clients appartenant aux cibles choisies par l'entreprise. Il est présenté par mails ou à partir des applications mobiles (*apps*).

La société Microsoft alimente en priorité ses clients qu'elle considère comme des leaders d'opinion, d'informations nouvelles, avant-gardistes, originales, afin de renforcer leur savoir dans les domaines qu'ils affectionnent. Ces informations privilégiées, outre le fait d'améliorer leurs connaissances, affermissent leur image de leader auprès des membres de leur communauté. Pour les obtenir, l'internaute intéressé clique sur les pages. Il approfondit ensuite ses relations avec les experts de l'entreprise qui poursuivent la conversation en répondant à ses attentes.

British Airways fait bénéficier les membres de son « Executive Club » d'informations régulières sous la forme de newsletters. *Elles concernent les programmes de la compagnie comme les ouvertures ou les fermetures de lignes, les modifications de fréquences et d'horaires…*

Danone, dans son programme « Danone et vous », expédie une newsletter *deux fois par mois à plus de 250 000 inscrits ayant donné leur permission. L'ensemble des supports utilisés conduit vers le site web Danoneetvous.com. Le site reçoit plusieurs millions de visiteurs chaque année. Il propose des informations sous forme de lectures et de vidéos. Il procure des conseils. Les principaux thèmes abordés traitent de sujets tels que la santé, la minceur, l'énergie, « grandir », « jeunes mamans »…*

> Un certain « bon sens » doit ramener les annonceurs à la raison. Il leur faut cesser les gaspillages coûteux de messages incontrôlés arrosant le cerveau des consommateurs sans discernement comme de véritables tapis de bombes.

*L'« appât » peut être présenté à l'aide d'e-coupons de réductions offerts pour un futur achat. Ils sont adressés par mail pour être imprimés ou encore sous la forme de code-barres sur un smartphone. Le « ClubCard Tesco » les utilise abondamment en Grande-Bretagne par le biais des applications (*apps*), sur les mobiles.*

Afin de conserver leurs attraits, les « appâts » évoluent en permanence pour éviter de lasser les interlocuteurs et de s'ajuster aux changements de leurs attentes. L'utilisation des bases de données internes dans le cadre du CRM contribue à apporter les connaissances permettant de les renouveler en tenant compte d'une anticipation de l'intérêt des interlocuteurs.

Le *« permission marketing »*, outre le fait d'éviter de saturer le cerveau des clients par la multiplication de « spams » ou de courriers superflus, évite aux entreprises la dépense de budgets inutiles consacrés à leur mailing. La simple attitude de demander aux clients « s'ils souhaitent recevoir certaines informations », avant de les envoyer systématiquement à l'ensemble du fichier, entraîne des gains significatifs. Les bénéfices sont d'autant plus réels que le nombre de destinataires est important. Cette nouvelle pratique empêche en prime de les irriter et de remplir inutilement leur boîte mail ou leur corbeille à papiers de documents directement destinés aux poubelles.

L'e-marketing du désir

Le marketing de l'attraction avec l'« *inbound marketing* » et du désir est un thème que nous avons déjà abordé. Seth Godin le met en valeur dans un second ouvrage intitulé *La Vache pourpre. Rendez votre marque, vos produits, votre entreprise remarquables!*[9].

Brian Halligan et Dharmesh Shah[10] proposent d'attirer les clients *via* Internet en créant des contenus de valeur à propos de la société, son secteur, les produits et services qu'elle offre plutôt que de les solliciter et les importuner. Pour cela, il est nécessaire de mettre à sa disposition de l'information de qualité au bon endroit et au bon moment. Le marketing accompagne le visiteur sans l'interrompre. Les auteurs proposent plusieurs phases pour séduire le client :

- attirer *(attract)* en gérant un bon trafic sur le Web à l'aide des outils émanant du *Big Data* ;

- convertir *(convert)* en recueillant et traitant ces informations dans les bases de données CRM. En contrepartie, il lui est procuré un contenu d'exception sous la forme d'e-book, livre blanc, feuille de route…

- conclure *(close)* en sélectionnant le client idéal et en lui proposant uniquement les produits ou services dont il a besoin ;

- enchanter *(delight)* en créant auprès des consommateurs un effet « Waouh » pour transformer les clients satisfaits en porte-parole de la marque.

Gabriel Szapiro[11] développe le concept du « marketing de la permission et du désir ». L'auteur propose d'augmenter l'efficacité digitale des entreprises en attirant le cerveau des consommateurs par l'utilisation, dans la communication, de quatre valeurs conduisant vers le désir : l'humour, l'intrigue, l'inattendu, la séduction.

De nombreux experts s'accordent à penser que, dans un monde envahi par le marketing, la communication et l'e-communication, il n'est plus suffisant de se contenter de répondre aux goûts, besoins et attentes des consommateurs. Pour attirer l'attention puis la sympathie de leur cerveau, il devient nécessaire de s'intéresser à ses désirs allant parfois jusqu'aux fantasmes de leur cerveau.

C'est particulièrement vrai sur les sites internet où la décision de cliquer sur une page puis de rebondir ou non sur la seconde se prend en moins d'une seconde.

Il faut savoir surprendre l'internaute par une politique d'offres et de communication nouvelle et originale.

Il est indispensable de placer les marques de produits, services ou enseignes dans un « océan bleu » qui met la concurrence hors de course grâce à la proposition d'« innovations-valeur ».

Le neuro-conso-acteur doit ensuite devenir un neuro-partenaire lié à l'enseigne par une véritable relation affective.

> *Des marques comme Apple, Nespresso, Sephora, Nature et Découverte, Abercrombie & Fitch, Ikea, Décathlon… et bien d'autres s'efforcent de créer cette relation pour tenter d'établir une liaison permanente de partenariat affectif désirable avec leur clientèle.*

L'effet de la communication est renforcé par la recherche de surprises qui intéressent le cerveau. Elles reposent fréquemment sur la pratique de l'intrigue et de l'inattendu.

La présentation d'événementiels surprenants retrouve ses lettres de noblesse et son intérêt.

> *Les éditeurs de Harry Potter n'hésitent pas à promouvoir les nouveaux ouvrages à une heure tardive dans la nuit. Swatch crée en Allemagne une montre de la taille du plus haut gratte-ciel de Hambourg qui indique toutes les heures.*
>
> *Parmi les experts du domaine en Europe, Didier Reynaud, ancien dirigeant du groupe Generali, crée l'agence de communication Affiliance afin de promouvoir pour ses clients des événements originaux et surprenants. Après avoir utilisé la collaboration de Zinédine Zidane pour améliorer avec succès la notoriété du groupe d'assurances, il crée « Generali on Ice », un spectacle fondé sur le patinage artistique pour les clients et les agents d'assurances. Plus récemment il lance Melomania autour du thème nostalgique lié à la légende des comédies musicales.*

La surprise sur Internet liée à l'originalité et à la désirabilité de l'offre et de l'appât constitue une condition importante pour que l'internaute engage une relation puis la poursuive avec le site ou le blog de la société.

Aussi importantes que soient les communications cherchant à atteindre le désir des neuro-consommateurs, les auteurs précédemment cités se rejoignent sur l'idée qu'elles doivent toujours privilégier « la permission du client » préalablement à toute nouvelle recherche d'entrée en relation.

La nécessité d'une relation personnalisée ou « one to one » avec les neuro-consommateurs

L'égocentrisme fait partie des caractéristiques du cerveau énoncées par les neuro-scientifiques. Avec les TIC et Internet, il devient possible de proposer des solutions susceptibles de combler les attentes liées à cette particularité en élaborant une relation personnalisée avec chaque neuro-conso-acteur.

Grâce à l'évolution des microprocesseurs, les entreprises ont la possibilité de stocker et de gérer d'importantes quantités de données dans des espaces réduits, à des coûts très faibles. Une console PlayStation ou une XBox valant seulement quelques centaines d'euros peut actuellement stocker autant d'informations qu'une imposante salle d'ordinateurs des années 1970 qui coûtait plusieurs millions de dollars à cette époque.

La capacité de stockage des ordinateurs a moins d'importance avec la possibilité d'archiver les données en dehors de l'entreprise. Les supports d'entreposage, situés dans les « nuages » avec le *« cloud computing »*, contiennent des dispositions quasi illimitées à des coûts attractifs.

Grâce à ces possibilités, associées à celles d'Internet, les sociétés entrent progressivement dans l'ère du *Big Data*. C'est aussi celle du *« Data Driven Marketing »* encore appelé *« Social CRM »*. Son but est de collecter une base de données, la rendre fiable, l'implémenter afin de transformer les informations provenant de sources multiples en connaissance des clients. Elle permet de mettre en place des politiques de marketing, vente et communication personnalisées et optimisées sur les différents points de contact relationnel.

Une vaste quantité de données sur les clients peut être enregistrée, traitée et restituée de manière opérationnelle dans les systèmes de CRM. À partir de ces informations, il devient possible d'accéder à l'intimité comportementale de chaque client et d'élaborer une relation personnalisée et interactive avec lui.

Cette nouvelle approche relationnelle est exposée par Don Peppers et Martha Rogers[12] sous le nom de *« one to one »* (ou « sur mesure de masse »). L'identification du consommateur à l'intérieur de la GRC se réalise à partir du croisement de divers éléments de connaissance qui lui sont propres : besoins répertoriés dans les bases de données marketing complétés par ceux décelés à travers les relations interactives, critères de rentabilité et de risque spécifiques à chaque personne, évaluation de sa valeur individuelle ou familiale pour l'entreprise dans le temps (*« Life Time Value »*, en français : « espérance mathématique de marges »), évolution de ses besoins anticipés à partir de modèles prévisionnels d'analyses comportementales… Croisée avec les caractéristiques des offres disponibles, la gestion de ces données permet de proposer un service adapté ou d'instaurer un dialogue personnalisé en temps réel. Les propositions *« one to one »* sont rendues possibles par une optimisation, grâce à l'utilisation d'agents de recherche intelligents, des attentes décelées ou formulées du neuro-consommateur croisées avec des indications de rentabilité ou de risque qui lui sont propres. La communication et le service sont accessibles en temps réel par Internet à partir de l'ordinateur personnel, du téléphone mobile, de la tablette, du poste de télévision… Le *« one to one »* permet de répondre aux attentes de personnalisation et d'interactivité ressenties par le cerveau des neuro-consommateurs.

Rendre la page web neuro-compatible pour améliorer son efficacité

Pour ouvrir une page web, la première impression du neuro-consommateur est décisive. Sa décision se prend en un temps record. Un article publié par plusieurs professeurs de l'université Carleton d'Ottawa au Canada, Gitte Lindgaard, Gary Fernandes, Cathy Dudek et Judith Brown[13], à partir de leurs recherches, montre qu'il faut seulement 50 millisecondes à un internaute pour décider d'ouvrir ou pas une page. La qualité neuro-compatible des publications et de la forme de la première page, la *« landing page »*, est essentielle. Si le visiteur n'est pas retenu à ce stade, il ne cliquera pas à nouveau dans une très large majorité des cas. Le taux de rebonds qui concerne la vérification que l'internaute ouvre une seconde page après avoir consulté la première constitue un critère important permettant d'évaluer la qualité et l'intérêt d'une annonce sur ce support. Afin de favoriser les « clics », le cerveau du neuro-consommateur a besoin de ressentir un attrait quasi immédiat. L'impression sensorielle en fait partie. Certains éléments comme le goût, l'odeur et le toucher, importants pour la perception du cerveau, rencontrent des difficultés à être véhiculés par Internet. Les experts tentent de compenser ces lacunes en établissant des relations entre le Web et la distribution physique. Ils s'efforcent aussi de trouver divers moyens permettant de compenser les difficultés sensorielles rencontrées sur Internet afin de conduire les internautes à ouvrir les pages présentées.

Les difficultés de s'adresser à certains sens sur une page web

La difficulté de s'adresser à certains sens constitue un handicap pour Internet, notamment par rapport aux points de vente. La distribution qui recherche à procurer une expérience sensorielle dispose d'incontestables atouts pour le cerveau du neuro-consommateur. Elle a encore de beaux jours devant elle si elle favorise cette voie. La politique « multicanale » qui associe le Web au commerce physique, privilégiée dans de nombreux secteurs d'activités, apporte une réponse à cette difficulté.

Les professionnels s'efforcent toutefois de trouver des moyens permettant de compenser les lacunes sensorielles d'Internet pour le cerveau des neuro-consommateurs.

Yvan Régeard crée en 2004 la société Exhalia. Elle exploite un brevet inventé puis cédé par France Télécom. Son but est de transmettre des odeurs à partir du Web. L'entreprise propose une synchronisation d'images, de sons et d'odeurs sur Internet, en reliant les informations transmises à des diffuseurs professionnels ou personnels qui permettent de ressentir les essences des produits présentés. Leader mondial du domaine, l'entreprise dispose de plus d'un million d'odeurs. Elle présente une clé USB olfactive qui répond au nom d'iSample. Exhalia réalise pour le BIVB (Bureau interprofessionnel des vins de Bourgogne) des visites olfactives sur Internet dans le vignoble et dans les caves. Elle travaille avec une école hôtelière japonaise qui expérimente des cours de cuisine en ligne. [14]

> Un nombre accru de marques souhaitent que leurs produits bénéficient d'une expérience tactile sur les linéaires.

Parmi les principales difficultés soulevées par les neuro-consommateurs, on remarque celle de transmettre une expérience tactile par Internet. C'est l'*« endowment effect »*, présenté par Daniel Kahneman, Jack Knetsch et Richard Thaler[15] en 1991. Il montre que le consommateur accorde plus de valeur à un bien possédé plutôt que non possédé. Cet effet explique qu'un nombre accru de marques comme Apple souhaitent que leurs produits bénéficient d'une expérience tactile sur les linéaires.

Margaux Limoges[16] propose un ensemble de solutions permettant à Internet de compenser pour le cerveau l'absence d'expérience tactile avec les produits. Parmi les méthodes suggérées :

- la présentation d'images en 2D ou 3D sur la page. Elle permet de montrer les qualités du produit ;
- la mise en scène du produit pour intégrer le consommateur dans l'action.

Saisir un hamburger dans ses doigts. Le but est d'aider le cerveau du neuro-consommateur à imaginer utiliser le produit à travers la sollicitation de ses neurones miroirs.

L'effet de communiquer une sensation de manipulation imaginaire est aussi connu sous le terme anglais de « *motor fluency effect*[17] » ;

- proposer une description ou des commentaires sensoriels. Ils évoquent les propriétés tactiles (texture, sensation des matières, dimension, taille, poids…) de l'offre présentée.

> *La douceur du contact du coton sur la peau pour une serviette de bain. Le plaisir de ressentir la crème issue de l'aromathérapie hydrater le visage. La facilité de prendre en main, de manipuler, la légèreté d'une perceuse ou d'une visseuse électrique…*

Pour Margaux Limoges, « les femmes auraient plus tendance à toucher les objets par plaisir alors que les hommes les toucheraient davantage dans le but d'obtenir des informations sur le produit ». Dans son étude, elle constate également que « pour 85 % des femmes interrogées, ce qui leur manque le plus lors d'un achat en ligne de produits "matériels", sont le fait qu'elles ne peuvent pas le toucher contre seulement 53 % des hommes interviewés ». Elle fait aussi remarquer que « les experts d'un produit accordent une plus grande importance que les néophytes à visionner des présentations sensorielles sur une page web ».

L'intérêt de communiquer une impression sensorielle sur Internet est plus fort pour les produits dits « matériels », pour lesquels les propriétés tactiles sont importantes lors de l'utilisation : pulls, housses de couettes, shampoings, mouchoirs en papier… Il l'est moins pour ceux nommés « géométriques », pour lesquels ces propriétés sont peu importantes lors de l'utilisation : DVD, *mugs* ou tasses, piles, paquets de biscuits… L'auteur constate que sur certains grands sites de commerce en ligne comme Amazon les produits « matériels » bénéficient de faibles descriptions tactiles. Pourtant, lorsque l'on s'attache aux commentaires des clients, ce type de descriptions semble leur manquer. En revanche, l'entreprise compense une partie de cette absence de descriptions tactiles par une politique de retour, de remboursement ou d'échange généreuse.

D'autres méthodes sont proposées par les experts pour compenser la difficulté de procurer des impressions sensorielles sur la Toile :

- utiliser les commentaires clients en facilitant leur accès sur Internet. Ils sont relatifs à la sensorialité du produit ;
- obtenir des témoignages d'utilisateurs. Elles concernent leurs impressions tactiles lors de la manipulation des produits présentés sur la page ;
- lier la vente en ligne avec la possibilité de voir, de tester ou d'essayer le produit dans une boutique.

> *La marque de pulls pour hommes Monsieur Lacenaire et bien d'autres utilisent cette pratique. Le client qui achète en ligne peut se rendre dans une boutique. Les commerciaux obtiennent au préalable un ensemble d'informations le concernant et peuvent le recevoir comme un VIP lors de sa visite ;*

- permettre au client d'essayer le produit pendant une période limitée avec l'option de retourner le bien. Cette politique donne la possibilité de renforcer « l'effet de possession » ressenti par le consommateur.

> *La société Bose communique sur son casque Quietconfort avec une garantie de retour et de remboursement intégral si le client n'est pas satisfait. Le remboursement est bien entendu subordonné au retour d'un casque en parfait état. La formule de vente avec le principe « satisfait ou remboursé » rencontre une pratique accrue sur le Web ;*

- envoyer des « *box* ». Le concept de l'envoi des « *box* » connaît une forte croissance sur la Toile depuis quelques années. Le consommateur intéressé reçoit une sélection de produits qu'il peut toucher et comparer. Il retient ceux qui lui conviennent et retourne les autres. Cette formule de vente en ligne se développe dans un nombre accru de secteurs comme le textile, les cosmétiques, les voyages, la gastronomie…

La société Smartbox propose une soixantaine de coffrets répondant à plusieurs thèmes : gastronomie, bien-être, séjours insolites, cadeaux premiums, occasions… Les produits sont accessibles en ligne et dans des points de vente. L'entreprise Birchbox offre pour 13 € par mois une boîte comprenant une surprise de cosmétiques avec quatre à six miniatures « beauté » à tester. Trois Fois Vin offre un abonnement dont le tarif varie entre 19,90 € et 39,90 €. Il donne droit à deux bouteilles de vin à déguster par mois choisies selon le coût de l'abonnement. L'envoi s'accompagne de vidéos, fiches-conseils pour déguster, tarifs préférentiels pour racheter les bouteilles accompagnant l'offre…

Le récent développement des technologies « haptiques » permettent de donner des impressions tactiles aux écrans, est susceptible d'apporter des solutions intéressantes afin de répondre à certaines lacunes sensorielles émanant du Web.

Faciliter la lecture des pages web en les rendant neuro-compatibles

Il suffit de quelques millisecondes pour que le cerveau de l'internaute perçoive une page web comme intéressante ou ennuyeuse. Une fois son impression formée, il est difficile de le faire changer d'opinion. Le professeur émérite en sciences cognitives de l'université de Californie, Donald Norman,[18] montre à partir de ses recherches qu'un consommateur rendu heureux par la vue d'un design attractif trouve plus facile de l'utiliser et par conséquent d'ouvrir la page internet qui le représente. Afin de réaliser une bonne impression auprès des internautes, la page peut trouver un intérêt à être conçue par des professionnels du design. Ils connaissent les règles d'harmonie, en particulier celles liées au « nombre d'or » et aux proportions de Vitruve. Une fois conçue, il est souhaitable de tester son attractivité auprès d'un auditoire correspondant à la clientèle recherchée. Le nombre d'ouvertures et le taux de rebonds (internautes ouvrant une deuxième page après avoir consulté la première) constituent de bons indicateurs permettant d'apprécier son attrait.

Une page internet intéresse d'autant plus le cerveau d'un neuro-consommateur que celui-ci a davantage l'impression de s'adresser à une personne qu'à l'ordinateur du site. La personnalisation utilisant un visage sympathique qui le regarde avec intérêt contribue à cette impression.

Le cerveau reptilien, qui prend des décisions rapides, possède, d'après de nombreux neurologues parmi ses caractéristiques celle d'être égocentrique. Il semble préférable que la page soit prioritairement conçue en parlant de ses attentes plutôt que des offres et caractéristiques de l'enseigne. L'utilisation du « vous » est préférable au « nous ». Encore mieux du « je » afin qu'il entre sur le site comme si c'était le sien.

Certaines idées peuvent favoriser la création de pages attractives sur le Web :

- récompenser le visiteur pour obtenir en réciprocité de sa part la consultation de pages ;
- exploiter la rareté par des alertes liées à un nombre limité de produits disponibles, à un stock bientôt épuisé… La société Amazon avertit régulièrement les clients qui consultent les pages consacrées à la vente de livres, DVD, etc. du nombre limité d'offres restant disponibles dans ses stocks ;
- créer des pages simples à consulter. Moins de textes, de couleurs, d'illustrations, de distractions… rendent la page plus attirante. En particulier si elle s'adresse à un public de seniors dont le cerveau réagit plus lentement et plus sélectivement à la réception des informations ;
- faire travailler l'imagination de l'auditeur par l'utilisation d'intrigues ou de questions ;
- éviter de placer le logo ou un message important dans l'endroit de la page que Dan Hill[19], consultant et président de Sensory Logic Inc., nomme « le coin de la mort » parce que peu visionné. Il s'agit de la partie basse à droite de la page. La meilleure place pour disposer un message pertinent semble « la partie basse du milieu de la page ». Les critères utilisés pour rendre une image ou une affiche prégnante, décrits précédemment, le sont aussi pour une page sur le Web ;
- confronté à la multiplicité des choix disponibles sur les sites internet, le cerveau peut se retrouver dans une situation de stress et abandonner ses recherches. Pour éviter ce phénomène, les sites marchands aident le client à choisir. La nécessité de proposer un guide permettant aux consommateurs de s'orienter dans le monde de l'hyper-choix est parfois nécessaire.

Amazon tente de répondre à ce problème en orientant ses clients. L'entreprise garde une trace de leurs recherches préalables, de leurs comportements d'achats, etc. sur son site. À partir de ces données, elle identifie des « clusters » d'intérêt qu'elle rattache aux clients pour guider leurs choix vers de nouveaux produits reliés à leurs attentes. Pour la vente de livres, la société sauvegarde la liste personnelle des ouvrages pour lesquels les visiteurs ont préalablement marqué un intérêt sans les acheter immédiatement. Les ouvrages sont rappelés à leur attention lors de prochaines visites ou par un spot envoyé par mail.

Apple emploie un système d'intelligence collective, « Genius », qui opère avec iTunes. Il propose des musiques que les clients sont susceptibles d'apprécier en tenant compte des achats déjà réalisés ou par comparaison avec d'autres personnes ayant un profil semblable. En contribuant à réduire l'effort de choix pour leur cerveau, le système augmente le bien-être des utilisateurs et contribue à une amélioration des ventes.

CHAPITRE 25
LE CERVEAU ET L'ÉMERGENCE DES RÉSEAUX SOCIAUX

Progressivement, souvent sans s'en apercevoir, en faisant régulièrement appel à la communauté pour prendre ses décisions d'achat, le neuro-consommateur remplace progressivement sa conscience individuelle par une conscience collective. Cette réalité se concrétise lorsque cette habitude devient régulière pour son cerveau. L'avènement des réseaux sociaux, communautaires et de l'interactivité des objets entre eux et avec les personnes modifie en profondeur l'attitude du cerveau des neuro-consommateurs. De nouveaux comportements apparaissent chez les citoyens qui retrouvent le sens de la communauté à l'échelon de la planète.

> *De nouveaux comportements apparaissent chez les citoyens qui retrouvent le sens de la communauté à l'échelon de la planète.*

Les communautés digitales se regroupent en un temps record. Elles réclament une adaptation rapide du marketing et de la communication des entreprises. Elles imposent aux enseignes de nouvelles normes destinées à répondre à leurs attentes. Faute d'y parvenir, le risque de se faire exclure par un nombre important de clients influencés par les réseaux peut se révéler préjudiciable à leur développement. Une bonne compréhension des comportements communautaires associée à celle de l'interactivité avec les consommateurs et leur réseau d'appartenance constitue une condition de la réussite. Pour faire face, le marketing et la communication peuvent faire appel à des professionnels du domaine. Leur rôle consiste à proposer des recommandations pertinentes pour mettre la stratégie digitale et virale au cœur de l'entreprise. Elle doit permettre de conquérir et de fidéliser les clients en intégrant dans leur politique digitale l'influence croissante des réseaux.

L'avènement des réseaux sociaux et de l'interactivité des objets

Depuis leur origine, les hommes se rassemblent en communautés. Elles concernent aussi le monde animal. Certaines d'entre elles, comme celle des loups, des singes, des abeilles, des fourmis, interpellent les humains par la qualité de leur organisation et leur sert parfois de modèle. Au départ, les regroupements communautaires permettent de faire face à un environnement hostile. Au fil du temps les rassemblements se diversifient. Actuellement ils recouvrent de multiples domaines favorables à des unions : la géographie, les ethnies, les croyances, les cultures, les orientations culturelles, scientifiques, artistiques, sexuelles…

À partir d'expériences conduites en utilisant l'IRM, le professeur psychologue et psychiatre Matthew Lieberman, de l'université de Californie, affirme que « nos cerveaux sont construits pour penser le monde social et notre place à l'intérieur de celui-ci[20] ». Nous sommes biologiquement orientés vers les autres. Le cerveau est social par défaut. Notre socialisation ne vient pas d'un apprentissage culturel lié à l'éducation et aux relations sociales. Elle émane d'une relation physiologique présente dès la naissance. Des expériences menées aux États-Unis par plusieurs chercheurs tels que Wei Gaoa, Hongtu Zhub et leurs collègues confirment cette affirmation. Le comportement du cerveau du neuro-consommateur se trouve inconsciemment influencé par les normes émanant du groupe social auquel il appartient ou choisit d'adhérer.

La plupart des comportements individuels au sein des diverses communautés obéissent à des lois ou à des impératifs communs : la considération et le suivi du ou des « leaders », l'écoute des experts d'un domaine, la pression du groupe et le regard de ses membres, le sentiment de réciprocité et d'équité entre eux, la demande de conseils auprès des personnes ayant vécu des expériences que l'on souhaite pratiquer… Dans certaines tribus, sur plusieurs continents, les idées émises par les anciens sont respectées et entendues, parce que venant d'individus expérimentés grâce à leur vécu. C'est le cas dans de nombreux pays d'Afrique et d'Asie. Les tribus anciennes se réunissent fréquemment selon l'appartenance communautaire répondant à des liens de sang. Le nouveau monde tribal s'organise davantage autour de projets et de passions communes. De surcroît, une personne peut désormais appartenir à plusieurs tribus.

L'avènement des réseaux sociaux et communautaires est récent. L'importance de leur influence sur le comportement des neuro-consommateurs se propage avec une rapidité foudroyante sur la planète du digital. Elle surprend tout le monde par l'intérêt que lui portent les nouvelles générations mais également un nombre accru de seniors.

Le marketing traditionnel des entreprises, qui tente de s'adapter à la révolution digitale, se trouve confronté à un nouveau défi conditionné par l'influence des réseaux. Son premier souci est de comprendre les changements de comportements des clientèles induits par l'émergence de ces nouveaux types de relations communautaires. Une seconde préoccupation consiste à adapter la politique de marketing et de communication pour répondre à leurs effets sur le cerveau du neuro-consommateur. Plusieurs ouvrages sont publiés concernant les réseaux sociaux et communautaires[21]. Ils permettent aux lecteurs intéressés d'approfondir leurs connaissances sur ce sujet.

L'émergence des réseaux sociaux dans le monde digital ou le Web 2.0

Avec l'avènement d'Internet, il faut attendre février 2004 pour assister à l'apparition du premier réseau communautaire social, Facebook, créé aux États-Unis par Marc Zuckerberg. Depuis son lancement, comme le montre le film de David Fincher *The Social Network* (2010), son ascension est spectaculaire. Comparé à un pays, avec pour habitants ses adhérents, leur nombre dépasse déjà celui des citoyens de la Chine, pays le plus peuplé du monde. Facebook utilise près de 70 langues. Il est présent dans la plupart des pays, sur tous les continents, avec une position de leadership dans une très large majorité d'entre eux.

D'autres réseaux émergent depuis la création de Facebook. Ils comptent également de nombreux adhérents sans égaler sa puissance. Ils sont internationaux, comme ceux émanant de Google (YouTube et Google+), ou davantage locaux, comme Qzone (Chine), VK (Vkontakte) Russie, LINE (Japon)… Leur but et leur conception montrent des différences : Facebook est un réseau de relations et de partage ; Twitter un fil d'actualité ; LinkedIn un réseau professionnel ; WhatsApp (2014) une plateforme de communication mobile ; YouTube un réseau de partage de vidéos ; Pinterest de partage d'images ; Instagram (acquis par Facebook en 2012) une application mobile (app) et un site de partage de photos ; Jelly.co (2014) une application de partage d'images… Certains réseaux sont spécialisés, par exemple Meetic, eDarling, Ashley Madison pour les rencontres en vue de former des couples. D'autres proposent d'entrer dans l'économie collaborative entre particuliers : Uber, Airbnb, BlaBlaCar…

Ils ont en commun le fait de modifier en profondeur les comportements traditionnels de leurs adhérents.

La création des réseaux communautaires

En complément de leur adhésion à des réseaux sociaux, les internautes se créent leur propre communauté avec laquelle ils interagissent à partir des différents médias digitaux et, de plus en plus, avec les téléphones mobiles et les tablettes. Au-delà de la page Facebook, des interventions se multiplient sur les «tweets», les forums, les *podcasts*, les contributions aux «wikis»… Le blog personnel constitue le cœur de la relation interactive avec la communauté d'adhérents qui vient les visiter. Les consommateurs, de longue date, commentent et recommandent leurs achats. Ils s'adressaient traditionnellement à un ensemble d'amis ou de relations limités. Avec les blogs personnels, leurs avis s'expriment et se diffusent auprès d'un auditoire considérablement élargi dans un environnement national et international.

Un nombre croissant de blogs d'amateurs évaluent ou parlent des enseignes et de leurs marques, de leurs produits, de leur communication…

Les entreprises se préoccupent de créer une communauté et d'entretenir des relations interactives avec elle. Au-delà des sites internet, elles demandent à leurs spécialistes du marketing digital d'élaborer et de gérer un blog relationnel et parfois un club reposant sur une utilisation régulière du Web. On recense déjà de multiples blogs communautaires ou clubs d'entreprises.

> *Certains jouissent d'une forte notoriété et comprennent de nombreux membres actifs : Nespresso, Danone, British Airways, Tesco, Hilton, Lancôme, Harley Davidson… Tesco en Grande-Bretagne référence plus de 10 millions de membres dans ses différents clubs spécifiques. Celui de Harley Davidson fait adhérer près de 800 000 personnes…*

L'intérêt pour ces entreprises réside dans le fait de développer un marketing relationnel permanent avec un ensemble de clients attachés à la marque.

Le «*Social CRM*» présente l'avantage de fidéliser les clients à partir d'outils adaptés. Il permet de ressentir rapidement les problèmes qualitatifs qui peuvent les indisposer et d'y répondre sans délai. Il contribue à enrichir la valeur des marques en créant un attachement émotionnel avec les membres de leur communauté.

Les blogs ou les clubs performants organisent une relation allant au-delà de l'information et de la rétribution. Ils recherchent l'affection de leurs adhérents.

Pour ne reprendre qu'un exemple mentionné par Jacques Lendrevie et Julien Levy[22], le club Harley Davidson ou HOG (Harley Owners Group) présente une communauté de clients. La société organise le plus important club de motards dans le monde. Il comprend un grand nombre d'adhérents actifs. Il centre ses efforts sur la création et l'entretien d'une relation cognitive et émotionnelle avec eux. Plus qu'un produit mythique, Harley Davidson constitue une communauté de fervents regroupés autour de la marque, des clients et des concessionnaires. Avec pour devise « Ride to live, live to ride *», ils aiment se retrouver le week-end pour partager leur passion commune. L'entreprise et ses distributeurs animent en permanence la communauté. Le HOG organise de multiples événements et des « chevauchées » à partir de ses 1 400 clubs locaux. La dimension émotionnelle du programme relationnel est une pratique indissociable du produit. Au-delà de la machine, le fabricant de motos propose une expérience, un style de vie, une relation d'appartenance à un groupe partageant le même enthousiasme pour la marque. Une communication permanente informe les membres du club sur les événements liés à la moto.*

En dehors de la création de blogs ou de clubs communautaires en propre, les marques s'intéressent à contacter et à engager des relations avec les blogueurs professionnels ou semi-professionnels dans le but de les intéresser à leur enseigne, à leurs produits ou services, à leur communication.

McDonald's s'intéresse aux « mom bloggers *» ou «* mères blogueuses *» car elles parlent de la marque et peuvent disposer d'une audience importante[23]. Certaines sociétés réfléchissent aux moyens de créer une «* identité relationnelle *» pour leur marque en réorientant sa politique afin de pouvoir intéresser les réseaux communautaires et sociaux.*

L'interactivité des objets ou le Web 3.0

Après l'avènement des réseaux sociaux et communautaires, une nouvelle évolution se prépare, celle de l'interactivité des objets. Déjà connue sous l'appellation « Web 3.0 », elle est rendue possible grâce à l'utilisation du protocole IPV6. Il offre des possibilités quasi infinies d'adressage (340 milliards de milliards d'adresses disponibles). Les industriels commencent à s'intéresser à ce que certains professionnels considèrent déjà comme un nouvel eldorado pour le Web.

> *Des applications apparaissent ou sont en projet avancé : lunettes à réalité avancée « Google Glass », Airbox Auto d'Orange, montres connectées, automobiles sans chauffeur, drones, robots, technologies urbaines du foyer, services de télémédecine, d'e-santé, vêtements connectés…*

Citées par François Cazals[24], les prévisions permettent d'imaginer plus de 80 milliards de connexions à l'horizon de 2020. Le Web 3.0 sémantique permet de réaliser une connexion multiple des objets entre eux mais aussi avec les individus.

Les nouveaux dispositifs font appel au développement des technologies issues de l'intelligence artificielle. Ils proposent de faciliter gratuitement la vie des citoyens, de répondre à toutes leurs questions, de permettre sans frais des communications locales ou internationales avec des interlocuteurs…

> *Siri proposé par Apple, Cortona par Microsoft répondent à des demandes personnelles. Facebook souhaite intégrer un assistant dans Messenger : Facebook M. Ce dernier répond à des requêtes écrites comme réserver un vol, une chambre d'hôtel, une table de restaurant… Son système d'intelligence artificielle reçoit, si cela est utile, l'assistance d'une équipe d'humains : les « M. Trainers ».*
>
> *Google Now gère l'emploi du temps journalier d'une personne sans aucune aide extérieure. Il anticipe le temps qu'il va faire, propose un itinéraire optimal pour se rendre à un rendez-vous, calcule la durée du transport… Il permet d'arriver à l'heure dans de bonnes conditions.*

Demain, Internet est appelé à remplacer complètement l'aide d'un ou d'une assistant(e) de direction. Le dirigeant qui reçoit une invitation pour deux personnes au théâtre voit, à partir de cette simple information, son système digital confirmer la réservation, envoyer un mail à son conjoint pour lui proposer de venir l'accompagner, retenir une nounou pour garder les enfants, réserver un restaurant à la sortie du théâtre, proposer le report de rendez-vous moins importants à de nouvelles dates disponibles sur son agenda… sans la moindre intervention de sa part.

Avec la multiplication des relations internet, des réseaux sociaux et communautaires, on assiste à une croissance exponentielle du recueil, de la gestion, du traitement et de la communication des données. Toujours selon François Cazals, « 90 % des données de l'humanité ont été générées au cours de ces deux dernières années. Le volume va encore considérablement s'accroître pour faire face à l'interaction programmée des objets entre eux et avec les personnes[25] ». Dans ses conférences, Eric Emerson Schmidt, PDG de Google, déclare : « Nous produisons actuellement autant de données en deux jours que durant toute l'histoire de l'humanité jusqu'en 2003. L'information est devenue le pétrole du XXIe siècle. » On entre dans le monde du *Big Data*. Il impose aux entreprises de nouveaux défis auxquels elles doivent rapidement faire face.

> On entre dans le monde du Big Data. Il impose aux entreprises de nouveaux défis auxquels elles doivent rapidement faire face.

L'ensemble des phénomènes occasionnés par l'avènement du Web 2.0 et du Web 3.0 entraîne d'importantes mutations dans le comportement du cerveau des neuro-conso-acteurs.

De la décision d'achat individuelle à la décision collective

L'intérêt accru des neuro-consommateurs pour les réseaux sociaux et communautaires occasionne une mutation de leurs comportements lorsqu'ils y adhèrent. Pour faire face à cette évolution, la communication des entreprises a besoin de s'adapter rapidement.

Il leur faut mettre en place un e-marketing spécifique fondé sur la viralité, faire appel à des experts connaissant bien les méthodes de fonctionnement des réseaux, élaborer des stratégies d'encerclement des clients à partir de l'ensemble des outils disponibles sur la Toile.

La mutation du comportement du cerveau du neuro-consommateur membre d'un réseau social

Dès le début de l'année 2000, plusieurs passionnés d'Internet, créateurs américains de *start-up*, Rick Levine, Christopher Locke, Doc Searls et David Weinberger, publient un ouvrage fondateur pour les réseaux sociaux, *The Cluetrain Manifesto:*

The End of Business as Usual[26]. Pour ces auteurs, « les conversations sont des marchés ». Cette évolution réclame un profond changement dans le comportement des sociétés. Pour réussir dans ce contexte, il ne leur suffit plus de déterminer et de s'intéresser à des segments de clientèle ou directement à des clients. Les neuro-conso-acteurs qui utilisent les médias sociaux réclament à leur communication, pour être audibles, d'être présentes là où les clients discutent, échangent des idées, donnent leur avis, parlent des marques, font part de leur vécu… La communication doit traquer le client sur son terrain de promenade. Pour être écoutée, il est nécessaire qu'elle pénètre dans cet espace non pour reproduire ses modes d'approches habituelles, mais pour être acceptée par les auditeurs et participer à leur discussion. Une bonne connaissance des modes de comportement et des attentes relationnelles des membres de ces réseaux devient indispensable. Plusieurs ouvrages traitent de ce sujet[27].

L'adhérent d'un réseau social ou communautaire souhaite que la communication ne soit plus pensée comme une vitrine, mais s'intègre pleinement dans un lieu d'échange. Il se considère autant comme émetteur que récepteur. Il souhaite qu'elle réponde à plusieurs qualités que sont :

- l'interactivité et la réactivité. Un dialogue est d'abord un échange. Les commentaires de l'internaute doivent recevoir des réponses rapides, en particulier sur les mobiles, comme c'est le cas lorsqu'il s'adresse à ses amis ;

- la considération. Il doit ressentir l'impression d'être écouté, respecté et apprécié ;

- la régularité. La communication ne doit pas se limiter à un moment ou à un espace choisi par l'entreprise. Elle doit être continue. Les informations transmises méritent d'être renouvelées en fonction de l'actualité et de la demande des auditeurs.

Il ne souhaite pas qu'on lui parle comme à un client, mais plutôt comme à un ami. Le marketeur doit enlever sa casquette d'expert et se poser en permanence la question : « Lorsque l'on parle à un ami, de quoi lui parle-t-on ? » Le neuro-conso-acteur adhérent est prioritairement intéressé par des informations utiles. Il souhaite qu'on le fasse rire en lui présentant un film viral humoristique. Il aime qu'on l'amuse en lui proposant un jeu original. Les modes de communication sont d'autant plus appréciés quand ils méritent, par leur intérêt ou leur humour, d'être retransmis à la communauté.

Pour savoir lui plaire, l'entreprise doit se préparer à faire face à l'influence communautaire dans les décisions d'achat individuelles.

Il lui faut aussi prendre conscience de perdre une grande partie du contrôle de sa communication. Au risque de se voir sévèrement critiquée, ses experts de la relation avec les réseaux ne peuvent que l'influencer sans transgresser les règles qui régissent les relations communautaires. Les produits et les marques ne sont pas seulement commentés, ils peuvent se voir dénoncés, détournés, promus. La publicité est parfois modifiée et souvent parodiée. La créativité des internautes, qui va dans le sens de l'humour, est sans limites. Elle peut avoir des effets positifs en contribuant au développement de la notoriété mais également négatifs en se moquant ou en dénigrant les messages.

Avec le développement des réseaux sociaux et communautaires, on entre dans un espace où la conscience collective remplace progressivement la conscience individuelle, où l'avis et la recommandation des membres de la communauté deviennent plus importants que la communication. La décision d'achat d'un produit ou d'un service dépend de leurs opinions. Un nombre accru d'offres n'est pas acheté à la suite d'avis négatifs diffusés à travers les réseaux. Le rôle des experts et des leaders ne fait que croître. Le marketing viral est appelé à tenir une place importante dans la politique de communication des entreprises. Une nouvelle conception du marketing doit permettre de répondre à cette évolution. Deux auteurs Mélanie Hossler, Alexandre Jouanne et Olivier Murat présentent un ensemble de recommandations dans leur ouvrage *Faire du marketing sur les réseaux sociaux*[28].

Le marketing viral

Les fondements d'un marketing viral sérieux nécessitent comme préalable une entière satisfaction du client. Elle repose sur une politique de qualité et de fidélisation sans failles.

Frederick Reichheld[29], ancien professeur de l'université de Harvard aux États-Unis, président du cabinet de conseil Bain, avance que parmi toutes les questions que l'on peut poser aux clients, l'une d'entre elles est fondamentale. Sa réponse possède la plus forte corrélation avec leur fidélité mais également avec un bouche-à oreille positif de leur part. La question : « Quelle est la probabilité que vous recommandiez le produit, l'entreprise ou la marque à un ami ou à un collègue ? » À partir des informations obtenues, il élabore un indice appelé le *« Net Promoter Score »*. Les personnes interrogées doivent répondre sur une échelle de Likert échelonnée de 0 (« Tout à fait improbable ») à 10 («Tout à fait probable»). Les «promoteurs» sont les clients ayant donné les notes 9 ou 10. Les «détracteurs» notent de 0 à 6. Les évaluations sont sévères car les personnes répondant « probable » se voient accorder la note 6 et sont regroupées avec les « détracteurs ». Le score final est un pourcentage qui correspond au nombre de « promoteurs » diminué de celui des « détracteurs ». Il est fréquemment négatif. Certaines sociétés comme eBay, Amazon obtiennent toutefois dans plusieurs pays un *« Net Promoter Score »* élevé avec un pourcentage positif avoisinant 75 à 80 %.

L'attribution d'un bon *« Net Promoter Score »* constitue une base de départ incontournable pour élaborer une politique de marketing viral. Ce dernier, encore appelé « *buzz marketing* » ou « bouche-à-oreille », constitue un outil indispensable pour propager, à moindre coût, une communication positive sur les réseaux sociaux et communautaires. Il repose sur l'un des plus vieux médias du monde : la rumeur. Il est largement facilité par le spectaculaire développement et la multiplication des adhérents aux différents réseaux utilisant le Web et les applications mobiles.

Le bouche-à-oreille est considéré de longue date comme un des moyens les plus efficaces pour propager une idée. Le publicitaire William Bernbach (1911-1982), cofondateur de l'agence de communication DDB Advertising, insiste sur son intérêt. Il déclare peu avant son décès : « On ne peut vendre à une personne qui n'écoute pas. Le bouche-à-oreille est le meilleur véhicule de tous, et si la fadeur n'a jamais vendu un produit, l'éclat sans pertinence non plus[30]. »

Le cerveau du neuro-conso-acteur, saturé par les messages de la publicité et de l'e-communication, accorde une confiance de plus en plus limitée à ceux émanant de la communication traditionnelle. Il préfère obtenir l'avis de clients ayant déjà testé la marque, les produits et services. Il recherche leur appréciation en les contactant directement, sur les réseaux sociaux ou communautaires, sur les blogs spécialisés… Il regarde avec attention les critiques des personnes ayant déjà expérimenté le produit ou le service. Il s'intéresse aux opinions des utilisateurs sur les sites marchands qui les référencent – en nombre d'étoiles chez Amazon, en recommandations, pour choisir les fournitures de bureau déposées sur le site de la marque Staples. Il s'intéresse aux *« likes »* de Facebook. Avant de sélectionner une destination touristique, il regarde les commentaires de Tripadvisor. Pour réserver un restaurant, en Amérique du Nord, il s'adresse aux évaluations du site Yelp.com…

Avec le développement d'Internet, des blogs, des réseaux sociaux et communautaires, la recommandation devient plus importante que la communication. Les experts peuvent devenir des leaders d'opinion et se transformer parfois en « contaminateurs », véritables évangélisateurs d'un produit, service ou d'une marque auprès de leur communauté. Ils ont une influence accrue sur la perception du cerveau des neuro-conso-acteurs.

La politique d'e-communication des entreprises a besoin de s'adapter à l'évolution de ces nouvelles tendances. Plutôt que de parler directement aux clients, au risque de voir leurs messages se perdre dans le brouhaha publicitaire, elle doit choisir de faire parler de l'enseigne, de la marque, des produits… par les conso-acteurs entre eux. Ils font davantage confiance à ce que leur disent les membres de leurs réseaux ayant vécu l'expérience du produit ou les experts du domaine plutôt qu'aux messages émanant des enseignes.

Pour augmenter leur efficacité, les marques sont conduites à mettre en place une politique de marketing viral adaptée aux attentes des clients qui adhèrent au monde communautaire. L'idée est plus facile à énoncer qu'à appliquer. La diffusion du message par l'enseigne est difficile, parfois impossible, à contrôler. Les erreurs de communication peuvent se voir sévèrement sanctionnées par des critiques négatives, largement diffusées à travers les communautés, si les messages ne correspondent pas aux attentes des adhérents. Le succès d'une politique de marketing viral dépend largement du professionnalisme avec lequel elle est menée.

Pour réussir, il est nécessaire d'identifier les communautés intéressant l'enseigne, repérer les leaders, tenter de les transformer en « contaminateurs », placer le message dans un contexte de diffusion maximale, que les experts appellent « la ruche ». Son bourdonnement sert à amplifier la communication, à alimenter le *buzz*, à adapter la créativité des médias d'e-communication de l'entreprise (sites, blogs, films viraux, jeux, applications sur mobiles…) aux attentes spécifiques des auditeurs et des impératifs relationnels propres aux différentes communautés… L'ouvrage de Seth Godin *Les Secrets du marketing viral. Le Bouche-à-oreille à la puissance 10*[31], comme celui de Karim B. Stambouli et Eric Briones[32] sont riches en préconisations. Ils contribuent à éviter certaines erreurs émanant de profanes. Ils aident à élaborer une politique de bouche-à-oreille performante fondée sur le marketing relationnel communautaire à partir des techniques propres de la communication virale.

L'engagement d'une réflexion sur de nouveaux modes de segmentation se révèle utile pour aborder une politique de marketing viral. Certains experts comme Gabriel Szapiro[33] proposent d'identifier les ambassadeurs, les premiers adopteurs, les influenceurs, les décideurs, les utilisateurs… D'autres, comme la société d'études Forrester[34], s'intéressent aux catégories qu'elles nomment les inactifs, les spectateurs, les participants, les collectionneurs, les critiques, les animateurs, les créateurs.

La nécessité de s'adresser à des professionnels du Web et des réseaux

Au-delà des thèmes évoqués précédemment, la communication avec les réseaux communautaires et sociaux est importante pour diffuser la valeur d'une marque. Ils constituent une « ruche » efficace pour la doter d'un contenu sympathique qui alimente les débats auprès des adhérents.

> *Parmi d'autres, la marque de chaussures de sport Converse constitue un exemple de création d'un halo sympathique à son encontre largement diffusé à travers les réseaux sociaux.*

Le marketing traditionnel, largement habitué à pratiquer une forme de communication unidirectionnelle, se trouve démuni lorsqu'il lui faut s'engager dans cette aventure. Il s'aperçoit rapidement que l'idée de communiquer efficacement sur le terrain de promenade des consommateurs constitue une tâche délicate à mettre en œuvre. Pour y faire face, il lui est utile de s'adresser à des experts internes ou externes du domaine. On assiste à l'émergence de nouvelles professions, celles des *webmasters*, des *community managers*, des *Social Network Officers*… Ils sont susceptibles d'apporter un précieux concours. Avec les nouvelles générations Y ou Z, ces fonctions risquent de disparaître car elles seront naturellement intégrées dans les mentalités et comportements des dirigeants appartenant à ces tranches d'âge. Ils ont pour tâche d'organiser une politique de marketing digital menée en relation avec les clients internautes et en collaboration avec les réseaux communautaires et sociaux. Il leur faut créer, pour leur enseigne, un écosystème digital en adéquation avec son positionnement et ses valeurs. Ils doivent l'intégrer tout au long de la chaîne de valeur de l'entreprise en remodelant les structures et en évangélisant les collaborateurs des directions et de l'ensemble du personnel.

Leur rôle consiste à réaliser diverses actions parmi lesquelles :

- collaborer à définir une politique digitale en relation avec les réseaux et coordonnée avec la stratégie de marque et de communication de l'entreprise. Définir une orientation relationnelle pour la marque ;

- identifier les communautés pouvant intéresser l'enseigne ;

- choisir les outils d'e-communication permettant de mettre en place une politique d'encerclement des clients. Créer un écosystème de présence sur les réseaux communautaires et sociaux ;
- sélectionner les médias sociaux privilégiés par les consommateurs que l'enseigne souhaite conquérir ou fidéliser.

> *Si Facebook, YouTube, Twitter, etc. paraissent incontournables, d'autres réseaux moins généraux peuvent être davantage adaptés à une clientèle ou à un marché limité. LinkedIn, Viadeo permettent de s'adresser à des professionnels. Certains réseaux sociaux locaux bénéficient d'une bonne audience et présentent un intérêt spécifique pour les internautes : en Chine, Ozone, Sina Weibo ; au Japon, LINE ; en Corée, KakaoTalk ; en Russie, VK (Vkontakte) ; en Allemagne, Xing ; en France, Copains d'Avant…*

- les réseaux sont aussi sélectionnés en fonction de leur adaptation à la configuration du message : textes courts ou longs, images, photos, vidéos, audio, etc. ;
- définir une politique éditoriale pour les blogs et les pages web sur les réseaux. Une page est comme une chaîne de télévision. Son contenu a besoin de présenter un programme suscitant un intérêt pour les visiteurs ;
- participer à l'élaboration des contenus écrits, audio, vidéo, etc. pour les blogs, films viraux, jeux…

> *Dior réalise sur YouTube une vidéo « Secret Garden Versailles », qui reçoit de nombreuses visites. L'Occitane présente des reportages intéressants liés à la marque et à la Provence. Isover donne de nombreux conseils aux utilisateurs en utilisant la vidéo ;*

- choisir des thématiques internationales ou nationales.

> *Des sociétés telles que BMW, L'Occitane ont une présence sur les pages nationales des réseaux sociaux dans une cinquantaine de pays ;*

- encourager, animer et coordonner la participation en interne des collaborateurs dans la blogosphère et sur les réseaux.

> *Des sociétés telles que Microsoft, Orange favorisent cette collaboration ;*

- solliciter la participation des clients et de la communauté. Le journaliste Jeff Hove la nomme le *« crowd sourcing*[35] *»*. De nombreuses enseignes sollicitent la communauté pour les aider dans différents domaines.

> *Danette fait appel à elle afin de créer un parfum pour un biscuit. Hasbro, éditeur du Monopoly, pour choisir la nouvelle commune de France à inclure dans le jeu. La SNCF, en Europe, pour améliorer l'utilisation du téléphone mobile dans les trains. Starbucks propose le «Starbucks Ideas». Procter & Gamble attache un vif intérêt aux idées émises par la communauté pour ses futures innovations dans son concept d'«innovations ouvertes»…*

Les sites communautaires sont également sollicités pour améliorer avec des coûts réduits certains domaines de la communication interne comme la création ou la modification d'un logo, d'un design, d'un graphisme… Creads, agence participative, mobilise près de 60 000 créatifs. 99-Design et d'autres sites mettent également des experts de la création du monde entier, à des tarifs extrêmement faibles, à la disposition des enseignes. Les TPE et les PME disposant de moyens limités peuvent bénéficier de l'aide de ces experts communautaires ;

- choisir les médias sociaux, retenir, adapter, organiser et gérer la communication payante ou *« paid media »* : achat des liens, référencements, choix de la place du message, etc. ;

- recueillir des informations et réaliser des études sur le profil des visiteurs, leurs modes de fréquentation des différents réseaux, leurs attentes… Percevoir l'apparition de crises ou de mécontentement. Des outils tels que Hubspot, Hootsuite permettent de répertorier et d'analyser les données émanant des réseaux sociaux ;

- contrôler l'efficacité, la pertinence et la rentabilité des politiques de communications digitales menées, des messages présentés. Le contrôle est d'autant plus indispensable lorsqu'il s'agit d'actions rémunérées.

La réussite d'une stratégie de communication digitale, auprès des neuro-consoacteurs, sur les réseaux est fortement dépendante du professionnalisme des responsables qui la mettent en œuvre. Il est largement requis dans l'élaboration d'une politique d'encerclement des neuro-consommateurs par l'ensemble des moyens internet.

L'encerclement du neuro-consommateur par une stratégie digitale cohérente

Afin de pouvoir répondre convenablement à la globalité des attentes des clients surfant sur Internet, adhérant aux réseaux communautaires et sociaux, les experts ont pour tâche principale d'élaborer une politique d'encerclement à partir de l'écosystème du Web.

La politique d'encerclement du client par une stratégie digitale

Stratégie d'encerclement internet
© Michel Badoc

Il est avant tout nécessaire de définir une stratégie interactive incombant à l'e-communication, harmonisée avec l'ensemble de la politique de communication relationnelle de l'entreprise.

Les informations permettant de mieux connaître les neuro-consommateurs montrant un intérêt pour la marque ou ses offres, contactant l'enseigne à partir des outils internet, créent une génération de « leads » stockée et analysée dans le CRM.

Le blog de l'entreprise, grâce à ses possibilités d'interactivité, constitue le pivot de la politique relationnelle de l'e-communication. Il complète le site internet, plus passif, qui demeure bien souvent au niveau du catalogue de l'offre. Il devient l'âme relationnelle de l'entreprise. Il est destiné à entretenir une relation permanente avec le client. Pour y parvenir, il doit attirer en permanence sa visite en lui proposant des thématiques renouvelées dans le temps qui correspondent à ses centres d'intérêt. Pour cela, il a la possibilité de présenter des informations susceptibles de lui plaire : livres blancs, études de cas concrets, guides de bonnes pratiques, conférences en ligne sur rendez-vous et annoncées par mail ou « *webinars* » (contraction des mots « *web* » et « *seminar* »)…

Il peut l'amuser en créant des jeux en relation avec les produits ou les caractéristiques de la marque, encore appelés « *advertgames* » (contraction des mots « *advertising* » et « *game* »).

Un bon film viral ou une saga de films viraux humoristiques attire l'attention de son cerveau et favorise ses relations avec sa communauté. Ils peuvent être retransmis, « *rewarded* », sur les réseaux sociaux et communautaires par l'internaute et susciter un intérêt pour une rencontre avec de nouveaux visiteurs.

La présence dans les différents réseaux sociaux et communautaires appropriés permet de trouver un relais pour les multiples innovations, propositions et relations présentées sur le blog. L'ensemble des techniques interactives (mails, SMS, MMS…) diffusant des messages écrits, des vidéos, des images ou des photos est utilisé. Les messages sont adaptés pour pouvoir être adressés sur les différents dispositifs utilisés par chaque client : ordinateur, tablette, télévision interactive, téléphone mobile…

La politique d'encerclement internet des neuro-conso-acteurs permet d'établir une interactivité permanente entre l'enseigne et ses clients. Afin d'éviter tout dispersement, créant pour les internautes un risque de confusion, elle doit correspondre à l'orientation préconisée par le positionnement de la marque et concevoir une harmonie entre les différents réseaux, médias et outils digitaux choisis. Le souci d'harmonisation réclame également d'établir une cohérence avec l'ensemble de la politique de communication menée par l'entreprise.

Le vif attrait envers les réseaux communautaires conduit à engager une réflexion sur le phénomène qui conduit les neuro-conso-acteurs à passer progressivement de la notion de « cerveau individuel » à celle de « cerveau collectif ». Les recherches en neurosciences montrent que l'on peut obtenir une synchronisation des cerveaux autour d'une communauté sensorielle. La musique représente probablement un bon exemple d'émergence de communautés auditives à partir d'une perception ou d'un ressenti commun de différents cerveaux pour certains sons, thématiques musicales, compositeurs, interprètes… D'autres sens, comme le goût, se voient aussi sollicités pour obtenir également une synchronisation des cerveaux et déboucher sur la création de communautés sensorielles. Alors que les enseignes montrent un intérêt accru envers les réseaux sociaux et communautaires, l'émergence de communautés reliées par les sens constitue un intéressant sujet d'investigation pour le neuromarketing et le marketing sensoriel de demain.

CE QU'IL FAUT RETENIR

Inéluctable, la révolution digitale accompagnée par le développement rapide d'internet et des mobiles modifie profondément le comportement du cerveau des neuro-consommateurs.

Le cerveau transforme peu à peu sa conscience individuelle en conscience collective.

L'utilisation d'Internet et des mobiles permet au neuro-consommateur d'avoir accès à une multiplicité d'informations et de services, de communiquer sur la planète, sans délai, quand il le souhaite. De telles possibilités apportent une mutation de ses comportements dans de nombreux domaines tels que : l'éducation, la distraction, les connaissances, les achats, la liberté d'expression, l'accès facile à de multiples services… Elles ne sont pas sans présenter des dangers : tromperies, arnaques, addictions, mystifications… Son cerveau se voit contraint de s'adapter rapidement.

Jadis « neuro-consommateur », avec l'interactivité, le client est en passe de devenir un « neuro-conso-acteur ».

Afin de pouvoir faire face aux nouvelles attentes du cerveau des neuro-conso-acteurs, les entreprises sont obligées de réformer leur politique traditionnelle de marketing et de communication. L'émergence d'un e-marketing, d'un m-marketing, d'une e-communication… devient une réalité concrète. Les entreprises font appel à de nouvelles théories et méthodes que les experts du domaine baptisent déjà sous les noms d'« e-marketing de la permission » ou d'« e-marketing du désir », d'« *inbound marketing* »…

La mise en place de relations personnalisées avec chaque neuro-consommateur devient un impératif pour de nombreuses enseignes. Les nouvelles technologies issues du *Big-Data* et du *« Social CRM »* leur en donne la possibilité. La pratique du *« one to one »* (ou « sur mesure de masse ») se concrétise pour pouvoir répondre au besoin d'attentes relationnelles et à l'égocentrisme ressentis par le cerveau des neuro-conso-acteurs.

La décision d'ouvrir ou pas une page web se prend en quelques millisecondes. Les techniques issues des neurosciences formulent des recommandations afin de faciliter cette ouverture et de favoriser la consultation des sites. Elles contribuent également à améliorer le taux de rebond (ouverture d'une deuxième page juste après avoir consulté la première).

Une des préoccupations des experts d'Internet et des mobiles vient de la difficulté rencontrée à faire ressentir une expérience sensorielle avec les produits exposés, en dehors de la vue et de l'ouïe. Les approches en neuromarketing proposent des suggestions pour compenser les lacunes de ces médias, notamment pour faire ressentir le goût, l'odeur ou le toucher des offres présentées sur les pages web.

Les professionnels du neuromarketing présentent diverses solutions destinées à rendre la lecture des pages web « neuro-compatibles » avec le comportement du cerveau des neuro-conso-acteurs.

L'émergence des réseaux sociaux, communautaires et de l'interactivité des objets entre eux et avec les humains transforment les perceptions du cerveau.

Depuis l'apparition du premier réseau social créé par Marc Zuckerberg en 2004, leur multiplication et leur croissance se réalisent à un rythme exponentiel sur toute la planète.

Selon un des ouvrages fondateurs intitulé *The Cluetrain Manifesto*, les « conversations sont devenues des marchés ». Le marketing et la communication des entreprises doivent s'adapter aux attentes du cerveau des nouveaux neuro-consommateurs connectés en réseaux. Elles doivent répondre à des règles spécifiques imposées par l'appartenance aux différentes communautés tout comme au type de réseaux auxquels elles adhèrent.

Le recours au « marketing viral » (ou *« buzz marketing »*) sur les réseaux à travers les communautés permet aux enseignes d'augmenter leurs ventes de manière significative. Pour cela, il doit impérativement être mis en œuvre de façon professionnelle selon des règles propres aux communautés et aux réseaux qui intéressent les enseignes.

Afin d'éviter d'importantes erreurs dues à la méconnaissance de ce nouvel écosystème comportemental conçu autour des communautés et des réseaux, l'appel à la collaboration interne ou externe de véritables experts du domaine peut se révéler indispensable. On assiste à l'émergence de professions récentes, celle de « *webmaster* », de « *community- manager* », de « *Social Network Officer* »… Leur rôle consiste à élaborer pour l'entreprise un écosystème digital accompagné de stratégies, actions, organisations, travaux d'évangélisation internes. Il doit demeurer compatible avec les attentes du cerveau des neuro-conso-acteurs regroupés en réseaux. La spécificité de ces nouveaux métiers sera amenée à diminuer puis à disparaitre avec l'accès au management des générations Y et surtout Z. Baignées dès leur jeune âge dans les pratiques du Web et des réseaux sociaux, elles n'auront plus besoin de mentors pour les aider à intégrer ces nouvelles mentalités au cœur de leur gestion des collaborateurs et des clients.

La mise en place d'une bonne politique digitale et communautaire implique d'établir, de façon cohérente, une stratégie d'encerclement des clients internautes par l'ensemble des moyens relevant de ces techniques.

L'affinité des neuro-conso-acteurs pour se regrouper occasionne l'émergence de nouveaux types de communautés d'appartenance liées aux sens. C'est déjà le cas pour la musique ou le goût. Ces nouvelles formes d'associations peuvent constituer d'intéressants sujets de recherche pour le neuromarketing et le marketing sensoriel au cours des prochaines années.

NOTES

1. Jacques Lendrevie et Julien Levy, *op. cit.*

2. Alan Turing, « *Computing Machinery and Intelligence* », *Mind,* octobre 1950. Voir en français : Alan Turing, Jean Lassègue *et al.*, *La Pensée informatique, Docsciences,* n° 14, juin 2012. Alan Turing et Jean-Yves Girard, *La Machine de Turing,* Le Seuil, coll. « Points Sciences », 1999. Egalement : John Von Neumann, *The Computer and the Brain,* Yale, Nota Bene, 2000.

3. Gordon Earl Moore, « Moore's Law Predicts the Future of Integrated Circuits », *Electronic Magazine,* vol. 38 n° 8, 19 avril 1965.

4. Margaret Levine Young et John R. Levine, *Internet pour les nuls,* First Interactive, coll. « Pour les Nuls », 2012 (13ᵉ édition). Jan Zimmerman, *Web Marketing for Dummies,* John Wiley & Sons Edition, 2012 (3ᵉ édition). François Cazals, Florence Arnal *et al.*, *Le Web augmenté,* Lulu Press Inc., 2014.

5. Marie-Claude Vergara « Le neuromarketing et le marketing sensoriel pour les points de vente : augmenter leur utilité dans l'amélioration du chiffre d'affaires », mémoire de recherche, MSc HEC Paris, mai 2015.

6. François Cazals, *Stratégie digitale – La méthode des 6 C,* De Boeck Université, coll. « HEC Paris », 2015.

7. Patrick Le Lay « Décerveleur », *Libération,* 10 novembre 2004.

8. Seth Godin, *Permission Marketing. Turning Strangers into Friends and Friends into Customers,* Simon & Schulter Editions, 2007 (nouvelle édition) ; traduction en français : *Permission Marketing. Les leçons d'internet en marketing,* Maxima, 2000.

9. Seth Godin, The Purple Cow. Transform Your Business by Being Remarkable, Portofolio Edition, 2009 ; traduction en français : *La Vache pourpre. Rendez votre marque, vos produits, votre entreprise remarquables,* Maxima, 2011.

10. Brian Halligan et Dharmesh Shah, *Inbound Marketing. Revised and Updated. Attract, Engage and Delight Customer Online,* Wiley, 2014.

11. Gabriel Szapiro, *op. cit.*

12. Don Peppers et Martha Rogers, *Enterprise One to One. Tools for Competing in the Interactive Age,* Bantam Doubleday Publishing Group, 1997 ; traduction en français : *Le One to One. Valorisez votre capital-client*, Éditions d'Organisation, colle. « Pratique du marketing direct », 1998. Voir aussi leur site : 1to1.com.

13. Gitte Lindgaard, Cathy Dudek, Gary Fernandes et Judith Brown, « Attention Web Designers: You Have 50 Milliseconds to Make a Good First Impression », *Behavior and Information Technology,* vol. 25 n° 2, mars-avril 2006.

14. Plusieurs illustrations de ses offres sont disponibles sur son portail www.exhalia.com.

15. Daniel Kahneman, Jack L. Knetsch et Richard H. Thaler, « Anomalies: The Endowment Effect, Loss

Aversion, and Status Quo Bias», *Journal of Economic Perspectives,* vol.5, n° 1, 1999.

16. Margaux Limoges, « Dans quelles mesures le e-commerce souffre-t-il du déficit d'expérience tactile, et comment ce manqué peut-il être compensé », mémoire de recherche, majeure marketing HEC Paris, mars 2013.

17. Margaux Limoges, *op. cit.*

18. Donald Norman, *Emotional Design. Why We Love (or Hate) Everyday Things,* Basic Books, 2005 ; traduction en français : *Design emotionnel. Pourquoi aimons-nous ou détestons-nous les objets qui nous entourent ?,* De Boeck, coll. « Design et Innovation », 2012.

19. Dan Hill, *About Face : The Secrets of Emotionally Effective Advertising,* Kogan Page, 2010.

20. Matthew Lieberman, *Social : Why Our Brains Are Wired to Connect*, Crown Publisher, 2013.

21. Romain Rissoan, *Réseaux Sociaux. Comprendre et maîtriser ces nouveaux outils de communication,* ENI Editions, coll. « Marketing Book », 2014. Mathieu Chartier, *Guide complet des réseaux sociaux,* First Edition, 2013. Mélanie Hossler, Olivier Murat et Alexandre Jouanne, *Faire du marketing sur les réseaux sociaux,* Eyrolles, 2014…

22. Jacques Lendrevie et Julien Levy, *op. cit.*

23. Keith O'Brien, « How McDonald's Came Back Bigger Than Ever », *New York Time Magazine,* 4 mai 2012.

24. François Cazals, *op. cit.*

25. *Idem.*

26. Rick Levine, Christopher Locke, Doc Searls et David Weinberger, *The Cluetrain Manifesto : The End of Business As Usual* », Perseus Book, 2000.

27. Jacques Lendrevie et Julien Levy, « Le marketing des réseaux sociaux », in *Mercator, op. cit.* Pierre Mercklé, *Sociologie des réseaux sociaux,* La Découverte, coll. « Repères », 2011.

28. Mélanie Hossler, Olivier Murat et Alexandre Jouanne, *op. cit.*

29. Frederick Reichheld, « The One Number You Need to Grow », *Harvard Business Review,* décembre 2003 et *L'Effet Loyauté. Réussir en fidélisant ses clients, ses salariés et ses actionnaires*, Dunod, 1996.

30. Cité *in* Karim B. Stambouli & Eric Briones « *Buzz Marketing. Les Stratégies du bouche-à-oreille,* Éditions d'Organisation, 2002.

31. Seth Godin, *Les Secrets du marketing viral. Le Bouche-à-oreille à la puissance 10,* Maxima, 2001.

32. Karim B. Stambouli et Eric Briones, *op. cit.*

33. Gabriel Szapiro, *op. cit.*

34. Jacques Lendrevie et Julien Levy, *op. cit.*

35. Jeff Howe, « The Rise of Crowdsourcing », *Wired Magazine,* juin 2006.

CONCLUSION : VISION DU FUTUR

En ce début de siècle, d'importantes mutations se produisent au niveau du comportement des consommateurs. Le cerveau des citoyens du monde se trouve démuni pour comprendre la multitude des informations qui l'assaillent chaque jour davantage. Il s'efforce d'analyser ce qui est fondamental et ce qui ne l'est pas à travers la quantité de messages qui lui parviennent en masse de toute la planète. Submergé par le virtuel, il a du mal à discerner la réalité de l'illusion. Soumis aux évaluations de ses réseaux communautaires et sociaux d'appartenance, il ressent des difficultés à se faire sa propre opinion. Il éprouve parfois le sentiment que son cerveau devient collectif. Que la recommandation de la communauté prime sur son choix personnel. Cette pensée ne manque pas de l'effrayer quand il prend le temps de s'arrêter pour réfléchir et avoir conscience du phénomène. Son intelligence lui montre que sa rationalité est davantage soumise à l'influence de ses sens qu'à sa propre raison. Que son cerveau agit parfois de façon autonome. Que les effets subliminaux émanant du marketing, de la communication, des artifices commerciaux, mis en place par les enseignes, conditionnent ses décisions d'achat, parfois au détriment de sa propre volonté. Il s'étonne de constater à quel point il devient addictif à l'utilisation d'Internet et de ressentir une si forte influence de ses réseaux d'appartenance dans ses choix.

De leur côté, les sociétés confrontées aux profonds changements du comportement de leurs clients tout comme à la spectaculaire et rapide évolution des nouvelles technologies de l'information et de la communication s'interrogent sur l'efficacité des moyens de marketing et de communication utilisés jusqu'à présent. Elles commencent à douter de la véracité des études de marché tout comme de la pertinence de leur marketing et de leur communication. Elles se lancent dans la pratique du Web et des réseaux sociaux sans toujours bien la maîtriser. Elles sentent qu'un nouveau type de marketing est en voie d'éclore. Un marketing, une communication, e-communication, m-communication… qui s'adresse directement au cerveau à travers son interaction avec les sens. Une nouvelle approche qui intègre la pensée collective dans son raisonnement.

Face à ces défis, nous nous sommes efforcés dans cet ouvrage d'anticiper ces nouvelles préoccupations en nous intéressant à la connaissance des modes de fonctionnement du cerveau du neuro-consommateur ainsi qu'à ses réactions quand il est confronté aux influences inconscientes qu'il subit en permanence. Qu'en sera-t-il pour l'avenir ?

La multiplication des recherches neuroscientifiques tout comme en génétique est en passe d'apporter de précieuses informations sur le comportement du cerveau humain. Les études permettent de davantage éclairer l'influence d'éléments tels que la mémoire, les émotions, les désirs… sur les décisions d'achat tout comme sur la perception des marques et de la communication. L'approfondissement du rôle joué par « les marqueurs somatiques » et les « neurones miroirs » implique d'adapter le marketing en tenant compte de leur réalité et de leurs modes d'actions sur le cerveau. La connaissance de sa structuration et de ses différences selon divers attributs tels que le sexe, l'âge, la situation de mère… conduit à de nouvelles réflexions sur la segmentation afin de s'adapter à leurs spécificités.

Un autre grand domaine de recherches est relatif aux expériences sensorielles. Déjà assez nombreuses sur les sens de la vue et de l'ouïe, les études se développeront pour acquérir une meilleure compréhension de l'influence sur les achats des trois autres sens que sont : l'odorat, le toucher et le goût. Soucieux de créer une « expérience client » afin de mieux concurrencer l'invasion d'internet, les espaces de vente et de services misent sur ce que les experts nomment déjà le « marketing sensoriel ». Celui-ci est aussi appelé à améliorer la conception des produits et services et à tenter de rendre plus pertinente la communication. Handicapé dans l'utilisation des trois derniers sens, Internet sera conduit à engager une importante réflexion assortie de moyens faisant appel aux techniques neuroscientifiques pour pouvoir combler cette lacune.

La communication, l'e-communication, la m-communication ne pourront longtemps survivre si elles n'acquièrent pas rapidement une meilleure connaissance de ce qui plaît ou déplaît au cerveau d'un consommateur devenu avec la révolution digitale un « neuro-conso-acteur ». L'utilisation des *nudges* reposera de plus en plus sur des réflexions et actions éclairées par l'analyse neuroscientifique. En parallèle, les enseignes et les marques comprennent qu'il ne leur suffit plus de créer des relations individuelles avec le neuro-consommateur. Elles prennent conscience de l'émergence d'une conscience collective impactée par les réseaux communautaires et sociaux à qui elles doivent se confronter.

Les recherches se multiplient dans les universités et centres d'études du monde entier. Les résultats constitueront demain un élément fondamental des connaissances sur la psychologie et les modes de fonctionnement du cerveau. L'acquisition de ce savoir, qui ne manquera pas d'évoluer au cours des prochaines années, devient indispensable tant aux personnes qu'aux marques qui souhaitent s'adapter rapidement.

De très nombreuses enseignes pensent qu'il est désormais temps de réviser leurs approches traditionnelles. D'importantes réformes concernent la méthodologie des études marketing, la création des messages pour la communication et l'e-communication, les techniques commerciales… La plupart des grandes sociétés multinationales comme Google, Facebook, Nike, Coca et Pepsi-Cola, McDonald's, Nespresso, Ikea, Accor montrent depuis plusieurs années un vif intérêt pour l'utilisation des neurosciences et la sollicitation directe des sens dans leurs politiques marketing, commerciale, de communication, de marque…

Le Neuromarketing World Forum connaît un succès grandissant auprès des entreprises du monde entier dans la plupart des secteurs d'activités. Ce n'est pas un pur hasard si une de ses récentes manifestations attire des sociétés aussi différentes que Hershey's, Google, Unilever, Cartier, Fonterra, Johnson & Johnson, Tesco, Heineken, Nielsen, Ipsos… Nombreuses sont celles désireuses de partager leurs expériences concernant les applications des approches neuroscientifiques et sensorielles au marketing.

Les méthodes et techniques neuroscientifiques sont appelées à constituer demain d'incontournables outils pour les recherches au-delà de la médecine. Principalement en psychologie et en sociologie. Leur évolution est déjà très significative dans ces deux sciences si l'on se réfère au nombre croissant d'études et d'expérimentations faisant appel à elles.

Comme nous le voyons au long de cet ouvrage, les applications augmentent également à un rythme accéléré dans les disciplines du marketing, de la communication et de la vente. L'analyse du comportement du cerveau du neuro-consommateur connaît un succès accru. Elle permet de compléter les traditionnelles études marketing en s'intéressant aux attitudes et modes de décisions inconscientes, très fréquemment irrationnelles, de l'intelligence humaine. L'observation des effets produits par les innovations, le packaging, la tarification, la communication sur le cerveau conduit à des améliorations significatives lorsqu'elles sont visualisées à partir de l'IRM et de L'EEG.

L'utilisation d'éléments qui s'adressent directement aux sens montre des résultats notables. Ils améliorent l'attractivité des espaces de vente et de services, l'efficacité des commerciaux, la pertinence des marques.

L'appréhension de l'émergence d'une conscience collective se substituant à la conscience individuelle devient incontournable pour intéresser les générations d'internautes, adhérents d'un nombre accru de réseaux communautaires et sociaux. Le phénomène de transfert d'une conscience individuelle en conscience collective est si important qu'il devrait engager un nombre croissant de recherches au cours de la prochaine décennie. Les philosophes, psychologues, sociologues… y trouveront sans aucun doute un important sujet de pensée et d'études. Les experts du marketing, de la communication, de la vente ne manqueront pas de profiter de ces recherches et d'approfondir les investigations dans ce domaine.

La rapidité avec laquelle se développe le monde digital, son influence sans précédent sur la conscience des nouvelles générations mais aussi sur les anciennes, obligées de s'adapter rapidement, nécessitent une réflexion d'envergure sur l'anticipation des réactions du cerveau. Dans cet environnement en perpétuel et rapide changement, comment se comportera l'intelligence des neuro-consommateurs ? Comment est-elle appelée à réagir à la quantité des informations et sollicitations qui connaissent une évolution exponentielle depuis le début de ce nouveau millénaire ? Aura-t-elle une attitude de soumission ou d'indépendance lorsqu'elle est confrontée aux réseaux communautaires et sociaux ?

Les réponses à ces interrogations sont aussi vitales pour les clients que pour les entreprises qui cherchent à les satisfaire à partir de leurs offres, de leur distribution, de leur communication.

Elles le sont aussi pour les associations et les États qui devront savoir comprendre et appréhender ces modes d'actions et de réaction du cerveau des citoyens afin d'éviter à leur population d'être soumise à d'importants risques de manipulations subliminales. Au cours de cet ouvrage, nous nous sommes efforcés, à partir des connaissances scientifiques actuelles, de décrypter les comportements du cerveau du consommateur. Nous nous sommes attachés à débattre des risques de manipulations nécessitant l'élaboration d'importantes règles morales et déontologiques pour les entreprises qui s'y intéressent.

Avec la multiplication des recherches, les connaissances sur le comportement inconscient du cerveau et sur sa fragilité, face au risque de manipulation sont appelées à considérablement progresser. Il importera aux entreprises de s'entourer d'importantes précautions sur le plan juridique et déontologique pour les utiliser afin d'améliorer leurs offres et leur communication dans le but de davantage satisfaire leurs clients. Plus efficaces que les outils traditionnels, les nouvelles techniques issues de connaissances neuroscientifiques ne pourront permettre aux entreprises de réussir que si elles contribuent réellement à une amélioration de la satisfaction et du bien-être des consommateurs. Si ce n'est pas le cas, les méthodes utilisées risquent rapidement d'être dénigrées par les communautés et de nuire profondément à l'image de marque des enseignes. L'utilisation des neurosciences dans les disciplines du marketing et de la communication ne peut se réaliser avec succès qu'accompagnée de la ferme volonté de satisfaire, encore davantage, les attentes et besoins des clients.

Notre souhait en rédigeant cet ouvrage réside dans l'espoir que ce livre permettra de susciter des passions et vocations permettant de parfaire les connaissances sur le comportement de ce merveilleux outil qu'est le cerveau humain. Sur leurs applications dans le domaine du marketing, des ventes, de la communication, de l'e-communication, de la m-communication… De les développer tant auprès des consommateurs que des entreprises dans le but d'améliorer encore davantage les étroites relations qui existent entre ces deux partenaires.

BIBLIOGRAPHIE SÉLECTIONNÉE

Aberkane Idrisse, *Libérez votre cerveau !,* Robert Laffont, 2016.

Alivisatos Paul *et al.*, « Brain activity map and the challenge of functional connectomics », *Neurones,* vol. 74, 21 juin 2012.

Allison Ralph I. et Uhl Kenneth P., « Influence of beer brand identification on taste perception », *Journal of Marketing Research,* vol. 1, n° 3, 1964, p. 36-39.

Ambler Tim et Burne Tom, « The impact of affect on memory of advertising », *Journal of Advertising Research,* n° 39, 1999.

Anders Giulia et Gill, *Le Charme discret de l'intestin. Tout sur un organe mal aimé,* Acte Sud, coll. « Essai Sciences », 2015.

Areni Charles et Kim David, « The Influence of Background Music on Shopping Behavior: Classical Versus Top-Forty Music in a Wine Store », *Advances in Consumer Research,* vol. 20, 1993, p. 336-340.

Areni Charles et Kim David, « The influence of in-store lighting on consumers' examination of merchandise in a wine store », *International Journal of Research in Marketing,* n° 11, 1994.

Ariely Dan, *Predictably Irrational: the Hidden Forces That Shape our Decisions*, Harper Perennial, 2010 ; traduction en français : *C'est (vraiment ?) moi qui décide,* Flammarion, 2008.

Aristote, « *Organon* », tome 6, *Les réfutations sophistiques*, Vrin, coll. « Biblio Textes Philosophiques », 1995.

Aristote, *De l'âme,* Garnier-Flammarion, 1999.

Aristote, Éthique à Nicomède, Bréal, 2001.

Aristote, *Poétique*, Le Livre de Poche, coll. « Classiques », 1990

Aristote, *Rhétorique*, Livre de Poche, coll. « Classiques de la Philosophie », 1991

Arnold Magda, *Contribution to emotion research and its implications,* Psychology Press, 2006.

Arnold Magda, *Emotional factors in experimental neurons*, Sagwan Press, 2015.

Aron Claude, *La Sexualité – Phéromone et désir,* Odile Jacob, 2000.

Axel Richard, « The molecular logic of smell », *Scientific American,* octobre 1995, p. 154-159.

Balicco Christian, « La programmation neurolinguistique ou l'art de manipuler ses semblables », *SPS,* n° 243, 2000.

Bandler Richard et Grinder John, *Reframing : Neuro-Linguistic Programming and the Transformation of Meaning,* Real People Press, 1983 ; traduction en français : *Les Secrets de la communication : les techniques de la PNL,* J'ai Lu, 2011.

Bard Arthur S. et Bard Mitchell G., *Le Cerveau,* Marabout, 2002.

Barthes Roland, « Le message publicitaire », *Cahiers de la publicité,* n° 7, 1963.

Barthes Roland, « Rhétorique de l'image », *Communications,* n° 4, 1964.

Barthes Roland, *L'Empire des signes* (1970), Seuil, coll. « Points », 2014.

Barthes Roland, *L'Aventure Sémiologique,* Le Seuil, 1985.

Batat Wided et Frochot Isabelle, *Le Marketing expérientiel. Comment concevoir et stimuler l'expérience client,* Dunod, 2014.

Bateston Gregory, *La Nature de la pensée,* Le Seuil, 1984.

Bateston Gregory, *Steps to an Ecology of Mind,* University of Chicago Press, 2000.

Bellizzi Joseph A. *et al.,* « The effects of colors in store design », *Journal of Retailing,* vol. 59, n° 1, 1983, p. 21-44.

Bermond Nicolas, « Neuromarketing vu par un neuro-marketer », webmarketing-com.com, février 2014.

Bernard Claude, *Introduction à l'étude de la médecine expérimentale* (1865), Garnier-Flammarion, 1966.

Berne Eric, *Analyse transactionnelle et psychothérapie,* Payot, 2001.

Berne Eric et Vauguin Paul, *Que dites-vous après avoir dit bonjour ?,* Tchou, 2012.

Berthoz Alain, *La Décision,* Odile Jacob, 2003.

Bigand Emmanuel (dir.), *Le Cerveau mélomane,* Belin, 2013.

Bloom Floyd E., Squire Larry, Berg Darwin *et al.,* *Fundamental Neuroscience,* Academic Press Edition, 2012 (4e édition).

Body Laurence et Tallec Christophe, *L'Expérience client,* Eyrolles, 2016.

Bohler Sébastien, *La Chimie de nos émotions,* Aubanel, 2007.

Born C., Schoenberg S., Reiser M., Meindl T. et Poeppel E., « MRI shows brains respond better to name brand », *Proceedings of RSNA,* 28 novembre 2006.

Bourcier Marie-Hélène, *Queer Zone – Politique des identités sexuelles et des savoirs* (2001), Amsterdam Poche, 2011.

Bournie Dominique, *Sémiologie de l'image,* Politech' Lille, 2006.

Brecar France et Hawkes Laurie, *Le Grand Livre de l'analyse transactionnelle,* Eyrolles, 2008.

Brée Joël, *Le Comportement du consommateur,* Dunod, 2012.

Breeze James, « You look where they look », Usable World Blog, 16 mars 2009.

Breton Philippe, *La Parole manipulée,* La Découverte, coll. « Essais », 2004.

Broca Paul, « Les femmes et les "sauvages" », Séances de la Société d'Anthropologie des 21 mars et 2 mai 1861.

Brown McCabe Deborah et Nowlis Stephen M., « The effect of examining actual products or product descriptions on consumer preference », *Journal of Consumer Psychology,* vol. 13, n° 4, 2003, p. 431-439.

Brown Millward, « Using neurosciences to understand the role of direct mail », http://www.millwardbrown.com/

Burgelin Olivier, « Sémiologie et publicité », *Cahiers de la publicité,* n° 15, 1965.

Bushdid Caroline, Magnasco Marcelo O., Vosshall Leslie B. et Keller Andreas, « Humans Can Discriminate More than 1 Trillion Olfactory Stimuli », *Science,* vol. 343, n° 6177, 21 mars 2014, p. 1370-137.

Butler Judith, *Gender Trouble*, Routlege Kegan & Paul, 1990 ; traduction en français : *Trouble dans le genre,* La Découverte, 2005.

Buyssens Éric, *La Communication et l'articulation linguistique*, Presses universitaires de Bruxelles, 1967.

Cabinet Deloitte, *Les Grandes Tendances qui vont changer les technologies, les médias, les télécommunications,* Éditions Prédictions TMT, 2012.

Caggiano Vittorio, Fogassi Leonardo, Rizzolati Giacomo *et al.,* « Mirror neurons differenctially encode the peripersonal and extrapersonal space of monkey », *Science,* n° 324, 2009.

Cahill Larry, Babinsky Ralf, Markowitsch Hans J. et McGaugh James L., « The amigdala and emotional memory », *Nature,* vol. 377, n° 6547, 1995, p. 295-296.

Cahill Larry et Mc Caugh James, « Modulation of memory storage », *Current Opinion in Neurobiology,* n° 6, 1996.

Cain Smith Patricia et Curnow Ross, « "Arousal hypothesis" and the effects of music on purchasing behavior », *Journal of Applied Psychology,* n° 50, 1966, p. 255-256.

Capelli Patrick, « Le marketing s'invite dans nos cerveaux », *Libération,* 13 mai 2012.

Carey Benedict, « More expensive placebos bring more relief », *New York Times,* 5 mars 2008.

Cathelat Bernard, *Styles de vie,* Éditions d'Organisation, 1985.

Cazals François, Arnal Florence *et al.,* *Le Web augmenté,* Lulu Press Inc., 2014.

Cazals François, *Stratégie digitale – La méthode des 6 C,* De Boeck Université, coll. « HEC Paris », 2015.

Cerridwer Anemone et Simonton Dean Keith, « Sex doesn't sell – Nor impress! Content, box-office, critics and awards in mainstream cinema », *American Psychology Association. Psychology of Aesthetic Creativity and the Arts,* vol. 4, 2009.

Chabris Christopher et Simons Daniel, *The invisible Gorilla. And other ways our institutions deceive US,* Editions NewYork Crown 2010.

Changeux Jean-Pierre, *L'Homme neuronal,* Fayard, 1983.

Chartier Mathieu, *Guide complet des réseaux sociaux,* First Edition, 2013.

Chebat Jean-Charles, Morrin Maureen et Chebat Daniel-Robert, « Does age attenuate the impact of pleasant ambient scent ? », *Environment and Behavior,* vol. 42, n° 2, 2009, p. 258-267.

Chétochine Georges, *Le Marketing des émotions – Pourquoi Kotler est obsolète,* Eyrolles, 2008.

Chevalier Christine et Walter Martine, *Découvrir l'Analyse transactionnelle,* InterÉditions, 2008.

Churchland Patricia, *Braintrust – What Neurosciences Tells us About Morality,* Priceton University Press, 2012 (édition de poche).

Cialdini Robert, *Influence: Psychology of Persuasion,* Harper Business, 1986 (édition revue).

Cicéron, Œuvres complètes (Éd. 1866), Hachette, Livre BNF, 2013.

Cicéron, *Rhétorique à Hérennius,* Vassade, 2013.

Citrin Alka Verma, Stern Daniel E., Spangenberg Eric R. et Clark M.J., « Consumer need for tactile input an Internet retailing challenge », *Journal of Business Research,* vol. 56, n° 11, 2003, p. 915-922.

Coupland Douglas, *Generationx X: Tales for an accelerated culture,* St Martin's Griffin, 1992 ; traduction en français : *Génération X,* 10/18, 2004.

Cova Bernard et Cova Véronique, *Alternative Marketing,* Dunod, 2001.

Crusco April H. et Wetzel Christopher G., « The Midas touch: the effects of interpersonal touch on restaurant tipping », *Personality and Social Psychology Bulletin,* vol. 10, n° 4, 1984, p. 512-517.

Cygler Natacha, « Tous les sens », *Le Nouvel Économiste. Leadership & Management,* n° 1584, octobre 2011.

Dabi-Schwebel Gabriel, « 13 exemples de marketing sensoriel réussi et raté », 2013, www.1min30.com.

Damasio Antonio R., *L'Erreur de Descartes – La raison des émotions,* Odile Jacob, 2001.

Damasio Antonio, *Le Sentiment même du soi – Corps, émotions, conscience,* Odile Jacob, 2002.

Damasio Antonio R., *Spinoza avait raison,* Odile Jacob, 2003.

Damasio Antonio, *L'Autre moi-même. Les nouvelles cartes du cerveau de la conscience et des émotions,* Odile Jacob, 2010.

Darpy Denis, *Le Comportement du consommateur-concepts et outils,* Dunod, 2012.

Darwin Charles, *L'Origine des espèces* (1859), Champion-Le Seuil, 2009.

Daucé Bruno, « La diffusion de senteurs d'ambiance dans un lieu commercial : intérêts et tests des effets sur le comportement », 2000, thèse de doctorat en sciences de gestion, université de Rennes 1.

Daucé Bruno, « Comment gérer les senteurs d'ambiance » in Rieunier Sophie *et al., Marketing sensoriel du point vente,* Dunod, 2013 (4ᵉ édition).

Decety Jean, « Naturaliser l'empathie », *L'Encéphale,* 2002.

Dehaene Stanislas, Naccache Lionel *et al.,* « Imagine unconscious semantic priming », *Nature,* n° 395, 1998.

Dehaene Stanislas, *Les Codes de la conscience,* Odile Jacob, 2014.

Deppe Michael *et al.* (Schwindt W., Krämer J., Kugel H., Plassman H., Kenning P. et Ringelstein E.B.), « Evidence for a neural correlate of a framing effect: bias-specific in the ventromedial prefrontal cortex during credibility judgments », *Brain Research Bulletin,* n° 67, 2005.

Descartes René, *Traité de l'homme* (1662), Arvensa Editions 2015.

Deverson Henri James, *Woman's Own,* 1964.

Di Dio Cinzia, Macaluso Emiliano et Rizzolati Giacomo, « The golden beauty : brain response to classical and renaissance sculpture », PLoS ON, n° 2, 2007, p. 1201-1209.

Dilts Robert et Delozier Judith, *Encyclopedia of Systemic Programming and NLP New Coding,* Scotts Valley NLP, University Press, 2000.

Dilts Robert, *Roots of NLP*, Metamorphous Press, 1983.

Djurovic Vladimir, « Branding auditif : la création d'une identité sonore », 2009 ; www.marketing-professionnel.fr

Dooley Roger, *Brainfluence. 100 Ways to Persuade and Convince Consumers With Neuromarketing,* John Wiley & Sons, 2013.

Droulers Olivier et Roullet Bernard, « Does crime pay for violent program? – Embedded adds », *Proceeding of the Advance in Consumer Research Conference Toronto,* 2004.

Dru Jean-Marie, *Disruption : briser les conventions et redéfinir le marché,* Village Mondial, 1997.

Dru Jean-Marie, *Disruption Live. Pour en finir avec les conventions*, Village Mondial, coll. « Marketing », 2003. Dru Jean-Marie, *La Publicité autrement*, Gallimard, coll. « Débat », 2007.

Dubé L. et Morin S., « Background music pleasure and store evaluation intensity effects and psychological mechanisms », *Journal of Business Research,* n° 54, 2001, p. 107-113.

DuBose Cynthia N., Cardello Armand V. et Maller Owen, « Effects of colorants and flavorants on identification, perceived flavor intensity and hedonic quality of fruit-flavored beverages and cake », *Journal of Food Science,* vol. 45, n° 5, 1980, p. 1393-1399.

Dumont Jean et Poirier Jean-Louis, *Les Présocratiques*, Gallimard, coll. « Bibliothèque de la Pléiade », 1988. Dillon John et Gergel Tania, *The Greek Sophists*, Penguin London, 2003.

Durand Jacques, « Rhétorique et image publicitaire », *Communications,* n° 15, 1970.

Eagleman David, *Incognito – La vie secrète du cerveau,* Robert Laffont, 2013.

East Robert, Wright Malcolm et Van Huele Marc, *Consumer Behavior. Application in Marketing,* Sage Publications, 2008.

Edmüller Andreas, L'Art d'argumenter, convaincre sans manipuler, Ixelles, 2012.

Eglash Joanne, « Actress Brook Shields celebrate 47 th. Birthday: Get her slimming secrets », *The Examiner,* 31 mai 2012.

Ekman Paul, *The Nature of Emotion*, Oxford University Press, 2008.

Elder Ryan S. et Krishna Aradhna, « The effects of advertising copy on sensory thoughts and perceived taste », *Journal of Consumer Research,* 36, n° 5, 2010, p. 748-758.

Elder Ryan A. et Krishna Aradhna, « The "visual depiction effect" in advertising: facilitating embodied mental simulation through product orientation », *Journal of Consumer Research,* vol. 38, avril 2012, p. 998-1003.

ELLISON Katherine, *The Mommy Brain : how Motherhood Makes us Smarter,* Basic Book, 2005.

ENGEL James F. *et al., Consumer Behavior,* The Dryden Press-Harcourt, Brace College Publisher, 1994.

ÉPICURE, *Lettre à Ménécée,* Hatier, 1999 ; *Lettres et maximes,* Flammarion, 2011.

ERCEAU Damien et GUEGUEN Nicolas, « Tactile contact and evaluation of the toucher », *The Journal of Social Psychology,* vol. 147, n° 4, 2007, p. 441-444.

EUCLIDE, *Quinze livres des éléments géométriques d'Euclide* (édition 1632), Hachette BNF, coll. « Sciences », 2012.

EVRARD Yves *et al., Market – Études et recherches en marketing – Fondements et méthodes,* Nathan, 1993.

FESTINGER Léon, *When Prophecy Fails,* Pinter et Martin Ltd, 2008.

FOLLETT Ken, *Winter of the World,* Dutton Penguin Group, 2011 ; traduction en français : *L'Hiver du monde,* Robert Laffont, 2012.

FRENKIEL Émilie, « Nudge ou le Paternalisme bienveillant », *La Vie des idées,* 22 octobre 2009.

FREUD Sigmund et BREUER Joseph, Études sur l'hystérie (1895), Presses universitaires de France, 1996.

FREUD Sigmund, *Trois Essais sur la théorie de la sexualité* (1905), Gallimard, 2013.

FREUD Sigmund, *Malaise dans la civilisation* (1930), Payot, coll. « Petite Bibliothèque », 2010.

GAIRIN Victoria, « Les vrais pouvoirs du cerveau », *Le Point,* n° 2160, 6 février 2014, p. 60-67.

GALLACE Alberto et SPENCE Charles, « The science of interpersonal touch: an overview », *Neuroscience and Biobehavioral Reviews,* vol. 34, n° 2, 2010, p. 246-259.

GALLACE Alberto et SPENCE Charles, *In Touch With the Future: The Sense of Touch from Cognitive Neuroscience to Virtual Reality,* Oxford University Press, 2014.

GALLESE Victorio et GOLDMAN A.I., « Mirror neurons and the simulation *theory* », *Trends in Cognitive Sciences,* n° 2, 1998.

GARCIA Justin R. et SAAD Gaad, « Evolutionary neuromarketing. Darwinising the neuroimaging paradigm for consumer behavior », *Journal of Consumer Behavior,* n° 7, 2007, p. 397-414.

GARDNER Howard, *Frame of mind. The Theory of Multiple Intelligence,* Basik Book, 1983 ; traduction en français : *Intelligence multiples,* Éditions Retz, 2004.

GEORGES Patrick, *Gagner en efficacité,* Éditions d'Organisation, 2004.

GEORGES Patrick, BADOC Michel et BAYLE-TOURTOULOU Anne-Sophie, *Le Neuromarketing en action,* Eyrolles, 2010 ; traduction en anglais : *Neuromarketing in Action: How to Talk and Sell to the Brain,* Kogan Page, 2013.

GEORGES Patrick, « Rédiger des rapports plus intelligibles », *Trends Be,* 23 février 2012.

GERSHON Michael, *The Second Brain,* Harper Paperbacks, 1999.

GERVEREAU Laurent, *Comprendre et analyser les messages,* La Découverte, 2000 (3ᵉ édition).

GHYKA Matila Costiesco, *Le Nombre d'or : Rites et rythmes pythagoriciens dans le développement de la civilisation occidentale,* Gallimard, 1976.

GIBOREAU Agnès et BODY Laurence, *Le Marketing sensoriel. De la stratégie à la mise en œuvre*, Vuibert, 2007.

GIEDD Jay *et al.*, « Brain development during childhood: a longitudinal MRI study », *Nature Neuroscience*, n° 2, 1999.

GINGER Serge, conférence de Vienne au troisième Congrès mondial de psychothérapie, 2002 (publiée dans *International Journal of Psychotherapy*, UK, juillet 2003).

GINGER Serge, *La Gestalt. L'art du contact*, Marabout, 2009.

GIONO Jean, *Un roi sans divertissement* (1947), Gallimard, coll. « Folio », 1972.

GODIN Seth, *Les Secrets du marketing viral. Le bouche à oreille à la puissance 10*, Maxima, 2001.

GODIN Seth, *Permission Marketing. Turning strangers into friends and friends into customers*, Simon & Schulter Editions, 2007 (nouvelle édition) ; traduction en français : *Permission Marketing. Les leçons d'internet en marketing*, Maxima, 2000.

GODIN Seth, *The Purple Cow. Transform your business by being remarkable*, Portofolio Edition, 2009 ; traduction en français : *La Vache pourpre. Rendez votre marque, vos produits, votre entreprise remarquables*, Maxima, 2011.

GOETHE Johann Wolfgang (von), *Le Divan occidental-oriental* (1819-1827), FB Éditions, 2015.

GOLEMAN Daniel, *Emotional Intelligence*, Bantam Book, 1995 ; traduction en français : *L'Intelligence émotionnelle*, Robert Laffont, 1997.

GORN Gerald J., « The effects of music in advertising on choice behavior : a classical conditioning approach », *Journal of Marketing*, n° 46, 1982, p. 94-101.

GOUDEY Alain, « Une approche non verbale de l'identité musicale de la marque: influence du timbre et du tempo sur l'image de marque évoquée », thèse de doctorat de l'université de Paris IV Dauphine, 2007.

GOUDEY Alain, « Stratégies de communication sonore de la marque : bilan et perspectives de l'utilisation de l'identité musicale de marque », *Décisions Marketing*, n° 52, octobre-décembre 2008.

GRAY John, *Mens are from mars, womens are from venus*, Harper Collins, 1998 ; traduction en français : *Les hommes viennent de Mars, les femmes viennent de Vénus*, J'ai lu, 2011.

GROHMANN Bianca, SPANGENBERG Eric R., SPROTT David E., « The influence of tactile input on the evaluation of retails product offering », *Journal of Retailing*, vol. 83, n° 2, 2007, p. 238-245.

GROSSET Damien, « Le sexe envahit la pub », *eMarketing*, 1er février 2011.

GSCHWANDTNER Gerhard, *The Psychology of Sales Success*, Selling Power, 2007.

GUÉGUEN Nicolas et PETR Christine, « Odors and consumer behavior in a restaurant », *International Journal of Hospitality Management*, vol. 25, 2006, p. 335-339.

HALLIGAN Brian et SHAH Darmesh, *Inbound Marketing. Revised and Updated. Attract, engage and delight customer online*, Wiley, 2014.

HALLIGAN Brian et SHAH Dharmesh, *Inbound marketing. Get found using Google, Social media and Blogs*, John Wiley & Son, 2009 (nouvelle édition 2014).

HASHER L., GOLDSTEIN D., TOPPINO T., « Frequency and the conference of referential validity », *Journal of Verbal Learning*, Elsevier, 1977.

Hegel Georges Wilhelm Friedrich, Introduction à l'esthétique : le beau, Flammarion, coll. « Champs Classiques », 2009.

Heidegger Martin, *De l'origine de l'œuvre d'art,* Rivage Poche, 2014.

Heilbrunn Benoît, *La Consommation et ses sociologues*, Armand Colin, 2015 (3e édition).

Hélies-Hassid Marie-Louise, « Au Bonheur des dames ou la leçon de commerce de M. Zola », *Décisions Marketing,* n° 20, 2000.

Helmholtz Ferdinand (von), *Science and culture popular and philosophical,* University Chicago Press, 1995.

Herman Thierry et Lugrin Gilles, *La Rhétorique publicitaire ou l'art de la persuasion,* Commin-Com Analysis, Lausann, 2001.

Herz Rachel S. et Engen Trygg, « Odor memory: review and analysis », *Psychonomic Bulletin and Review,* septembre 1996, p. 300-313.

Herz Rachel S. et Clef Julia (von), « The influence of verbal labeling on the perception of odors: Evidence for olfactory illusions? », *Perception,* vol. 30, n° 3, 2001, p. 381-391.

Herz Rachel S., Eliassen James C., Beland Sophia L. et Souza Timothy, « Neuroimaging evidence for the emotional potency of odor-evoked memory », *Neuropsychologia,* n° 42, 2003, p. 371-378.

Herz Rachel S., « A comparison of autobiographical memories triggered by olfactory, visual and auditory stimuli », *Chemical Senses,* n° 29, 2004, p. 217-224.

Herz Rachel S., « The emotional, cognitive and biological basics of olfaction: implications and considerations for scent marketing », *in* Aradhna Krishna (dir.), *Sensory Marketing,* Routledge, 2010.

Hetzel Patrick, *Planète Conso – Marketing expérientiel et nouveaux univers de consommation,* Éditions d'Organisation, 2002.

Hill Dan, *About Face: The secrets of emotionally effective advertising,* Kogan Page, 2010.

Hoegg JoAndrea et Alba Joseph W., « Taste perception: More than meets the tongue », *The Journal of Consumer Research,* n° 33, 2007.

Holbrook Morris B., « On the importance of using real products in research on merchandising strategy », *Journal of Retailing,* vol. 59, n° 1, 1983, p. 4-20.

Hombach Marion, « Les secrets du bon goût », in *Géo Savoir* hors-série, « Le fantastique pouvoir de nos 5 sens », n° 7, 2014, p. 96-99.

Hornik Heidi J., « Tactile simulation and consumer response », *Journal of Consumer Research,* vol. 19, n° 3, 1995, p. 449-458.

Hossier Mélanie et Murat Olivier, *Faire du marketing sur les réseaux sociaux,* Eyrolles, 2014.

Houssaye Jean, *Premiers pédagogues : de l'antiquité à la renaissance,* ESF, 2002.

Howe Jeff, « The Rise of crowdsourcing », *Wired Magazine,* juin 2006.

Hulten Bertil, Broweus Niklas et Van Dijk Marcus, *Sensory Marketing,* Palgrave Macmillan, 2009.

Irmak Caglar, Vallen Beth et Robinson Stefanie Rosen, « The impact of product name on "dieters and non-dieters" food evaluations and consumption », *Journal of Consumer Research,* vol. 38, n° 2, août 2011, p. 390-405.

Iyengar Sheena S. et Lepper Mark R., « When choice is demotivating: Can one desire too much of a good thing ? », *Journal of Personality and Social Psychology,* décembre 2000, p. 995-1006.

J. MacInnis Deborah et Whan Park C., « The differential role of characteristics of music on high and low involvement consumers' processing of ads », *Journal of Consumer Research,* n° 18, 1991, p. 161-173.

Jackson Daniel M., *Sonic Branding,* Palgrave Macmillan, 2003.

Jacobson Edmund, *Savoir se relaxer pour combattre le stress*, Éditions de l'Homme, 1980.

James William, *The Principles of Psychology,* vol. 1, chap. 11, Henry Holt & Company, 1890.

Jeannerod Marc, *La Nature de l'esprit*, Odile Jacob, 2002.

Joannis Henri, *Processus de création publicitaire*, Dunod, 1991 (3ᵉ édition).

Jung Carl Gustav, *Dialectique du moi et de l'inconscient,* Gallimard, 1986.

Jung Carl Gustav, *Les Racines de la conscience –Étude sur l'archétype,* Le Livre de poche, coll. « Références », 1998.

Kabat-Zinn Jon, *Wherever you go, there you are,* Hyperion, 1994 ; en français : *Où tu vas, tu es – Apprendre à méditer pour se libérer du stress et des tensions profondes,* Robert Lattès, 1996.

Kahneman Daniel, Knetsch Jack L. et Thaler Richard H., « Anomalies: The Endowment Effect, Loss Aversion, and Status Quo Bias », *The Journal of Economic Perspectives*, vol. 5, n° 1, hiver 1991, p. 193-206.

Kahneman David, « *Système 1, Système 2 : Les deux vitesses de la pensée* », Flammarion, coll. « Essais », 2012.

Kandel Eric Richard, *In Search of Memory: the Emergence of New Science of Mind,* W.W. Norton & Company, 2000 ; traduction en français : À la recherche de la mémoire : une nouvelle théorie de l'esprit, Odile Jacob, 2007.

Kandinski Vassily, *Du spirituel dans l'art et dans la peinture eu particulier,* Folio, coll. « Essais », 1988.

Kant Emmanuel, *Fondement de la métaphysique des mœurs* (1785), Delagrave, 2009.

Kant Emmanuel, *Critique de la raison pure* (1781-1787), PUF, coll. « Quadrige », 2012.

Kapferer Jean-Noël, *Les Chemins de la persuasion,* Dunod, 1991.

Kapferer Jean-Noël, *Les Marques, capital de l'entreprise,* Éditions d'Organisation, 2007 (4ᵉ édition).

Karremans Johan C., Stroebeb Wolfgang et Clausb Jasper, « Beyond Vicary's fantasies: The impact of subliminal priming and brand choice », *Journal of Experimental Social Psychology,* vol. 42, n° 6, novembre 2006.

Katz David, *The World of Touch,* Lawrence Erlbaum Associates Inc., 1989.

Kawabata Hideaki et Zeki Semir, « Neural correlates of beauty », *Journal of Neuropsychology,* vol. 91, n° 4, 2004, p. 1699-1705.

Keravec Daniel, « Neuromarketing et smartphone. Quelles sont les bonnes pratiques en marketing d'entreprise ? », thèse Master Direction marketing et Stratégie commerciale, HEC Executive, HEC Paris, 2014.

Kim Chan et Mauborgne Renée, *Blue Ocean Strategy*, Harvard Business School Press, 2005 ; en français : *Stratégie Océan bleu – Comment créer de nouveaux espaces stratégiques* ; Village Mondial – Pearson Education, 2005.

Kimura Doreen, *Cerveau d'homme, cerveau de femme*, Odile Jacob, 2000.

Klucharev Vasily, Smidts Ale et Fernandez Guillien, « Brain mechanism of persuasion: how expert power modulates memory and attitudes », *Social Cognitive and Affective Neuroscience*, n° 3, 2008.

Knoch Daria *et al.*, « Disrupting the prefrontal cortex diminishes the human ability to build a good reputation », *Proceedings of the National Academy of Sciences of the USA,* vol. 106, n° 49, 2009.

Knutson Brian *et al.*, « Neural predictory of purchases », *Neuron,* vol. 53, n°1, 2007, p. 147-156.

Koestler Arthur, *Un cheval dans la locomotive,* Calmann-Lévy, 1968, réed. 1994.

Kolb Bryan et Whishaw Ian Q., *An introduction to Brain and Behavior,* Worth Publishers, 2006 (2ᵉ édition) ; traduction et adaptation en français par Jean-Christophe Cassel, *Cerveau et comportement,* De Boeck, 2008.

Kringelbach Morten L., « A specific and rapid neural signature for parental instinct », *Plos One,* 27 février, 2008.

Krishna Aradhna et Morrin Maureen, « Does touch affect taste? The perceptual transfer of product container haptic cues », *Journal of Consumer Research,* vol. 34, avril 2008, p. 807-818.

Krishna Aradhna, Lwin May et Morrin Maureen, « Product scent and memory », *Journal of Consumer Research,* vol. 37, juin 2010, p. 57-67.

Krishna Aradhna, « An integrative review of sensory marketing : engaging the senses to affect perception, judgment and behavior », *Journal of Consumer Psychology,* n° 22, 2012, p. 332-351.

Krishna Aradhna, *Customer Sense: How The 5 Senses Influence Buying Behavior,* Palgrave Macmillan, 2013.

La Mettrie Julien Offray (de), *L'Homme Machine* (1747), Gallimard, coll. « Folio Essais ».

Lacoste-Badie Sophie, « La présentation du packaging dans les annonces télévisées: étude des réponses mémorielles et attitudinales des consommateurs », thèse de doctorat, université de Rennes, 2009.

Laird D.A., « How the consumers estimate quality by subconscious sensory impressions: with special reference to the role of smell », *Journal of Applied Psychology,* vol. 16, n° 3, 1932, p. 241-246.

Le Bihan Denis, *Le Cerveau de cristal. Ce que nous révèle la neuro-imagerie,* Odile Jacob, 2012.

Le Doux Joseph, *The Emotional Brain : the Mysterious Underpinnings of Emotional Life,* Touchtone, 1998 ; traduction en français : *Le Cerveau des émotions,* Odile Jacob, 2005.

Le Guérer Annick, *Le Parfum : des origines à nos jours,* 2005, Odile Jacob.

Le Guérer Annick, *Le Pouvoir des odeurs,* Odile Jacob, 2002.

Le Guernic Agnès, *Sortir des conflits – Méthodes et outils pratiques de l'Analyse transactionnelle,* InterÉditions, 2009.

Le Lay Patrick, « Décerveleur », *Libération,* 10 novembre 2004.

Le Nagard-Assayag Emmanuelle et Manceau Delphine, *Marketing des nouveaux produits. De la création au lancement,* Dunod, 2005.

Le Vay Simon, *Le cerveau a-t-il un sexe ?,* Flammarion, coll. « Bibliothèque scientifique », 1994.

Lecerf-Thomas Elizabeth, *Neurosciences et management – Le pouvoir de changer,* Eyrolles, 2009.

Lee Nick, Broderick Amanda J. et Chamberlain Laura, « What is neuromarketing ? A discussion and agenda for future research », *International Journal of psychology,* n° 63, 2006.

Leibniz Gottfried Wilhelm, *Nouveaux Essais sur l'entendement humain* (1704, publiés en 1765 pour la première fois), Garnier-Flammarion, 1993.

Lendrevie Jacques et Baynast Arnaud (de), *Publicitor – Publicité on line et off line,* Dalloz, 2014 (8ᵉ édition).

Lendrevie Jacques et Lévy Julien, *Mercator,* Dunod, 2013.

Lenoir Frédéric, *Du bonheur – Un voyage philosophique,* Fayard, 2013.

Levine Rick, Locke Christopher, Searls Doc et Weinberg David, *The Cluestrain Manifesto: The end of business as usual,* Perseus Book, 2000.

Lewi Georges, *Les Marques mythologie du quotidien. Comprendre le succès des grandes marques,* Village Mondial, 2009 (2ᵉ édition).

Libermann Matthew, *Social: Why our brains are wired to connect,* Crown Publisher, 2013.

Lichtlé Marie-Christine, Llosa Sylvie et Plichon Véronique, « La contribution des différents éléments d'une surface alimentaire à la satisfaction des clients », *Recherche et applications en marketing,* vol. 17, n° 4, 2002, p. 23-34.

Lieff Beryl et Alper Joseph, « Aroma driven: on the trail of one most emotional sense », *Health,* 20, 1988, p. 62-67.

Limoges Margaux, « Dans quelles mesures le e-commerce souffre-t-il du déficit d'expérience tactile, et comment ce manqué peut-il être compensé », mémoire de mecherche, majeure marketing HEC Paris, mars 2013.

Lindgaard Gitte, Dubeck Cathy et Brown John, « Attention web designers: you have 50 milliseconds to make a good first impression », *Behavior and Information Technology,* vol. 25 n° 2, mars-avril 2006.

Lindon Denis, *Les dieux s'amusent. La Mythologie,* Flammarion, coll. « Jeunesse », 2010.

Lindstrom Martin, « Broad sensory marketing », *Journal of Product and Brand Management,* vol. 14, n° 2, 2005, p. 84-87.

Lindstrom Martin, *Buy Ology. How everything we Believe About why we Buy is Wrong,* R.H. Business Books, 2009.

Lindstrom Martin, « You love your iPhone », *The New York Times,* 30 septembre 2011.

Lindstrom Martin, *Brandwashed: Tricks companies use to manipulate our minds and persuade us to buy,* Kogan Page, 2012

Luntz Frantz, *Words that work: It's not what you say. Its what people hear,* Hachette Books, 2007.

Ma Q., Wang X., Shu L. et Dai S., « P 300 and categorization in brand extension », *Neuroscience Letters,* n° 431, 2008.

Mac Kay Donald. M., *The epistemological problem of automata,* Princeton University Press, 1956.

Mac Lean Paul, *Triune Conception of the Brain Behavior,* Toronto Press University, 1974.

Mac Lean Paul et Guyot Roland, *Les Trois Cerveaux de l'homme,* Robert Laffont, 1990.

Maille Virginie, « L'influence des stimuli olfactifs sur le comportement du consommateur: un état des recherches », *Recherche et applications en marketing,* vol. 16, n° 2, 2001, p. 51-76.

Marc Edmond et Picard Dominique, *L'École de Palo-Alto. Un nouveau regard sur les relations humaines,* Retz, 1984.

Marienstras Élise, *Les Mythes fondateurs de la Nation américaine,* François Maspero, 1976.

Markoff John, « Projet Obama : Obama veut cartographier le cerveau humain », *The New York Times,* 19 février 2013.

Martin Brett A.S., « A Stranger's Touch: effects of accidental interpersonal touch on consumer evaluations and shopping time », *Journal of Consumer Research,* vol. 39, n° 3, 2012, p. 174-184.

McDaniel Carl et Baker R.C., « Convenience food packaging and the perception of product quality: what does hard-to-open mean to consumers? », *Journal of Marketing,* vol. 41, n° 4, 1977, p. 57-58.

McClure Samuel M., Li Jian, Tomlin Damon, Cypert Kim S., Montague Latané M. et Montague P. Read, « Neural correlates of behavioral preference for culturally familiar drinks », *Neuron,* vol. 44, octobre 2014, p. 379-387.

Mercklé Pierre, *Sociologie des réseaux sociaux,* La Découverte, coll. « Repères », 2011.

Meyer Michel, *Histoire de la rhétorique des Grecs à nos jours,* Le Livre de Poche coll. « Biblio Essais », 1999.

Meyer Michel, *Rhétorique,* PUF, coll. « Que sais-je », 2011.

Mill John Stuart, « Système de logique déductive et inductive. Exposé des principes de la preuve et des méthodes de recherche scientifique » (1843), Pierre Mardaga Éditions, 1988.

Milliman Ronald E., « The influence of background music on the behaviour of restaurant patrons », *Journal of Consumer Research,* n° 13, 1986, p. 286-289.

Mimura Rie, « Color and POP : the effective use of colors for point of purchase display », *Journal of Undergraduate Research,* vol. VI, 2003.

Molga Paul, « Notre ventre, une intelligence supérieure », *Les Echos,* mai 2014.

Montague Read, *Your brain is (Almost) Perfect. How we Make Decisions,* Plume Book, 2006.

Montaigne, *Essais* (1590), Pocket, 2012.

Moore Gordon Earl, « Moore Law. Predict the future of integrated circuits », *Electronic Magazine,* vol. 38 n° 8, 19 avril 1965.

Morin Christophe, *Neuromarketing. The New Science of Consumer Behavior,* Springer Science + Business Media LLC, 2011.

Morrin Maureen et Chebat Jean-Charles, « Person-place congruency: the interactive effects of shopper style and atmospherics on consumer expenditures », *Journal of Service Research,* vol. 8, n° 2, 2005, p. 181-191.

Morrin Maureen et Ratneshwar S. Ratti, « The impact of ambient scent on evaluation, attention and memory for familiar and unfamiliar brands », *Journal of Business Research,* vol. 49, n° 2, 2000, p. 157-165.

Mounin Georges, *Introduction à la sémiologie,* Éditions de Minuit, 1970.

Mouton Jean, *Le Marketing du désir – L'indispensable stratégie* Éditions d'Organisation, 2000.

Müller Johannes Peter, *Des manifestations visuelles fantastiques* (1826), L'Harmattan, coll. « Psyché de par le monde », 2010.

Neman Michael et Insel Thomas, *The Neurobiology of Parental Behavior,* Springer, 2003.

Neumann Benjamin, « Leur image, c'est leur capital », *L'Expansion,* 1er janvier 2006.

Neumann John (Von), *The Computer and the brain,* Yale, Nota Bene, 2000.

Newlin Kate, *Passion Brands: Why some brands are just gotta have, drive all night for, tell all your friends about,* Prometheus Books, 2009.

Norman Donald, *Emotional Design. Why we love (or hate) everyday things,* Basic Books, 2005 ; traduction en français : *Design Emotionnel. Pourquoi nous aimons ou détestons les objets qui nous entourent,* De Boeck, coll. « Design et Innovation », 2012.

North Adrian, Hargreaves David et McKendrick Jennifer, « The influence of in-store music on wine selections », *Journal of Applied Psychology,* vol. 84, n° 2, avril 1999, p. 271-276.

O'Brien Keith, « How McDonald's came back bigger than ever », *New York Time Magazine,* 4 mai 2012.

Ogilvy David, *La Publicité selon Ogilvy,* Dunod, 1984.

Ogilvy David, *Confession of an Advertising Man,* Southbank Publishing, 2011.

Old James et Milner Peter, « Reward center in the brain and lesson for modern neuroscience », *J. Comp. Physiol. Psychol.*, SeminalPaper, Mc. Gill University, n° 47, décembre 1954.

Olds James, *Pleasure Center in the Brain,* Scientific America, 1956.

Ong Boon Lay (dir.), *Beyond Environmental Comfort,* Routledge, 2013.

Ornstein Robert Evan, *Evolution of consciousness: the origins of the way we think,* Simon & Schuster, 1992. Orstein Robert Evan et Thompson Richard, *L'Incroyable Aventure du cerveau,* InterÉditions, 1991.

Pacioli Luca Bartolomes, *La Divine Proportion,* Librairie du Compagnonnage, 1980.

Packard Vance*, The Hidden Persuaders* (1957), Penguins, 1961 et IG Publishing 2007 ; traduction en français : *La Persuasion clandestine,* Calmann-Lévy, 1994.

Papadopoulou Maria, « Cultural Differences in Scent Preferences and Perceptions : An overview of scent marketing and an exploratory research on cultural differences between French and Chinese consumers regarding scent preferences and perceptions in fashion retail environments », mémoire de fin d'étude, HEC, 2014.

Papillon Fabrice et Ramber Héloïse, *Le Ventre notre deuxième cerveau,* Tallandier, 2014.

Parent André, *Histoire du cerveau. De l'Antiquité aux neurosciences,* Chroniques sociales, 2009.

Parker Ellie et Furnham Adrian, « Does sex sell ? The effect of sexual programme contents on the recall of sexual and non- sexual advertising », *Applied Cognitive Psychology,* vol. 21, n° 9, p. 1217-1228.

Pascal Blaise, *Pensées,* Philippe Sellier (dir.), Le Livre de Poche, 2000.

Peck Joann et Childers Terry L., « Individual Differences in Haptic Information Processing : the "Need for Touch" Scale », *Journal of Consumer Research,* vol. 13, n° 4, 2003, p. 430-442.

Peck Joann et Childers Terry L., « To have and to hold: the influence of haptic information on product judgments », *Journal of Marketing,* vol. 67, n° 2, 2003, p. 35-48.

Peck Joann et Shu Suzanne B., « To hold me is to love me: the role of touch in the endowment effect », *Advances in Consumer Research,* n° 34, 2007, p. 513-514.

Peck Joann et Shu Suzanne B., « The effect of mere touch on perceived ownership », *Journal of Consumer Research,* vol. 36, n° 3, 2009, p. 434-447.

Peninou Georges, *Intelligence de la publicité – Étude sémiotique,* Robert Laffont, 1972.

Pepper Don et Rogers Martha, *Enterprise One to One. Tools for competing in the interactive age,* Bantam Doubleday Publishing Group, 1997 ; traduction en français : *Le One to One. Valorisez votre capital-client,* Éditions d'Organisation, coll. « Pratique du marketing direct », 1998. Voir aussi leur site : 1to1.com.

Perelman Chaïm et Olbrecht-Tyteca Lucie, *Rhétorique et philosophie,* PUF, 1952.

Perelman Chaïm et Olbrecht-Tyteca Lucie*, Traité de l'argumentation : nouvelle théorie,* Éditions de l'université de Bruxelles, 2008.

Pernot Laurence, *La Rhétorique dans l'Antiquité,* Poche 2000. Anthelme Édouard Chaignet, *La Rhétorique et son histoire* (1888), Hachette Livre BNF, 2012.

Pinaud Florence et Desplats Marie, *Manager la génération Y,* Dunod, coll. « Best Practices », 2011.

Pinson Christian et Floch Jean-Marie, *Sémiotique, marketing et communication : sous les signes, la stratégie* PUF, coll. « Formes sémiotiques », 2002 (3ᵉ édition).

Platon, *Gorgias, Le Banquet* et *Phèdre,* tous trois disponibles chez Garnier-Flammarion. 2014.

Platon, *Hippias majeur et mineur,* Garnier-Flammarion, 2005.

Platon, *Ion,* Garnier-Flammarion, 1989.

Platon, *Philèbe,* Garnier-Flammarion, 2012.

Postema Dennis M., *Psychology of sales. From average to rainmakers. Using the power of psychology to increase sales,* Kindle Amazon Media EU Sarl, 2013.

Pracontal Michel (de), *L'Imposture scientifique en dix leçons,* Le Seuil, 2005.

Pradeep A.K., *The Buying Brain. Secrets for Selling to the Subconscious Mind,* Wiley, 2010.

Préel Bernard, *Le Choc des générations,* La Découverte, 2000.

Prensky Marc, *Dont'bother me mom, I'am learning,* Paragon House, 2006.

Preston S.D. et Waal F.B.M. (de), « Empathy: Its ultimates and proximatesbases », *Behavior Brain Sciences,* n° 25, 2002.

Pringle Hamish et Field Peter, *Brands immortality : How can brands live long and prosper,* Kogan Page Ltd, 2008

Proust Marcel, *À la recherche du temps perdu* (1913-1926), Gallimard, coll. « Folio », 1992.

Quintilien, *Institution oratoire,* tome I à XII, Les Belles Lettres, 1975-2000.

Ramachandran Vilayanur S., « Why do gentlemen prefer blondes ? », Elsevier Inc., 1997.

Ramachandran Vilayanur S., *Le cerveau fait de l'esprit. Enquête sur les neurones miroirs,* Dunod, 2011.

Rancev Christelle, « *Quels sont les enjeux de la marque* », DESS de Banque-Finance, université de Paris X Nanterre, 2002.

Rava-Reny Frédéric, « Le cerveau triunique de Mac Lean », 2007, http://www.rava-reny.com/Auteur_Rava-Reny/Le_cerveau_triunique_de_Mac_Lean.pdf

Reeves Rosser, *Reality in advertising*, Random House Editions USA Inc., 1988.

Reicher Tom, Lambiase Jacqueline et Silvuka Juliann, *Sex and advertising: perspectives on the erotic appeal,* Routlege, coll. « Routlege Communication », 2002.

Reichheld Frederick, *L'Effet Loyauté. Réussir en fidélisant ses clients, ses salariés et ses actionnaires*, Dunod, 1996.

Reichheld Frederick, « The one number you need to grow », *Harvard Business Review,* décembre 2003.

Renvoisé Patrick et Morin Christophe, *Selling to the Old Brain*, SalesBrain, 2003 ; traduction en français : *Neuromarketing. Le nerf de la vente*, De Boeck, 2005.

Rick Scott, Cryder Cynthia et Loewenstein George, « Tightwads and spendthrifts », *Journal of Consumer Research*, vol. 34, n° 6, p. 767-782.

Rieunier Sophie, « L'influence de la musique *de* d'ambiance sur le comportement des consommateurs dans les points de vente », thèse de doctorat en Sciences de gestion, université Paris IX Dauphine, 2000.

Rieunier Sophie *et al., Marketing sensoriel du point vente,* Dunod, 2013 (4ᵉ édition).

Rissoan Romain, *Réseaux Sociaux. Comprendre et maîtriser ces nouveaux outils de communication*, ENI Editions, coll. « Marketing Book », 2014.

Rizzolati Giacomo et Singaglia Corrado, *Les Neurones miroirs,* Odile Jacob, 2011.

Roballey Thomas C., McGreevy Colleen, Rongo Richard R., Schwantes Michelle L., Steger Peter J., Wininger Marie A. et Gardner Elizabeth B., « The effect of music on eating behaviour », *Bulletin of the Psychonomic Society,* n° 23, 1985, p. 221-222.

Robrieux Jean Jacques, *Rhétorique et argumentation*, Armand Colin, 2010 (3ᵉ édition).

Rollot Olivier, *La Génération Y*, PUF, 2012.

Roullet Bernard et Droulers Olivier, « Neuro-esthétique automobile : les neurosciences et le design », *Management et Sciences sociales,* n°6, 2009.

Roullet Bernard et Droulers Olivier, *Neuromarketing. Le marketing revisité par les neurosciences du consommateur*, Dunod, 2010.

Roullet Bernard, « Comment gérer les couleurs et les lumières ? », *in* Rieunier Sophie et *al., Marketing sensoriel du point de vente,* Dunod, 2013 (4ᵉ édition).

Rousseau Jean-Jacques, *Dictionnaire de la musique* (édité en 1768 par La Veuve Duchesne), FB Éditions, 2015.

Russel James et Mehrabian Albert, « Evidence for a three-factor theory of emotions », *Journal of Research in Personality*, n°11, 1977.

Saint-Exupéry Antoine (de), *Le Petit Prince* (1943), Folio, 2007.

Salovey Peter et Mayer John D., « Emotional Intelligence, Imagination, Cognition and Personality », vol. 9, n° 3, 1989, p. 185-211.

Saussure Ferdinand (de), *Cours de linguistique générale,* Payot, 1995.

Schaefer Michael et Rotte Michael, « Favorite brands as cultural objects modulate reward circuit », *NeuroReport,* vol.18, n° 2, 2007.

Schifferstein Hendrik N.J. et Desmet Pieter M.A., « The effects of sensory impairments on product experience and personal well-being », *Ergonomics,* vol. 50, n° 12, 2007, p. 2026-2048.

Schopenhauer Arthur, *L'Art d'avoir toujours raison* (1830-1831), Mille et Une Nuits, coll. « La Petite Collection », 2003.

Schopenhauer Arthur, *L'Art d'être heureux* (1840), Le Seuil, 2001.

Schwartz Barry, *The Paradox of Choice*, Ecco, 2005.

Sedel Frédéric et Lyon-Caen Olivier, *Le Cerveau Pour les Nuls*, First, 2010.

Séguéla Jacques, *Hollywood lave plus blanc,* Flammarion, 1992.

Séguéla Jacques et Haag Christophe, *Génération QE,* Pearson Editions, 2009.

Sevan-Schreiber David, *Guérir*, Pocket, 2005.

Sevan-Schreiber David, *Anticancer*, Robert Laffont, 2007.

Servan-Schreiber David et Midal Fabrice, *Notre corps aime la vérité,* Pocket, coll. « Psychologie », 2012.

Sichy Ingrid, « Calvin to the core », *Vanity Fair,* avril 2008.

Singler Eric, *Nudge Marketing : Comment changer efficacement les comportements,* Pearson Education, coll. « Village Mondial », 2015.

Six Clélia, « L'impact du neuromarketing sur la société de consommation », mémoire de recherche, Master 1 Communication Iscom, 2014.

Smith Mark M., *Sensing the Past: Seeing, Hearing, Smelling, Tasting And Touching,* University of California Press, 2007.

Solomon Michael, *Consumer behavior – global edition,* Pearson, 2012.

Song Hyunjin et Schwartz Norbert, « If it's hard to read, it's hard to do: Processing fluency affects effort prediction and motivation », *Psychological Science,* n° 10, octobre 2008.

Spangenberg Eric R., Crowley Ayn E. et Henderson Pamela W., « Improving the store environment: do olfactory cues affect evaluations and behaviors ? », *Journal of Marketing,* vol. 60, n° 2, 1996, p. 67-80.

Spangenberg Eric R. *et al.* « It's beginning to smell to smell (and sound) a lot like Christmas: the interactive effects of ambient scent and music in a retail setting », *Journal of Business Research,* vol. 58, n° 11, 2005, p. 1583-1589.

Spangenberg Eric R., Sprott David E., Grohmann Bianca et Tracy Daniel L., « Gender-congruent ambient scent influences on approach and avoidance behaviors in a retail store », *Journal of Business Research,* vol. 59, 2006, p. 1281-1287.

Spinoza, Éthique (1675), Gallimard, coll. « Folio », 2010.

Stambouli Karim B. et Briones Eric, *Buzz Marketing. La Stratégie du bouche-à-oreille,* Éditions d'Organisation, 2002.

Stoll Marco, Baecke Sebastian, Kenning Peter, « What they see is what they get: An fMRI study on neuronal correlates of attractive packaging », *Journal of Consumer Behavior,* vol. 7, n° 4-5, juin 2008.

Straus William et Howe Neil, *Generation : The History of America's Future,* Morrow, 1991.

Summers Teresa. A. et Herbert Paulette R., « Shedding some light on store atmospherics: influence of illumination on consumer behavior », *Journal of Business Research,* vol. 54, n° 2, 2001, p. 145-150.

Süskind Patrick, *Le Parfum,* Fayard, 1989.

Szapiro Gabriel, *L'Inbound marketing selon la stratégie du Sherpa,* Jacques-Marie Laffont, 2015.

Thaler Richard H. et Sunstein Cass R., *Nudge. Improving decisions about health, wealth and happiness*, Yale University Press en 2008 ; traduction en français : *Nudge. La méthode douce pour inspirer de bonnes décisions*, Vuibert, coll. « Pocket », 2010.

Thaler Richard H., « Toward a Positive Theory of Consumer Choice », *Journal of Economic Behavior and Organization,* vol. 5, n° 1, 1980, p. 39-60.

Tom G., Srzentic C., Nelson C., « Mere exposure and the endowment effect on consumer decision making », *Journal of Psychology,* vol. 141, mars 2007, p. 117-125.

Tougne Michel, *Ni prince ni crapaud : l'Analyse transactionnelle, savoir ou mystification ?,* Éditions CFP, 2009.

Tracy Brian, *The Psychology of selling. Increase your sales faster and easier than you ever thought possible,* Thomas Nelson Publisher 2006.

Trei Lisa, « Price change way people experience wine », *Stanford New Service,* 16 janvier 2008.

Trevisan Enrico et Jacquet Florent, *Psychologie des prix – Le Pricing comportemental,* De Boeck, 2015.

Turing Alan, « Computing machinery and intelligence », *Mind,* n° 49, octobre 1950, p. 433-460.

Turing Alan et Girard Jean-Yves, *La Machine de Turing,* Le Seuil, coll. « Points Sciences », 1999.

Turing Alan, Lassègue Jean *et al.*, « La Pensée informatique », *Docsciences,* n° 14, juin 2012.

Tversky Amos et Kahneman Daniel, *Judgment under uncertainty: Heuristic and biases"*, *Science,* vol. 185, n° 4157, 1974.

Vaccaro Valerie L., Yucetepe Veysel, Ahlawat Sucheta et Lee Myung-Soo, « The relationship of liked music with music emotion dimensions, shopping experience and return patronage intentions in retail and service settings », *Journal of Academy of Business and Economics,* vol. 11, n° 4, 2011, p. 94-106.

Valette-Florence Pierre, *Les Styles de vie – Bilan, critiques et perspectives,* Nathan, 1994.

Variot Jean-François, *La Marque postpublicitaire: Internet Acte II,* Village Mondial, 2011.

Verdo Yann, « Le neuromarketing, entre fantasmes publicitaires et réalités scientifiques », *Les Echos,* 1er décembre 2014.

Vergara Marie-Claude, « Le neuromarketing et le marketing sensoriel pour les points de vente : augmenter leur utilité dans l'amélioration du chiffre d'affaires », mémoire de recherche, MSc HEC Paris, mai 2015.

Verma Ragini, « Brain connectivity reveals striking differences between men's and women's », *Proceedings of the National Academy of Sciences of the United States of America,* 2014 (repris dans *News & Publication. New Release Penn Medecine, 2* décembre 2013).

Vermeulen Nicolas, « Les émotions en tant que "marqueurs somatiques" (Antonio Damasio) », Le Psychologue.be du 5 juillet 2014.

Vern Paule, *Force vitale – La sophrologie caycédienne,* La Méridienne Desclée de Brouwer, 2000.

Villémus Philippe, *Comment juger la création publicitaire,* Éditions d'Organisation, 1997.

Vitruve, *Les Dix Livres d'architecture de Vitruve* (édition de 1673), Pierre Mardaga Éditeur, 1995.

Volkoff Vladimir, *Petites Histoires de la désinformation,* Éditions du Rocher, 1999.

Wansink Brian, *Mindless eating. Why we eat more that we think,* Bantam Editions, 2006.

Wedel Michel and Pieters Rik, *Visual Marketing: From Attention to Action,* Taylor & Francis Group, 2008.

Weinstein Sydney, Drozdenko Ronald et Weinstein Curt, « Brain wave analysis in advertising research », *Psychology & Marketing,* n° 3-4, 1984.

Western Drew, *Psychology : mind, brain and culture,* John Wiley & Son Inc. 1999 ; traduction en français : *Psychologie : Pensée, cerveau et culture,* De Boeck, coll. « Université », 2000.

Whan Park C. et Young S.M., « Consumer response to television commercials: The impact of involvement and background music on brand attitude formation », *Journal of Marketing Research,* n° 23, 1986, p. 11-24.

Wray Herbert, *On second thought : Outsmarting your mind hard wired habits,* Broadway Book, 2011.

Yalch Richard, « Memory in a jingle jungle : music as a mnemonic device in communication advertising slogans », *Journal of Applied Psychology,* vol. 76, n° 20, 1991, p. 268-275.

Yalch Richard et Spangenberg Eric R., « Using store music for retail zoning: a field experiment », *Advanced in Consumer Research,* vol. 20, 1993 *in* L. McAlister et M.L. Rothschild (dir.), Association for Consumer Research, p. 632-636.

Yazdanparast Atefeh et Spears Nancy, « Can consumers forgo the Need to Touch products? An investigation of nonhaptic situational factors in an online context », *Psychology and Marketing,* vol. 30, n° 1, 2013, p. 46-61.

Yoon C., Gutchess A., Feinberg F. et Polk T.A., « A functional magnetic resonance study of neural dissociations between brand and person judgments », *Journal of Consumer Research,* n° 33, 2006.

Young Margaret Levine et Levine John R., *Internet pour les nuls,* First Interactive, coll. « Pour les Nuls », 2012 (13ᵉ édition).

Yu D.W. et Shepard G.H., « Is beauty in the eyes of the beholder? », *Nature,* n° 396-1998.

Zajonc Robert, *The selected work of R. B. Zajonc,* Wiley, 2004.

Zampini Massimiliano et Spence Charles, « The role of auditory cues in modulating the perceived crispness and staleness of potato chips », *Journal of Sensory Studies,* vol. 19, n° 5, 2004, p. 347-363.

Zeki Semir, *Inner Vision: an Exploration of art and the Brain,* Oxford University Press, 1999.

Zeki Semir, *Splendors and Misery of the Brain: Love, Creativity and the Quest of Human Happiness,* Wiley Blackwell, 2008.

Zimmerman Jan, *Web Marketing for dummies,* John Wiley & Sons Edition, 2012 (3ᵉ édition).

Zurawicki Leon, *Neuromarketing. Exploring the Brain of the Consumer, Springer,* 2010.

Zweig Jason, *Your Money and your brain. Become a smarter more successful investor, the neuroscience way,* Souvenir Press LTD, 2010 ; traduction en français : Gagner en bourse grâce à la neuro-économie, Éditions Gutenberg, coll. « Sciences », 2008.

INDEX

A

amygdale 84, 109, 122, 135, 139, 184, 311

C

cerveau 1, 2, 3, 4, 5, 6, 7, 8, 9, 11, 12, 13, 14, 16, 17, 18, 25, 28, 29, 30, 31, 32, 33, 34, 35, 36, 37, 40, 41, 42, 44, 46, 48, 54, 55, 56, 57, 58, 59, 60, 62, 63, 65, 66, 67, 68, 72, 73, 75, 77, 78, 79, 80, 81, 82, 83, 84, 85, 86, 87, 88, 89, 90, 91, 92, 93, 94, 95, 96, 97, 98, 99, 100, 101, 102, 103, 105, 106, 107, 108, 110, 113, 114, 115, 116, 117, 118, 119, 121, 122, 123, 124, 125, 126, 127, 132, 133, 135, 136, 137, 138, 139, 140, 141, 145, 147, 148, 149, 151, 153, 155, 157, 158, 159, 160, 161, 162, 163, 164, 166, 169, 172, 173, 182, 183, 184, 185, 187, 198, 199, 200, 206, 207, 210, 212, 215, 216, 225, 227, 228, 230, 231, 232, 233, 234, 235, 236, 237, 238, 239, 240, 241, 243, 244, 245, 246, 247, 248, 249, 250, 251, 252, 254, 255, 256, 257, 261, 262, 264, 265, 266, 267, 268, 270, 271, 272, 276, 277, 278, 279, 280, 283, 284, 285, 291, 293, 294, 296, 301, 304, 305, 306, 307, 308, 309, 312, 313, 314, 315, 316, 317, 318, 320, 321, 323, 324, 327, 328, 329, 330, 331, 332, 333, 335, 336, 339, 340, 342, 347, 348, 349, 350, 351, 352, 353, 354, 355, 356, 360, 361, 364, 369, 371, 374, 378, 379, 380, 381, 382, 383, 384, 385, 386, 387, 388, 389, 391, 392, 395, 396, 397, 401, 404, 410, 411, 412, 413, 417, 418, 419, 420, 421, 423, 424, 425, 427

cerveau triunique 147

congruence 65, 177, 178, 198, 213, 217, 228, 270, 272, 285, 356, 361

cortex 40, 46, 80, 83, 84, 85, 96, 107, 122, 124, 126, 127, 157, 158, 159, 182, 184, 192, 212, 231, 309, 332, 347, 350, 364

CRM 7, 21, 143, 145, 383, 384, 386, 398, 409, 412

D

désir 15, 17, 45, 60, 85, 96, 106, 107, 116, 132, 137, 141, 142, 143, 144, 196, 256, 271, 276, 300, 309, 323, 329, 331, 371, 382, 384, 385, 411

désirs 4, 15, 16, 30, 60, 67, 68, 75, 78, 113, 115, 131, 136, 137, 141, 142, 143, 144, 145, 148, 227, 384, 418

E

EEG 4, 11, 37, 51, 55, 58, 59, 63, 65, 67, 69, 230, 232, 234, 237, 238, 239, 293, 308, 350, 352, 360, 420

émotions 4, 5, 16, 17, 29, 30, 31, 34, 54, 60, 61, 63, 67, 68, 75, 78, 84, 85, 87, 88, 90, 98, 101, 107, 108, 109, 110, 113, 115, 116, 118, 124, 126, 127, 131, 132, 133, 134, 135, 136, 137, 141, 142, 145, 147, 148, 151, 155, 167, 176, 181, 182, 184, 185, 187, 214, 216, 227, 234, 237, 238, 254, 267, 276, 279, 296, 299, 300, 301, 307, 309, 310, 314, 340, 347, 348, 418, 423, 424

G

goût 5, 17, 21, 40, 65, 109, 112, 116, 117, 138, 155, 169, 182, 197, 205, 206, 207, 208, 209, 210, 211, 212, 216, 232, 235, 240, 247, 253, 264, 270, 271, 272, 285, 295, 309, 323, 333, 341, 348, 353, 355, 359, 361, 369, 387, 410, 412, 413, 418

H

homéostasie 13, 37, 90, 100, 102, 103

I

interactivité 6, 7, 258, 369, 371, 378, 387, 395, 396, 400, 402, 409, 410, 411, 412

IRM 3, 4, 11, 28, 29, 37, 39, 40, 41, 42, 44, 45, 46, 47, 48, 51, 55, 56, 57, 58, 59, 63, 67, 68, 84, 97, 114, 185, 212, 230, 232, 234, 235, 237, 238, 246, 283, 293, 310, 328, 332, 348, 350, 360, 396, 420

L

Le toucher 191, 192, 198, 216, 271, 273, 355

M

marketing sensoriel 5, 43, 61, 64, 65, 95, 145, 153, 155, 177, 184, 197, 236, 254, 255, 261, 262, 265, 267, 270, 271, 285, 357, 410, 413, 418

marqueurs somatiques 4, 17, 75, 78, 121, 124, 125, 126, 133, 138, 148, 164, 238, 336, 353, 361, 418

mémoire 5, 16, 17, 18, 40, 44, 45, 57, 61, 67, 75, 77, 78, 81, 83, 84, 90, 94, 101, 106, 107, 109, 110, 111, 116, 121, 122, 123, 124, 125, 132, 135, 137, 147, 148, 155, 160, 162, 164, 166, 171, 181, 182, 183, 184, 185, 189, 208, 212, 215, 216, 277, 300, 305, 309, 310, 311, 337, 348, 350, 355, 418

N

neurones 2, 4, 28, 36, 44, 58, 60, 75, 78, 80, 81, 82, 83, 85, 87, 96, 107, 109, 121, 126, 127, 128, 129, 135, 147, 148, 192, 201, 309, 310, 332, 333, 360, 389, 418

neurones miroirs 4, 75, 78, 121, 126, 127, 128, 129, 148, 201, 309, 310, 332, 360, 389, 418

neurotransmetteur 60, 87

O

odorat 5, 17, 65, 82, 90, 115, 118, 119, 155, 181, 182, 183, 184, 185, 187, 188, 193, 207, 216, 253, 267, 270, 272, 273, 285, 309, 355, 418

ouïe 65, 82, 155, 171, 172, 177, 182, 193, 200, 215, 216, 236, 265, 273, 285, 412, 418

P

prix 1, 35, 40, 55, 56, 57, 63, 98, 117, 166, 176, 181, 194, 216, 227, 232, 237, 243, 244, 245, 246, 247, 248, 249, 250, 251, 252, 265, 267, 284, 325, 375, 379, 426

R

réseaux sociaux 6, 7, 8, 47, 49, 63, 108, 109, 110, 119, 145, 240, 245, 255, 270, 371, 374, 382, 395, 396, 397, 398, 400, 401, 403, 404, 406, 407, 408, 410, 412, 413, 416, 418, 423, 424, 425

S

saturation 187, 213, 217, 382

sexe 4, 22, 27, 41, 75, 78, 84, 97, 105, 113, 117, 118, 141, 142, 144, 148, 151, 183, 198, 263, 270, 300, 321, 322, 323, 324, 344, 365, 418, 425

subliminal 6, 227, 285, 313, 314, 315, 317, 320, 321, 323, 333, 360

T
toucher 82, 155, 195

V
voix 115, 118, 280, 298, 309

vue 5, 6, 65, 82, 94, 96, 116, 117, 118, 138, 155, 157, 160, 164, 167, 168, 169, 181, 185, 187, 192, 193, 208, 209, 215, 216, 240, 245, 262, 265, 270, 272, 294, 297, 298, 302, 309, 353, 355, 391, 398, 412, 418

TABLE DES ILLUSTRATIONS

Méthode d'élaboration d'une politique sensorielle dans un espace de vente ou de services 64

L'homonculus de Penfield 80

La synapse 82

Le cerveau et ses aires 83

Les zones du cerveau 84

Représentation du cerveau « triunique » de Mac Lean 90

Les différentes mémoires et leur mode de fonctionnement 122

L'œil et la vision 158

Les aires corticales visuelles 159

Visage ou vase ? 161

Lignes droites ou incurvées ? 163

Le test de Mario Ponzo 163

L'oreille 172

Les 12 critères de l'échelle du « Need for Touch » 195

Le Bon Marché en 1852 258

Courbe d'attention/rétention 280

Léonard de Vinci, l'*Homme de Vitruve* (1600) 319

Affiche de la marque Robette de 1896 321

Le prisme d'identité de la marque 344

La politique d'encerclement du client par une stratégie digitale 409

Composition et maquette : Soft Office

Imprimé en Allemagne par BoD